DAS RÖMISCHE WELTREICH

Wolfgang Schuller

DAS RÖMISCHE WELTREICH

Von der Entstehung der Republik bis zum Ausgang der Antike

Mit Beiträgen
von
Peter Schreiner und
Gerhard Wirth

Bibliografische Information Der Deutschen Bibliothek
Die Deutsche Bibliothek verzeichnet diese
Publikation in der Deutschen Nationalbibliografie;
detaillierte bibliografische Daten sind im Internet über
http://dnb.ddb.de abrufbar.

Umschlaggestaltung: Finken und Bumiller, Stuttgart,
unter Verwendung einer Abbildung von zefa visual media GmbH,
Foto: K. H. Hänle (Rom, Kolosseum)

Aus der Originalausgabe:
Brockhaus Bibliothek – Die Weltgeschichte
© F. A. Brockhaus GmbH, Leipzig – Mannheim 1997
Alle Rechte vorbehalten

Lizenzausgabe für den
Konrad Theiss Verlag GmbH, Stuttgart, 2. Auflage 2003
Druck und Bindung: Offizin Andersen Nexö Leipzig
ISBN 3-8062-1744-0

Vorwort

Europas komplexe Identität bestimmt sich auch aus dem, was auf zum Teil verschlungenen Wegen aus der Antike überliefert worden ist. Was in Politik, Literatur, Kunst, Religion teils als vorbildlich galt, teils direkt fortgesetzt wurde, verkörperte sich im römischen Reich: es galten das Kaisertum, die klassischen Autoren lateinischer Sprache, Plastik und Architektur nicht erst seit der Renaissance als Vorbilder beziehungsweise wurden wie das Kaisertum, als direkte Vorläufer angesehen, und das Christentum gab es sogar in direkter Linie seit der Zeit des Kaisers Augustus. Ja, das im Mittelalter wieder entdeckte römische Recht gilt in seinen Grundzügen, mit jeweiligen der Zeit angepassten Veränderungen, bis zum heutigen Tag.

Aber nicht nur die teilweise Herkunft unserer heutigen Welt aus der römischen Antike lässt das Bedürfnis entstehen, etwas über diese Welt zu erfahren, aus der wir stammen. Auch diese Welt selber übt in ihrer konkreten Ausformung heute wie je eine unmittelbare Faszination aus. An ihr ist vieles exemplarisch abzulesen – die Entstehung und das Wachsen einer auch schon den Zeitgenossen als vorbildlich geltenden Republik, der Aufstieg und der Verfall eines Weltreiches, der Ansturm fremder Barbarenvölker, die Verwandlung und das Überdauern dieses Reiches im Osten.

Der vorliegende Band möchte in Text und Bild erreichen, dass diese Vergangenheit so direkt wie möglich zu den Lesern und Betrachtern beiderlei Geschlechts spricht; diese Unmittelbarkeit mag dafür entschädigen, dass natürlich Vollständigkeit nicht erwartet werden kann. Die Autoren danken Sabine W. Anders M. A. und Ulrike Emrich M. A. von der Brockhaus-Redaktion für ihre entscheidende Mithilfe insbesondere bei der Auswahl des Bildmaterials.

Konstanz, März 2002   WOLFGANG SCHULLER

Inhalt

Rom –
Der Mittelpunkt der Welt

Sieben Hügel am Tiber – Die Frühzeit Italiens und die Entstehung der Römischen Republik (bis 270 v. Chr.)

Im Schatten der Etrusker – Der Aufstieg der Italiker und die Königszeit

Pietätvoll hielten die Römer eine prähistorische Hütte auf dem Palatin instand, die als Wohnhaus des Stadtgründers Romulus galt (Rekonstruktion auf der gegenüberliegenden Seite). Freigelegt wurden dort die Pfostenlöcher von Lehmhütten aus dem 9./8. Jahrhundert v. Chr. Sie gleichen Graburnen dieser Zeit, die auf dem Forum Romanum gefunden wurden (Rom, Antiquarium Forense).

Goethe meinte zu Eckermann am 15. 10. 1825, Niebuhrs Entdeckung bringe einem die Wahrheit näher, kritisierte aber auch gleichzeitig (Eckermann. Gespräche mit Goethe):

Was sollen wir aber mit einer so ärmlichen Wahrheit! Und wenn die Römer groß genug waren, so etwas zu erdichten, so sollten wir wenigstens groß genug sein, daran zu glauben.

Heinrich Heine mokierte sich (Ideen. Das Buch Le Grand, Kapitel 7):

Denn hätte ich nicht die römischen Könige auswendig gewusst, so wäre es mir ja späterhin ganz gleichgültig gewesen, ob Niebuhr bewiesen oder nicht bewiesen hat, dass sie niemals wirklich existiert haben.

Die römische Frühzeit ist eine Epoche, deren nachprüfbare Geschichte in umgekehrtem Verhältnis zu dem steht, was aus ihr über dramatische Ereignisse und eindrucksvolle Persönlichkeiten erzählt wird. Vieles ist sprichwörtlich geworden – so stammt der Ausdruck, dass man seine Hand für etwas ins Feuer lege, aus der Geschichte des Gaius Mucius Cordus Scaevola während der Belagerung Roms durch den Etruskerkönig Porsenna; viele Stoffe sind in die Weltliteratur eingegangen – so ist die Gestalt des Coriolan unter anderen von William Shakespeare, Bertolt Brecht und Günter Grass behandelt worden. Die seriöse Quellenlage dagegen ist erschütternd schlecht, und diejenigen, die trotzdem unbekümmert Aussagen über diese Zeit machen, sind mit dem geistreichen Wort bedacht worden, sie unterlägen einem »unverantwortlichen Erzähltrieb«. Das liegt daran, dass echte Quellen mit dem Galliersturm auf Rom 387 v. Chr. untergegangen sind und dass die spätere und insbesondere die spätrepublikanische Geschichtsschreibung Sachverhalte kurzerhand erfunden hat, zum höheren Ruhme des römischen Volkes oder auch nur einzelner Familien. Diese Erkenntnis gewann gegen Ende des 18. Jahrhunderts Barthold Georg Niebuhr, der sich die römische Historiographie daraufhin ansah, was denn eigentlich an der Behauptung einzelner Franzosen sei, die sich im Zuge der Französischen Revolution zur Begründung ihrer revolutionären Forderungen auf römische Vorbilder beriefen. Damit wurde die kritische Geschichtsschreibung begründet und die Verlässlichkeit unserer Aussagen über die Geschichte erheblich gesteigert, gleichzeitig erlitt aber auch der poetische Zauber unserer Vorstellungen von der römischen Geschichte eine starke Einbuße, und viele Intellektuelle, darunter vor allem Goethe, aber auch Heinrich Heine, bedauerten das sehr. Es ist kein Zufall, dass diese Entzauberung der römischen Geschichte etwa um dieselbe Zeit eintrat, in der auf dem Gebiet der griechischen Literatur die Homeranalyse von Friedrich August Wolf begründet wurde – beides sind Erscheinungen der europäischen Aufklärung.

Am liebsten würde man ja seinem Erzähltrieb nachgeben und die wunderbaren Geschichten wiedergeben, die von der Flucht des Äneas aus dem von den Griechen eroberten Troja handeln, seinem Zwischenaufenthalt in Karthago und seiner Liebesgeschichte mit der Königin Dido, seiner Landung in Italien, der Heirat mit Lavinia und der Gründung der Stadt Lavinium, der Gründung von Alba Longa durch seinen Sohn Iulus, der auch Ascanius genannt wird, den dortigen Königen, deren Geschlecht im ausgesetzten und von einer Wölfin genährten Brüderpaar Romulus und Remus endet, die dann die Stadt Rom gründen, deren erster König Romulus wird, auf den dann sechs weitere Könige folgen: Numa Pompilius, Tullus Hostilius, Ancus Marcius, Tarquinius Priscus, Servius Tullius und schließlich Tarquinius Superbus – aber hierfür muss auf die »Aeneis« Vergils, auf die Lebensbeschreibungen Plutarchs (Romulus und Numa) und auf die ersten Bücher des Geschichtswerks des Livius verwiesen werden. Wir können hier nur darlegen, was man wenigstens an Grundtatsachen sagen oder jedenfalls vermuten kann.

Dass Rom auf sieben Hügeln erbaut worden wäre – Kapitol, Aventin, Caelius, Esquilin, Palatin, Viminal und Quirinal – ist, wie die Siebenzahl der Könige, ebenfalls eine nachträgliche und etwas gezwungene Version, die der Faszination durch die magische Zahl Sieben zu verdanken ist. Die frühesten Siedlungen befanden sich dort, wo auch später das Zentrum Roms lag, nämlich auf dem Palatin und dann in der Talsenke, dem Forum. Wann und wie diese Siedlungen einen solchen Qualitätssprung gemacht haben, dass man von einer Stadtgründung sprechen kann, ist Definitionssache. Sie soll nach der späteren römischen Tradition durch Romulus stattgefunden haben, und weil das Jahr dieses angeblichen Gründungsaktes nach

RÖMISCHE GRÜNDUNGSLEGENDEN

Der griechische Sagenschatz regte die Römer zu Erzählungen über ihre eigene Vorzeit an. Auf einem Weihestein des 2. Jahrhunderts n. Chr. ist dargestellt, wie die Königstochter Rea Silvia vom Kriegsgott Mars die Stadtgründer Romulus und Remus empfängt, wie die Zwillinge ihr weggenommen und dann im Tiber ausgesetzt werden, bis schließlich eine Wölfin sich der Knaben annimmt und sie säugt.

Um in der hellenistischen Weltkultur gleichberechtigt auftreten zu können, versuchte man, die Ursprünge Roms auch im griechischen Mythos selbst zu verankern. Zum Stammvater der Römer erklärte man den Helden Äneas. Er war nach der Mythologie zusammen mit seinem Sohn Ascanius und dem greisen Vater Anchises aus dem brennenden Troja geflohen, um im Westen eine neue Heimat zu suchen. In der Zeit des Augustus schuf der Dichter Vergil das Epos »Äneis«, mit dem die römische Sagenwelt gleichberechtigt neben die Mythendichtung der Griechen rückte. Äneas und seine Familie wurden zu populären Gestalten, wie eine kleine Tonplastik aus Pompeji zeigt.

DAS ROM DER KÖNIGSZEIT

1 »Hütte des Romulus«

2 Heiligtum
bei San Omobono

3 Regia (Amtslokal)

4 Jupitertempel

5 Vulcanusheiligtum

Marsfeld

Kapitol Forum Romanum

Forum Boarium

Palatin

Caelius

Aventin

Tiber

Quirinal

Viminal

Esquilin

ältere Stadtmauer

Gebäude der Frühzeit

eisenzeitliches Grab

0   200   400   600m

Um 530 v. Chr. entstanden die Terrakottafiguren aus dem Heiligtum bei der heutigen Kirche San Omobono in Rom. Der Held Herkules wird von der Göttin Minerva begleitet, wohl eine Metapher für den göttlichen Schutz des Herrschers (Rom, Konservatorenpalast). Nach dem Sturz der Königsherrschaft wurde das Heiligtum zerstört.

christlicher Zeitrechnung auf das Jahr 753 v. Chr. fällt, hat sich das eingebürgert, ist jedoch genauso unbeweisbar wie die gesamte Sagentradition.

Dass die Siedlung am Tiberufer überhaupt Könige gehabt hat, ist allerdings eine Tradition, die alles für sich hat, und dass die späteren Könige der Siebenerreihe, also die Tarquinier, Etrusker waren, hat ebenfalls eine hohe Wahrscheinlichkeit. Denn zahlreiche typisch römisch aussehende Institutionen sind etruskisch: Schon der dreiteilige römische Name gehört dazu – Vorname *(praenomen),* Familienname oder Gentilname *(nomen gentile),* Beiname *(cognomen)* –, dann etwa die Insignien des höchsten Beamten wie das Purpurgewand oder die Liktorenbündel *(fasces)* oder die zu einer Wissenschaft ausgebaute Kunst der Weissagung, die noch in historischer Zeit von den Römern *disciplina etrusca* genannt wurde; und es ist sogar wahrscheinlich, dass der Name Rom etruskisch ist und ursprünglich Ruma gelautet hatte. Etruskisch ist schließlich auch die sakrale Eingrenzung der eigentlichen Stadt durch eine heilige Stadtgrenze, das *pomerium,* innerhalb derer kein militärisches Kommando ausgeübt werden durfte und die in Rom erst durch Sulla in der späten Römischen Republik erweitert wurde.

Die voretruskische Bevölkerung Roms aber war indogermanischer Herkunft. Schon das Wort für König, *rex,* ist indogermanisch und lebt in unserem Wort »regieren« weiter. Die Bevölkerung Roms war so gegliedert, dass sie sich aus großen Geschlechtern mit ihrem Anhang zusammensetzte, den so genannten *gentes,* die man am besten als Geschlechter von Großbauern bezeichnen kann, mehr waren sie nicht. So bestand ihr Anhang zum Teil aus freien einzelnen Bauern, teils vielleicht auch aus unfreien Hörigen, die *clientes* (Klienten) genannt wurden. Die Häupter der großen Familien hießen *patres* (Väter), und daher hatten die Angehörigen dieser Familien den Namen *patricii* (Patrizier). Sie traten im Rat der Alten zusammen, dem Senat (von *senex:* Greis), der über die wichtigsten Staatsangelegenheiten beriet und den der König befragte, ohne an sein Votum gebunden zu sein. Wieder etruskisch ist, jedenfalls hinsichtlich der Bezeichnungen, die gentilizische Großeinteilung des römischen Volkes in die drei Stämme oder *tribus* der Ramnes, Tities und Luceres. Eine indogermanische Bezeichnung hat schließlich die Volksversammlung, mit dem Plural *comitia* benannt. Diese Komitien waren in 30 Kurien *(curiae)* gegliedert. Sie standen unter der Leitung der großen Familien und hatten in sakralen und Familienangelegenheiten ein entscheidendes Wort mitzureden. Der Platz des Zusammenkommens war das Comitium an der Nordwestecke des Forum Romanum unterhalb des Kapitolshügels.

Besonders sagenumwoben ist der Sturz des Königtums und die Begründung der Republik. König Lucius Tarquinius Superbus herrschte als Tyrann, und sein Sohn Sextus Tarquinius tat es ihm gleich, indem er die Ehefrau des Lucius Tarquinius Collatinus, Lucretia, vergewaltigte. Sie forderte ihren Mann, Publius Valerius Poplicola und Lucius Iunius Brutus zur Rache auf und beging dann Selbstmord. 510 oder 509 v. Chr. wurde dann durch diese drei der König gestürzt. In Wirklichkeit dürfte der Sturz des etruskischen Königtums mit dem Erstarken der patrizischen Geschlechter im Inneren und dem Zurückgehen der etruskischen Macht im Allgemeinen zu tun haben, und möglicherweise ist die etruskische Niederlage in der Seeschlacht von Kyme 474 v. Chr. gegen Hieron I. von Syrakus der letzte Anstoß für die Befreiung Roms von den Etruskern und vom Königtum gewesen.

Weihgaben im Heiligtum von San Omobono zeigen, wie eng das Rom der Frühzeit mit der etruskischen Kultur verbunden war. Der um 540/530 v. Chr. angefertigte Elfenbeinlöwe im Antiquario Comunale, Rom, hat auf der Rückseite eine etruskische Weihinschrift.

Das Würdezeichen der für Weissagungen zuständigen Priesterschaft der Auguren war ein Krummstab (lituus). Ihre Orakelkunst war in Etrurien beheimatet, aber auch in Latium gab es diese Priesterschaft, wie eine Bronzestatuette des späten 6. Jahrhunderts v. Chr. aus Gabii zeigt (Rom, Thermenmuseum).

Vom Feindesland zum Heimatland – Die Unterwerfung Italiens

Roms Kriege gegen die Völker Italiens, gegen die Gallier und gegen Pyrrhos von Epirus

Nun folgen zunächst einmal Kriege über Kriege. Außer den Etruskern bedrängten auch die Bergstämme der Äquer und Volsker die Stadt Rom und das sie umgebende Latium, und später kamen die Samniten hinzu. Es bestand aber noch eine zweite Front, und zwar im Norden, zu Etrurien hin, wo die beiden Städte Caere und Veji in ständigem erbittertem Krieg mit Rom lagen. Veji wurde zu Beginn des 4. Jahrhunderts v. Chr. eingenommen und dem römischen Territorium eingegliedert. Rom war auf dem besten Wege, aus einer unbedeutenden Landstadt zur regionalen Vormacht zu werden. Da kam die Katastrophe des Galliereinfalls. Unter dem Häuptling Brennus zog der Stamm der Senonen durch Norditalien und Etrurien und traf am 18. Juli 387 bei dem kleinen Fluss Allia, heute Fosso di Bettina, nördlich von Rom auf das römische Heer, das vollständig geschlagen wurde – dieser Tag ist als der *dies ater* (der Schwarze Tag) in die Geschichte Roms eingegangen. Rom wurde evakuiert und von den Kelten kampflos eingenommen und brannte aus; das Kapitol, der religiöse und politische Mittelpunkt der Stadt Rom, wurde angeblich sieben Monate lang belagert, dann zogen die Gallier gegen ein Lösegeld wieder ab. Als es abgewogen wurde, legte nach der Sage Brennus noch sein Schwert in die Waagschale und antwortete auf den römischen Protest nur: »Vae victis!« (Wehe den Besiegten!).

Bei einem nächtlichen Überfall auf den befestigten Kapitolshügel weckten die heiligen Gänse der Göttin Juno den Konsul Marcus Manlius und retteten die Stadt. So lautet die Legende, die auf einem kaiserzeitlichen Relief im Museum von Ostia dargestellt ist.

In der Folgezeit erholte sich Rom einigermaßen schnell. Gegen 370 v. Chr. wurde durch (den in der Überlieferung über 100 Jahre früher datierten) Spurius Cassius Vecellinus ein Bündnisvertrag, das nach ihm benannte *foedus Cassianum,* geschlossen, das Rom und den Latinern eine gemeinsame Außenpolitik brachte und den Latinern das *conubium* und das *commercium* gewährte, also das Recht, mit römischen Bürgern legitime Ehen zu schließen und gleichberechtigt am Handels- und Rechtsverkehr teilzunehmen. Der Latinerkrieg von 340 bis 338 brachte einen Rückschlag, aber im Ergebnis wurden Latium und auch Kampanien vollständig römisch. Nach der Eroberung der volskischen Seestadt Antium führten die Römer Schiffsschnäbel der Flotte Antiums als Beute nach Rom und befestigten sie als Zeichen des Sieges an der Vorderseite der am Comitium gelegenen Rednertribüne, die seitdem die Bezeichnung für Schiffsschnäbel, *rostra,* führt.

Tönernes Weihestandbild eines Bürgers von Caere (heute Cerveteri) aus dem 3./2. Jahrhundert v. Chr. (Rom, Vatikanische Sammlungen). Die etruskische Stadt unterwarf sich 353 v. Chr. der römischen Expansion und erlebte als latinische Kolonie einen allmählichen Niedergang.

Die Samniten bedrängten weiterhin aus den Bergen die fruchtbaren Ebenen, sodass nun auch die dortigen Griechenstädte sich lieber von Rom schützen lassen wollten, als von den Samniten oskisiert zu werden. Neapel bat 326 um Hilfe, und Rom kam vor allem deshalb,

Ein um die Mitte des 4. Jahrhunderts v. Chr. entstandenes Wandgemälde aus einem Grab bei Paestum zeigt einen Samnitenkrieger zu Pferde, der aus dem Krieg heimkehrt und von seiner Familie empfangen wird (Paestum, Museo Archeologico).

weil es im samnitischen Vordringen eine langfristige Gefahr auch für sich sah. Nach einem in seiner Historizität bestrittenen 1. begann jetzt der 2. Samnitenkrieg. Seine erste Phase verlief für Rom katastrophal, weil es mit seiner starren Kampfesweise der Schlachtreihe nicht für den Bergkrieg gerüstet war. 321 wurden die Römer bei Caudium südlich des späteren Benevent so vollständig von den Samniten lahm gelegt, dass sie sich auf einen schmachvollen freien Abzug einlassen mussten. Jeder einzelne römische Soldat war gezwungen, unter einem aus drei Speeren gebildeten Joch hindurchzugehen, wodurch sich das Heer in aller Form den Samniten unterwarf.

Dieses sprichwörtlich gewordene Kaudinische Joch verstärkte allerdings nur den römischen Drang, die Samniten ein für alle Mal auszuschalten, und als 316 wieder ein Hilferuf erging, diesmal von den noch weiter entfernten Apulern, wurde der Krieg wieder aufgenommen. Inzwischen war eine Heeresreform in die Wege geleitet worden, die die starre Schlachtreihe durch die beweglichere Taktik der kleineren Manipel und die ungefüge Lanze, die *hasta,* durch den handhabbareren Spieß, das *pilum,* ersetzte. Vor allem aber setzte Rom jetzt verstärkt ein schon bisher probates Mittel ein, nämlich die Gründung von *coloniae* (eingedeutscht Kolonien), Wehrsiedlungen an der Grenze zu Samnium und sogar in dessen Rücken, die die Bewegungsfreiheit der Gegner zunehmend einschränkten. 312 baute zudem der Zensor Appius Claudius Caecus eine befestigte Straße von Rom nach Südosten, um Truppenverschiebungen leichter bewerkstelligen zu können, die heute noch existierende nach ihm benannte Via Appia. Rom schloss 304 v. Chr. wieder einen Frieden des Status quo.

Einen samnitischen Aristokraten stellt der Bronzekopf in der Bibliothèque Nationale, Paris, dar, der in San Giovanni Liponi bei Chieti gefunden wurde.

298 riefen die Lukaner Rom gegen die Samniten zu Hilfe, und so brach 298 der 3. – und letzte – Samnitenkrieg aus. Er verlief erbitterter, aber im Ergebnis so wie der vorhergehende, und schloss 291 v. Chr. mit einem letzten Frieden. Verschärft wurde er jedoch dadurch, dass die alten Feinde Roms, die Etrusker, die Kelten und die Sabiner, ebenfalls gegen Rom zogen, das also an mehreren Fronten zugleich zu kämpfen hatte. Diese Kämpfe zogen sich bis 280 hin, und ihr Ergebnis war die Eingliederung Etruriens in das römische Herrschaftsgebiet sowie die Vertreibung der gallischen Senonen aus dem Gebiet zwischen Ariminum (Rimini) und Ancon Dorica (Ancona), *ager Gallicus* genannt, die heutige italienische Provinz der Marken. Rom war zur stärksten Macht Italiens geworden, und so hätte jetzt eine Phase der Konsolidierung einsetzen können. Aber nun kam sofort eine neue militärische Herausforderung, diesmal von außerhalb Italiens.

Tarent, das sich mit Rom überworfen hatte, rief den Dynasten Pyrrhos von Epirus nach Italien, der auf der Suche nach einem Königreich war, und er erschien mit einem Heer, bei dem sich auch zwanzig Kriegselefanten befanden, Restbestände des Kontingents, das der indische König Candragupta Maurya dem Seleukos I. Nikator gegeben hatte. Die Römer verloren eine Schlacht nach der anderen, und Pyrrhos kam bis auf 60 km an Rom heran. Aber zum einen waren Pyrrhos' Siege auch für ihn ungeheuer verlustreich – daher eben der sprichwörtlich gewordene Ausdruck

Die Bildnisbüste des Königs Pyrrhos von Epirus im Museo Archeologico Nazionale, Neapel, ist eine römische Kopie nach einem zeitgenössischen Original. Sie schmückte die Villa dei Papiri bei Herculaneum. In der spätrepublikanischen Zeit verehrte man Pyrrhos als großen griechischen Feldherrn und nahm an seiner Gegnerschaft zu Rom keinen Anstoß.

MITTELITALIEN UM 300 V. CHR.

Pyrrhussiege –, und zum anderen trat der Effekt nicht ein, den er sich nach seinen Erfahrungen im Osten vorgestellt hatte: Die römischen Bundesgenossen fielen nicht ab. Da er zudem auch wohl ein etwas unsteter Geselle war, kam ihm ein weiterer Hilferuf sehr gelegen. Auf Sizilien sahen sich die dortigen Griechenstädte nach Unterstützung gegen die Karthager um. Tatsächlich eroberte Pyrrhos fast die gesamte Insel, erschien aber nach politischen Misserfolgen wieder in Italien. Die Römer hatten sich inzwischen mit seiner Art der Kriegführung vertraut gemacht und erlitten 275 v. Chr. in der Schlacht bei Maleventum im Süden Samniums wenigstens keine Niederlage; ihre Interpretation machte aus diesem Unentschieden einen Sieg, sie tauften die Stadt entsprechend um, und seitdem heißt sie Beneventum (Benevent). 274 ging Pyrrhos wieder nach Griechenland, glaubte nun dort ein Königreich zu gewinnen und fiel 272 bei einem Straßenkampf in Argos.

Rom und die Sicherung Italiens

Rom beherrschte jetzt Italien, und während wir bisher in einer ununterbrochenen Abfolge von Kriegen schon fast geschwelgt haben, ist es endlich an der Zeit, einen Blick hinter diese äußeren Daten und Ereignisse zu werfen und zu fragen, wie denn diese militärischen Vorgänge politisch zustande gekommen und verarbeitet worden sind.

Die früheste, unmittelbarste und rigoroseste Art, mit Besiegten umzugehen, war die Annexion. Das Land wurde römisches Territorium, die Bewohner wurden römische Bürger, und Teile des annektierten Landes wurden Römern *viritim,* also Mann für Mann, einzeln angewiesen, daher hieß das Viritanassignation. Die bisher selbstständigen Städte wurden belassen, hatten eine beschränkte Selbstverwaltung und mussten im Übrigen alle Lasten tragen *(munus capere),* woraus sich die Bezeichnung *municipium* entwickelt hat.

Mit der Ausdehnung des römischen Staatsgebietes verloren derartige Eingemeindungen aus verschiedenen Gründen ihre Praktikabilität. Die römische Herrschaft war streckenweise so instabil, dass sie dauerhaft militärisch gesichert werden musste, und das geschah durch die Ansiedlung römischer Bürger in geschlossenen Ortschaften. Dieser kollektive Vorgang war keine Viritanassignation mehr, und die Neusiedler stellten als Teile des römischen Heeres eine Art permanenter und dabei sehr wirksamer Besatzung dar. Eine solche Ansiedlung hieß *colonia* (von *colere:* das Land bebauen), und dieser Typ der Kolonie, also die *colonia civium Romanorum,* wurde in der Nähe Roms, vor allem an der Küste eingerichtet, wo die mögliche Bedrohung als besonders intensiv

Ein römischer Krieger aus der Zeit der Samnitenkriege ist auf einem Beinrelief aus Palestrina wiedergegeben (Rom, Museo Nazionale di Villa Giulia; rechts).

Ein wichtiges Zentrum der Volsker war die Stadt Satricum, welche die Römer 385 v. Chr. als Kolonie neu gründeten und verteidigten. Der alte Tempel der Göttin Mater Matuta aus dem frühen 5. Jahrhundert v. Chr. auf der Burg blieb von den Kämpfen jedoch verschont. Zu seinem Schmuck gehörte eine tönerne Figurengruppe von Silen und Mänade (Rom, Museo Nazionale di Villa Giulia).

empfunden wurde; die wichtigsten derartigen Kolonien waren Ostia und Antium.

Aber auch hier wirkte sich bald das Faktum der immer größeren Entfernung von Rom aus, die es unzweckmäßig erscheinen ließ, römische Vollbürger anders als in Rom und in seiner näheren Umgebung siedeln zu lassen. Solchen immer weiter von Rom auf römischem Staatsland gegründeten Kolonien wurde eine Variante des

Das Wahrzeichen Roms ist bis heute die Bronzestatue der römischen Wölfin (Rom, Konservatorenpalast). Im 5. Jahrhundert v. Chr. wurde sie wohl als Weihgeschenk für den Kriegsgott Mars geschaffen. In der Renaissancezeit wurde sie vom Bildhauer Antonio da Pollaiuolo ergänzt. Er fügte nach dem Vorbild anderer Darstellungen – unten eine Münze von 269 v. Chr. – das Zwillingspaar der sagenhaften Stadtgründer Romulus und Remus hinzu.

römischen Bürgerrechts gegeben, die der entsprach, die die früheren Neugründungen bekommen hatten, welche Rom mit den Latinern zusammen unternommen hatte. Sie hatten volle Rechtsgemeinschaft mit Rom *(conubium, commercium),* waren aber sonst selbstständige Städte mit eigenem Bürgerrecht, das allerdings eine entscheidende Einschränkung erhielt: Jeder Angehörige einer solchen *colonia Latina* bekam in dem Augenblick das volle römische Bürgerrecht (wieder), wenn er (wieder) nach Rom zog (und einen Sohn in der Kolonie hinterließ). Diese latinischen Kolonien sind das eigentliche Herrschaftsinstrument Roms über Italien geworden; Cicero nannte sie »Bollwerke der römischen Herrschaft«.

Die meisten Städte Italiens aber blieben selbstständig, es wurde ihnen ein Teil ihres Territoriums entzogen, und Rom schloss mit ihnen Bündnisverträge, *foedera.* Ein solches *foedus* wurde je nach dem Verhalten der Stadt unterschiedlich ausgestaltet (*foedera aequa* oder *iniqua:* gleiche oder ungleiche Bündnisse); immer aber verpflichtete es die Stadt, keine eigene Außenpolitik zu betreiben und im Kriegsfall, den ausschließlich Rom feststellen durfte, Rom Heeresfolge zu leisten. Jede verbündete Stadt hatte ihre kriegstauglichen Männer nach Rom zu melden, wo sie in einer großen Liste zusammengefasst waren.

Das römische Bundesgenossensystem – auch Wehrgenossenschaft genannt – ist also ein Gebilde, das erst allmählich und nur dadurch entstanden ist, dass auf aktuelle Herausforderungen aktuelle Antworten gefunden werden mussten. So war gegen das letzte Viertel des 3. Jahrhunderts v. Chr. etwa die folgende Situation entstanden: Das Kerngebiet der römischen Herrschaft, das römische Staatsland – der *ager Romanus* –, erstreckte sich wie ein Block quer über Mittelitalien, vom Tyrrhenischen bis zum Adriatischen Meer, im Südwesten (Kampanien) und Nordosten *(ager Gallicus)* noch ein Stück weiter an der Küste entlang. An seinen Rändern – und im Fall von Luceria, Venusia und dem 244 v. Chr. angelegten Brundisium sogar darüber hinaus – war es eingerahmt und gesichert von Kolonien latinischen Rechts. Die Städte außerhalb dieses Machtblocks waren sämtlich mit Rom verbündet, und diese abgestufte, ineinander greifende, aber im Entscheidenden, nämlich im Militärischen, kompromisslose Organisation hielt gerade wegen dieser politischen klugen Ausdifferenziertheit fest zusammen.

Die Plebejer streiken – Der Ständekampf

Nach dem Sturz des Königtums herrschte der patrizische Adel, und an die Stelle des Königs trat als Oberbeamter der Prätor, der *praetor maximus*. Aus der Etymologie des Wortes – *praeitor:* der, der vorangeht – ist zu schließen, dass das Amt vorwiegend militärischen Charakter hatte, ähnlich wie bei dem deutschen Wort »Herzog«. Wie in Adelsstaaten üblich, wo jeder Adlige eifersüchtig darauf achtete, dass die Standesgenossen nicht zu viel Macht anhäuften, war seine Amtsdauer auf ein Jahr beschränkt.

Wie viele Klienten und Freunde gehen im Zug mit, wenn ein Mann aus vornehmer Familie zu Grabe getragen wird? Eine Familie aus Amiternum in den Abruzzen zeigt, was für einen prächtigen Leichenzug sie auf die Beine stellen konnte (L'Aquila, Museo Nazionale, 1. Jahrhundert v. Chr.). Der Tote wird wie ein Lebender beim Gelage dargestellt.

Aber der Adel missbrauchte seine Macht, und dagegen griffen die Plebejer zum einen zu einem Mittel, das mit Recht darauf baute, dass der gemeinsame Staat auf ihre Mitwirkung angewiesen war, und sei es nur in ihrer Rolle als Soldaten. Dieses Mittel war die Verweigerung, heute Streik genannt: Die Plebejer zogen aus, auf den Aventin, einen sakral geschützten Berg. Dort befand sich ein Tempel der römischen Göttin Ceres, in dessen Schutz sie sich begaben. Die nötige Organisation schufen die Plebejer zunächst dadurch, dass sie sich eigene Ämter gaben, die ihre Bezeichnung von dem Tempel *(aedes),* erhielten; sie wurden also *aediles*, Ädile, genannt. Zum anderen gaben sie ihren Zusammenkünften eine Form, vielleicht in Anlehnung an die staatliche Volksversammlung. Während diese aber noch nach Kurien zusammentrat, trat die Menge der Plebejer, die *plebs,* nach geographischen Bezirken zusammen, nach *tribus,* die hier also nicht

Magistrate hatten die Gewalt zur Züchtigung römischer Bürger bis hin zur Tötung. Die von den Plebejern im Ständekampf durchgesetzte »Provokation«, das heißt die Möglichkeit zur Berufung vor den Komitien, wurde später auch beim Militär angewandt. Der Denar (110/109 v. Chr.) zeigt links einen Bürger, der von einem Soldaten im Beisein eines Amtsdieners gezüchtigt werden soll.

mehr die alten gentilizischen *tribus* waren. Diese Versammlung wurde die *concilia plebis* genannt, ihre Beschlüsse hießen »Meinungsäußerungen der *plebs*« *(plebis scita).*

Der wichtigste Beschwerdepunkt waren die Übergriffe der patrizischen Magistrate gewesen, und dagegen half nur konkretes Vorgehen. Die *plebs* schuf sich daher ein weiteres Amt, und die Inhaber dieses Amtes, die Volkstribunen *(tribuni plebis),* hatten die Aufgabe, in allen Fällen, in denen ein Plebejer von einem patrizischen Magistraten körperlich gezüchtigt werden sollte, gewaltsam dazwischenzutreten und den Plebejer dem Patrizier zu entreißen. Dazwischentreten heißt *intercedere,* daher brauchte der Volkstribun später nur *intercedo* (ich trete dazwischen) oder *veto* (ich verbiete) zu sagen, und der Magistrat musste von dem Plebejer ablassen. Die Volkstribunen wurden durch einen Eid mit sakraler Unverletzlichkeit ausgestattet *(sacrosanctitas),* sodass sie ohne Bedenken dieses Hilferecht *(ius auxilii)* ausüben konnten.

Im militärischen Bereich wurde die Mitbestimmung der Fußsoldaten erreicht, die sich ja auf eigene Kosten bewaffnen mussten. Ihr Mitbestimmungsrecht betraf die Grundfragen, ob überhaupt gekämpft beziehungsweise Frieden geschlossen werden und wer das Kommando führen sollte. Darüber zu beschließen wurde irgendwann im 5. Jahrhundert v. Chr. Sache des Heeres. Das Heer war in Hundertschaften eingeteilt *(centuriae),* und so entstand eine zweite Art der Volksversammlung neben den bereits erwähnten *comitia curiata* (Kuriatkomitien), nämlich die *comitia centuriata* (Zenturiatkomitien). Weil innerhalb des *pomeriums* keine Waffen getragen werden durften, traten die Zenturiatkomitien auf der anderen Seite des Kapitolshügels zusammen, auf dem Marsfeld, und bis zum Ende der Römischen Republik entschieden die Zenturiatkomitien über Krieg und Frieden und wählten die Magistrate mit militärischer Kompetenz.

Die Selbstorganisierung der *plebs* und die Schaffung der Zenturiatkomitien waren Akte des Volkes, mit denen es sich schützte und die ihm Mitbestimmung einbrachten. Sie hatten aber noch nicht die gesamte Mitwirkung erbracht, modern ausgedrückt nur das aktive, nicht das passive Wahlrecht. Aber auch dieses wurde erstritten, und nach der Gallierkatastrophe, die ja, so konnte jedenfalls argumentiert werden, auch durch ein Versagen der Patrizier mitverursacht war, wurde die Frage des militärischen Oberbefehls und der Beteiligung der Plebejer neu geregelt. An die Stelle des einen Oberbeamten, des Prätors, traten nun zwei Konsuln, von denen der eine ein Plebejer sein konnte, und wahrscheinlich ist der Name dieser Oberbeamten, *consules,* weniger aus dem Wort *consulere* (beraten, Maßnahmen treffen) entstanden, sondern aus *consalire* (zusammenspringen, zusammenwirken), denn von nun an konnten gültige Amtshandlungen nur beide zusammen ausführen; jedenfalls durfte der eine Konsul der

Die Patrizier stützten ihre Stellung auf ihre legendäre Opferbereitschaft für den Staat. So soll sich Marcus Curtius 362 v. Chr. in voller Rüstung und zu Pferde in einen Felsspalt gestürzt haben, der auf dem Forum entstanden war. Der Götterzorn war dadurch besänftigt und der Abgrund schloss sich wieder. Vermutlich diese Szene ist auf einem Relief spätrepublikanischer Zeit dargestellt (Rom, Konservatorenpalast).

Aus dem 3. Jahrhundert v. Chr. stammt dieser angeblich Brutus darstellende Bronzekopf im Konservatorenpalast, Rom. Seit dem 4. Jahrhundert v. Chr. errichtete man in Rom Ehrenstatuen einflussreicher Männer. Die Sitte selbst wie die künstlerische Gestaltung der Skulpturen lehnt sich eng an das Vorbild Griechenlands an.

Amtshandlung seines Kollegen nicht widersprechen, wenn sie gültig bleiben sollte. Der Überlieferung nach sollen 367 v. Chr. zwei Volkstribune, Gaius Licinius Stolo und Lucius Sextius Sextinus Lateranus, entsprechende Gesetze zur Verabschiedung gebracht haben, die so genannten Licinisch-Sextischen Gesetze. Der Prätor stieg in der Rangfolge ab. Seine Kompetenz wurde die Gerichtsbarkeit, aber an seine frühere Position erinnerte immer die Tatsache, dass er Inhaber des *imperiums* blieb, also des Rechtes, Truppen zu kommandieren, und dass er in den Zenturiatkomitien gewählt wurde. Schließlich wurde als patrizisches Gegengewicht für die plebejischen Ädilen das Amt zweier kurulischer Ädilen mit innerstädtischer Polizeigewalt geschaffen.

Westgriechisch (Cumae)	Archaisch-Südetruskisch	Archaisch-Lateinisch	Klassisch-Lateinisch	Lautentsprechung
Λ,Α	Α	Λ,Α	Α	a
Β,Β		Β,Β	Β	b
Λ,C	)	)	C	k
Δ,D		D	D	d
Ε	Ε	Ε	Ε	e
F,C		F	F	f
			G	g
Β,Η	Β	Β	Η	h
Ι	Ι	Ι	Ι	i, j
Κ	Κ	Χ,Κ	Κ	k
L	J	J	L	l
M	M	M	M	m
N	Υ	Υ	N	n
Ο		Ο	Ο	o
Γ	1	1Ρ	Ρ	p
Ϙ	Ϙ	Ϙ	Q	q
Ρ,Ρ	D	q	R	r
Σ,Σ	Σ	Σ	S	s
Τ	Τ	Τ,Τ	Τ	t
Υ,V	V	V	V	u, w
Χ,+		Χ	Χ	ks
			Υ	y
			Ζ	ts

LATEINISCHE SCHRIFT

Die lateinische Schrift fußt auf dem griechischen Alphabet, wie es im unteritalischen Cumae gebraucht wurde. Vermittler waren wohl seit dem 7. Jahrhundert v. Chr. die Etrusker. Sie sprachen kein weiches »g« und verwendeten daher das griechische Gamma (in der Schreibung »C«) für den Laut »k«. Darin folgten ihnen die Römer, die den dafür vorgesehenen Buchstaben »K« praktisch nicht mehr benutzten und das gleich lautende »Q« auf die Verbindung »Qu« einengten. Das aus dem »C« neu geschaffene »G« rückte im Alphabet an die Stelle des weggefallenen griechischen Zeta; im Lateinischen gibt es nämlich keinen Laut »ts« und unsere Aussprache des Namens »Cicero« als »tsitsero« geht auf die mittelalterliche Sprechweise zurück. Erst

spät kamen die Buchstaben »Y« und »Z« für griechische Namen und Fremdwörter in Rom auf.

Die älteste lateinische Inschrift aus der Zeit um 600 v. Chr. steht auf einer Gewandnadel aus Praeneste (Palestrina): »Manius machte mich für Numerius« (oben). Bis in spätrepublikanische Zeit war die Rechtschreibung sehr uneinheitlich: So nennt die Ehreninschrift am Sarg des Senators L. Cornelius Scipio seine Ämter in der Überschrift »AIDILES«, »COSOL« und »CESOR«, im Text dagegen »AIDILIS«, »CONSOL« und »CENSOR«. (Heute schreiben wir Ädil, Konsul und Zensor.)

Im Jahr 300 v. Chr. ergingen zwei Gesetze, die die Rechtsstellung der Plebejer letztmalig verbesserten. Durch eine *lex Valeria de provocatione* wurde bestimmt, dass kein römischer Bürger mehr durch einen Magistraten endgültig zum Tode verurteilt werden durfte, sondern dass der Verurteilte immer die Volksversammlung, die Zenturiatkomitien, anrufen durfte; und eine *lex Ogulnia* bestimmte, dass Plebejer nun auch Zutritt zu den Priesterämtern der *pontifices* und der Auguren bekamen; bei dieser Gelegenheit spätestens ist auch das Eheverbot zwischen Patriziern und Plebejern aufgehoben worden. Den Abschluss bildete die Schaffung einer dritten Art der Volksversammlung, der *comitia tributa* (Tribuskomitien). Das war das nach *tribus*, also nach geographischen Kriterien zusammengetretene Volk. Es gab vier städtische *tribus*, und es kamen immer mehr ländliche hinzu. 241 v. Chr. waren es dann insgesamt 35. Eine *lex Hortensia* von 267 v. Chr. stellte die Beschlüsse der *concilia plebis* denen der

Tribuskomitien gleich. Sie unterschieden sich ja nur dadurch, dass in der Plebsversammlung die Patrizier fehlten, deren Anzahl völlig unerheblich war.

Die Zulassung der Plebejer zu den Staatsämtern führte nicht zu einer völligen Durchlässigkeit der römischen Gesellschaft, obwohl es, ganz äußerlich betrachtet, jetzt jeder Römer bis zum Konsul bringen konnte. Das Ergebnis war vielmehr, dass sich jetzt ein neuer Adel herausbildete, der aus den alten Patriziern und denjenigen Plebejerfamilien bestand, die bis in die Staatsspitzen vordringen konnten. Das waren nicht allzu viele, sondern ein im Laufe der Zeit einigermaßen fest umgrenzter Kreis. Sie saßen als ehemalige oder amtierende Magistrate – seit dem 3. Jahrhundert v. Chr. einschließlich der Volkstribune – zusammen mit ihren Kollegen aus dem Patrizierstand im Senat, und deshalb erhielt diese neue, aus Patriziern und Plebejern zusammengesetzte Adelsschicht die Bezeichnung *ordo senatorius* (Senatorenstand oder Senatsaristokratie).

Wie man in Rom politische Karriere macht – Staat und Gesellschaft im republikanischen Rom

Das monarchische Element der römischen Verfassung oder die mögliche Karrierelaufbahn des Einzelnen

Wenn man sich nach diesem historischen Schnellüberblick überlegt, wie man die politischen Organe gliedern soll, dann bietet sich die Gliederung an, die die griechische Staatstheorie an Verfassungen angelegt hat. Insbesondere Polybios hat das mit der römischen Verfassung getan und war erstaunt, in ihr wirklich das zu finden, was sich die griechischen Denker als theoretisches Idealbild einer Verfassung vorgestellt hatten, nämlich eine ausgewogene Mischung zwischen monarchischen, aristokratischen und demokratischen Elementen. Wir fangen mit dem monarchischen Element an und versetzen uns in die Lage eines jungen aristokratischen Römers, der – wie fast alle seines Standes – die politische Karriere einschlagen will, und folgen ihm auf dieser Laufbahn so, wie sie durch ein Gesetz des Jahres 180 v. Chr. festgelegt war.

Nach seiner Ausbildung, die er vor allem von Privatlehrern erfahren hatte, hatte der junge Mann mit der Volljährigkeit, also mit 18 Jahren, ins Heer einzutreten. Er diente dort zehn Jahre lang als Stabsoffizier (Militärtribun), und dieser Heeresdienst, der meistens eine Teilnahme an wirklichen Kriegen war, prägte den adligen Römer sein ganzes Leben. Danach konnte er sich erstmals zur Wahl in eines der höheren Ämter stellen, in die Quästur. Ein Quästor war als Gehilfe höherer Magistrate gedacht, vornehmlich in der Finanzverwaltung.

Der griechische Geschichtsschreiber **Polybios von Megalopolis,** der als Befehlshaber der achäischen Kavallerie kämpfte, kam nach der Niederlage Makedoniens bei Pydna 168 v. Chr. nach Rom, wo er in der vornehmen Familie der Scipionen in einer Art Hausarrest festgehalten wurde. Er entwickelte sich nicht nur zu einem intimen Kenner der Römer, sondern er kam auch zu der Überzeugung, dass die römische Verfassung und Sozialstruktur der griechischen überlegen war. Demgemäß sah er im Aufstieg Roms keinen Zufall, auch nicht das Ergebnis bloßer militärischer Überlegenheit. Er nahm sich vor, seine griechischen Landsleute darüber aufzuklären, und verfasste daher eine Universalgeschichte in 40 Büchern, in denen er Roms Aufstieg darstellte und erklärte. Von diesem Werk sind vollständig nur die ersten fünf Bücher erhalten, von Buch sechs ein wesentlicher Teil, die übrigen nur in Fragmenten und Auszügen. Das Erhaltene bietet aber immer noch nicht nur eine Fülle geschichtlichen Materials, es beeindruckt auch durch das Niveau, mit dem ein hochgebildeter Grieche den welthistorischen Prozess der römischen Expansion mit den Mitteln analysiert, die das griechische politische Denken bereitgestellt hatte. Polybios verarbeitete eine jahrhundertealte historiographische Tradition zu einem hochreflektierten und doch vitalen Werk eigenen Charakters.

Lucius Iunius Brutus, der legendäre Begründer der Republik, schreitet auf dieser Münze zwischen zwei Liktoren (vor ihnen ein weiterer Beamter). Er galt als Königsmörder und Vorkämpfer der römischen Freiheit, daher erscheint die Freiheitsgöttin Libertas auf der Vorderseite. Die Münze wurde um 54 v. Chr. vom jungen Marcus Iunius Brutus geprägt, der als Mörder Caesars dem Beispiel seines berühmten Ahnherren nachfolgte.

Kinder aus guter Familie trugen eine purpur verbrämte Toga und ein Goldamulett (bulla). In einer religiösen Zeremonie legten sie beides mit etwa 14 bis 17 Jahren ab und trugen von nun an die weiße Kleidung der Vollbürger (toga virilis). Die Statue zeigt den jungen Nero als Kronprinzen, die abgebildete Bulla wurde in Pompeji gefunden (Neapel, Museo Archeologico Nazionale).

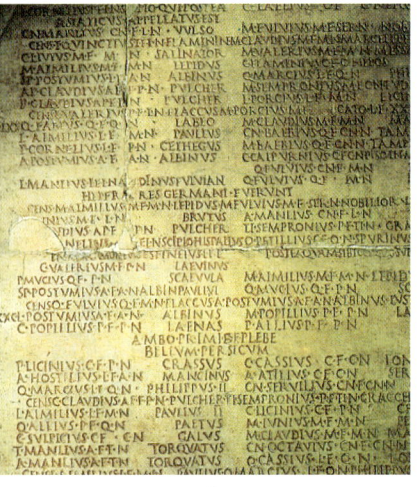

Eine Liste der römischen Konsuln von der Gründung der Republik wurde in der Zeit des Kaisers Augustus an einem Triumphbogen auf dem Forum Romanum angebracht. Der abgebildete Teil bezieht sich auf das frühe 2. Jahrhundert v. Chr. Eingefügt sind wichtige geschichtliche Ereignisse und die Namen der Zensoren (Rom, Konservatorenpalast).

Die Ädilität war das nächsthöhere Amt, das er nach dieser Regelung frühestens mit 37 Jahren innehaben konnte. Die Aufgaben der vier Ädilen waren die Aufsicht über die öffentliche Ordnung in der Stadt Rom, auch über die Märkte, und die Abhaltung religiöser Feierlichkeiten, wozu auch die Ausrichtung öffentlicher Spiele gehörte. Das nächste Amt war die Prätur, die er frühestens im Alter von 40 Jahren erhalten durfte. Es gab die beiden Gerichtsprätoren, den *praetor urbanus,* der mit der Aufgabe der Rechtsprechung zwischen römischen Bürgern betraut war, und den *praetor peregrinus,* dessen Aufgabe die Rechtsprechung zwischen römischen Bürgern und Nichtbürgern war. Zu diesen zwei Prätoren kamen später vier weitere hinzu, die als Provinzstatthalter fungierten; am Ende der Republik waren es acht. Prätoren wurden von den Zenturiatkomitien gewählt, sie hatten, was sie als Statthalter auch brauchten, das *imperium,* also die staatliche Vollgewalt, die sie auch zur Führung militärischer Kommandos befähigte.

Mit frühestens 43 Jahren konnte man dann Konsul werden, ebenfalls durch Wahl in den Zenturiatkomitien. Das Konsulat war das höchste Amt im Staat und wurde von zwei Männern bekleidet, nach denen das Jahr benannt wurde (*C. Iulio Caesare M. Calpurnio Bibulo consulibus* – das Jahr, in dem Gaius Iulius Caesar und Marcus Calpurnius Bibulus Konsuln waren: 59 v. Chr.). Den Konsuln gingen zwölf Liktoren voraus (den Prätoren sechs), die die *fasces* trugen, Rutenbündel, in denen eine Axt steckte, ein Zeichen der absoluten Gewalt.

Drei weitere Ämter standen außerhalb dieser Regellaufbahn, des *cursus honorum.* Die zehn Volkstribunen wurden nicht von den Komitien, sondern von den *concilia plebis* gewählt, Patrizier konnten dieses Amt nicht bekleiden, und es war auch keine Voraussetzung dafür, dass man in ein höheres Amt gewählt wurde. Die beiden Zensoren wurden von den Zenturiatkomitien gewählt, und ihr Amt war in gewisser Weise die Krönung einer Politikerlaufbahn, wenn es auch an staatlicher Kompetenz nicht über, sondern sozusagen neben dem Konsulat stand. Die Zensoren hatten nämlich keine allgemeine Befehlsgewalt, sondern nur zwei bestimmte Aufgabenkreise. Der eine war die *lectio senatus,* also die Bestimmung darüber, wer Mitglied des Senats war, die andere war die Vergabe von Staatsaufträgen, also etwa für die Errichtung öffentlicher Bauten wie Wasserleitungen und Straßen oder für die Belieferung der Heere mit Proviant und sonstigen Ausrüstungsgegenständen. Die Zensoren hatten eine Amtszeit von fünf Jahren, schlossen ihre Tätigkeit aber gewöhnlich nach rund anderthalb Jahren ab. Das dritte Amt ist das Notstandsamt des Diktators; er wurde auf Vorschlag des Senats von einem Konsul für sechs Monate zur Behebung eines konkreten Notstands ernannt; ab etwa 200 v. Chr. fand das nicht mehr statt.

Allen Ämtern, mit Ausnahme der irregulären des Zensors und des Diktators, war die Amtsdauer von einem Jahr gemeinsam; von *annus* (das Jahr) sich herleitend, heißt dieses Prinzip »Prinzip der Annuität«. Ebenso gemeinsam war ihnen, dass sie – wieder mit der aus dem Zweck folgenden Ausnahme des Diktators – mit mehreren Inhabern besetzt waren; das ist das »Prinzip der Kollegialität«. Weiter war es in der Regel so, dass jedes Amt nur einmal bekleidet werden durfte (Verbot der Iteration, das heißt der Wiederholung). Und schließlich durften nicht mehrere Ämter gleichzeitig innegehabt werden, es bestand also das Verbot der Kumulation. Alle diese Regelungen sollten verhindern, dass das Amt dem Inhaber zu viel Macht gebe, und alle waren Prinzipien, wie sie sich in einer Adelsgesellschaft herausbilden, in der die Standesgenossen streng darauf achten, dass keiner der ihren sich über die anderen erhebt.

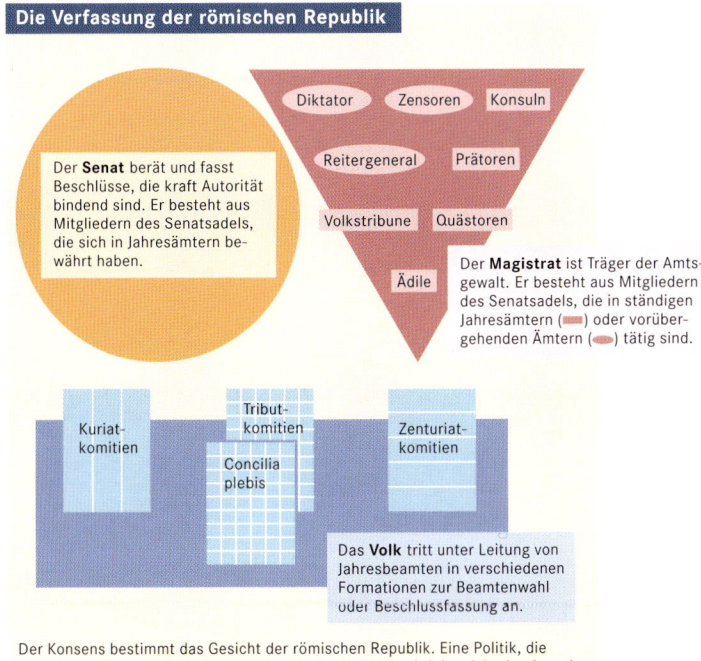

Die Verfassung der römischen Republik

Der **Senat** berät und fasst Beschlüsse, die kraft Autorität bindend sind. Er besteht aus Mitgliedern des Senatsadels, die sich in Jahresämtern bewährt haben.

Diktator · Zensoren · Konsuln
Reitergeneral · Prätoren
Volkstribune · Quästoren
Ädile

Der **Magistrat** ist Träger der Amtsgewalt. Er besteht aus Mitgliedern des Senatsadels, die in ständigen Jahresämtern (▬) oder vorübergehenden Ämtern (▬) tätig sind.

Kuriat-komitien · Tribut-komitien · Concilia plebis · Zenturiat-komitien

Das **Volk** tritt unter Leitung von Jahresbeamten in verschiedenen Formationen zur Beamtenwahl oder Beschlussfassung an.

Der Konsens bestimmt das Gesicht der römischen Republik. Eine Politik, die nicht von der gesamten (!) Senatsaristokratie getragen wird, ist nicht durchsetzbar. Sie wird durch den Einspruch übergeordneter oder gleichrangiger Institutionen unterbunden, ihre Vertreter sind nach Ablauf der Amtszeit politisch erledigt.

Auf einem Relief von einem Grabbau der Kaiserzeit im Kreuzgang von San Paolo fuori le mura, Rom, sind die Rutenbündel (fasces) dargestellt, die die Liktoren den Konsuln und Prätoren vorantrugen.

Besonders charakteristisch und fein ausgebaut war das Prinzip der Kollegialität. Es bedeutete nicht nur, dass es zwei gleichberechtigte Inhaber für ein bestimmtes Amt gab, es bedeutete darüber hinaus auch, dass jeder Amtsinhaber jede Amtshandlung des anderen verbieten konnte mit der rechtlichen Wirkung, dass sie durch Erheben des Widerspruchs als nicht erfolgt galt. Dieses Verbot geschah durch das Wort *veto* (ich verbiete) oder durch *intercedo* (ich trete dazwischen, ich verhindere). Das Verbotsrecht bestand aber nicht nur innerhalb eines kollegial besetzten Amtes, sondern auch hierarchisch von oben nach unten. Jeder Inhaber eines übergeordneten Amtes konnte die Amtshandlung eines Magistraten eines darunter stehenden Amtes verbieten. Insbesondere deshalb, und nicht wegen der Reihenfolge, in der man für Ämter kandidieren musste, kann von höheren und niedrigeren Ämtern gesprochen werden; nur die Volkstribunen konnten außerhalb dieser Hierarchie gegen sämtliche anderen Ämter interzedieren, also bis hin zu den Konsuln.

Das aristokratische Element der römischen Verfassung: Der Senat

Die Curia Iulia, der Sitzungssaal des Senats am Forum Romanum. Der Vorsitzende saß auf dem flachen Podest im Hintergrund, seitlich die Sitzungsteilnehmer. Das Gebäude wurde unter Caesar errichtet und nach einem Brand von Kaiser Diokletian erneuert (303 n. Chr.). Die ursprüngliche Marmortäfelung ist bis auf wenige Reste verloren.

Das aristokratische Element war der Senat. Er setzte sich aus den amtierenden und allen ehemaligen Magistraten zusammen, einschließlich der Volkstribunen, und demgemäß hatte er keine feste Mitgliederzahl, umfasste aber regelmäßig rund 300 Mann. Senatsmitglied wurde man aber nur mit dem Votum der Zensoren, das so aussah, dass die Zensoren zu Beginn ihrer Amtszeit die Liste der Senatsmitglieder verlasen. Wer bei dieser *lectio senatus* nicht genannt wurde, war entweder nicht aufgenommen oder, wenn er bisher Senator gewesen war, ausgestoßen. Das geschah wegen schweren Fehlverhaltens, war aber natürlich nicht die Regel; die Regel war die Aufnahme während der Amtszeit als staatlicher Magistrat. Die Kompetenzen des Senats waren nichtrechtlicher Natur, rechtlich war er ein rein beratendes Gremium; seine Beschlüsse hießen daher *senatus consulta* (Ratschläge des Senats).

Freilich war es keinem Beamten anzuraten, sich gegen den Senat zu stellen. Der Senat war nämlich gesellschaftlich die Versammlung der großen regierenden Familien, und wer sich ihnen widersetzte, lief Gefahr, zum letzten Mal Politik betrieben zu haben. Entsprechend aristokratisch gingen die Beratungen vor sich, nämlich unter genauer Beachtung des politisch-gesellschaftlichen Prestiges der Senatoren. Der sitzungsleitende Beamte berichtete in einer *relatio* über das zu beratende Problem, stellte einen entsprechenden Antrag, und dann wurden die Senatoren ihrem Range gemäß befragt, äußerten also ihre Meinung *(sententia)* in einer ganz bestimmten Reihenfolge. Zuerst kamen die Konsulare an die Reihe, also die ehemaligen Konsuln, und zuallererst diejenigen unter ihnen, die auch Zensoren gewesen waren, dann bestimmte sich die Reihenfolge nach dem Amtsalter; nach den Konsuln die Prätorier, die Ädilizier, die ehemaligen Volkstribunen und die Quästorier – aber in aller Regel kam es nicht dazu, dass nun alle, womöglich bis zu den niedrigsten Rängen hin, ihre Meinung sagten. Es genügte, wenn sich die Senatoren mit der höchsten *auctoritas,* dem höchsten politischen Prestige, geäußert hatten, dann wurde abgestimmt, und zwar durch Auseinandertreten. Die minderen Herren, die nichts gesagt hatten, traten nur stumm auf die Seite, die sie bevorzugten.

Entscheidendes Gewicht erhielt die Stimme eines römischen Politikers durch die Bedeutung seiner Familie. Die Bildnisse der Vorfahren spielten daher eine wichtige Rolle. Eine Statue augusteischer Zeit im Konservatorenpalast, Rom, stellt einen Senator mit seinen Ahnenporträts dar.

Das demokratische Element der römischen Verfassung:
Die Volksversammlungen

Das demokratische Element bildeten natürlich die verschiedenen Arten der Volksversammlungen. Die Kuriatkomitien können wir wegen ihrer Bedeutungslosigkeit vernachlässigen, aber was bisher über die Zenturiatkomitien gesagt wurde, muss noch erheblich modifiziert werden. Ihr Ursprung war zunächst ganz einfach der gewesen, dass sie das in Hundertschaften aufmarschierte römische Bürgerheer darstellten, das über Krieg und Frieden und über die Wahl der Imperiumsträger entschied. Ihre Zusammensetzung änderte sich jedoch erheblich. Zum einen übernahmen diese Komitien nicht die organisatorische Weiterentwicklung des Heeres, etwa die Manipeltaktik, sondern verharrten bei der Einteilung in Zenturien. Zum Zweiten änderte sich auch die Zusammensetzung der Zenturien.

Die ursprüngliche Heeresgliederung hing ja dergestalt eng mit der Vermögenslage des einzelnen Bürgersoldaten zusammen, dass sein Vermögen auch seine Stellung im Heer bestimmte. Je wohlhabender er war, umso höher war sein Rang, weil eine bessere Vermögenslage auch eine bessere Ausrüstung zur Folge hatte. So stellten die Angehörigen der höchsten Vermögensklasse die teure Reiterei, und dann ging es hinunter über die Fußsoldaten bis zu den *capite censi,* den nur nach Köpfen Veranlagten, die also außer ihrer Existenz nichts weiter einzubringen hatten. Da nun die Einteilung in die verschiedenen Zenturien – 193 waren es – sich

Das alte Comitium, der Versammlungsplatz am Forum, war ein geweihter Ort. Nördlich tagte der Senat in der alten Curia Hostilia, im Süden hatten auf der Graecostasis die auswärtigen Gesandten ihren Platz, auf den Rostra die Magistrate. Durch Umbauten späterer Zeit wurde das Aussehen stark verändert. Alte Kulteinrichtungen wurden dabei geschont, wie der Lapis Niger (Schwarzer Stein), ein Altar, bei dem man das Grab des Stadtgründers Romulus vermutete.

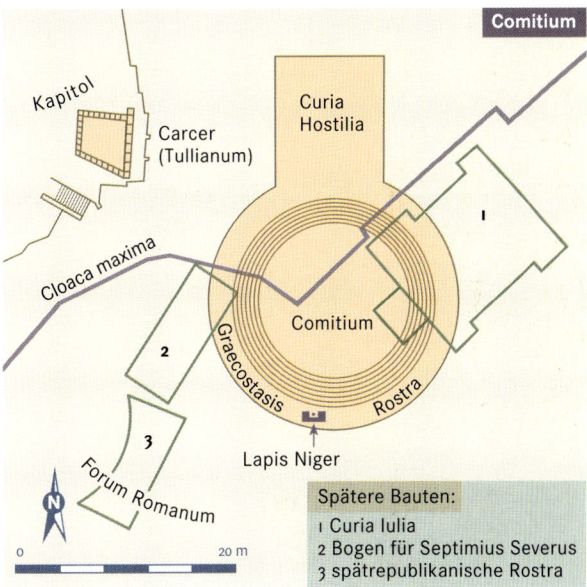

gleich blieb und sich von der konkreten Heeresgliederung löste, kam es dazu, dass die oberen Zenturien weitaus weniger und die unteren weitaus mehr Mitglieder hatten als exakt hundert. Da nun zunächst innerhalb einer Zenturie abgestimmt wurde und nicht die einzelnen Mitglieder der Volksversammlung, sondern nur die Stimmen der Zenturien gezählt wurden, wogen die Einzelstimmen in den Zenturien mit wenigen Mitgliedern weit mehr als die der unteren. Zudem wurde von oben nach unten abgestimmt, das heißt, dass die oberste Reiterzenturie zuerst ihre Stimme abgab, dann die zweite und so fort, und die Abstimmung wurde abgebrochen, wenn eine Mehrheit von Zenturien zusammen war.

Auch bei den Tribuskomitien, die nach Wohnsitz, also einem auf den ersten Blick neutralen Kriterium, gebildet waren, machten sich Verschiebungen bemerkbar. Einmal war die Zugehörigkeit zu einer *tribus* erblich, sodass das Kriterium des Wohnsitzes allmählich verwischt wurde. Dann ist der bloße Wohnsitz doch kein so ganz neutraler Gesichtspunkt, denn in bestimmten Gegenden lebten, wie ja

Der Vorgang der Wahl ist auf der Rückseite eines 113/112 v. Chr. geprägten Denars dargestellt. Die Bürger erhalten von einem Amtsdiener die Stimmtäfelchen, die sie anschließend in eine Urne werfen.

Auf der Rückseite eines Denars von 63 v. Chr. ist ein Bürger bei der Stimmabgabe dargestellt.

Wie ernst das Klientelverhältnis der Frühzeit genommen wurde, zeigt die Bestimmung VIII 21 des Zwölftafelgesetzes:

PATRONVS SI CLIENTI FRAVDEM FECERIT SACER ESTO
Wenn ein Patron seinen Klienten betrügt, soll er verflucht sein.

Das Atrium war der zentrale Teil eines vornehmen römischen Hauses, in dem der Hausherr morgens seine Klienten empfing. Gut erhalten ist das reich geschmückte Atrium in der so genannten Casa Sannitica in Herculaneum.

auch heute noch, teils eher wohlhabende, teils eher bedürftige Leute. Schließlich konnte im Laufe der Zeit bei Bürgerrechtsverleihungen größeren Ausmaßes manipuliert werden: Wenn, wie am Ende des Bundesgenossenkrieges in der späten Republik, größeren Bevölkerungsgruppen eher widerwillig das Bürgerrecht verliehen werden musste, schrieb man sie in die vier städtischen *tribus* ein, obwohl sie da gar nicht wohnten, und auf diese Weise war der Zustrom von Neubürgerstimmen neutralisiert, weil sie ja allenfalls das Ergebnis innerhalb der vier städtischen, nicht aber die Überzahl der 31 ländlichen *tribus* beeinflussen konnten.

Es gab weitere Einschränkungen. Die Versammlungsleitung lag bei den amtierenden Magistraten, nur sie stellten die Anträge, und nur sie präsentierten die Kandidaten. Es konnte also kein beliebiger Bürger, wie in Athen, sich zu Wort melden und zur Sache reden oder gar sich oder jemand anderen zur Wahl in ein staatliches Amt stellen. Was die Angehörigen der verschiedenen Volksversammlungsarten nur konnten, war zuhören und abstimmen. Zudem war die Abstimmung offen, indem man sichtbar ein Täfelchen abgab, auf dem je nachdem VR oder A stand. VR bedeutete *uti rogas* (wie du beantragst), also ja, A bedeutete *antiquo* (ich spreche dagegen), also nein. Bei Wahlen wurde der Name des gewählten Mannes auf das Täfelchen geschrieben. Erst gegen Ende der Republik wurde die geheime Abstimmung eingeführt.

Trotzdem war es dann doch so, dass die wichtigen Entscheidungen hinsichtlich etwa von Krieg und Frieden, der Annahme oder Ablehnung von Gesetzen und der Bekleidung leitender politischer Stellungen nicht von der Aristokratie unter sich ausgemacht wurden, sondern dass das einfache Volk doch das letzte Wort hatte. Die Annahme der Anträge und der Erfolg der Kandidaturen waren keine Formalitäten. Wir wissen, wie heftig und aufreibend die Wahlkämpfe und die Agitation für und gegen bestimmte Gesetzesvorschläge waren; politische Karrieren und Projekte konnten fulminant scheitern, und enttäuschende Abstimmungsergebnisse fanden Jahr für Jahr statt. Demokratie herrschte nicht in Rom, aber es gab doch ein kräftiges demokratisches Element in der Verfassung.

Das Klientelwesen

Die Ursache für die Stärke des demokratischen Elements ist darin zu finden, dass sich zwischen der Senatsaristokratie und der nichtadligen gewaltigen Mehrheit des Volkes ein sozialpsychologisches Verhältnis herausbildete, das die Mittel- und Unterschicht fest an die Oberschicht band – das Klientelverhältnis. Zwischen einem sozial Mächtigen und einem niedriger Gestellten bestand eine gegenseitige Bindung, die jede Seite verpflichtete, dem anderen diejenigen Leistungen zuzuwenden, die dieser brauchte und die man selber erbringen konnte. Der Mächtige, *patronus* genannt, musste dem anderen, dem *cliens,* in wirtschaftlichen oder sonstigen Notlagen helfen; er musste ihn materiell unterstützen, für sein berufliches Fortkommen sorgen, ihn vor Gericht vertreten. Die Gegenleistung des Schwachen bestand ganz allgemein darin, zur Gefolgschaft des Patrons zu gehören, in ganz frühen Zeiten vielleicht mit ihm in den Krieg zu ziehen, in der entwickelten Republik aber darin, ihm in der Volksversammlung seine Stimme zu geben, sei es bei Wahlen oder bei Anträgen.

Je mehr Klienten ein Senator hatte, umso mächtiger war er. Er musste sich diese Stellung aber auch verdienen. Die Klientel vererbte sich zwar in den jeweiligen Familien, die traditionelle Zugehörigkeit des Klienten zu einer der großen Familien konnte aber dann aufgekündigt werden, wenn die jeweiligen Patrone sich nicht mehr kümmerten oder sonst untüchtig waren. Bei dem Anwachsen der römischen Bevölkerung und dem gleich bleibenden Umfang des Senatorenstandes war es im Laufe der Zeit nicht mehr möglich, dass sich jeder Senator um jeden einzelnen Klienten persönlich kümmerte. Diese Schwierigkeit wurde dadurch gemildert, dass sämtliche Angehörige der jeweiligen Senatorenfamilie zur Verfügung standen, wenn einem Klienten geholfen werden sollte; auch an die Frauen dieser Familien konnte man sich wenden, und es gibt Beispiele für effektive Hilfe, die von weiblicher Seite geleistet wurde. Trotzdem trat etwas ein, was »Vermassung der Klientel« genannt worden ist und was nur so bewältigt wurde, dass es Zwischeninstanzen von Personen gab, die nach unten Patron, nach oben Klient waren. Darüber hinaus war es auch üblich, dass sich ganze politische Einheiten, vor allem Städte, in die Klientel eines Senators begaben und von ihm betreut wurden.

Das auch emotional unterfütterte Klientelverhältnis befriedigte viele soziale und psychologische Bedürfnisse, die sich sonst einen Ausweg in direktem politischem Verhalten gesucht hätten. Man gehörte durch Generationen hindurch in die Klientel einer bestimmten Adelsfamilie, fühlte sich zugehörig, stimmte für sie, war stolz darauf, zu ihr zu gehören, von ihr unterstützt zu werden und ihr seinerseits seine bescheidene Hilfe angedeihen zu lassen. Mehr kam hinzu. Generell gesehen fuhr die Mittel- und Unterschicht auch materiell gut unter dem Regiment der Senatsaristokratie. Die wachsende Bevölkerung wurde in Italien entweder durch direkte Landzuweisung oder durch Ansiedlung in Kolonien wirtschaftlich sichergestellt, und obwohl fast ständig Krieg herrschte, wurden diese Kriege doch im Endergebnis immer gewonnen. Sie wurden unter dem Kommando adliger Befehlshaber und Offiziere durchgefochten, und diese gemeinsamen Bewährungsproben in Situationen, in denen es auf Tod und Leben ging, trugen das Ihre dazu bei, auch das gefühlsmäßige Band zwischen Oben und Unten zu festigen. Das Volk sah sich bei dem Senatorenstand gut aufgehoben, man bestand schwere Gefahren gemeinsam erfolgreich. Hoch und Niedrig fanden ihre Identität in dieser Verfassung, die dem Adel eine durch ständige Leistung zu bewährende Führung, dem Volk als ausreichend empfundene Mitwirkungsrechte überließ.

»Cululla empfiehlt Gaius Iulius Polybius als Duumvir« – solche Wahlaufrufe konnte man in Rom ebenso lesen wie hier in Pompeji an einer Tuchmacherwerkstatt. Die richtige Empfehlung konnte wahlentscheidend sein: Der Name »Cululla« wurde nachträglich ausgelöscht, da diese Dame vermutlich nicht die richtige Reputation besaß.

Das Klientelverhältnis war stark im römischen Bewusstsein verankert, noch zu Beginn der römischen Kaiserzeit. Der Autor Macrobius, ein Schriftsteller des 5. Jahrhunderts n. Chr., erzählt folgende Anekdote (Saturnalia 2,4,27):

Ein Veteran erbat von Augustus Beistand in einem gerichtlichen Verfahren, und Augustus bestellte ihm auch sofort einen Prozessvertreter. Da rief der Veteran mit dröhnender Stimme: »Als du, Caesar, bei Actium in Gefahr warst, habe ich keinen Vertreter für mich gesucht, sondern ich habe selber für dich gekämpft!«, und er zeigte seine Narben vor. Da errötete Augustus und kam persönlich zum Prozess, weil er fürchtete, nicht nur hochmütig, sondern auch undankbar zu erscheinen.

Die Mamertiner stammten ursprünglich aus Kampanien. Ein Brustharnisch kampanischer Form aus dem 3. Jahrhundert v. Chr. gelangte vermutlich während der karthagischen Intervention in Sizilien nach Afrika. Er wurde in einem Grab bei Ksour Essaf (Tunesien) gefunden (Tunis, Musée National du Bardo).

Die auf der Insel Ortygia gelegene Altstadt von Syrakus war seit dem 5. Jahrhundert v. Chr. eine der stärksten Festungen im westlichen Mittelmeer.

Friedensbringer und Plünderer – Der Aufstieg Roms zu Großmacht und Weltreich (bis 27 v. Chr.)

Jenseits der Grenzen – Vom 1. Punischen Krieg bis zur Eingliederung Ägyptens

Ein Hilferuf und die Entstehung des 1. Punischen Krieges (264–241 v. Chr.)

Rom hatte vor dem Pyrrhoskrieg jahrzehntelange höchst aufreibende Kriege geführt und brauchte Ruhe. Es beschäftigte sich damit, allerlei Nachbereinigungen vorzunehmen, um die Herrschaft Schritt für Schritt zu sichern, und errichtete in aller Ruhe und planmäßig latinische Kolonien an strategisch wichtigen Punkten: 268 v. Chr. Beneventum in Samnium, im selben Jahr Ariminum an der Adriaküste auf dem *ager Gallicus,* 264 südlich davon in Picenum Firmum (Fermo). Im selben Jahr 264 wurde Rom wie vor Ausbruch des 2. und 3. Samnitenkrieges wiederum zu Hilfe gerufen, diesmal von Messana (Messina) auf Sizilien. Auch hier griff Rom ein, nahm das aber zunächst nicht so wichtig, sondern führte in Italien seine Aufräumungsarbeiten weiter. So errichtete es 263 eine weitere Kolonie in Samnium, Aesernia. Doch zur Überraschung derer, die ein Eingreifen in Messana gegen das Widerstreben des Senats durchgesetzt hatten, weitete sich das Engagement in Messana aus.

In Messana hatten sich italische Söldner, die nach dem Tod des Tyrannen Agathokles von Syrakus ohne militärische Führung waren, festgesetzt, und zwar genau in der mörderischen Art, wie es Stammesgenossen in Rhegion getan hatten, die von den Römern dann zu Recht schwer gezüchtigt worden waren. Diese Räubersoldaten nannten sich nach dem Kriegsgott Mars »Marsleute«, Mamertiner, und begannen, über Messana hinauszugreifen, stießen dabei mit dem Tyrannen Hieron II. von Syrakus zusammen, wurden von ihm besiegt und sahen sich nach Hilfe um, seltsamerweise sowohl in Karthago als auch in Rom. Die Karthager hatten natürlich ein Interesse daran, im Bündnis mit den Mamertinern Syrakus zu bekämpfen. Für Rom sah das anders aus.

Ein schrecklicher Krieg, der Pyrrhoskrieg, war vorbei, man beseitigte gerade seine Folgen, und es gab keinen Grund, über die Straße von Messina zu setzen, sich in einer Gegend zu engagieren, in der man nichts verloren hatte, und sich schließlich auch noch mit Syrakus einzulassen, das Rom ja nun überhaupt nicht bedrohte, bloß um eine Räuberbande zu unterstützen. Dem Hilferuf Folge zu leisten, wäre doch ein rational nicht begründbares Abenteuer.

So dürfte der Senat argumentiert haben, aber der Konsul Appius Claudius Caudex veranlasste die Zenturiatkomitien, die Hilfeleistung zu beschließen, wohl mit dem Argument, es würde sich um einen beutereichen militärischen Spaziergang handeln. Wirklich gelang es sehr schnell, Hieron, der inzwischen zum König ausgerufen worden war, von Messana abzudrängen, und im nächsten Jahr 263 ging dieser kluge Machtmensch sogar auf die römische Seite über, denn inzwischen hatte sich die Konstellation grundlegend verändert. Die Karthager waren ins Spiel gekommen, und nun drehte sich sozusagen die militärische Zielrichtung der Römer um neunzig Grad, und was als handstreichartiges Unternehmen gegen Syrakus beabsichtigt war, wurde schnell ein großer Krieg gegen Karthago – Messana und Syrakus spielten bald nur noch eine passive Rolle.

Dabei waren die karthagisch-römischen Beziehungen bisher gut gewesen. Es hatte in der Vergangenheit mehrere karthagisch-römische Verträge gegeben, deren Historizität allerdings nicht immer sicher ist. Aber im Pyrrhoskrieg hatte Karthago gewiss auf römischer Seite gestanden, und es lag alles andere als im Zuge der zu erwartenden politischen Weiterentwicklung, dass das mit inneritalischen Arrondierungs- und Sicherungsaufgaben beschäftigte ruhebedürftige Rom nichts Besseres zu tun gehabt hätte, als umgehend auf einen größeren Konflikt außerhalb Italiens zuzusteuern. Aber so ist es gekommen. Der Krieg sollte 23 Jahre dauern.

Der 1. Punische Krieg bringt Rom eine Flotte und das Provinzsystem

D er 1. Punische Krieg war reich an dramatischen Situationen und Umschwüngen. In seinem Verlauf baute Rom zum ersten Mal eine Kriegsflotte, die nicht durch Rammen, sondern durch Entern die Gegner bekämpfte; Rom setzte sogar nach Afrika über, musste aber weichen; es geriet mehrfach durch Totalniederlagen zur See an das Ende seiner Kräfte – aber zuletzt schloss Karthago 241 v. Chr. Frieden; es war endgültig aus Sizilien verdrängt worden, was die Griechen nie erreicht hatten.

War die Räumung Siziliens etwa das Kriegsziel gewesen? Sollten die Römer 23 Jahre lang gekämpft haben, um die Griechen von den Karthagern zu befreien? Ganz gewiss nicht. Wollten sie etwa Sizilien in Besitz nehmen, womöglich aus Gründen des Handels? Letzteres schon deshalb nicht, weil Rom kein Handelsstaat war und die sich allmählich herausbildende Schicht von Großkaufleuten ohne jeden Einfluss auf die staatlichen Entscheidungen war.

Ersichtlich war es in diesem Krieg Rom nur darum gegangen, sich Karthago vom Leibe zu halten, das nach den harmlosen Anfängen der Kämpfe schnell als bedrohlich empfunden wurde, und das umso mehr, je länger der Krieg dauerte. Die Vorstellung, es sei »um den Besitz« eines so großen Territoriums wie Sizilien gegangen, von der man manchmal hört, geht von neuzeitlichen Analogien aus und verkennt Interessenlage und Möglichkeiten der Herrschaftsausübung der damaligen Zeit. Das wird zur Evidenz deutlich, wenn man sich die folgenden Ereignisse ansieht. Zunächst geschah jahrelang überhaupt nichts, 237 vertrieb Rom die Karthager auch von Sardinien, war aber bis 227, also 14 Jahre nach Beendigung des 1. Punischen Krieges, damit beschäftigt, kurzfristig in Illyrien eine Machtzusam-

Für den ersten römischen Seesieg bei Mylae (260 v. Chr.) erhielt der amtierende Konsul Gaius Duilius eine Ehrenstatue auf dem Forum Romanum. Sie stand auf einer Säule, die symbolisch mit den erbeuteten Schiffsschnäbeln und Ankern verziert war. Die erhaltene Inschrift ist im Sockel der Rekonstruktion im Konservatorenpalast (Rom) eingefügt.

Die Römer benutzten ein gestrandetes karthagisches Kriegsschiff als Modell für ihren eigenen Flottenbau. Dabei fügten sie am Bug Enterbäume ein, die sich mit einem langen Dorn in das Deck des gegnerischen Schiffes bohrten.

Eine Heldengeschichte aus dem 1. Punischen Krieg, die charakteristisch für den römischen Adel ist. Der Konsul Marcus Atilius Regulus war in karthagische Gefangenschaft geraten. Er sollte den Karthagern dadurch nützlich sein, dass sie ihn nach Rom schickten, mit dem Auftrag, ihre Positionen vor dem Senat zu vertreten. Er hatte einen Eid geschworen, dass er zurückkehren werde, und er hielt sich daran: In Rom sprach er gegen Karthago, kam dorthin zurück und wurde zu Tode gefoltert.

Der dem Gott Janus heilige Torbogen am Forum Romanum wurde verschlossen, wenn überall Friede herrschte. Dies ist zum ersten Mal nach dem 1. Punischen Krieg sicher überliefert. Eine zwischen 225 und 217 v. Chr. gegossene Bronzemünze zeigt den Gott der Tore und allen Anfanges, nach dem auch unser erster Monat des Jahres benannt ist, in doppelköpfiger Erscheinung.

Erfolgreich kämpfte 222 v. Chr. in der Poebene der Konsul Marcus Claudius Marcellus gegen die Gallier. Er besiegte den Häuptling Viridomarus mit eigenen Händen und durfte dafür in Rom in einer öffentlichen Zeremonie die errungenen Waffen dem Jupiter weihen. Sein Nachfahre Publius Cornelius Lentulus Marcellinus ließ 50 v. Chr. diese Szene zusammen mit dem Porträt des Ahnen auf einen Denar prägen. Neben dem Kopf weist das Kennzeichen Siziliens, das Dreibein, auf den Eroberer von Syrakus hin (212 v. Chr.).

menballung zu verhindern und vor allem Maßnahmen gegen die aus dem Norden herandrängenden Kelten zu treffen. Rom schickte je einen Prätor mit einem kleinen Kontingent aus prophylaktischen Gründen nach Sardinien und Sizilien. Deren Zuständigkeitsbereich war nun Sizilien bzw. Sardinien, und da Zuständigkeitsbereich auf Lateinisch *provincia* heißt, konnte man davon sprechen, dass es jetzt die Provinzen Sizilien und Sardinien gab. So und nicht, weil der 1. Punische Krieg »um Sizilien« gegangen wäre, entstand das Provinzsystem.

Die Geschichte ist ein offener Prozess, und gelegentlich bemüht sich die vorliegende Darstellung, das dadurch deutlich zu machen, dass nicht ein Großereignis als Fixpunkt vorgestellt und dann nach den Gründen gefragt wird, sondern dass umgekehrt Einzelereignisse in zeitlicher Abfolge geschildert werden, die sich dann zu einem Großereignis verdichten. So soll auch jetzt nicht von dem Faktum des nächsten, des 2. Punischen Krieges, ausgegangen werden, sondern es soll der Weg geschildert werden, der dann durch Summierung der Faktoren zu diesem Krieg führte.

Hannibal ante portas! – Der 2. Punische Krieg (218–201 v. Chr.)

Die Kelten in Oberitalien wurden immer unruhiger, und entsprechend beunruhigt waren Rom und das griechische Massilia, heute Marseille, mit dem Rom ein Bündnis geschlossen hatte. Gleichzeitig wuchs das Misstrauen gegenüber dem, was sich in Spanien abspielte. Der nach dem Verlust Sardiniens dorthin entsandte karthagische Feldherr Hamilkar Barkas erfüllte seine Aufgabe, Spanien zu einem Ersatz für Sizilien zu machen, glänzend, denn immer mehr weitete sich das karthagisch beherrschte Gebiet aus – 228 wurde Neu-Karthago gegründet (Carthago Nova, heute Cartagena) – und das vor allem durch persönliches Geschick und Liebenswürdigkeit. Die einheimischen keltiberischen Stämme und ihre Häuptlinge begaben sich in ein persönliches Loyalitätsverhältnis zu Hamilkar und zu seiner Familie. Diese errichtete fast eine Art Dynastie, denn nach Hamilkars Tod 229/228 folgte ihm sein Schwiegersohn Hasdrubal und nach dessen Ermordung 221 sein Sohn, der 25-jährige charismatische Hannibal. Die Römer schickten mehrfach Gesandte zu den Barkiden, den Nachkommen des Hamilkar Barkas, inoffensiv, aber doch ihr Augenmerk bekundend, das sie auf die Entwicklung hatten. Nach der Entsendung des Prätors Gaius Flaminius nach Sizilien 227 begaben sie sich 226 wieder zu Hasdrubal, um ein Übereinkommen zu erzielen, das die Interessensphären der beiden Parteien einigermaßen abgrenzen und auch Massilia beruhigen sollte. Es wurde vereinbart – anscheinend eher informell und mit Hasdrubal persönlich –, dass die Karthager den Ebro, der an der Ostküste Spaniens in das Mittelmeer mündet, dergestalt als Grenze anerkannten, dass er von ihnen nicht in kriegerischer Absicht überschritten werden würde.

Diese Sicherung kam gerade rechtzeitig, denn inzwischen hatte ein wahrhaft großer Krieg gegen die hereinströmenden Kelten begonnen, die durch transalpine Stämme verstärkt waren. Aufgrund der *formula togatorum,* der Aushebungsliste, wurden die römischen und bundesgenössischen Soldaten in großem Stil ausgehoben, mit dem Ergebnis, dass vier Legionen unter den beiden Konsuln und noch zahlreichere Einheiten der *socii,* der Bundesgenossen, aufgestellt wurden. Noch 222 v. Chr. kämpften römische Heere in der Pogegend, es wurde die keltische Stadt Mediolanum erobert – Milano, Mailand heißt sie heute –, und alsbald gingen die Römer an die Sicherung des Gebietes. Sie bauten Straßen, 220 die Via Flaminia bis nach Ariminum, und sie legten Kolonien an, 218 Cremona und Placentia (Piacenza).

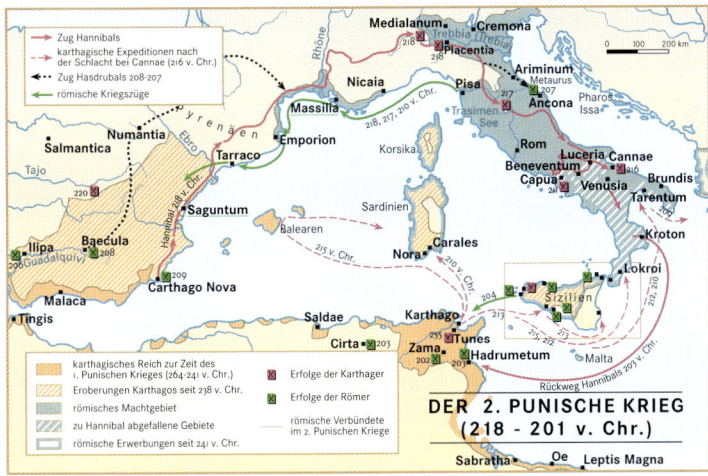

Inzwischen belagerte Hannibal die keltiberische Stadt Saguntum in Spanien, etwas landeinwärts ein wenig nördlich des heutigen Valencia gelegen. Rom warnte, kam jedoch nicht zu Hilfe, sondern ließ Hannibal die Stadt acht Monate lang belagern, bis er sie schließlich eroberte. Und im Frühjahr 218 überschritt er den Ebro und rückte auf die Pyrenäen zu. Rom verlangte in Karthago Hannibals Auslieferung, aber vergeblich. Da erklärte Rom Karthago den Krieg.

Initiativ wurde Hannibal. Als ob er nichts anderes je vorgehabt hätte, machte er an den Pyrenäen nicht Halt, überquerte sie und überschritt im Spätsommer die Rhône. Rom hatte, mit nicht viel mehr Truppen als gegen die keltischen Stämme oder gegen die Illyrer aufgestellt worden waren, zunächst an eine weiträumigere Strategie gedacht, beorderte jetzt aber einen Teil der Heere eiligst zurück, als es den schnellen und zielgerichteten Vormarsch Hannibals bemerkte. Noch im Herbst 218 überschritt Hannibal mit seinen Elefanten die Alpen. Niemand hatte ihm diese tollkühne Leistung zugetraut, und entsprechend nervös wurde man in Rom.

Den Alpenübergang hatte Hannibal durch Erkundigungen bei den ansässigen Keltenstämmen sorgfältig vorbereitet. Der Bericht des Livius legt eine Route durch das Tal der Durance über den Col de la Traversette nahe. Im Bild ein Blick von der Passhöhe auf den Monte Viso. Ein zweites Heereskontingent könnte die Route über die Mont-Cenis-Pässe gewählt haben.

Die in Hannibals Armee eingesetzten Elefanten verbreiteten in Italien zunächst großen Schrecken. Eine Terrakottastatuette aus Pompeji aus spätrepublikanischer Zeit stellt einen Kriegselefanten mit einem Turm auf seinem Rücken dar (Neapel, Museo Archeologico Nazionale).

Es ging Schlag auf Schlag. Zunächst wurde auf beiden Seiten Politik gemacht. Hannibal rechnete damit, ähnlich wie Pyrrhos, dass das römische Bundesgenossensystem auseinander fallen würde, er tat durch freundliches Verhalten auch alles dazu, um die Untertanen und Bundesgenossen von Rom abspenstig zu machen. Bei den Kelten im Norden hatte er damit Erfolg gehabt, in Italien versagte diese Taktik aber, von bedeutenderen Städten fielen nur Capua und später Tarent ab, und auch das erst nach der Schlacht von Cannae 216 v. Chr.

Mit seinen vom Alpenübergang erschöpften und dezimierten Truppen schlug Hannibal dennoch im Dezember 218 an der Trebia, einem rechten Nebenflüsschen des Po, zwei konsularische Heere. Im Frühjahr stand er am Trasimenischen See, westlich von Perugia, und besiegte ohne Schwierigkeiten das römische Heer unter dem Konsul C. Flaminius, demselben, der 227 als Prätor nach Sizilien abgesandt worden war. Der Senat in Rom sah daraufhin den Staatsnotstand eingetreten und ließ Quintus Fabius Maximus Verrucosus zum Diktator ernennen. Das war ein gewaltiger Mann, bereits zweimal Konsul gewesen, und seine Strategie war:

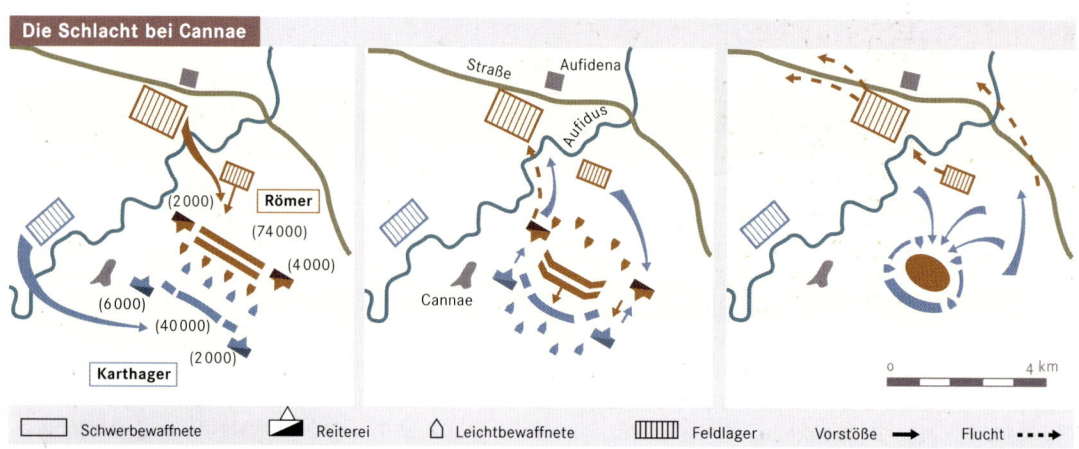

Die Schlacht bei Cannae

(2 000) · Römer · (74 000) · (4 000) · (6 000) · (40 000) · (2 000) · Karthager

Straße · Aufidena · Aufidus · Cannae

0 · 4 km

Schwerbewaffnete △ Reiterei ⌂ Leichtbewaffnete ▨ Feldlager   Vorstöße ➡   Flucht ┅➡

Der genaue Ort der Schlacht ist umstritten, ihr Verlauf jedoch sicher rekonstruierbar. Anfangs ist das römische Heer zahlenmäßig überlegen (links). Der starke linke Flügel der karthagischen Reiterei treibt die Römer in die Flucht und dringt in den Rücken des römischen Heeres vor, das energisch gegen die zurückweichenden Karthager vorgestoßen ist (Mitte). Dadurch werden die Römer vom Rücken und von den Flanken her eingeschlossen und vernichtend geschlagen (rechts).

zwar am Feind bleiben, ihn aber durch ständiges Ausweichen zermürben und dabei die eigenen Kräfte regenerieren. Dieses Taktieren verschaffte ihm den Beinamen, unter dem er in die Geschichte eingegangen ist: Cunctator, der Zauderer. Freilich hatte er mit Widerstand zu kämpfen, ihm wurde sogar systemwidrig ein zweiter, ungestümerer Diktator an die Seite gegeben, und nach Ablauf der halbjährigen Amtszeit bereitete man sich auf die militärische Entscheidung vor. Sie kam auch, aber anders als erhofft. Im August 216 vernichtete Hannibal bei dem süditalischen Ort Cannae am Fluss Aufidus ein doppelkonsularisches Heer der Römer. Cannae ist zum Synonym für die vollständige Vernichtungsschlacht geworden, immer wieder von Militärs studiert, so etwa auch vom Grafen Schlieffen vor dem Ersten Weltkrieg.

Vincere scis, sed victoria uti nescis (zu siegen verstehst du, aber den Sieg auszunutzen verstehst du nicht), das soll Hannibal nach dem Sieg von Cannae gesagt worden sein. Der Krieg trat in seltsamer Weise auf der Stelle. Der Senat in Rom lehnte, obwohl wahrlich in einer Position der Schwäche, Verhandlungen ab; zwar wechselte Capua die Seiten, aber sonst hielt das Netz des römischen Bundesgenossensystems. 215 v. Chr. kam noch ein weiterer Machtzuwachs auf karthagischer Seite hinzu. Zum einen starb der alte Hieron von Syrakus, der 48 Jahre fest zu Rom gehalten hatte, und sein Enkel und Nachfolger Hieronymos gab sofort die Politik Hierons auf und

Ein Mosaikbild aus Herculaneum zeigt, wie der römische Legionär bereits das Schwert gezückt hat, um Archimedes im nächsten Moment zu erschlagen (Neapel, Museo Archeologico Nazionale).

Archimedes von Syrakus. Der große Erfinder Archimedes soll »Heureka! Ich habs gefunden!« gerufen haben, als er, in der Badewanne sitzend, die Gesetzmäßigkeiten bei der Wasserverdrängung eines schwimmenden Körpers entdeckt hatte und dann nackt durch die Straßen von Syrakus lief; ein Bonmot sagt, dass er zum Dank für diese Entdeckung hundert Ochsen geopfert habe und dass seitdem alle Ochsen zittern, wenn jemand eine Entdeckung macht. Der Erfinder des Flaschenzugs und Berechner der Zahl Pi soll auch in der Stunde des Sterbens für eine Anekdote gesorgt haben: Archimedes konstruierte bei der Belagerung der Stadt Syrakus durch die Römer 212 v. Chr. Verteidigungsmaschinen und soll beim Nachdenken über eine in den Sand gemalte mathematische Zeichnung geistesabwesend zu einem Hereintretenden gesagt haben: »Störe meine Kreise nicht!«, aber der Hereintretende war dann leider ein römischer Soldat, der ihn sofort erschlug.

wechselte auf die karthagische Seite über; auch nach seiner Ermordung verblieb Syrakus dort. Zum anderen machte sich Philipp V. von Makedonien in antirömischem Sinne bemerkbar, indem er mit Hannibal ein Bündnis gegen Rom schloss; das wirkte sich zwar kaum aus, aber der 1. Makedonische Krieg stand vor der Tür.

Hannibal war weiter nach Süden gezogen, 213 lief Tarent zu ihm über, und die Karthager landeten auf Sizilien, aber das Jahr 212 sah erste Anzeichen, dass die Göttin Fortuna – oder Tyche – allmählich begann, sich von Hannibal ab- und den Römern wieder zuzuwenden. Nach zäher Belagerung eroberten die Römer unter Marcus Claudius Marcellus Syrakus – hierher gehört die Geschichte vom Tod des Archimedes –, und es begann der wenig spektakuläre 1. Makedonische Krieg. 211 kam noch einmal ein nervenaufreibender Rückschlag. Rom belagerte Capua, um es wieder zurückzuzwingen, da machte Hannibal als Entsatzoperation einen Vorstoß auf Rom

Das Tal von Zama liegt im Hinterland von Karthago, einer wichtigen Kornkammer der Antike.

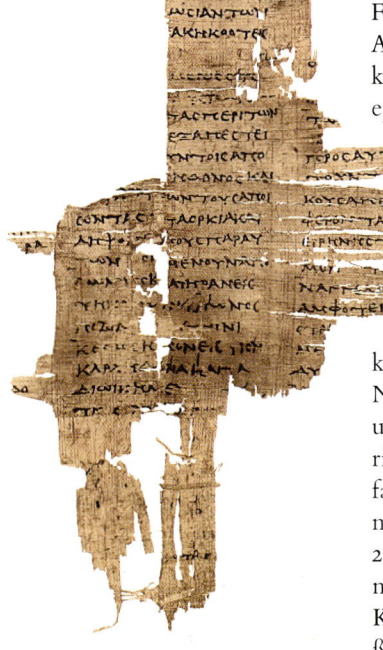

Ein Papyrusfragment aus Ägypten berichtet von einem Friedensvertrag zwischen Rom und Karthago aus dem Jahr 203 v. Chr., der jedoch von den Karthagern abgelehnt wurde. Der Text aus der John Rylands Library, Manchester, stammt von einem griechischen Historiker und zeigt, dass die Griechen bereits im 2. Jahrhundert v. Chr. die Punischen Kriege als weltgeschichtlich bedeutsames Ereignis betrachteten.

und versetzte die Stadt in Schrecken: *Hannibal ante portas!* (Hannibal vor den Toren!), auf diese Situation bezieht sich der bekannte Spruch. Aber Capua fiel wieder an die Römer, und Hannibal machte nicht Ernst mit seinem Marsch auf Rom.

Die Römer hatten mit beachtlichem Erfolg schon den ganzen Krieg über in Spanien operiert, unter dem Kommando der Brüder Gnaeus und Publius Cornelius Scipio, und damit erreicht, dass diese Machtbasis für Karthago ausfiel. 212 v. Chr. fielen beide in der Schlacht, jedoch wurde 211 der gleichnamige Sohn des Publius, erst 25 Jahre alt, vom Volk zum Nachfolger gewählt. Damit begann ein römischer Siegeszug. Der hochcharismatische junge Mann verstand es, wie früher die Barkiden, die Loyalität der Einheimischen zu gewinnen, und wurde ebenfalls königsgleich von ihnen behandelt. 209 eroberte er Carthago Nova, im selben Jahr, in dem Fabius Maximus Tarent zurückeroberte. Gleichwohl gelang es Hannibals Bruder Hasdrubal, sich aus der römischen Umklammerung zu lösen und 208 mit einem Entsatzheer in Italien zu erscheinen. Diesmal war das Ergebnis dieses militärischen Taktierens aber ein anderes als 218. Die beiden Konsuln des Jahres zogen Hasdrubal entgegen und besiegten ihn 207 am Fluss Metaurus, der zwischen Ariminum und Ancona Dorica in die Adria fließt. Ein Jahr später räumten die Karthager Spanien, Scipio konnte nach Rom zurückkehren, und 205 schlossen die Römer in der epirotischen Stadt Phoinike mit einem womöglich etwas kleinlauten Philipp V. Frieden, der 1. Makedonische Krieg war beendet. Jetzt musste man eigentlich nur noch mit dem in die Südostecke Italiens gedrängten Hannibal fertig werden. Gegen den Willen des alten Cunctator, der 215, 214 und 209 Konsul war, ließ sich der junge Scipio 205 mit einem hochfliegenden Plan zum Konsul wählen. 204 setzte er von Lilybaeum aus, dem heutigen an der Westküste Siziliens gelegenen Marsala, nach Afrika über. Er gewann den Numiderfürsten Massinissa, der gerne König werden wollte, für sich und siegte in einer großen Schlacht über das karthagische Heer. Da rief das so bedrängte Karthago Hannibal aus Italien zurück, und 202 fand der letzte Kampf statt. In der Schlacht von Zama siegte der römische Aristokrat über den karthagischen Feldherrn. Im Frieden von 201 v. Chr. durfte Karthago nur noch zehn Kriegsschiffe behalten, musste 10 000 Talente (zur Erinnerung: ein Talent sind 43 kg Silber) Kriegsentschädigung über fünfzig Jahre hinweg zahlen, durfte außerhalb Afrikas überhaupt keinen und in Afrika nur mit römischer Erlaubnis Krieg führen, und damit es das Gewicht dieses Verbots richtig empfinde, wurde ihm der Numiderkönig Massinissa als ständige Provokation als Nachbar zugeteilt. Hannibal blieb in Karthago. Scipio bekam den Beinamen Africanus.

Wieder ein Hilferuf – Der 2. Makedonische Krieg (200–197 v. Chr.)

Sollen wir Atem holen? Den Römern blieb keine Zeit dafür, denn im Jahr der Schlacht von Zama 202 v. Chr. erreichte sie schon wieder ein Hilfeersuchen. Diesmal kam es von dem Inselstaat Rhodos und vom pergamenischen König Attalos I.: Rom möge ihnen gegen Philipp V. von Makedonien helfen, der gerade dabei war, sich in der Ägäis auszubreiten.

Die Lage war von der des Jahres 264 v. Chr. mit dem Hilferuf der Mamertiner grundlegend verschieden. Dort schien man, aus der Perspektive der Volksversammlung, leichtes Spiel zu haben, während der Senat aus mangelnder Erfahrung noch vorsichtig war; hier sah es jetzt für den Senat ganz so aus, als würde sich im Osten eine neue gefährliche Macht zusammenballen, der man sofort Einhalt gebieten müsse: Die Truppen des Hannibalkrieges waren noch nicht demobilisiert, standen also noch kampfbereit zur Verfügung. Die Zenturiatkomitien sahen diesmal die Dinge aber anders; das wehrfähige Volk war erschöpft, sah nur neue und unübersichtliche Anstrengungen auf sich zukommen und konnte nur mit Mühe für den Kriegsbeschluss gewonnen werden.

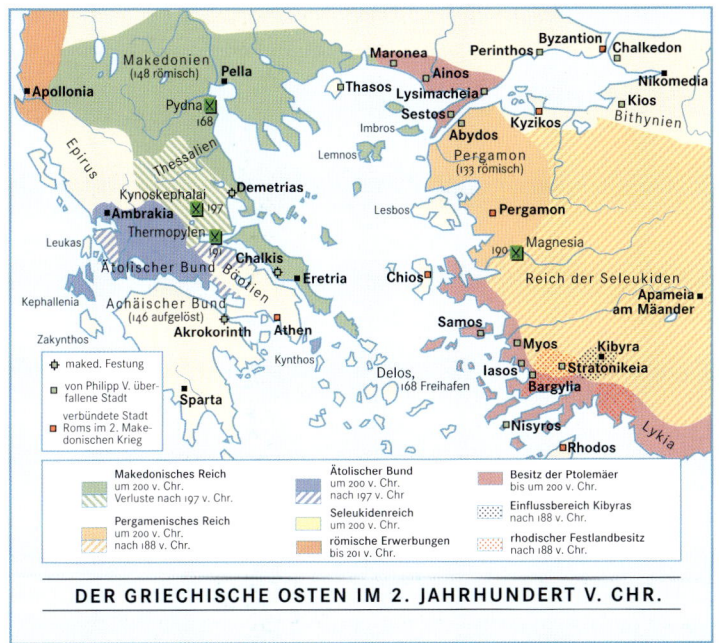

DER GRIECHISCHE OSTEN IM 2. JAHRHUNDERT V. CHR.

Der Senat hatte, kurzfristig gesehen, Recht. Mit nur zwei Legionen setzte Rom nach Griechenland über, nachdem Philipp römische Forderungen, sich zurückzuziehen, abgelehnt hatte. Zunächst war die Kriegführung wenig effektiv, aber 198 änderte sich das. Zum einen vereinigten sich allmählich alle Griechenstaaten auf Roms Seite – neben dem Ätolischen sogar auch der Achäische Bund und Athen –, denn Makedonien erschien als die ganz große Gefahr, und zum anderen war für das Jahr 198 ein ungemein fähiger und menschlich bezwingender junger Mann zum Konsul gewählt worden. Titus Quinctius Flamininus, der noch nicht dreißig Jahre alt war und in seiner Karrierelaufbahn gerade erst die Quästur bekleidet hatte, muss ein höchst eindrucksvoller Vertreter der römischen Aristokratie ge-

Flamininus ließ nach seinem Sieg über die Makedonen und der Freiheitsproklamation von 196 v. Chr. in Griechenland eine Goldmünze prägen. In Rom wäre das Bildnis eines Lebenden auf einer Münze unmöglich gewesen, im hellenistischen Griechenland war das Porträt des Herrschers jedoch üblich.

wesen sein: jung, wach, offen, mit einem Zug ins Idealistische. Die Griechen jedenfalls sahen ihn so, und es schmeichelte ihnen sehr, dass er ein Verehrer der griechischen Zivilisation war, was sie nach früheren Erfahrungen mit den Römern sehr überraschte. Vielleicht übersahen sie gerne, dass er, wenn es darauf ankam, vor allem römischer Nobilis und Konsul des römischen Volkes war.

Im Mai/Juni 197 besiegte das Koalitionsheer aus Römern und Griechen den makedonischen König in Thessalien bei dem Gebirge Kynoskephalai (heute Mavrovuni). Im anschließenden Friedensvertrag musste Makedonien die »drei Fußfesseln Griechenlands« herausgeben, nämlich seine Besatzungen in Demetrias, Chalkis auf Euböa und Akrokorinth, und wurde auf das eigentliche Makedonien beschränkt. Das intensive Kennenlernen der Römer hatte Philipp einsehen lassen, dass es besser sei, diesen Vertrag auch zu halten. Damit war der Konflikt gelöst, und Rom hatte sein Kriegsziel erreicht. Im nächsten Jahr 196 gab es noch ein Nachspiel, das nach dem Herzen der meisten Griechen war. Bei den Isthmischen Spielen verkündete Flamininus im Namen Roms die Freiheit und Autonomie der Griechenstädte, und dass ihm diese Vorstellung so gut gelang, zeigt, dass er nicht nur ein edler junger Mann, sondern auch ein beängstigend guter Politiker war. Die Griechen jubelten, nannten ihn Philhellen (Griechenfreund) und Soter (Retter) und vergaßen ganz, dass solche Freiheitserklärungen ein traditionelles Mittel im Kampf um Einfluss in Griechenland darstellten und dass der Sotertitel ein gängiger Beiname hellenistischer Könige war.

Antiochos der Große verkalkuliert sich und Rom gewinnt

Einer hatte die Entwicklung in Griechenland genau beobachtet, zog aber die falschen Schlüsse daraus und beging den entscheidenden Fehler seines Lebens. Der Seleukidenkönig Antiochos III., der Große, der diesen Beinamen mit Recht trug, sah Philipp V. als ernst zu nehmenden Konkurrenten ausgeschaltet, bemerkte den allmählichen Abzug der Römer, schloss daraus auf deren Desinteresse an Griechenland und fing an, sich langsam Griechenland zu nähern. Trotzdem ging der Abzug der römischen Truppen weiter, und 194 v. Chr. verließ der letzte römische Soldat griechischen Boden. Angesichts dieser Tatsache ist es dann schon bemerkenswert, dass Antiochos erst 192 Griechenland betrat; Philipp V. nahm gegen ihn Stellung, nur die Ätoler verbündeten sich mit ihm. Jetzt schickten die Römer nun doch im Jahre 191 ein konsularisches Heer unter Manius Acilius Glabrio, und Antiochos der Große, der Rückeroberer des östlichen Alexanderreiches, wurde bei den Thermopylen geschlagen und verließ Griechenland. Die Römer setzten nach und siegten 190 bei Magnesia unter dem Kommando des Konsuls Lucius Cornelius Scipio, der seinen Bruder, den Africanus, als Berater bei sich hatte. 188 v. Chr. kam es in Apameia am Mäander in Phrygien zum Frieden. Antiochos verpflichtete sich, sich hinter den Taurus zurückzuziehen, das von ihm geräumte Kleinasien wurde vornehmlich Pergamon und Rhodos zugeschlagen. Hannibal, der Karthago hatte verlassen müs-

Als Grundlage des staatlichen Handelns galt den Römern die Göttin der Treue, Fides. Ihr vertraute sich der Unterworfene an, in ihrem Tempel wurden internationale Verträge aufbewahrt (der Denar wurde 47 v. Chr. geprägt). In späterer Zeit galt Fides vor allem als Garantin der Heeresdisziplin, wie ein goldener Soldatenring mit der Aufschrift »Treue dem Konstantin« zeigt (München, Staatliche Antikensammlungen).

sen und im Gefolge des Seleukidenkönigs war, floh zum König Prusias I. von Bithynien und beging fünf Jahre später, als er an Rom ausgeliefert werden sollte, Selbstmord. Antiochos aber hatte dieselbe Lektion gelernt wie Hieron II. und Philipp V. Er hielt sich in der Folgezeit an die eingegangenen Verpflichtungen.

Zunehmende Romfeindlichkeit in Griechenland und der 3. Makedonische Krieg (171–168 v. Chr.)

Im Westen verfuhr Rom nach Beendigung des 2. Punischen Krieges mit ruhiger Sicherheit, es gliederte Syrakus in die Provinz Sizilien ein und provinzialisierte Spanien; in Oberitalien wurde die Via Aemilia gebaut, die die Via Flaminia bis Placentia fortsetzte, und es wurden die Kolonien Bononia (Bologna), Parma, Mutina (Modena), Aquileia und Luca (Lucca) angelegt. Im Osten verfuhr man anders, nämlich so, dass nach der militärischen Verhinderung größerer Machtzusammenballungen die Pluralität der griechischen Staaten ein gegenseitiges Gleichgewicht garantieren sollte. Und das funktionierte nicht.

Eine Silbermünze des letzten Makedonenkönigs Perseus.

Griechische Gesandtschaften vom kleinen Stadtstaat bis zum pergamenischen König gaben sich beim römischen Senat die Klinke in die Hand. Bei aller eindrucksvollen Staatskunst, die man den Herren der Senatsaristokratie bewundernd zuerkennt, müsste an irgendeinem Punkt die Erkenntnis aufgekommen sein, dass dieses punktuelle Reagieren auf ein Gewirr völlig unübersichtlicher Interessenlagen, Beschwerden und Wünsche nicht die angemessene Politik war. Politische Herrschaft kann lästig sein, und sie war es hier; ihre Kehrseite ist die Verpflichtung zu verantwortlicher, ordnender Politik, und daran ließ es die römische Aristokratie fehlen. Der Unmut in Griechenland nahm zu, und dass er ziellos war und keine konkrete Alternative aufzeigen konnte, änderte nichts an seiner Gefährlichkeit.

Der Sohn und Nachfolger Philipps V., Perseus, sah sich mehr und mehr in der Rolle eines Kristallisationspunktes aller – berechtigten – griechischen Beschwerden gegen Rom. Die Situation spitzte sich nach zahlreichen römischen Gesandtschaften so zu, dass Rom ihm den Krieg erklärte und 171 v. Chr. mit einem Heer in Griechenland erschien. Zunächst zog sich der Krieg hin, aber 168 v. Chr. siegte bei Pydna das römische Heer unter Lucius Aemilius Paullus. Perseus wurde nach Rom gebracht und starb in der Gefangenschaft, Makedonien wurde als Staat ausgelöscht und in vier Zwergrepubliken aufgeteilt.

In der Blütezeit der Insel Delos wurden die besseren Häuser reich mit Mosaiken ausgestattet. Im Mittelfeld eines Fußbodens ist der Weingott Dionysos auf einem Panther dargestellt.

Roms Aufräumen nach dem Sieg nahm jetzt andere Formen an als früher. Dass Rhodos zur Strafe für sein Schwanken seinen Festlandsbesitz in Kleinasien verlor, entsprach dem üblichen römischen Verfahren seit Jahrhunderten; indirekt aber und nicht ohne eine Art schlauer Tücke war die Erklärung der Insel Delos zum Freihafen, sodass sich große Teile des Handelsverkehrs dorthin verlagerten und Rhodos auf diese Weise kräftig an Einnahmen verlor. Am schlimmsten traf es Epirus, dessen Städte zerstört und dessen Bevölkerung

Die Insel Delos stand im 2. und
1. Jahrhundert v. Chr. unter der
Herrschaft Athens, das unfähig zu
durchgreifender Kontrolle war. Daher
konnte man hier problemlos Plündergut
absetzen, vor allem Sklaven.
168 v. Chr. von Rom zum Freihafen
erklärt, wurde Delos zum zentralen
Handelsplatz der italischen Kaufleute.
Nach den Zerstörungen der Mithridateskriege (88 und 69 v. Chr.) herrschten
in Griechenland wieder geordnete
Verhältnisse und die chaotisch
gewucherte Stadt wurde nach und
nach verlassen.

Der Akademiker Karneades von Kyrene
(Basel, Antikenmuseum) nutzte die
Philosophengesandtschaft von 156/155
v. Chr., um in Rom öffentlich die
Philosophie der Skepsis zu erläutern:
Er wies einmal nach, dass die römische
Weltherrschaft gerecht und gottgewollt
sei, am nächsten Tage aber, dass sie
gewalttätig und gottlos sei. Ihm ging es
um die Kritik der Urteilskraft, die Römer
schüttelten über solche Dialektik
freilich den Kopf.

großenteils in die Sklaverei verkauft wurde. Eine besondere Strafmaßnahme galt dem Achäischen Bund. Ihn hielt Rom anscheinend
für ein besonders gefährliches politisches Gebilde und lokalisierte
seine Gefährlichkeit, ganz nach seinem eigenen Vorbild, in der Qualität seiner Führungsschicht. Sie galt es unschädlich zu machen. 1000
Achäer brachten die Römer deshalb nach Italien und verteilten sie als
eine Art Geiseln oder als Ehrenhäftlinge über ihr Herrschaftsgebiet.
Einer dieser Häftlinge war Polybios. Er wurde dem Hause der Scipionen zugeteilt, in das der Sohn des Siegers von Pydna adoptiert
wurde, und zwischen diesem jungen Römer Publius Cornelius Scipio Aemilianus und dem gebildeten Griechen entwickelte sich eine
Lebensfreundschaft. Sie führte dazu, dass der Grieche Polybios der
große Historiker der römischen Expansion wurde, der die Römer
vielleicht besser verstand als sie sich selbst.

Der Tiefpunkt der römischen Unfähigkeit zu herrschen war aber
noch nicht gekommen. Die Stimmung in Griechenland wurde immer romfeindlicher. Immer öfter wurde Rom in lächerlichsten Fragen um Hilfe angegangen und gleichzeitig eben deswegen gehasst.

Athen und Böotien stritten sich um einen Landstreifen, und um Athens Standpunkt Nachdruck zu
verschaffen, schickten die Athener 156/155
v. Chr. sogar die Vorsteher der drei Philosophenschulen, der Akademie, des Peripatos und der
Stoa, vor den Senat nach Rom. Von einiger Bedeutung ist dieses Ereignis nur geistesgeschichtlich, denn auf diese Weise hörten die staunenden
Römer erstmals die bedeutendsten Philosophen
der Zeit in ihrer Stadt. In öffentlichen Vorträgen
ließen sie sich über die fehlende Legitimation
ihrer Herrschaft belehren. Im Übrigen nahm die soziale Spaltung in
Griechenland immer mehr zu, die nackte Not griff um sich.

*Debatten um Karthago, Partisanenkämpfe in Spanien und der falsche
Perseus in Makedonien*

In Nordafrika hatte Karthago sich mustergültig verhalten und den
Vertrag von 201 aufs i-Tüpfelchen erfüllt. Die gesamte Kriegsentschädigung war bezahlt worden, sogar vorfristig. Alle Nadelstiche
des immer mächtiger werdenden und von Rom gestützten Numiderkönigs Massinissa wurden mit stoischer Ruhe ertragen. Als dessen Übermut aber 161 dazu führte, dass Karthago lebenswichtige
Handelshäfen weggenommen wurden, wandte es sich mit der Bitte
um Hilfe an Rom. Nach der Überlieferung führte das zu ausgedehnten Debatten, die sich nicht um die Berechtigung der Beschwerden
Karthagos drehten, sondern darum, ob man Karthago als ständige latente Bedrohung ein für alle Mal vernichten solle, oder ob es gerade
deshalb bestehen bleiben solle, denn ohne eine solche Bedrohung
werde Rom träge werden und auf lange Sicht untergehen. Anlässlich
dieser Debatten soll Marcus Porcius Cato Censorius, der ältere Cato,
sein berühmtes *ceterum censeo Carthaginem esse delendam* (übrigens

meine ich, dass Karthago zerstört werden muss) gesprochen haben, das allerdings in dieser Form historisch nicht beglaubigt ist.

153 kam ein weiterer Schwelbrand hinzu. Die Lusitanier im Westen und die Keltiberer in der Mitte und im Osten der Iberischen Halbinsel, die sich jahrzehntelang die römische Herrschaft, die mit zahlreichen Übergriffen verbunden war, hatten gefallen lassen, begehrten auf und griffen zur Waffe der Guerilla. Es stellte sich bald heraus, dass es sich hier nicht um einen Krieg mit klaren Fronten und festen Regeln handelte, den man gewinnen oder verlieren konnte, sondern um die ganzen nervenaufreibenden Irregularitäten des Partisanenkrieges. Die römischen Bürgersoldaten, deren Legionen die Welt unterworfen hatten, bekamen zum ersten Mal etwas, was ihnen bis dahin unbekannt war, nämlich Angst. Es muss ein unvorstellbarer Schock für die römische Oberschicht gewesen sein, als es plötzlich Meutereien und Schwierigkeiten bei der Aushebung gab – die Volkstribunen verhafteten sogar einmal für kurze Zeit beide Konsuln –, die nur mit Notmaßnahmen einigermaßen repariert werden konnten. Ein Vierteljahrhundert dauerte dieser schmutzige Krieg.

Damit nicht genug. In Griechenland wurde einem Mann aus der Hefe des Volkes, Andriskos, so lange gesagt, dass er aussehe wie Perseus, der letzte makedonische König, bis er sich 151 zum Sohn dieses Königs erklärte und zum Aufstand gegen Rom aufrief. Übermäßig gefährlich war dieses Aufbegehren wohl nicht, vielleicht war auch die Person des Prätendenten nicht hinreichend Vertrauen erweckend, aber es dauerte doch bis zum Jahre 148 v. Chr., bis die Römer ihn in einer regulären Feldschlacht besiegen, gefangen nehmen und hinrichten konnten. Immerhin werteten sie diesen Krieg aber als Symptom und schufen klare Verhältnisse. Die undurchdachte Regelung der vier makedonischen Zwergstaaten wurde fallen gelassen und eine Provinz Macedonia eingerichtet.

Nach der Eroberung des griechischen Ostens kamen viele griechische Intellektuelle nach Italien, sei es als Kriegsgefangene, sei es freiwillig. Einen Philosophen des 1. Jahrhunderts v. Chr. aus der Schule des Epikur stellt eine Bronzestatuette im Metropolitan Museum of Art, New York, dar. Die Epikureer gelten bis heute gemeinhin als Anhänger des Genusslebens.

Der 3. Punische Krieg (149–146 v. Chr.), die Auflösung des Achäischen Bundes und das Ende der Kriege in Spanien

Ebenfalls 151 begann Karthago, der Quälerei müde, einen Krieg, aber nicht gegen Rom, sondern gegen Massinissa. Das war aber das Signal für Rom einzugreifen. Es dauerte Jahre, bis die um ihr Überleben kämpfende Stadt erobert werden konnte; der junge Scipio Aemilianus wurde 147 vorfristig zum Konsul gewählt. 146 v. Chr. wurde Karthago erobert, vernichtet, die Bevölkerung wurde teils getötet, teils versklavt, über das Gebiet der Stadt wurde ein Fluch gesprochen, und ihr Staatsgebiet wurde die römische Provinz Africa. Ist es sentimentaler Kitsch oder ein Zeichen von überlegener, griechisch gebildeter Einsicht in den Lauf der Welt, was von Scipio, dem jüngeren Africanus, berichtet wird? Er soll, auf den Trümmern Karthagos sitzend, geweint und einen Homervers über den Untergang Trojas zitiert haben, indem er daran dachte, dass auch Rom eines Tages dieses Schicksal ereilen werde.

Tabula rasa wurde auch in Griechenland geschaffen. Im selben Jahr 146 v. Chr. kündigte der Achäische Bund den Römern die Ge-

Scipio der Jüngere zitierte wohl folgende Verse aus Homers »Ilias« (6, 448 f.), die Hektor Andromache beim Abschied sagt:

Einst wird kommen der Tag, wo die heilige Ilios hinsinkt,
Priamos selbst und das Volk des lanzenkundigen Königs.

Nach seinem Triumph über Karthago weihte Scipio der Jüngere dem Herkules 142 v. Chr. einen Tempel am römischen Rindermarkt (Forum Boarium), dessen Kultstatue im Konservatorenpalast aufbewahrt wird. Die Figur wurde nach dem Beinamen des Stifters als »Hercules Aemilianus« bezeichnet.

Mummius weihte als Dank für seinen Sieg dem Herkules ein Standbild, dessen Inschrift (Corpus Inscriptionum Latinarum, CIL, I² 626) lautet:

Lucius Mummius, Sohn des Lucius, Konsul. Unter seiner Führung, seinen Auspizien und seinem Oberbefehl wurde Achaia besiegt. Nach der Zerstörung von Korinth kehrte er im Triumph nach Rom zurück. Wegen dieser Erfolge weiht er als siegreicher Feldherr entsprechend seinem Gelübde während des Krieges diesen Tempel und das Standbild des Hercules Victor.

folgschaft, wobei er sich auf die Hilfe einiger Mittelstaaten und vor allem auf die Beteiligung der Unterschichten stützen konnte. Es war die selbstmörderische Entscheidung eines Staatswesens, das so große Gestalten wie die Feldherren und Staatsmänner Aratos und Philopoimen hervorgebracht hatte. Der Bund wurde natürlich von Rom schnell und durchgreifend besiegt und vernichtet. Korinth wurde durch den persönlich liebenswürdigen Konsul Lucius Mummius aufgrund eines Senatsbeschlusses zerstört, die Bevölkerung wurde versklavt, und unzählige Kunstwerke wurden nach Rom gebracht. Der Achäische Bund wurde aufgelöst, Griechenland mit Ausnahme einiger freier Städte wie Athen und Sparta als Annex der Provinz Macedonia behandelt; es wurde erst viel später eine eigenständige Provinz.

Die Machtfrage war nun, um einen Ausdruck des auch wenig erfreulichen 20. Jahrhunderts zu verwenden, endgültig geklärt, und nach der Erledigung Karthagos und Korinths konnte man sich nun auf Spanien konzentrieren. Die Aufständischen hatten dort im Jahr 147 in Viriathus einen Anführer von besonderem Kampfwillen bekommen, sodass der Konsul des Jahres 137, Gaius Hostilius Mancinus, sogar vor ihm kapitulieren musste; er erhielt mit seinen Soldaten freien Abzug, nachdem ein Feldherrnvertrag ausgehandelt worden war. Der Senat aber war entsetzt über dieses Nachgeben. Er widerrief den Vertrag und lieferte als Sühne den Konsul an die Aufständischen aus. Es muss ein furchtbares Bild gewesen sein, wie der römische Konsul mit auf dem Rücken gefesselten Händen einen Tag lang bis zum Anbruch der Nacht vor dem Stadttor Numantias, der Hauptstadt der Aufständischen, stand und dann wieder umkehren musste. Er wurde aus dem Senat ausgestoßen, konnte seine Karriere aber wieder beginnen und hat es noch einmal bis zum Prätor gebracht. Ein Ende der Unsicherheiten in Spanien schaffte wieder Scipio, der jüngere Africanus, der gerufen wurde, wenn alle anderen versagten. 134 wurde er zum zweiten Mal zum Konsul gewählt und eroberte 133 v. Chr. Numantia. Die Kriege in Spanien waren vorbei, Rom war Scipio unendlich dankbar.

Die römische Revolutionszeit beginnt außenpolitisch mit dem Jugurthinischen Krieg (111–105 v. Chr.)

D as Jahr 133 v. Chr. hatte es in sich. Ein Quästor des Mancinus, Tiberius Sempronius Gracchus, war zum Volkstribun gewählt worden, und das war der Beginn der römischen Revolutionszeit, wovon im nächsten Kapitel die Rede sein wird. Im selben Jahr war Attalos III., der letzte König Pergamons, gestorben; er hatte in seinem Testament Rom als Erben seines Staates eingesetzt. Es war nicht das erste hellenistische Königstestament dieser Art, aber sonst hatte

Rom eine solche Erbschaft regelmäßig ausgeschlagen. Es war ja gar nicht darauf versessen, möglichst viel beherrschen zu wollen, sondern empfand das eher als Gefahr für die innere Stabilität. In diesem Fall wurde das Testament aber angenommen, nicht durch den Senat, sondern durch das Volk und zudem auf Initiative des Tiberius Gracchus, der sich von dem pergamenischen Staatsschatz Geld für seine Reformvorhaben erhoffte. Pergamon wurde die römische Provinz Asia, ein Aufstand wurde niedergeschlagen.

Etwa zwanzig Jahre lang blieben dann Herausforderungen der Art, dass sie den Einsatz von Heeren erfordert hätten, aus; die Gründung der Provinz Gallia Narbonensis in Südfrankreich hatte bereits den Charakter einer Arrondierungsmaßnahme, die die Verbindung zwischen Italien und Spanien herstellen sollte. Über das nächste auswärtige Problem sind wir erstmals durch eine authentische römische historiographische Quelle informiert, durch die Schrift über den Jugurthinischen Krieg des spätrepublikanischen Autors Gaius Sallustius Crispus, kurz Sallust. Der Numiderkönig Massinissa war 149 über neunzigjährig gestorben, sein Nachfolger Micipsa starb 118 und hinterließ sein Reich seinen beiden Söhnen und seinem Neffen Jugurtha. Dieser war bereits römisch erzogen, hatte bei Numantia mitgekämpft und so Einblick nicht nur in die römische Kriegführung, sondern auch in die Wirkungsweise der römischen Innenpolitik gewonnen; das war anscheinend nicht sehr schmeichelhaft für Rom. Er glaubte sich nämlich leisten zu können, erstens seine beiden Mitregenten zu ermorden und zweitens den römischen Senat an der Nase herumzuführen, auch unter Einsatz von Bestechungen.

Weil sich Jugurtha in seinem Machthunger ungewöhnlich rücksichtslos zeigte, dabei auch gegen römische Bürger vorging, erwachte das alte Bedrohungsgefühl wieder, und Rom erklärte ihm 111 den Krieg. Wieder dauerte es Jahre, bis Rom zu einer effektiven Kriegführung gelangte, und auch hier mögen Bestechungen eine Rolle gespielt haben. Erst 108 errang der Konsul Quintus Caecilius Metellus Numidicus die ersten Erfolge. Als dann sein Unterfeldherr, der Emporkömmling Gaius Marius, für 107 zum Konsul gewählt worden war, ging es erst recht vorwärts, freilich auch mit etwas mehr Glück. Neben militärischen Erfolgen gelang es, Jugurtha mit der Hilfe des mauretanischen Königs Bocchus in eine Falle zu locken; damit war der Krieg zu Ende, das Staatsgebiet Numidiens wurde zugunsten Roms und der Nachbarn verkleinert, Jugurtha wurde in Rom im Triumphzug des Marius 104 v. Chr. mitgeführt und dann hingerichtet. Freilich musste Marius erleben, dass auch er eine Schlange an seinem Busen genährt hatte. Wie er als Untergebener des Metellus über diesen hinauswuchs, so war derjenige, der mit List und Glück die Gefangennahme Jugurthas erreicht hatte, ein junger Mann namens Lucius Cornelius Sulla, der spätere Sieger über Marius 88 v. Chr. im Bürgerkrieg.

Aus dem Grab des Numiderkönigs Micipsa in Es Soumaa (Algerien) stammt das Medaillon aus vergoldetem Silber mit der Darstellung des Meeresgottes Poseidon, das vermutlich im östlichen Mittelmeerraum entstand (Constantine, Museum). Die numidische Münze (links) zeigt das Bildnis des Königs.

Marius' Aufstieg. Der Konsul des Jahres 108 v. Chr, Quintus Caecilius Metellus, errang im Jugurthinischen Krieg endlich seine lang ersehnten ersten Erfolge, als ihn folgendes Ereignis konsternierte: Sein Legat, also sein Unterfeldherr, mit dem sehr unspektakulären Namen Gaius Marius bat ihn eines Tages um Urlaub, um sich in Rom um das Konsulat bewerben zu können. Marius war ein Emporkömmling, ein homo novus, Metellus ein sehr adelsstolzer Herr, der den Parvenu nur unwillig ziehen ließ. Als Marius dann für 107 tatsächlich zum Konsul gewählt worden war, übergab der gekränkte Metellus die Geschäfte nicht in Person.

KÖNIG BOCCHUS UND SULLA

Die Niederlage des Jugurtha wurde in einem prächtigen Denkmal auf dem Kapitol in Rom dargestellt. König Bocchus von Mauretanien, der Schwiegervater des besiegten Königs und gleichwohl Verbündeter des Sulla, ließ es 15 Jahre nach den Ereignissen aufstellen. Die goldene Figurengruppe erscheint auf einer Münze, die Sullas Sohn Faustus 56 v. Chr. prägen ließ: Der kniende Bocchus (links) reicht Sulla einen Ölzweig und führt ihm seinen besiegten und gefesselten Schwiegersohn (rechts) zu.

Den Sockel des Denkmals fand man in Bruchstücken unterhalb des Kapitolshügels und brachte ihn in

den Konservatorenpalast. Seine Reliefs stellen die Waffen der besiegten Gegner dar; ein Schild wird zwischen festlichen Leuchtern von Viktorien bekränzt, der Adler spielt auf Jupiter an, den obersten Staatsgott der siegreichen Römer, zwei Eroten mit einer Inschrifttafel deuten auf Venus, die Schutzgöttin Sullas.

Marius soll sich über dieses Ehrenmonument für seinen innenpolitischen Gegner so geärgert haben, dass er es abreißen wollte. Sulla dagegen ließ die Szene, die den Grundstein für seine Karriere gelegt hatte, in eine Gemme schneiden. Mit ihr siegelte er fortan seine Briefe und Dokumente.

Marius besiegt die Germanen – Sulla, Lucullus und Pompeius besiegen Mithridates VI. von Pontos

Nach dem Sieg über die Kimbern bei Vercellae stiftete Marius' Mitkonsul, Quintus Lutatius Catulus, in Rom den Rundtempel der »Fortuna des heutigen Tages« (im Bild links).
Auf der gegenüberliegenden Seite ist der Kopf der Kultstatue abgebildet (Rom, Konservatorenpalast).

Auf Marius glaubte das römische Volk nicht verzichten zu können, besonders nicht gegen die Germanen. Während die nordafrikanischen Wirren Resultat der früheren römischen Nordafrikapolitik waren, war die nun folgende Gefahr ohne jegliches römisches Zutun entstanden. An der jetzigen deutschen und dänischen Nordseeküste setzten sich, wohl durch Sturmfluten veranlasst, germanische Stämme nach Süden in Bewegung, die Kimbern, Teutonen und Ambronen (die Insel Amrum hat ihren Namen von ihnen). Viele Jahre hatten römische Heere unter dem Kommando regulärer Magistrate erfolglos versucht, sie von Italien fern zu halten; man hielt sie für Kelten, und das alte Keltentrauma war wieder erwacht. Als 105 bei Arausio (Orange) das römische Heer vollständig vernichtet wurde, erschien Marius, der Bezwinger Jugurthas, als der richtige Mann, und er bannte die Gefahr tatsächlich. Von 104 bis 101 v. Chr. regelmäßig zum Konsul gewählt, schlug er die Teutonen und Ambronen 102 bei Aquae Sextiae (Aix-en-Provence) und die Kimbern 101 bei Vercellae (Vercelli) in der Poebene. Es waren Vernichtungsschlachten, die wandernden Germanen wurden ausgelöscht.

Die nächste Herausforderung war der erste Krieg gegen Mithridates von Pontos, den König des »Pontischen Reiches« an der

Südküste des Schwarzen Meeres. Mithridates VI. mit dem Beinamen Eupator (»gut als Vater«) war der letzte große Herausforderer Roms im Namen des politischen hellenistischen Griechentums. Zu Anfang seiner Regierung, die 121 v. Chr. begann, war er einer der vielen hellenistischen Duodezkönige, denen Rom aus mangelndem Interesse an einer direkten Herrschaft ihre kleinen Herrschaften ließ, wenn sie keine weiteren Ambitionen hatten. Die aber hatte Mithridates.

Seine Herrschaft, die er auf Kolchis und Krim ausgedehnt hatte, war stabil, wohl geordnet, hoch gerüstet und zu Größerem bestimmt. Dieses Größere war die Ausdehnung nach Westen, und allmählich merkte man auch in Rom, dass sich da im Osten etwas zusammenbraute. Im Jahre 89 eroberte Mithridates in einem Sturmlauf fast ganz Kleinasien, entfachte eine gewaltige antirömische Propaganda und erließ 88 v. Chr. in Ephesos einen Befehl, nach dem 80 000 Römer und Italiker abgeschlachtet wurden, so verhasst waren sie, die das Land aussaugten. Überall gewann er Anhänger, seine Kriegsflotte unter dem Griechen Archelaos beherrschte das Mittelmeer, und selbst Athen, das immer eine vorsichtige Politik betrieben hatte, wagte sich aus seiner Deckung hervor: Unter dem Tyrannen Aristion trat es auf die Seite des pontischen Königs gegen Rom.

Zunächst erhielt Sulla, der zum Konsul gewählt worden war, das Kommando, aber aufgrund chaotischer und absurder innenpolitischer Umschwünge in Rom wurde ihm das Kommando streitig gemacht, sodass ein zweites Heer ausgesandt wurde. Dessen Befehlshaber Lucius Valerius Flaccus erzielte auch militärische Erfolge, ja sogar nach seiner Ermordung durch seinen Untergebenen Gaius Flavius Fimbria, der den Oberbefehl übernommen hatte, kämpfte sein Heer erfolgreich und eroberte Pergamon.

Sulla war aber der wichtigere Gegner des Mithridates. Er belagerte lange Athen, das schließlich 86 v. Chr. kapitulieren musste und starke Kriegsschäden erlitt, Aristion wurde hingerichtet. Archelaos, der noch lange Piräus gehalten hatte, trat Sulla in Böotien entgegen, wurde ebenfalls 86 v. Chr. geschlagen und vermittelte dann den Frieden zwischen Rom und Mithridates. Bei Dardanos verpflichtete sich Mithridates 85 v. Chr. zum Rückzug und zu einer Kriegsentschädigung; er wurde mit Nachsicht behandelt, denn Sulla hatte es eilig, nach Rom zurückzukommen. Der König von Pontos hielt sich wider Erwarten an den Frieden; selbst, als er kurz darauf von einem römischen Statthalter durch dessen Raubzug provoziert wurde, der als 2. Mithridatischer Krieg (83–81 v. Chr.) bezeichnet wird, beschwerte er sich bloß und erfuhr die Genugtuung, dass der inzwischen in Rom wieder zur Macht gelangte Sulla diesen Krieg abbrechen ließ.

König Mithridates VI. wird auf pontischen Münzen als jugendlicher Held wie Alexander der Große dargestellt. Das Silberstück zu vier Drachmen wurde 75 v. Chr. geprägt.

Aufgegeben hatte Mithridates seine Pläne nicht. Im Jahr 74 v. Chr. ergab sich durch den Tod des bithynischen Königs wieder eine Gelegenheit, nach Westen vorzudringen, und wieder wendeten sich die Römer militärisch gegen die Vorstellung, dass ein hellenistischer König mehr als ein treuer Vasall sein wollte. Der bedeutendste Feldherr der Römer war Lucius Licinius Lucullus, Konsul 74, dessen *cognomen* heute leider nur noch im Zusammenhang mit gutem Essen geläufig ist. Zwar war er in der Tat ein äußerst wohlhabender Mann, der nach seinem Ausscheiden aus dem 3. Mithridatischen Krieg (74–63 v. Chr.) auch die Politik ad acta legte und nur noch auf großem Fuß lebte; aus Kerasus am Schwarzen Meer hatte er die Kirsche nach Europa gebracht, die nach diesem Ort benannt ist. Aber vor allen Dingen war Lucullus das Urbild des römischen Aristokraten und Feldherrn.

Der Krieg, den er zu führen hatte, hielt ihn jahrelang im Orient fest, führte ihn tief nach Armenien hinein, ließ ihn alle Schwierigkeiten unbekannter und ungewohnter Örtlichkeiten erfahren, machte es notwendig, dass er mit listigen und gewalttätigen Königen verhandelte, mit Parthern, Armeniern und allen anderen orientalischen Völkern, und Lucullus hätte mit Sicherheit Mithridates besiegt, wenn ihm nicht durch die innerrömischen politischen Veränderungen ständig Schwierigkeiten gemacht worden wären. Schließlich wurde er in kränkender Weise durch Gnaeus Pompeius abgelöst, den starken Mann der späten Republik, der schließlich Caesar unterliegen sollte. Nach einer letzten Schlacht floh Mithridates zu seinem Sohn Pharnakes II. auf die Krim, der distanzierte sich von ihm, sodass der König, von allen verlassen, im Jahre 63 v. Chr. Selbstmord beging. Pharnakes sandte die Leiche an Pompeius.

Pompeius und Octavian beenden die römische Expansionspolitik im östlichen Mittelmeerraum

Pompeius erntete. Nachdem schon 102 v. Chr. Kilikien zur Provinz Cilicia gemacht, 74 v. Chr. Kyrene Provinz geworden war, die später mit dem 66 v. Chr. hinzugekommenen Kreta zusammen verwaltet wurde, legte Pompeius 64 v. Chr. Pontos mit Bithynien zur Provinz Bithynia et Pontus zusammen, machte aus dem Rest des Seleukidenreiches die Provinz Syria, setzte Kleinfürsten ein und ab, so auch den Hohepriester in Jerusalem, wobei allerdings im Vorbeigehen noch der Tempelberg erobert werden musste, und er traf zahlreiche weitere organisatorische Regelungen im östlichen Mittelmeergebiet. Abgesehen von Ägypten, das noch selbstständig blieb, zog Pompeius im Osten den Schlussstrich unter die römische Expansion; alles Spätere – 58 v. Chr. die Einrichtung der Provinz Cyprus und 46 v. Chr. von Africa Nova, dem Rest des Numiderreiches – war nur noch Feinarbeit.

Den Schlussstein setzte dann Octavian, der drei Jahre danach den Titel Augustus bekam. Ägypten hätte schon längst römisch sein können, wenn Rom die Testamente angenommen hätte, die die späten Ptolemäerkönige zugunsten der alles beherrschenden Macht verfasst

Die Römer selbst führten ihre militärischen Erfolge auf das Wirken der Götter und die römische Frömmigkeit zurück. Auf Gebete hin wechselte die karthagische Göttin Tanit, die am Berg Eryx auf Sizilien verehrt wurde, ins Lager der Römer – so erzählte man sich. Sie erhielt zum Dank eine Kultstätte in Rom. Eine um 57 v. Chr. geprägte Münze zeigt das ursprüngliche Heiligtum der nun »Venus Erycina« genannten Göttin.

hatten. Der letzte Spross der Dynastie zeigte noch einmal alle Eigenschaften, durch die die makedonischen Herrscher ihre Alexandernachfolge hatten behaupten und das Gesicht des Nahen Ostens hatten verändern können. Kleopatra VII. war nicht nur eine Frau, die mit ihrer weiblichen Anziehungskraft Caesar fast seinen Bürgerkrieg vergessen ließ, sie regierte ihr Land mit fester Hand und war darauf bedacht, dass es bei aller Anlehnung an Rom ein eigener politischer Machtfaktor blieb. Marcus Antonius, der so gerne Caesars Nachfolger geworden wäre, wurde es nur bei Kleopatra, und mit ihm endete auch das ptolemäische Ägypten. Der Kampf zwischen ihm und Octavian, der mit der See-

Antiochos I. von Kommagene in der heutigen Südosttürkei ließ auf dem 2150 m hohen Nemrut Dağı ein Terrassenheiligtum errichten, dessen monumentaler Skulpturenschmuck (oben ein Adlerkopf) die göttliche Abkunft und herrscherliche Tradition seines Königshauses verkündet. In Wirklichkeit war er nur ein Herrscher von Pompeius' Gnaden und schmückte sich nicht umsonst mit dem Beinamen »der Römerfreund«.

schlacht bei Actium im Jahr 31 v. Chr. beendet wurde, wurde nicht als Bürgerkrieg ausgefochten, sondern als Krieg zwischen Rom und Ägypten. Als Octavian ein Jahr später in Alexandria einzog, beging Kleopatra Selbstmord, und Ägypten wurde römisch.

Schritt für Schritt lernt Rom, ein Weltreich zu regieren – Eine Bilanz

Wir ziehen die Bilanz eines riesigen Ereignisablaufes, von der Zusammenfassung Italiens in der römisch bestimmten Wehrgenossenschaft bis hin zur territorialen Vollendung des Weltreichs. Über die Ursachen der römischen Expansion ist schon von den Zeitgenossen nachgedacht worden, und wer heute den ganzen Vorgang Imperialismus nennen will, kann das tun, wenn er diesen Begriff derart in einem deskriptiven Sinn verwendet, dass damit nichts weiter als großräumige Herrschaft gemeint ist; alle weiteren Präzisierungsversuche führen ins scholastische Dickicht miteinander konkurrierender Theorieansätze. Wichtiger ist die Frage nach den Triebkräften der Entwicklung.

Man versteht die Gründe für die Ausbreitung Roms am besten, wenn man sich, wie es hier versucht wurde, in die jeweilige Situation hineinversetzt und fragt, welches denn bei einem grundsätzlich offe-

Auch wenn die römischen Legionen noch keinen Gleichschritt kannten: Der Lärm marschierender Römertruppen auf Nagelsohlen dröhnte in der Zeit der Römischen Republik im ganzen Mittelmeergebiet. Die Ledersandale stammt aus Mainz, die Sohle aus dem Ortsteil Dambach von Ehingen (Landkreis Ansbach), beide entstanden im 2./3. Jahrhundert n.Chr.

Der einzelne römische Adlige konnte sich nur durch kriegerische Ruhmestaten über seine Standesgenossen erheben. Eine um 70/60 v.Chr. entstandene Statue aus Tivoli (Rom, Thermenmuseum) zeigt vermutlich einen Senator in seiner Funktion als Feldherr. Trotz der sichtlich angespannten Alterszüge im Gesicht lässt sich der würdige Herr mit prachtvollem Leib und in großer Pose darstellen.

nen Geschichtsablauf die konkrete Situation war, aus der heraus gehandelt wurde. Da stellt sich heraus, dass Roms Agieren lange Zeit hindurch nichts als ein Reagieren war. Selbstverständlich nie in dem Sinne, dass damit gemeint wäre, die bedauernswerten, eher pazifistisch gesonnenen Römer hätten sich immer nur ihrer Haut wehren müssen, hätten widerwillig zu den Waffen gegriffen und die Früchte des Sieges am liebsten gar nicht geerntet. Nein, sie hatten schon eine Grundhaltung, die darin bestand, Konflikten nicht aus dem Wege zu gehen, sondern sie energisch anzupacken und zu ihren Gunsten zu entscheiden. Aber dass auswärtige Kriege nicht mutwillig zum Zwecke einer wie auch immer motivierten Eroberung oder eines Beutemachens vom Zaun gebrochen wurden, das sollte klar geworden sein. Als durchgängiges Motiv hinter Roms Handeln stand das Bestreben, eine wirklich, vielleicht oder auch nur möglicherweise eintretende Machtzusammenballung zu verhindern. Der Zeitfaktor spielt natürlich eine Rolle. Starkes Selbstbewusstsein und Hochmut bis hin zum Übermut mochten schon früher gelegentlich bestanden haben, seit dem Sieg über Hannibal wurden sie ein immer deutlicherer Faktor bei den außenpolitischen Entscheidungen Roms. Das, was Rom von ungehemmtem Durchgreifen zurückhielt, war ein Eigeninteresse, das darin bestand, dass ihm die Organisation der Herrschaft problematisch war. Wir haben gesehen, wie es zögerte, Ägypten in Besitz zu nehmen, das ihm förmlich auf dem Präsentierteller dargeboten wurde, und auch die Versuche, Griechenland sich selbst zu überlassen, waren durch die Unsicherheit verursacht, dass völlig unklar war, was denn nun für eine Art Herrschaft als Alternative ausgeübt werden sollte. Nur so, aus einer Art unsicherer Brutalität, die nicht weiß, was eigentlich konkret geschehen soll, sind die Zerstörungen von Karthago und Korinth 146 v. Chr. zu verstehen. Erst allmählich entstanden die Provinzen, und erst durch sie wurde direkte Herrschaft ausgeübt. Die ursprüngliche militärische Funktion der Entsendung eines römischen Magistrats mit *imperium* wandelte sich im Lauf der Zeit so, dass unter Beibehaltung der militärischen Aufgaben – selbst der Urzivilist Cicero führte als Statthalter in Kilikien Krieg – dem Amt zivile Funktionen zuwuchsen. Man muss sich das so vorstellen: Als hochrangiger Vertreter Roms war der Kommandeur die eigentliche Macht, er griff in die Verhältnisse der Städte ein, wenn es im Interesse Roms lag, und so wandten sich die Provinzbewohner zunehmend von sich aus an ihn, wenn es unter ihnen Streitigkeiten gab; auf diese Weise wuchs er in eine Richterrolle hinein und konnte Prozesse nach Gutdünken an sich ziehen. Zudem wurden den Provinzen Abgaben auferlegt, für deren Einziehung auch der Statthalter verantwortlich war. Auf diese Weise vereinigte er in sich die drei klassischen Aufgabenbereiche des vorindustriellen Staates, nämlich das militärische Kommando, die Rechtsprechung und die Finanzen.

Allmählich spielte sich die Praxis ein, Kommandos zu verlängern, also nicht mehr nur jährlich neu entsandte Prätoren eine Provinz verwalten zu lassen, sondern den bisherigen Magistrat anstelle eines Prätors zu belassen, *pro praetore* auf Lateinisch, oder anstelle eines Konsuls, *pro consule,* sodass jetzt vielerorts eben Proprätoren oder Prokonsuln die Provinzen regierten.

Schließlich gab es immer noch zahlreiche Städte und Reiche außerhalb der Provinzen, manchmal auch als Enklaven umgeben von Provinzterritorium. Sie waren offiziell souveräne Staaten, mit denen Rom in völkerrechtlichen Beziehungen stand. Aber dabei wirkte natürlich das gegenseitige Machtgefälle: hier das riesige Römerreich, dort ein vereinzeltes Kleinkönigreich oder eine vereinzelte Stadt, wenn sie auch vielleicht nicht ganz unbedeutend war wie Athen oder Rhodos. Dieses Verhältnis wurde auch begrifflich ausgedrückt, auf zwei verschiedenen Ebenen. Zum einen in den völkerrechtlichen Begriffen *amicitia et societas* (Freundschaft und Bundesgenossenschaft). *Amicus populi Romani* (Freund des römischen Volkes) oder *socius populi Romani* zu sein war ursprünglich ein Verhältnis von Gleich zu Gleich; im Laufe der Entwicklung wurde es aber zu einem Ausdruck höchst einseitiger Verhältnisse.

Zum anderen konnte dieses Gefälle auch mit einem Ausdruck aus dem innerrömischen sozialen Leben bezeichnet werden, mit dem der Klientel. Auch Klienten waren ja rechtlich Freie, sozial aber dem Patron zur Gefolgschaft verpflichtet, wofür dieser ihnen Schutz und Förderung zu gewähren hatte. Die Staaten, die der indirekten Herrschaft Roms außerhalb der Provinzen unterworfen waren, waren zwar *amici et socii,* aber sie waren Klientelstaaten – nicht geradezu Freigelassene, aber doch frei Belassene.

Welt im Wandel – Die Folgen der Herrschaftsausdehnung

Wechselwirkungen – Die Eroberung der griechischen Welt beeinflusst römisches Denken

D er Schwerpunkt der bisherigen Darstellung ruhte vor allem auf der Außenpolitik Roms. Diese äußeren Vorgänge waren nun großenteils innenpolitisch bedingt, und umgekehrt wirkte sich Roms

Prusias II. von Bithynien und die Herrschaft Roms. Mit der immer größer werdenden Ausdehnung Roms wurde das ehemals gleichberechtigte Verhältnis zu anderen Staaten einseitig zu Roms Gunsten verschoben und nun dem Verhältnis zwischen einem Patron und seinem Klienten, der für seine Gefolgschaft Schutz und Förderung erfährt, vergleichbar. 167 v. Chr. kam es zu folgender Szene, die die Kenntnis voraussetzt, dass ein freigelassener Sklave zum Klienten seines ehemaligen Herrn wird: König Prusias II. von Bithynien erschien vor dem Senat mit der Kopfbedeckung, die freigelassene Sklaven trugen. Er gab sich als Klient des römischen Volkes, de iure frei, de facto zum Gehorsam verpflichtet, und so war es auch.

Die Göttin Vesta wachte über das Gedeihen des römischen Staates und wurde in einem Rundtempel auf dem Forum Romanum verehrt (Münze von 55 v. Chr.). Die Vestalinnen mussten aus guter Familie stammen, 30 Jahre lang als hoch geehrte Jungfrauen eine Art Klosterleben führen und dabei das heilige Herdfeuer im Tempel hüten. Der Bildniskopf einer solchen Priesterin des 2. Jahrhunderts n. Chr. mit der typischen Zopftracht befindet sich im Antiquarium auf dem Palatin (Rom).

Ob der vergoldete Silberbecher aus Civita Castallena (dem antiken Falerii nördlich von Rom) durch Kriegsbeute oder als Handelsware nach Italien kam, ist unbekannt. Hergestellt wurde er im 2. Jahrhundert v. Chr. in Pergamon oder in Syrien; er gehört zu den griechisch-orientalischen Luxusgütern, die den Lebensstil der römischen Oberschicht stark beeinflussten (Neapel, Museo Archeologico Nazionale).

Die Beschäftigung mit der griechischen Literatur gehörte in der spätrepublikanischen Zeit zum kultivierten Leben. Ein Wandbild in Pompeji stellt einen Römer dar, der eine Schriftrolle mit Stücken des Komödiendichters Menander aufgeschlagen hat. Er hat sich für diesen Lesegenuss festlich bekränzt.

Außenpolitik auch innenpolitisch aus. Zunächst Griechenlands Einfluss auf Rom. Schon immer war Rom natürlich mit der griechischen Zivilisation in Berührung gekommen; die Griechenstädte lagen ja gewissermaßen vor der Haustür, und insbesondere mit Kyme, lateinisch Cumae, bestanden enge Beziehungen. Später aber war Rom dann nicht mehr eine kleine italische Landstadt, die zu den alten Zentren griechischer Kultur aufsah, sondern die größte Macht in Mittelitalien, durch ständige erfolgreiche Kriegführung gestärkt und gestählt. Von dieser Position aus wurden dann die Griechenstädte, die zum Teil inzwischen oskisiert worden waren, zu Bundesgenossen, standen also in einem straffen Unterordnungsverhältnis zu Rom.

Die Wechselwirkungen von griechischem Einfluss und italischer Eigenständigkeit zeigten sich unter anderem in der Geschichtsschreibung. Dass man in Rom über das bloße Listenwesen hinaus überhaupt anfing, Geschichte zu schreiben, also Ereignisse nach Ursache und Wirkung miteinander zu verbinden, lag an dem Bedürfnis, antirömischer griechischer Geschichtsschreibung bezüglich der Punischen Kriege entgegenzuwirken, sodass sich der römische Senator Quintus Fabius Pictor veranlasst sah, eine Art Gegendarstellung zu schreiben. Leider ist sie nicht erhalten, aber wir wissen, dass sie mit der Urgeschichte begann und mit dem 2. Punischen Krieg endete, und sie war, wegen des Adressatenkreises, auf Griechisch geschrieben – das war die Geburt der römischen Historiographie. Cato der Ältere verfolgte das Vordringen des Griechischen mit großem Misstrauen, weil er dadurch eine Gefährdung des römischen Selbstbewusstseins befürchtete, trotzdem soll er im Alter wegen der Wichtigkeit dieser Sprache noch Griechisch gelernt haben. Bezeichnender noch ist aber sein eigenes Geschichtswerk, die »Origines«. Auch sie begannen, und danach heißen sie ja auch, mit den Ursprüngen Roms und führten bis in die Gegenwart, und ihre Absicht war, den Römern ihre große Vergangenheit vor Augen zu führen. Die Gattung selbst aber war griechisch.

Andere kulturelle Einflüsse, denen sich Rom jetzt, zum Teil zögernd, öffnete, seien nur in Stichworten genannt: Dass das Theater, das ursprünglich aus einfachen, natürlich religiös verwurzelten Aufführungen bestanden hatte, griechisch verfeinert wurde, zeigen Plautus und Terenz. Die Philosophie hielt Einzug ins staunende Rom, als die oben erwähnte Philosophengesandtschaft aus Athen erschien und die jungen Römer aus erster Hand erfuhren, was es heißt, methodisch zu denken. Auf dem Gebiet der Rechtswissenschaft, das als einziges eine rein römische Errungenschaft war, hatten die römischen Juristen schon vorher griechische Denkmethoden angewandt. Wie sehr die Römer in kultureller Hinsicht zu den Griechen aufblickten, zeigt sich darin, dass sie allmählich ihre einfachen religiösen Vorstellungen, insbesondere die Mythologie, an griechische Vorbilder anpassten, ja, dass sie sogar begannen, ihre eigene Herkunft im griechischen Sagenkreis zu suchen, um sich dadurch zu legitimieren. Griechen begannen in den Sagen von den Anfängen Roms eine im-

EIN STADTPALAST IN POMPEJI

Die wohlhabenden Familien der Kleinstadt Pompeji am Golf von Neapel besaßen neben Traditionsbewusstsein auch griechisch-hellenistische Weltläufigkeit und Modernität, wie sowohl die öffentlichen Einrichtungen als auch die Wohnhäuser zeigen.

Das größte Privatgebäude der Stadt, das so genannte Haus des Fauns, nimmt einen ganzen Wohnblock (insula) ein. Mit seiner Grundfläche von 3000 m² hat es palastartige Ausmaße. Auch die Einrichtung war vom Wohnluxus hellenistischer Fürstenhöfe bestimmt. Die Außenwände zu den angrenzenden Gassen sind unverziert und haben kaum Eingänge oder Fenster. Zur Hauptstraße im Süden öffnet sich dagegen in ganzer Breite der Hausfront eine Fassade, die in sorgfältiger Steinmetzarbeit gefügt und mit Wandpfeilern gegliedert ist. Vier doppelgeschossige Verkaufsläden bezeugen den praktischen Geschäftssinn der Erbauer.

Den Kern des Hauses bildet nach italischer Tradition das Atrium, in das man durch das linke Portal gelangt. Dieser Saal mit einer Lichtöffnung im Dach ist mit etwa 16 u 10 m Grundfläche und 8 bis 9 m Höhe von monumentaler Größe. Ein weiteres Atrium hinter dem rechten Eingang hat eher privaten Charakter und erschließt den Wirtschaftstrakt.

Schon bei der Anlage des Hauses in der ersten Hälfte des 2. Jahrhunderts v. Chr. wurde ein Säulenhof (Peristyl) angelegt, während das hintere Drittel des Grundstückes zunächst nicht bebaut, sondern vermutlich als Hausgarten genutzt wurde. Erst am Ende des Jahrhunderts entstand dort das große Gartenperistyl. Im antiken Wohnhaus gab es bisher kaum Säulen, und die Erbauer nutzten gezielt die repräsentative Form des Säulenhofes, der im hellenistischen Griechenland Heiligtümer, Paläste und andere öffentliche Gebäude kennzeichnete.

Der Windfang (fauces) wurde mit einer stuckierten Architektur geschmückt, das große Atrium besaß vermutlich eine Gliederung mit ionischen Pilastern im oberen Wandbereich, korinthische Säulen trugen im kleinen Atrium das Dach. In den Haupträumen waren alle Wände mit farbigem Quaderstuck überzogen und die Fußböden mit Mosaiken von hoher Qualität geschmückt. Bewegliche Ausstattungsgüter sind bis auf die

Bronzestatuette eines tanzenden Fauns, die dem Haus seinen Namen gab, nicht erhalten.

Die technischen Einrichtungen waren auf neuestem Stand, und besonders die Badeanlage bot hohen Komfort, der laufend verbessert wurde. Die repräsentative Erscheinung des Stadtpalastes im Ganzen wurde jedoch allen späteren Modeströmungen zum Trotz fast museal erhalten und gepflegt. Sie bezeugte noch zur Zeit der Verschüttung von Pompeji 79 n. Chr. den noblen Geschmack der Erbauer.

mer größere Rolle zu spielen, aber darüber hinaus interpretierten sich die Römer jetzt in die Sagen vom Trojanischen Krieg hinein: Ihr Stammvater sei Äneas gewesen, der Trojaner, der seinen Vater Anchises aus dem brennenden Troja gerettet hatte. Weitergedacht heißt dies, dass mit der römischen Eroberung der Welt eigentlich die Trojaner über die Griechen gesiegt hatten.

Roms Kriege verändern das römische Gesellschaftsgefüge

Überblickt man die äußeren Ereignisse im Zusammenhang, dann muss als Erstes noch einmal festgestellt werden, dass es kaum ein Jahr gab, in dem Rom nicht Krieg führte, wenn auch nicht immer mit derselben Intensität; am stärksten wurden Staat und Gesellschaft im Hannibalkrieg gefordert. Das ließ in besonderem Maße den festen Zusammenhalt zwischen dem Senatorenstand und dem Volk entstehen. Im 3. Jahrhundert v. Chr. machte sich eine neue wirtschaftlich-soziale Entwicklung bemerkbar, die mittelbar mit dem Krieg zu tun hatte. Wir können sie nur erschließen, und zwar dadurch, dass im Jahre 218 v. Chr., also zu Beginn des Hannibalkrieges, das römische Volk ein Gesetz *(lex Claudia)* verabschiedet hatte, welches bestimmte, dass ein Senator oder der Sohn eines Senators nur ein einziges Handelsschiff mit höchstens 300 Amphoren Fassungsvermögen haben durfte. Damit wurde den Senatoren indirekt verboten, mehr Handel zu treiben, als zum Vertrieb der von ihnen geernteten Früchte erforderlich war. Daraus ergibt sich, dass im Senatorenstand eine Entwicklung um sich gegriffen haben muss, nach der immer mehr Senatoren großräumigen Handel betrieben, und diese Tendenz muss den Initiatoren des Gesetzes missfallen haben. Als die standesgemäße Erwerbsart eines Senators wurde nur die Landwirtschaft angesehen, und im Allgemeinen ist jetzt der Senatorenstand wirklich auf den landwirtschaftlichen Erwerb verwiesen worden mit der Folge, dass die Senatoren Großgrundbesitzer wurden.

Eine andere Folge war, dass sich mit diesem Gesetz ein weiterer Stand in der römischen Gesellschaft bildete oder in spezifischer Weise sichtbar wurde, der *ordo equester.* Im Deutschen wird er gewöhnlich mit dem Wort »Ritterstand« wiedergegeben, und dabei kann es auch bleiben, wenn man sich klar macht, was er ist. Auf keinen Fall hat er etwas mit einem Rittertum zu tun, das mit dem des Mittelalters vergleichbar wäre; Ritterstand hier ist einfach eine Übersetzung des lateinischen Begriffs, so wie Senatorenstand die Übersetzung von *ordo senatorius* ist. Der römische Ritterstand war zunächst einmal die Gruppe, die im frühen römischen Heer zu Pferd diente, weil ihre Angehörigen so viel Vermögen hatten, dass sie sich diese Ausrüstung hatten leisten können.

Im Verlauf des 3. Jahrhunderts v. Chr. gab es anscheinend Aufsteiger in diesen Stand, die durch die Verdienstmöglichkeiten, die Krieg, Heeresversorgung, öffentliche Aufträge und Steuereintreibung boten, reich geworden waren und anfingen, schwunghaft Handel zu treiben; nicht umsonst fällt in diese Epoche auch die erste römische Münzprägung. Mit solchen Gesellen wollten – und sollten – die Senatoren nichts zu tun haben, daher das Claudische Gesetz von 218 v. Chr. Seit seiner Geltung waren die Senatoren gewissermaßen in eine höhere Hierarchiestufe ausgeschieden, und der Ritterstand im historisch spezifischen Sinne war nun geboren. Als weitere Folge wäre einerseits die Tatsache zu erwähnen, dass durch die chaotischen Verhältnisse in der Folge des Hannibalkrieges die Notwendigkeit

Seit dem Gesetz über die senatorischen Schiffe des Jahres 218 v. Chr. konnte sich die römische Oberschicht nicht mehr als Stand von Kaufleuten verstehen. Umso eher verliehen Ritter oder Freigelassene ihrem Stolz auf erfolgreiche Handelsoperationen Ausdruck, wie das Grabmal des reichen Gaius Calventius Quieto und seiner Frau Naevoleia Tyche in Pompeji zeigt. Ein Handelsschiff schmückt die Flanke des altarförmigen Monumentes.

auftrat, Ordnung in das Grundstücksrecht zu bringen, bei welcher Gelegenheit die Prätoren den Begriff des Besitzes im Gegensatz zum Eigentum entwickelten, andererseits wäre darauf aufmerksam zu machen, dass vermögende Frauen eine immer größere Rolle spielten, und das gegen den Widerstand Catos des Älteren.

Das neue Selbstbewusstsein der römischen Kaufleute schlug sich auch in Prestigebauten nieder. So wurde der Rundtempel am Rindermarkt beim Flusshafen Roms vermutlich von dem Händler Marcus Octavius Herennus im späten 2. Jahrhundert v. Chr. für Hercules Victor errichtet. Er ist der älteste erhaltene Marmorbau Roms. Die eleganten korinthischen Kapitelle (oben als Detail) sind in damals modernen hellenistischen Formen gestaltet.

Cato der Ältere – Ein Protagonist seiner Zeit

Die Gestalt Catos ist für die Situation während und nach den großen Kriegen charakteristisch, auch deshalb, weil er gerade nicht zu den bis dahin führenden Familien gehört hatte und gegen diese anging. Marcus Porcius Cato, geboren 234 v. Chr., stammte aus einer ritterständischen Familie in Tusculum (Frascati). Er kämpfte ab 216 im Hannibalkrieg mit und ergriff dann mit Unterstützung aus der Nobilität – anders wäre es für einen Ritter ja nicht möglich gewesen – die politische Laufbahn: Er wurde etwa 214 Militärtribun, 204 Quästor, 199 plebejischer Ädil, 198 Prätor (Statthalter auf Sardinien), 195 Konsul, 194 Prokonsul in Spanien, 184 sogar Zensor. Während er 191 ein weiteres Mal Militärtribun war, spielte er eine entscheidende Rolle beim Sieg über Antiochos den Großen an den Thermopylen. Nach seiner Zensur war er unermüdlich weiter politisch tätig; er starb 149 v. Chr. Als Aufsteiger hatte er besonders strenge Vorstellungen von altrömischer Lebensart, die er in ihrer schon ins Romantische übergehenden Einfachheit auch vorlebte. Insbesondere warf er den Angehörigen der alten Geschlechter Verrat an diesen Idealen vor. Er sorgte daher dafür, dass (Anti-)Luxusgesetze erlassen wurden, und in diesen Zusammenhang gehört auch

Marcus Porcius Cato den Älteren zeigt möglicherweise diese Porträtbüste im Pariser Louvre. Ausdruck und Bewegung des Bildniskopfes sind ebenso wie die feine Marmorarbeit griechische Elemente. Markante Züge, wie der zahnlose eingefallene Mund, verraten die typisch römische Wertschätzung des Alters.

Eine Passage aus dem SC (senatus consultum) de Bacchanalibus von 186 v. Chr., die Einblicke in das Verfahren vor dem Senat gibt (Inscriptiones Latinae Selectae, ILS, 18):

Die Konsuln Q. (Quintus) Marcius…, und Sp. (Spurius) Postumius…, hielten eine Senatssitzung am 7. Oktober beim Tempel der Bellona. Aufsicht beim Protokoll führten M. (Marcus) Claudius…, L. (Lucius) Valerius …, Q. (Quintus) Minucius … Betreffend derer, die sich zu Bacchanalienfesten zusammengetan haben, beschlossen sie, Folgendes verkünden zu lassen: Niemand von ihnen darf ein Bacchanalienfest abhalten. Sollte jemand erklären, er müsse unbedingt ein Bacchanalienfest feiern, soll er zum Stadtprätor nach Rom kommen, und nach seiner Anhörung soll unser Senat in Anwesenheit von mindestens 100 Senatoren bei dieser Verhandlung entscheiden. Kein römischer Bürger, Angehöriger des latinischen Bundes oder Bundesgenosse darf sich unter die Bacchen mischen, ohne dass er vorher den Stadtprätor angeht und von ihm auf Senatsbeschluss in Anwesenheit von mindestens 100 Senatoren bei dieser Verhandlung dazu ermächtigt wird. Angenommen.

Kein Mann darf Priester sein … Niemand soll Feiern im Geheimen begehen. Weder auf öffentlichem noch privatem Boden noch jenseits der Stadtgrenze darf jemand Feiern begehen, ohne dass er vorher den Stadtprätor angeht und von ihm nach Senatsbeschluss … ermächtigt wird. Angenommen. Mehr als insgesamt fünf Menschen dürfen keine gemeinsamen Feiern abhalten; unter ihnen dürfen nicht mehr als zwei Männer und drei Frauen sein, es sei denn mit Genehmigung …

Dies soll in der Versammlung an zumindest drei Markttagen verkündet werden; nehmt den Senatsbeschluss zur Kenntnis, er lautet folgendermaßen: Handelt jemand entgegen den oben vorgeschriebenen Bestimmungen, so soll man ihm den Kapitalprozess machen – und lasst dies auf einer Erztafel aufschreiben, so beschloss der Senat, und sie anbringen, wo sie am leichtesten gelesen werden kann. Die Bacchanalien … sollen, wo nicht ein religiöses Bedenken vorliegt, binnen zehn Tagen nach Empfang dieser Verfügung beseitigt werden.

sein vergeblicher Widerstand gegen die Aufhebung der *lex Oppia*, eines Gesetzes, das Frauen während des Hannibalkrieges Beschränkungen beim Aufwand für Schmuck und Kleidung auferlegt hatte.

Die Zeiten hatten sich geändert. Ein Vorfall aus dem Jahre 186 v. Chr. ist für diese Entwicklung symptomatisch. Durch einen Kriminalfall war herausgekommen, dass in Süditalien private Vereinigungen, die den griechischen Dionysoskult praktizierten, als Geheimbünde mit starker Binnendisziplin organisiert waren und zur Begehung von Kapitalverbrechen führten. Die Angelegenheit dieser Bacchanalien – Bacchus ist der lateinische Name des griechischen Gottes Dionysos – kam vor den Senat, und das Ergebnis war, dass die Teilnehmer an solchen Verschwörungen mit dem Tode bestraft wurden. Dieser Sachverhalt zeigt das Eindringen fremder Kulte in Italien, aber auch, dass der römische Staat in ihnen eine Gefahr für den inneren Zusammenhalt des römischen Gemeinwesens sah und daher ähnlich eingestellt war wie Cato.

Gesellschaftlicher Wandel und Gegenreaktionen

Veränderungen in der Unterschicht werden im nächsten Kapitel behandelt werden, hier jetzt die Veränderungen in der Oberschicht. Beginnen wir mit bestimmten Personen, und zwar auch deshalb, weil Cato nichts von ihnen wissen wollte. Für ihn zählten nur die Institutionen, und deshalb kamen seine »Origines« ohne die Erwähnung von Personen aus. Cato wählte diesen Weg, weil er bedeutende Männer seiner Gegenwart vor Augen hatte, die dabei waren, sich über die Standesdisziplin hinwegzusetzen, und ihnen gegenüber wollte er die Fahne der altrömischen unpersönlichen Adelsgesellschaft aufpflanzen.

Zu Catos Zeit und für die Nachwelt waren die Brüder Scipio, also Publius, der Hannibalsieger, und Lucius, der Sieger über Antiochos den Großen, am berühmtesten. Unmittelbar einleuchtend ist, dass es Scipio Africanus nach den ungeheuren Leistungen, die er in jungen Jahren erbracht und mit denen er Rom gerettet hatte, schwer fiel, sich zu Hause wieder einzuordnen. Es muss ein harter Schlag für ihn gewesen sein, dass er bei den Konsulwahlen für 194 v. Chr. unterlag und auch das Kommando für den Krieg gegen Antiochos nicht bekam. Immerhin konnte er als Berater seines Bruders mit ins Feld ziehen und hatte so den Löwenanteil am Sieg über den großen Seleukidenkönig. In Rom wartete aber etwas auf die Brüder, was sie nur als Undank und Demütigung empfinden konnten. Sie wurden, vielleicht besonders auf Betreiben Catos, vor Gericht gezogen unter der Anklage, bestochen worden zu sein und auch sonst finanzielle Unregelmäßigkeiten begangen zu haben. Zwar wurden sie freigesprochen, zogen sich aber doch verbittert aus dem öffentlichen Leben zurück. Wie sehr sie es als Zumutung ansahen, ihren Standesgenossen Rechenschaft abzulegen, zeigt eine Anekdote von L. Cornelius Scipio. Er sollte die Abrechnungsbücher, die er als Feldherr im Krieg führen musste, vorlegen; er tat das auch, aber so, dass er sie zerriss, sie den Senatoren vor die Füße warf und sagte, sie sollen sie sich selber wieder zusammensuchen.

Der Senatsbeschluss über das Verbot der Bacchanalien von 186 v. Chr. ist auf einer Bronzetafel im Kunsthistorischen Museum, Wien, erhalten. Sie wurde in der Barockzeit in einen prächtigen Rahmen gefasst.

Flamininus, der Sieger des 2. Makedonischen Krieges, und P. Cornelius Scipio Africanus waren in jungen Jahren zu den höchsten Stellungen aufgestiegen, und auch das empfand die Mehrheit der Senatoren als unpassend. Es ging noch an, wenn äußere Not es erforderte, aber sonst sollte dem erfahrenen Alter der Vortritt gelassen werden. Dieses Vorgehen wurde früher nie infrage gestellt, aber in den Zeiten der großen Kriege und Siege geriet diese Selbstverständlichkeit allmählich aus der Übung, sodass man darüber nachdachte, wie eine geregelte Ämterlaufbahn wieder eingeführt werden könnte. Weiteres kam hinzu. Eine frühe Kandidatur begünstigte junge Männer aus denjenigen Familien, die ohnehin schon politisch aktiv und daher bekannt waren, und wer sich durch Tüchtigkeit neu die Sporen verdienen wollte, war schlechter gestellt. Nur ganz wenigen, darunter Cato dem Älteren, gelang der Sprung in die Ämter und damit in den Senat; in der ersten Hälfte des 2. Jahrhunderts v. Chr. kamen nur acht Konsuln nicht aus den alten Adelsfamilien. Um das Monopol der großen Familien zu brechen, meinte man mehr Zeit für den politischen Aufstieg zur Verfügung stellen zu müssen. Aus diesen Überlegungen ist die schließlich im Jahr 180 v. Chr. verabschiedete *lex Villia annalis* zu verstehen, das Gesetz, das von einem Volkstribunen Lucius Villius eingebracht wurde und das den *cursus honorum* so regelte, wie er bereits beschrieben wurde. Diese feste Regelung der Lebensalter und der Jahresabstände, die zwischen den einzelnen Ämtern nun zu beachten waren, ist ein Indiz dafür, dass die freiwillige Einhaltung gewisser Grundregeln nicht mehr reibungslos funktionierte.

Vielleicht gehört auch ein Gesetz in diesen Zusammenhang, das bisher nur Gegenstand der Frauengeschichte war und gerne als Beispiel für Frauendiskriminierung genannt wurde. Die *lex Voconia* von 169 v. Chr. legte fest, dass in der obersten Vermögensklasse eine Frau nicht testamentarisch zur Erbin eingesetzt werden konnte und dass

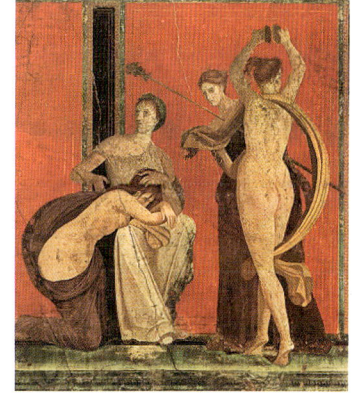

In einer Villa bei Pompeji befindet sich ein Gesellschaftsraum mit einem fast mannshohen Fries, der vermutlich Szenen einer privaten Dionysosfeier zeigt (hierzu gehört auch die Abbildung auf der gegenüberliegenden Seite). Zur Entstehungszeit um 60 v. Chr. waren die Dionysischen Mysterien wieder als private Feste gesellschaftsfähig.

Nicht gerade lebendig wird eine historische Schilderung, wenn man die Namen weglässt und nur die Funktionen erwähnt; ein Beispiel aus Catos »Origines«:

Der punische Feldherr rückt im Lande Sizilien im ersten Karthagischen Krieg vor und dem römischen Heer entgegen; er besetzt die Hügel und die geeigneten Posten als Erster... Ein Tribun kommt zum Konsul und eröffnet ihm, dass der Untergang nahe bevorstehe, da der Ort ungünstig sei und die Feinde ringsum stünden... Der Konsul entgegnete dem Tribunen, das scheine ihm durchdacht und weitblickend; »aber«, sprach er, »wer wird sich denn bereit finden, die 400 Soldaten dorthin mitten in die Formation der Feinde zu führen?« »Wenn du«, erwiderte der Tribun, »keinen anderen findest, so magst du mich für die Probe verwenden; ich gebe dir und dem Staat mein Leben.« Der Konsul dankte dem Tribun und lobte ihn.

Um 180/150 v. Chr. wurde einem römischen Feldherrn diese Ehrenstatue errichtet. Der prachtvolle nackte Leib und die herrscherliche Pose rühmen den Dargestellten wie einen der gottgleichen Könige im griechischen Osten. Angesichts der nüchternen Amtsauffassung der Römischen Republik muss ein solches Bildwerk höchst provozierend gewirkt haben (Rom, Thermenmuseum).

dieses Verbot auch nicht dadurch umgangen werden durfte, dass man eben der Frau so viele Vermächtnisse zukommen ließ, dass diese in der Summe doch den ganzen Nachlass ausmachten. Die Frage ist, warum diese Regelung zu diesem Zeitpunkt getroffen wurde. Dass gewöhnliche Frauenfeindschaft als Ursache ausscheidet, darüber sind sich inzwischen alle Historikerinnen und Historiker einig, und man hat sich im Allgemeinen darauf verständigt, das Gesetz so zu interpretieren, dass es dem Zusammenhalt des Vermögens der großen Familien dienen sollte. Es kann aber auch die allgemeine innenpolitische Situation des gesellschaftlichen Umbruchs als Ursache haben, die darin bestand, dass sich nun mehr Kandidaten um die Ämter bewarben als früher und dass die Wahlkämpfe teurer wurden. Möglicherweise sollte die *lex Voconia* sicherstellen, dass hinreichend Vermögen für diesen Zweck bereitstand.

Das grellste Licht auf den durch die Expansion im Mittelmeerraum verursachten Wandel in der Senatsaristokratie wirft die Entwicklung der Repetundenverfahren. *Repetere* heißt »zurückverlangen«, und bei diesen Gerichtsprozessen ging es darum, dass die von römischen Feldherren und Statthaltern im Ausland geraubten Gegenstände oder erpressten Geldsummen zurückverlangt wurden. Der Vorgang sah so aus, dass römische Beamte diese Dinge mitgehen oder sich unter Androhung von Gewalt schenken ließen und dass anschließend, wenn die Gefahr vorbei war, eine Gesandtschaft der beraubten – meist griechischen – Stadt vor dem römischen Senat erschien und Rückgabe verlangte. Der Senat setzte dann eine Untersuchungskommission ein, eine *quaestio,* die nach Klärung des Sachverhalts entweder das Begehren der Stadt zurückwies oder aber den Übeltäter verurteilte. Diese Fälle, am Ende des 3. Jahrhunderts v. Chr. beginnend, nahmen so überhand, dass es nicht mehr damit getan war, von Fall zu Fall eine solche Kommission zu bilden. Daher beschloss das Volk im Jahr 149 v. Chr. eine *lex Calpurnia,* die ständige Gerichtshöfe *(quaestiones perpetuae)* für diese Verfahren einsetzte.

Gewiss sind solche Verfahren, wie in der Politik üblich, auch zum Austragen von Rivalitäten und politischen Aus-

Der Hochzeitszug der Meeresgötter Poseidon und Amphitrite auf einem um 100 v. Chr. entstandenen Fries könnte sich auf einen Seesieg beziehen. Vermutlich sollte jedoch die Herkunft eines Senators aus göttlichem Geschlecht propagiert werden. Solche griechisch beeinflussten Genealogien waren eigentlich mit den nüchternen Lebensidealen des alten Römerstaates kaum vereinbar (München, Glyptothek).

einandersetzungen instrumentalisiert worden, und gewiss muss nicht immer moralische Abscheu zu Sanktionen geführt haben, sondern eher die Sorge, dass römische Herrschaftsinteressen durch derartiges Verhalten gefährdet wären – jedenfalls erkannte die römische Aristokratie die Gefährlichkeit ungezügelter räuberischer Willkür ihrer Angehörigen im Ausland und versuchte, dagegen einzuschreiten. Dass sie im Ergebnis damit scheiterte, hat den Zusammenbruch der Republik mit verursacht.

Die Bilanz hat ein doppeltes Gesicht. Für den Senatorenstand war die Außenpolitik einschließlich der Kriege eine Herausforderung, deren tief beeindruckende Bewältigung zu Höchstleistungen an Tatkraft, Disziplin und Gestaltungskraft führte, gleichzeitig aber erste Ansätze der Desintegration dieses Standes hervorrief.

Draußen, im Krieg oder auch in diplomatischer Mission oder als Statthalter, regierten sie mit unumschränkten Vollmachten wie hellenistische Könige und wurden von den Untertanen teilweise auch so behandelt. Dort waren sie allein, und die Aufsicht durch die im Senat organisierten Standesgenossen funktionierte nicht mehr als täglich gelebtes Faktum, sondern musste mühsam durch Gesandtschaften oder die Erwartung eines möglichen Gerichtsverfahrens aufrecht gehalten werden.

Trotzdem herrscht an Einzelbeispielen für grandiose Erscheinungen der römischen Aristokratie neben Scipio Africanus dem Jüngeren, dem Zerstörer Karthagos, kein Mangel: Gaius Hostilius Mancinus war ein regulärer Konsul, der sich der Staatsdisziplin fügte und sich 136 v. Chr. gefesselt vor die Tore Numantias stellte, und Manius Aquilius war ebenfalls ein regulärer Konsul, der 101 v. Chr. in einem Zweikampf von Mann zu Mann den Sklavenführer Athenion besiegte, tötete und damit den 2. Sklavenkrieg beendete.

Für die römischen Villen entstand eine große Nachfrage nach griechischen Kunstwerken. Vor der Küste Tunesiens bei Mahdia sank um 100 v. Chr. ein Schiff, das zahlreiche Architekturglieder und Kunstwerke an Bord hatte. Die Bronzestatue des Eros steht heute in Tunis im Musée National du Bardo.

Die Römische Revolution – Der Kampf um die Republik (133–27 v. Chr.)

Republik in der Krise – Reformversuche und ihre Folgen

Tiberius Sempronius Gracchus und seine Agrarreform 133 v. Chr.

Schon länger war es einsichtigen Politikern klar geworden, dass der Großgrundbesitz zunahm, dass die Eigentumsverhältnisse auf dem Lande in Unordnung geraten waren, dass die Anzahl der freien Bauern immer mehr zurückging, und dass infolgedessen das römische Heer in bedrohlicher Weise geschwächt wurde.

Insbesondere der zermürbende spanische Kleinkrieg hatte sowohl materiell als auch psychologisch so verheerend gewirkt, dass einer der Konsuln des Jahres 140 v. Chr., Gaius Laelius, erstmals versuchte, ein Ackergesetz durchzubringen, das eine Landverteilung aus dem römischen Staatsland an Bedürftige vorsah, um den Besitzlosen Land und damit dem Heer wieder mehr wehrfähige Bauern zur Verfügung zu stellen. Der Widerstand gegen diese Reform erschien Laelius jedoch so beträchtlich, dass er von sich aus auf seine Pläne verzichtete. Nicht so eine andere Gruppe innerhalb des Senatorenstandes um Appius Claudius Pulcher, Konsul 143 v. Chr. und sogar *princeps senatus* (also der Erstgenannte auf der Senatsliste), Publius Licinius Crassus Dives Mucianus, Konsul 131 v. Chr., und den berühmten Juristen Publius Mucius Scaevola, der das Konsulat 133 v. Chr. bekleidete. Als der geeignete Mann, die Dinge durchzusetzen, erschien Tiberius Sempronius Gracchus. Er war der Schwiegersohn des Ap. Claudius Pulcher und entstammte einer hochvornehmen und hochverdienten Familie. Sein gleichnamiger Vater hatte als Statthalter in Spanien dieser Provinz für lange Jahre den Frieden gebracht, und seine Mutter, Cornelia, war eine Tochter des älteren Scipio Africanus, des Hannibalsiegers. Schließlich war er sogar auch mit dem jüngeren Scipio verbunden, weil seine Schwester Sempronia dessen Ehefrau war. Er hatte als Offizier unter diesem im letzten Krieg gegen Karthago gedient und war schließlich 137 v. Chr. Quästor in Spanien. Alles deutete darauf hin, dass sich Tiberius innerhalb des Hergebrachten bewegen und notwendige Veränderungen mit Augenmaß durchsetzen würde.

Persönlich motiviert war er, für Eindrücke empfänglich wohl auch. Die Reise nach Spanien hatte ihn durch Etrurien geführt, und dort soll er die ruinierten bäuerlichen Verhältnisse mit Bewusstsein wahrgenommen haben und von ihnen erschüttert gewesen sein. In

Das Landleben wurde von der großstädtischen Bevölkerung Roms als einfaches, von Frieden und Frömmigkeit gezeichnetes Leben verklärt. Dieses Relief (München, Glyptothek) zeigt einen Bauern, der mit Schlachtvieh und Früchten zum Markt geht, vorbei an alten, teilweise verfallenen Heiligtümern.

Eine Statue der Cornelia wurde in augusteischer Zeit errichtet. Diese ist leider verloren, aber die Statuenbasis mit Inschrift ist erhalten. Interpretiert man diese, so wird einem bewusst: So bedeutend diese Frau war, so wurde ihre Bedeutung doch nur darin gesehen, dass sie Tochter und Mutter berühmter Männer war.

CORNELIA AFRICANI F GRACCHORUM MATER
Cornelia, Tochter des Africanus, Mutter der Gracchen

Spanien war er 137 an dem Zustandekommen des Vertrages mit den Aufständischen beteiligt, den der Konsul C. Hostilius Mancinus mit den Numantinern ausgehandelt hatte, der aber in Rom zu seinem tiefsten Bedauern widerrufen wurde; er hat zudem die Tragödie des Konsuls miterlebt, die oben geschildert wurde. Er wurde zum Volkstribun gewählt und brachte 133 v. Chr. ein Gesetz ein, das den verarmten römischen Bauern Land zur Verfügung stellen sollte: Vom römischen Staatsland, dem *ager publicus Romanus,* sollte jeder Staatsbürger 500 *iugera* bewirtschaften können, für einen Sohn kamen 250 *iugera* hinzu, für zwei Söhne 500 *iugera,* sodass man höchstens 1000 *iugera,* das sind 250 Hektar, Staatsland bewirtschaften konnte, denn

Ein Auszug aus einer Rede, die Tiberius Gracchus gehalten haben und die zeigen soll, welche Motive ihn bestimmten (Plutarch, Tiberius Gracchus 9):

Die wilden Tiere, welche in Italien hausen, haben ihre Höhle, jedes weiß, wo es sich hinlegen, wo es sich verkriechen kann – die Männer aber, die für Italien kämpfen und sterben, sie haben nichts außer Luft und Licht. Heimatlos, gehetzt irren sie mit Weib und Kind durch das Land. Die Feldherren lügen, wenn sie in der Schlacht die Soldaten aufrufen, für ihre Gräber und Heiligtümer sich zu wehren gegen den Feind, denn von all diesen Römern besitzt keiner einen Altar, den er vom Vater ererbt, keiner ein Grab, in dem seine Vorfahren ruhen, vielmehr kämpfen und sterben sie für anderer Wohlleben und Reichtum. Herren der Welt werden sie genannt und haben nicht eine Scholle Landes zu eigen.

Ein Wandbild aus Pompeji stellt vermutlich den Vesuv als einen einzigen großen Weinberg dar und verdeutlicht die Umwandlung von Mittel- und Süditalien in ein intensiv genutztes Gartenland. Links der Weingott Dionysos in Gestalt einer Traube (Neapel, Museo Archeologico Nazionale).

mehr als zwei Söhne sollten nicht berücksichtigt werden. Falls jemand mehr Land okkupiert hatte, musste er den Überschuss herausgeben, damit es besitzlosen Römern in Einzelparzellen zur Verfügung gestellt werden konnte, aber nicht als Eigentum, sondern in Erbpacht gegen Zahlung eines geringen, symbolischen Pachtzinses; dieses Verfahren sollte verhindern, dass diesen neu geschaffenen Kleinbauern ihr Land, womöglich unter Druck, von Mächtigeren abgekauft wurde.

Wie kam es zu dieser Regelung? Mit der Ausdehnung Roms über Italien war den besiegten Kriegsgegnern ja mehr und mehr Land weggenommen worden und römisches Staatsland geworden. Dieses Land war zur Bestellung an römische Bürger freigegeben worden,

man konnte es okkupieren; es hieß daher in dieser Eigenschaft auch *ager occupatorius.* Im Lauf der Zeit wurde der *ager occupatorius* immer mehr in Besitz genommen, in starkem Maße von Angehörigen des Senatorenstandes. Durch die *lex Claudia* von 218 v. Chr. waren sie ja geradezu genötigt worden, Großgrundbesitzer zu werden. Neben ihrem Privatland, das sie ohnehin schon hatten, bebauten sie nun zusätzlich dieses okkupierte Land, und daher schien es Tiberius Gracchus und seinen älteren Hintermännern zumutbar, dass das Recht, den *ager publicus* zu bebauen, begrenzt werden sollte.

Diese Absichten stießen aber auf Widerstand, der heftiger war, als sich die Reformer gedacht hatten. Er verlief zunächst in den üblichen Bahnen, indem vorgesehen war, einfach gegen den Gesetzesantrag interzedieren zu lassen; dann galt er rechtlich als nicht gestellt, und man musste weiter Politik betreiben, um zu irgendeinem Ergebnis zu kommen. Der Widerstand, der nur bei einem Teil des *ordo senatorius* bestand, ist zunächst nicht unverständlich. Erstens wollte man ungern etwas hergeben,

Bei der Gründung einer neuen Kolonie wurde eine symbolische Ackerfurche um die neue Siedlung herum gezogen. Das Relief eines Grabbaues in Aquileja (Museo Archeologico Nazionale) vom Ende des 1. Jahrhunderts v. Chr. zeigt diese Zeremonie. Die Teilnehmer sind würdig mit der Toga bekleidet.

was man schon lange hatte; zweitens waren durch die zum Teil sehr lange Nutzung des Staatslandes die Unterschiede zwischen Privat- und Staatsland verwischt, sodass bei einer umständlichen Neuaufnahme des Katasters möglicherweise auch auf Privatland übergegriffen würde; und drittens war römisches Staatsland nicht nur von römischen, sondern auch von bundesgenössischen Grundbesitzern okkupiert worden, und wenn in deren Besitzstand eingegriffen werden würde, hätte das Auswirkungen auf den italischen Zusammenhalt haben können, zumal von der Verteilung nur römische Bürger, keine Bundesgenossen profitieren sollten.

Raffgier allein war es daher nicht, als bei der Abstimmung über den Gesetzesantrag des Tiberius Gracchus interzediert wurde. Nun aber setzte eine Entwicklung ein, die im Rückblick als der erste Schritt zu einer Revolutionierung der römischen Politik gewertet werden muss. Tiberius Gracchus nahm diese Interzession nicht hin, sondern er ließ den interzedierenden Volkstribunen Octavius durch die Volksversammlung absetzen und einen Ersatzmann wählen. Der sprach dann kein Veto, sodass das Gesetz angenommen wurde. Tiberius argumentierte so: Ein Volkstribun hat, auch aufgrund der Entstehung und der Geschichte des Amtes, die Interessen des Volkes zu

vertreten. Die Ackergesetzgebung liegt im Interesse des Volkes, und daher hat derjenige, der sich ihr widersetzt, dem Sinn des Amtes zuwidergehandelt und kann zugunsten eines neu zu bestellenden Volkstribunen abgesetzt werden.

Modernen Ohren klingt das plausibel, für römische war es skandalös. Ein römischer Magistrat war für ein Jahr gewählt und unabsetzbar, und insbesondere ein Volkstribun stand unter besonderem Schutz, er war sakrosankt und durfte auch aus religiösen Gründen nicht beeinträchtigt werden. Hinzu kam etwas Weiteres, der Verdacht nämlich, hier sollten griechisch-demokratische Verfahren eingeführt werden, denn die Absetzung eines Beamten während seiner Amtszeit durch die Volksversammlung war Demokratie reinsten Wassers, daher so unrömisch wie nur möglich; man fragte sich, ob dieses Vorgehen eine Vorstufe zur Tyrannis sein würde. Es kamen zwei weitere Brüskierungen des Senats hinzu. Tiberius Gracchus hatte den Gesetzesantrag ohne die übliche vorherige Zustimmung des Senats *(auctoritas senatus)* eingebracht, und er hatte in einer weiteren Bestimmung in die traditionelle außenpolitische Kompetenz des Senats eingegriffen. Er ließ durch die Volksversammlung das Testament des Königs Attalos III. von Pergamon annehmen; dadurch wurde der pergamenische Staatsschatz römisches Eigentum und konnte zur Finanzierung der Agrarreform eingesetzt werden.

Das Gesetz trat in Kraft. Die Dreimännerkommission, die die Landverteilung vornehmen sollte, fing an zu arbeiten. Sie bestand aus den beiden Brüdern Tiberius und Gaius Gracchus und aus Ap. Claudius Pulcher.

Weitere Verfassungsbrüche des Tiberius Sempronius Gracchus und sein Ende

Es blieb nicht bei dem einmaligen Verfassungsbruch der Absetzung des Octavius. Die Stimmung muss sehr angespannt gewesen sein, und Tiberius ging dazu über, die Befürchtung in Umlauf zu setzen, dass man ihm nach dem Leben trachte. Dagegen müsse er sich schützen, und deshalb umgab er sich mit einer Leibwache, und

Ein Wandbild aus Stabiae am Golf von Neapel zeigt eine Baustelle inmitten von Weingärten (Neapel, Museo Archeologico Nazionale, um 50/70 n. Chr., unten die Nachzeichnung). Seit dem 2. Jahrhundert v. Chr. entstanden in Mittel- und Süditalien ausgedehnte Latifundien mit Obst-, Gemüse- und Weinkulturen, die meist Mitgliedern des Senatorenstandes gehörten. Durch billige Getreideimporte ging der Kornanbau zurück, der Kleinbauernstand verarmte.

Grenzsteine der Ackerkommission liefern Hinweise auf Landverteilungen in der Gracchenzeit. Ein Cippus (links) aus Auletta bei Salerno (Kampanien) nennt die Namen des späteren aus drei Männern bestehenden Kollegiums: Gaius Sempronius Gracchus, Appius Claudius Pulcher und Publius Licinius Crassus.

Die Senatsaristokratie bezichtigte Tiberius Gracchus, er strebe mithilfe seines Volkstribunates nach der Tyrannis. Aus diesem Grunde wurde vermutlich beim Fidestempel auf dem Kapitol eine Kopie einer der Tyrannenmörderstatuen von der Athener Agora aufgestellt, um die Ermordung des Tribunen unter der Führung des Scipio Nasica als Befreiungstat zu rühmen (Rom, Konservatorenpalast).

nicht nur mit ihr, sondern auch mit einer großen Menge von Gefolgsleuten. So begleitet, erschien er in der Öffentlichkeit, und für seine Gegner wurde der Fall immer klarer. Eine immer größer werdende Klientel musste ohnehin in einer Aristokratie die Befürchtung wecken, dass sich hier jemand über seine Standesgenossen erheben wolle, und die emotionale Bearbeitung der Volksversammlung sowie erst recht die Aufstellung einer Leibwache riefen reflexartig die Assoziation hervor, dass der angeblich Gefährdete die Tyrannis anstrebe; das Beispiel Peisistratos' dürfte nicht wenigen gebildeten Senatoren sofort eingefallen sein. Wir können heute nicht mehr genau Wirkung und Gegenwirkung erkennen; sicherlich dürften, wenn man an das Ergebnis denkt, die Befürchtungen des Tiberius auch nicht grundlos gewesen sein.

Das Ende ist anscheinend durch einen Plan des Tiberius herbeigeführt worden, der alle Mutmaßungen seiner Gegner zu bestätigen schien: Denn entgegen allen inneraristokratischen verfassungsmäßigen Sicherungen wollte er sich noch einmal zum Volkstribunen wählen lassen, und das auch noch gleich im Anschluss an seine erste Amtszeit. Auf dem Forum Romanum kam es zu Tumulten, im Senat wurde aufgeregt debattiert, Tiberius' Gönner, der Konsul P. Mucius Scaevola, distanzierte sich vorsichtig von ihm, und dann rief der Konsul von 138 v. Chr. und *pontifex maximus*, Publius Cornelius Scipio Nasica Serapio, wer den Staat retten wolle, solle ihm folgen; man stürmte aufs Forum, Tiberius Sempronius Gracchus und Hunderte seiner Anhänger wurden erschlagen und in den Tiber geworfen.

Es war ein Schock. Vor dreizehn Jahren erst hatte Rom um sich geschlagen und Karthago und Korinth vernichtet; jetzt mordete man sich auf dem Forum untereinander. Scipio Africanus der Jüngere, der noch in Spanien war, äußerte sich zwar abfällig über Tiberius und meinte, er sei zu Recht zu Tode gekommen, aber das römische öffentliche Bewusstsein war auch aufseiten der Gracchen.

Der Senatorenstand spaltet sich in zwei Lager

Die Gegner des Tiberius Gracchus schienen fest im Sattel zu sitzen. Von den Konsuln des nächsten Jahres 132 v. Chr. war der eine, Publius Rupilius, mit der endgültigen Niederwerfung der Sklaven auf Sizilien beschäftigt, der andere, Publius Popillius Laenas, verfolgte gnadenlos die verbliebenen Anhänger des Tiberius und verurteilte sie in Sonderkommissionen reihenweise zum Tode. Dies war die eine Seite von ihm, seine andere zeigt eine erhaltene Inschrift, in der er sich rühmt, vom *ager publicus* Hirtensklaven entfernt und Bauern angesiedelt zu haben – er hatte also genau das gracchische Programm durchgeführt. Daraus kann erstens auf eine

Was man von den Anhängern des Tiberius Gracchus befürchtete, zeigt folgende Episode. Als Gaius Blossius, der Lehrer des Tiberius, verhört wurde, sagte er, er hätte alles getan, was Tiberius befohlen hätte; wörtlich bei Cicero (Über die Freundschaft 11,37) heißt es:

»Auch wenn er gewollt hätte, dass du das Kapitol ansteckst?«
»Nie hätte er das gewollt, wenn er es gewollt hätte, hätte ich gehorcht.«

auch später noch festzustellende Taktik geschlossen werden, dass inhaltlich Programmpunkte vom Senat übernommen wurden, wodurch den Reformern der Wind aus den Segeln genommen werden sollte, und zweitens darauf, dass das Inhaltliche, also die Verteilung des *ager publicus,* gar nicht der entscheidende Konfliktpunkt war, sondern die Art des Vorgehens. Dieses Vorgehen bestand in einem Übergehen des Senats und einer Aktivierung der Volksversammlung, und das widersprach nun in der Tat der ganzen bisher praktizierten römischen Verfassung.

Diese unterschiedliche Art, Politik zu betreiben, begann von jetzt an den Senatorenstand in zwei politische Richtungen aufzuspalten, deren Grenzen zwar fließend waren, die aber doch die Folgezeit bestimmen sollten. Die einen beanspruchten, im Interesse des Volkes zu handeln, und wurden deshalb später *populares,* die Popularen, genannt; die anderen hielten sich für die einzig guten Staatsbürger, ja, für die besten, *optimi,* und hießen deshalb später *optimates,* die Optimaten. Wohlgemerkt: Beide Gruppen gehörten dem Senatorenstand an, waren keine festen Organisationen und vertraten nur unterschiedliche politische Konzeptionen. Und abermals wohlgemerkt: Die Unterschiede in der Politik betrafen Inhaltliches zwar insofern, als die Popularen mehr als die Optimaten dem Volk materielle Wohltaten zukommen lassen wollten, der entscheidende Unterschied lag aber in der Art des Vorgehens, indem die Popularen mehr Angelegenheiten direkt durch die Volksversammlung entscheiden lassen wollten. Sie waren aber beileibe keine Demokraten; auch die Popularen behielten das Initiativrecht der Magistrate bei, auch sie veranstalteten keine Diskussionen in der Volksversammlung. Und vor allem: Auch aus dem Volk kam niemand auf die Idee einer Demokratisierung.

Die Reformen des Gaius Sempronius Gracchus

Die weitere Entwicklung hatte zunächst ein Doppelgesicht. Vielleicht schon 131 v. Chr. wurde die nochmalige Wahl zum Volkstribunen gestattet. 130 wurden nach dem Tod des Ap. Claudius Pulcher und des P. Licinius Crassus zwei neue Mitglieder der Ackerkommission bestellt, aber 129 wurde der Kommission die Befugnis entzogen, über die Eigentumsfragen von Grundstücken zu urteilen. Das geschah aufgrund von Protesten von wohlhabenden Angehörigen der Bundesgenossen bei Scipio dem Jüngeren, und dieses bundesgenössische Problem scheint auch beim Volk Eindruck gemacht zu haben, denn die Kompetenzbeschneidung geschah immerhin durch Volksbeschluss. Scipio starb im selben Jahr, und es gab Gerüchte, er sei ermordet worden.

Allmählich drehte sich aber wieder der Wind, und für das Jahr 125 wurde Marcus Fulvius Flaccus zum Konsul gewählt, ein Anhänger der Gracchen. Er wollte die verzwickte Bundesgenossenfrage dadurch lösen, dass er dafür plädierte, den Italikern das römische Bür-

In der Inschrift (Inscriptiones Latinae Selectae, ILS, Nr. 23) heißt es vollständig:

Und ebenso habe ich (P. Popillius Laenas) als Prätor in Sizilien italische Flüchtlinge eingefangen, und ich habe 917 Sklaven zurückgegeben, und ebenso habe ich als Erster bewirkt, dass auf dem ager publicus die Hirten den Ackerbauern Platz machten.

Um 130 v. Chr. zeigte der junge plebejische Politiker und Münzaufseher Gaius Minucius Augurinus auf der Rückseite (unten) eines von ihm geprägten Denars die Ehrensäule seines Vorfahren Lucius. Dieser hatte 439 v. Chr. eine Senkung des Getreidepreises für die Not leidende Bevölkerung Roms durchgesetzt. Gaius meinte, bei einem Mann wie ihm und mit solchen Vorfahren seien die aktuellen Probleme gut aufgehoben.

Ursprünglich bestand die Bevölkerung Roms aus Ackerbürgern, die ihre Lebensmittel selbst herstellten. Diese Zeiten gingen mit dem 2. Jahrhundert v. Chr. endgültig zu Ende. Sofern er es bezahlen konnte, kaufte der Normalverbraucher nun beim Bäcker ein, wie es eine spätere Wandmalerei aus Pompeji zeigt (Neapel, Museo Archeologico Nazionale).

Den Blick in eine Großbäckerei bietet der Fries am Grabmal des Bäckers Eurysaces in Rom aus der Zeit des Kaisers Augustus. Rechts wird das Korn von einem Esel gemahlen, anschließend sieht man es. Korneinfuhr und Getreideverarbeitung wurden kapitalintensive Gewerbe, der Markt war oft starken Schwankungen unterworfen. Weder die Kleinbauern noch die proletarii Roms konnten auf diesem Markt ohne staatliche Hilfe mithalten.

gerrecht zu verleihen. Das hätte der Wegnahme von durch Wohlhabende okkupiertem Land die Schärfe genommen, aber Fulvius Flaccus hatte keinen Erfolg, er wurde abgeordnet, um Massilia gegen keltische Angriffe beizustehen. Bei den Bundesgenossen machte sich Unruhe breit – was die Optimaten befürchtet hatten –, und ein bewaffneter Aufstand der in Latium gelegenen Stadt Fregellae musste niedergeschlagen werden.

Gaius Gracchus, der Bruder des Tiberius, war die ganzen Jahre hindurch nicht nur Mitglied der Ackerkommission gewesen, er sorgte auch sonst dafür, dass die Erinnerung an seinen ermordeten Bruder dem römischen Volk präsent blieb, und wurde für 123 v. Chr. zum Volkstribunen gewählt. Sein politisches Programm war, die Politik weiterzuführen, an der sein Bruder in so ruchloser Weise gehindert worden war. Tiberius und er waren großartige Redner, ihre Reden sind später viel gelesen worden, und das Leitmotiv der Reden des Gaius war, Genugtuung für den Tod seines Bruders zu erlangen; nach der Ermordung John F. Kennedys 1963 wurde man bei den Reden seines Bruders Robert an dieses Vorbild erinnert.

Tiberius Gracchus hatte mit guten Absichten begonnen und war von der Entwicklung überrollt worden. Gaius hatte daraus gelernt und sich ein Konzept erarbeitet, das zwar das Werk seines Bruders fortsetzen, aber auch die allgemeinpolitischen Voraussetzungen für sein Gelingen schaffen sollte; vielleicht hatte er sogar darüber hinausgehende Reformvorstellungen, die sich auf den Staat als Ganzes bezogen. Der Rache, ein Beweggrund, der in der Antike gesellschaftsfähiger war als heute, und gleichzeitig der Vorbeugung diente die *lex Sempronia de provocatione*. Durch dieses Gesetz wurden die Sonderverfahren gegen die Anhänger des Tiberius Gracchus für illegal erklärt und die daran Beteiligten mit Strafe bedroht, sodass der Konsular P. Popillius Laenas vorsichtshalber ins Exil ging; es wurde aber auch für die Zukunft bestimmt, dass bei jedem Todesurteil über einen römischen Bürger die Berufung (*provocatio*) an das Volk gegeben sei. Dem Senatorenstand versetzte Gaius dadurch einen schweren Schlag, dass er erreichte, dass die Gerichte in Repetundenverfah-

ren, also in Prozessen gegen römische Amtspersonen, die ihr Amt zur persönlichen Bereicherung ausgenutzt hatten, nicht mehr von Senatoren, sondern von Rittern besetzt wurden. Damit wurden zwar die senatorischen Statthalter insofern besser kontrolliert, als sie nun nicht mehr von Standesgenossen abgeurteilt wurden, gleichzeitig wurde damit aber ein Bock zum Gärtner gemacht, denn die mächtigsten Angehörigen des Ritterstandes waren die großen Steuerpächter, die ihrerseits die Provinzialen aussaugten und der Aufsicht der Statthalter unterstanden.

Eine volksfreundliche Maßnahme war zum einen ein Getreidegesetz, das für die stadtrömische Masse staatlich subventioniertes Getreide zur Verfügung stellte, zum anderen war es die Neuauflage des Ackergesetzes des Tiberius Gracchus. Gaius hatte aber auch gesehen, dass das in Italien zur Verfügung stehende Land doch nicht ausreichte, um alle Ansprüche zu befriedigen. Daher brachte er ein weiteres Gesetz durch, das die Neuanlage von Kolonien vorsah, und nun auch auf außeritalischem Boden, in Karthago. Damit begann sein Scheitern. Inzwischen – Gaius war zum zweiten Mal zum Volkstribunen gewählt worden – hatte der Senatorenstand in seiner optimatischen Mehrheit zu einer bewährten Gegentaktik gefunden. Mit Gaius war auch Marcus Livius Drusus zum Volkstribunen gewählt worden, und er begann, Gaius mit demagogischen Anträgen das Wasser abzugraben. Nicht nur schlug er zwölf neue Kolonien auf einen Schlag vor, sondern er machte auch Stimmung gegen die ungewohnte neue Kolonie Iunonia in Übersee, die dort, wo Karthago gestanden hatte, entstehen sollte: Abgesehen von dieser neuen und vielleicht unheimlichen Dimension, übers Meer gehen zu müssen, kam hinzu, dass in Iunonia die Grenzsteine von Wölfen herausgerissen worden waren, und das war kein Wunder, denn Karthago war ja ein verfluchter Ort. Und ausgerechnet dahin wollte Gaius römische Bürger schicken!

Mühlsteine (im Vordergrund) und Ofen (im Hintergrund) in einer Bäckerei in Pompeji.

Ein weiterer politischer Missgriff bewirkte das Ende von Gaius' Karriere. Er wollte jetzt mit dem Bürgerrecht für die Italiker Ernst machen. Der Antrag, durchaus abgestuft formuliert, kam aber gar nicht erst zur Abstimmung, sondern Livius Drusus interzedierte, und diesmal wurde der antigracchanische Tribun nicht abgesetzt. Ein Versuch wäre wohl auch vergeblich gewesen, denn offenbar hatte Gaius Gracchus seinen Rückhalt beim Volk verloren. Dass er das Bürgerrecht allen Italikern zukommen lassen wollte, scheint ihm die Sympathien der Bürgerrechtsinhaber verscherzt zu haben, die es nicht mit anderen teilen wollten. Das Jahr 121 v. Chr., für das Gaius nicht wieder gewählt worden war, brachte eine weitere Katastrophe. Die Anlage der Kolonie in Karthago wurde als Projekt gestrichen, Gaius Gracchus protestierte dagegen, es kam zu Unruhen, und der neue Konsul Lucius Opimius zögerte nicht, Waffengewalt dagegen einzusetzen.

Eine römische Bleimarke für den Bezug von Korn zeigt einen Getreidescheffel in Form einer Amphore.

Der Senat hatte nämlich die Konsuln ermächtigt, alles ihnen erforderlich Erscheinende zu tun, um Schaden vom Staat abzuwenden. Zwölf Jahre vorher war Scipio Nasica noch in höchster Erregung los-

Das Getreide für den römischen Markt wurde in der späten Republik und in der Kaiserzeit meist aus Nordafrika, Sizilien oder Ägypten importiert. Im Hafen von Ostia an der Tibermündung wurde die Ware in Flussschiffe umgeladen, wie es eine kaiserzeitliche Wandmalerei aus Ostia zeigt (Rom, Vatikanische Sammlungen).

gestürmt, jetzt hatte sich so etwas wie ein geregeltes Notstandsverfahren herausgebildet, indem der Senat in einem förmlichen Beschluss die Konsuln zu summarischem Handeln ermächtigte, also den »äußersten Senatsbeschluss« fasste, das *senatus consultum ultimum*.

Vom Tod des Gaius Gracchus heißt es (Plutarch, Gaius Gracchus 17):

Ein einziger Sklave namens Philokrates begleitete Gaius auf seiner Flucht. Zwar rief ihm alles aufmunternde Worte zu, als gälte es einen Wettlauf, aber niemand kam ihm zu Hilfe, niemand fand den Mut, ihm ein Pferd zu bringen, so dringend er darum bat, denn die Feinde waren ihm hart auf den Fersen. Er gelangte noch zu dem heiligen Hain der Erinnyen, dort fand er sein Ende. Philokrates tötete ihn, dann stieß er sich selber das Schwert in die Brust. Nach andern Berichten wurden beide von den Feinden noch lebend angetroffen, da aber der Diener seinen Herrn eng umschlungen hielt, war es unmöglich, diesen zu treffen, bis der Sklave unter einem Hagel von Hieben umgebracht war.

Gracchus und seine Leute hatten sich auf dem Aventin verschanzt, die Ritter, von denen Gracchus doch erhofft hatte, sie in Gegnerschaft zum Senat setzen zu können, stellten sich auf dessen Seite, die Soldaten des Senats schlugen die Aufständischen nieder, Gaius Gracchus ließ sich von einem Sklaven den Tod geben.

Wieder hatte die Senatsmehrheit oder hatten die Optimaten mit Gewalt den Sieg davongetragen, diesmal gegen einen Gegner, der angesichts seines politischen Scheiterns wohl als Erster Zuflucht bei der Gewalt gesucht hatte. Trotzdem ist auch sein Untergang immer als tragisch angesehen worden, und er war es, der bald zu den großen Gestalten der römischen Geschichte zählte und nicht diejenigen, die ihn besiegt hatten; Plutarch hat die Biographien der Gracchen neben die der ebenfalls nicht ohne eigenes Zutun gescheiterten spartanischen Reformkönige Agis IV. und Kleomenes III. gestellt.

Eine Armee von Mauleseln – Marius und die Heeresreform

Voraussetzungen für den politischen Aufstieg des Gaius Marius

In Krisenzeiten und bei unlösbaren privaten oder politischen Konflikten beschwor man in Rom besonders intensiv die Tugend der Concordia. Das Emblem der Göttin der Eintracht ist der Handschlag, wie ihn ein kaiserzeitlicher goldener Fingerring aus Meinheim (Landkreis Weißenburg-Gunzenhausen, Bayern) darstellt, hier vermutlich bezogen auf die Eintracht der Soldaten im Heer.

V orerst war die innere Ruhe wieder hergestellt; L. Opimius, der Konsul von 121 v. Chr., ließ unterhalb des Kapitolshügels den Tempel der Concordia, der Eintracht, erneuern als Symbol des anscheinend wieder hergestellten gesellschaftlichen Konsenses. Aber unterschwellig sammelte sich wieder der alte Konfliktstoff an, der diesmal durch äußere Anstöße an die Oberfläche kam. Wie sehr die Landversorgung immer noch ein Problem war, zeigt sich darin, dass nach der Gründung der Provinz Gallia Narbonensis 121 v. Chr. im Jahre 118 v. Chr. im Hauptort Narbo Martius, heute Narbonne, eine Kolonie angelegt wurde, anscheinend noch von einem Mitglied der Ackerkommission, und zwar von Lucius Licinius Crassus. Das ist das letzte Mal, dass wir von dieser Kommission hören, womöglich ist sie aufgelöst worden. Im Jahr 111 ist dann der gesamten gracchischen Ansiedlungspolitik dadurch der Todesstoß versetzt worden, dass das okkupierte Land jetzt in Volleigentum überführt wurde; damit war es verkäuflich, und damit konnte der Prozess der Bodenkonzentration wieder beginnen. Aber um dieselbe Zeit zeigten sich Anzeichen einer Wiederaufnahme der alten Konflikte, und diese Anzeichen traten vorerst in Randgebieten des Imperiums auf. 113 wurde der Konsul Gnaeus Papirius Carbo von den Germanen im Alpengebiet geschlagen, 109 musste ein weiterer Konsul, nun schon in Gallien, ebenfalls eine schwere Niederlage hinnehmen. Das waren verhältnismäßig weit entfernte Ereignisse; in Rom sehr viel spürbarer war das, was sich ab 118 in Nordafrika abspielte.

Der Tempel der Concordia am Fuß des Kapitolshügels ist bis auf die Fundamente zerstört. Von einer Erneuerung unter Augustus stammt diese Säulenbasis und das Kapitell mit den springenden Widdern, vermutlich eine Anspielung auf Opfertiere (Rom, Städtisches Magazin im Tabularium).

Im vorigen Kapitel wurden die äußeren Aspekte des Jugurthinischen Krieges betrachtet; an dieser Stelle soll deutlicher hervorgehoben werden, wie sehr er mit der römischen Innenpolitik verschränkt war. 118 war der Thronfolgefall in Numidien gegeben, 117 oder 116 bekam der Prätendent Jugurtha bei einer Teilung das bessere Stück, und der Vorsitzende der Teilungskommission, L. Opimius, wurde wegen Bestechlichkeit angeklagt – eben jener bereits oben genannte Opimius, der Gaius Gracchus vernichtet hatte. Als Rom dann nach zahlreichen Provokationen Jugurthas nicht mehr anders konnte und ihm 111 den Krieg erklärte, ließen sich der Konsul Lucius Calpurnius Bestia und sein Legat Marcus Aemilius Scaurus abermals von Jugurtha bestechen und ließen es erst gar nicht zu wirklichen Kampfhandlungen kommen. Ihre Nachfolger versagten derart, dass auch hier der Verdacht der bewussten Unfähigkeit nahe liegt, und erst der Konsul von 109, Quintus Caecilius Metellus, war so altväterisch-anständig, dass er sich für solche Durchstechereien zu gut war und den Krieg endlich mit Energie und Erfolg wieder aufnahm.

Das Ausmaß der inneren Verrottung der Sieger von 121 v. Chr. war so groß, dass sich ein Außenseiter Chancen ausrechnete, und das mit Erfolg. Der Ritter und Steuerpächter Gaius Marius aus der Landstadt Arpinum in Latium war mit Scipio dem Jüngeren vor Numantia gewesen, er wurde 119 Volkstribun und brachte in diesem Amt ein die geheime Abstimmung weiter förderndes Gesetz durch, 115 war er Prätor, und jetzt diente er unter Metellus in Afrika gegen Jugurtha. 107 bekam Marius das Kommando in Afrika, und 105 war der Jugurthinische Krieg zu Ende. Inzwischen waren die Germanen näher gerückt, im selben Jahr 105 schlugen sie den Konsul von 106, Quintus Servilius Caepio, und den von 105, Gnaeus Mallius Maximus, vernichtend bei Arausio. Der Grund für die Niederlage wurde im Hochmut des Caepio gegenüber dem *homo novus* Mallius gesehen, und, damit nicht genug, Caepio wurde dafür verantwortlich gemacht, dass ein in Tolosa

Vermutlich wurde vom Volkstribunen Spurius Thorius 111 v. Chr ein Gesetz eingebracht, dass das Staatsland (ager publicus) fortan nicht mehr neu verteilt werden sollte. Der Gesetzestext ist auf einer Bronzetafel aus Rom erhalten, der Tabula Bembina, deren größtes Fragment sich im Museo Archeologico Nazionale, Neapel, befindet.

Dieser Barbarenkopf (Brüssel, Musée du Cinquantenaire) gehörte vermutlich zu einem Monument, das die Siege über Kimbern und Teutonen verherrlichte. Das Gequälte des Gesichtsausdruckes soll im Betrachter nicht Mitleid erregen, sondern das angeblich unbeherrschte und disziplinlose Verhalten der Barbaren verdeutlichen.

Der Militärzensus: Links werden die Bürger- bzw. Soldatenlisten geführt. Es folgt unter Leier- und Flötenspiel ein Reinigungsopfer an den Kriegsgott Mars (am Altar stehend). Ein Zensor hat die Heeresstandarte zum Abmarsch geschultert, rechts ist die Reiterei zum Aufsitzen bereit. Im Mittelpunkt steht am Altar opfernd der Zensor, der um 100 v. Chr. das Relief in Auftrag gab (Paris, Louvre).

(Toulouse) erbeuteter Goldschatz, das Aurum Tolosanum, auf dem Weg nach Massilia unter ungeklärten Umständen verschwunden war. Ihm wurde 104 deshalb der Prozess gemacht, und 103 ging er ins Exil. Es ist daher wahrlich kein Wunder, dass Marius für 104 abermals zum Konsul gewählt wurde, gerade weil er nichts mit dem alten Klüngel zu tun hatte und weil man nur ihm zutraute, die Germanen wirklich und effektiv abwehren zu können; wir wissen, dass ihm das gelungen ist.

Die Heeresreform

Im Jahr 100 v. Chr. endete die Serie von Marius' Dauerkonsulaten. Das aber tat sie auf eine tief deprimierende Art, und das hängt mit dem Vorgang zusammen, den man üblicherweise die Heeresreform des Marius nennt. Sie hat zwei Aspekte, einen militärischen und einen politischen. Der militärische besteht darin, dass Marius die Kampfesweise des römischen Bürgerheeres neu organisierte. Er gliederte das Heer wieder in größere, feste Verbände unterhalb der Legionseinheit, in die Kohorten. Mit der neuen Kohortengliederung hing auch eine Änderung der römischen Feldzeichen *(signa)* zusammen. Bisher hatte eine Legion fünf Erkennungszeichen, nämlich Adler, Wolf, Minotaurus, Pferd und Eber. Marius führte einheitlich den Adler ein, der von nun an das Symbol für das römische Heer par excellence war.

Diesen Änderungen lagen gut durchdachte Überlegungen im Rahmen eines Konzepts zur Steigerung der Effektivität zugrunde, sodass hier von Reform gesprochen werden kann. Anders ist es mit dem politischen Aspekt der Änderungen, die Marius einführte. Bis dahin galt immer noch die Regelung, dass Soldat nur der wurde, der hinreichend Vermögen hatte, um sich selbst ausrüsten zu können. Zwar wurden die Anforderungen im Lauf der Zeit gesenkt, auch kam es vor, dass im Notfall Nichtbesitzende rekrutiert wurden, aber dass das alte Prinzip weiterbestand und sich strukturell auswirkte, zeigen die Pläne des Tiberius Gracchus. Marius machte es anders. Er stellte einfach nicht Besitzende ein, *capite censi,* also Leute, bei denen im Zensus mangels sonstigen Vermögens nur ihre Existenz, ihr *caput,* veranschlagt wurde. Da gab es keine Reformpläne, keine Abstimmungen und Gesetze, sondern der Feldherr nahm, wohl kraft seines

imperium, einfach Freiwillige in das Heer auf, die der Staat ausrüsten musste, und damit fertig. Das war einfach, das war effektiv, aber es hatte politische Folgen.

Alle Beteiligten, Feldherr und Soldaten, die wegen ihrer zu tragenden Lasten mit dem Spitznamen *muli* (Maulesel) bezeichnet wurden, dachten in den Kategorien der Klientel. Marius war der Patron, die Soldaten die Klienten. Sie stellten sich zur Verfügung, sie kämpften für ihren General, sie bildeten seine Gefolgschaft, zwischen ihnen und ihm entwickelte sich, auch durch die Kriege und Siege, ein festes emotionales Band – und er hatte für sie zu sorgen. Wodurch? Die Soldaten waren besitzlose ehemalige Bauern und wollten nach ihrer Dienstzeit wieder einen Hof haben und das Land bestellen. Marius sollte sie also versorgen, und er wollte das auch. Weil aber der Senat solchen Aktionen misstrauisch gegenüberstand, gab es dafür nur einen Weg, und das war der über die Volksversammlung, die den Veteranen Land zuweisen sollte. Dafür brauchte Marius Verbündete, und er fand sie in den Popularen. Im Jahre 103 war Lucius Appuleius Saturninus Volkstribun, und ganz im popularen Sinne versuchte er, die Versorgung mit noch billigerem Getreide durchzusetzen; auch erwirkte er ein Gesetz, die *lex de maiestate populi Romani,* mit dem gegen Feinde der Popularen vorgegangen werden sollte, was aber nicht recht zum Zuge kam. Ein runder Erfolg aber war die Veteranenversorgung im Interesse der soldatischen Klientel des Marius. Jeder entlassene Soldat erhielt 100 *iugera* Land, und weil in Italien der Boden zu knapp war, wurden sie in Afrika – natürlich nicht in Karthago – zur Verfügung gestellt. Die so gegründeten Kolonien hießen *coloniae Marianae.*

Ein römischer Legionärshelm der republikanischen Zeit (Triest, Civico Museo di Storia ed Arte e Orto Lapidario).

Falls Marius gedacht hatte, in Saturninus einen selbstlosen Menschenfreund gewonnen zu haben, dann verkannte er die Dynamik der damaligen popularen Politik. Zwar erwies Saturninus sich während seines Tribunats zunächst wieder als effizienter Helfer, zusammen mit seinem politischen Kampfgefährten, dem Prätor Gaius Servilius Glaucia. Denn jetzt wurden in großem Stil Kolonien für die Veteranen der Germanenkriege außerhalb Italiens beschlossen, in Gallien, Sizilien, Makedonien und Griechenland. Das politische Klima war aber inzwischen härter geworden, und Saturninus glaubte nicht, dass der Beschluss für sich allein ausreichen würde, um ver-

Nach seinem Triumph über Jugurtha und die Kimbern soll Marius den Wein nur noch aus einem Kantharos getrunken haben, weil Dionysos bei seinem Triumphzug durch Asien nur dieses Trinkgefäß benutzt haben soll. Er wollte so bei jedem Schluck Wein seine eigenen Siege mit denen des Gottes vergleichen. Diese Statue zeigt den Weingott Dionysos, der Kantharos wurde in der Renaissance ergänzt (Neapel, Museo Archeologico Nazionale).

wirklicht werden zu können. Er zwang daher jeden einzelnen Senator, sich eidlich zur Einhaltung des Gesetzes zu verpflichten; und so viel Hochachtung es einflößt, dass ein Senator, der hochmütige Metellus Numidicus, diese Unterwerfung verweigerte, so bedenklich stimmt es, dass er der Einzige war.

Es kam weitaus schlimmer. Glaucia wollte gleich im Anschluss an seine Prätur Konsul werden, und wenn die lange Konsulatsreihe des Marius mit der äußeren Notsituation gerechtfertigt werden konnte, so fehlte für Glaucias Absichten jede Rechtfertigung. Hinzu kam, dass Saturninus und Glaucia dessen Mitbewerber Gaius Memmius, der größere Aussichten hatte, ermorden ließen. Das nun erwies sich aber, wie man heute sagt, als kontraproduktiv. Es brachen wegen dieser Mordtat Unruhen aus, die Anhänger Glaucias und des Saturninus bewaffneten sich, und schließlich erließ der Senat das *senatus consultum ultimum*. Er beauftragte also die Konsuln, die Ordnung wieder herzustellen, und einer der beiden Konsuln war Marius. Marius handelte, wie der Senat es wollte. Er rief das Volk gegen seine eigenen politischen Verbündeten zu den Waffen, die Aufrührer zogen sich auf das Kapitol zurück, wurden belagert, kapitulierten und wurden dann, gegen den Willen des Marius, erschlagen. Gegen ihre Anhänger wurden anschließend ordentliche Strafverfahren abgehalten. Marius aber hatte sich politisch unmöglich gemacht und zog sich für eine Weile zurück. Die Probleme blieben.

Sulla der Glückliche – Die Wiederherstellung der Republik

Marcus Livius Drusus, der »Gracchus der Aristokratie«

Nach diesen Turbulenzen trat erst einmal wieder für einige Jahre Ruhe ein, die den Auflösungsprozess des römischen Staats- und Gesellschaftsgefüges unterbrach. Das Regiment der Optimaten schien sich zu stabilisieren. Erst im Jahre 92 v. Chr. gab es ein glattes Fehlurteil gegen einen Senator, das als Rachejustiz der mit Rittern besetzten Repetundengerichte gewertet werden muss. Ein Volkstribun des darauf folgenden Jahres 91 wollte daher die Gerichtshöfe wieder ausschließlich mit Senatoren besetzen lassen. Er hieß Marcus Livius Drusus und war der Sohn des Volkstribunen, der seinerzeit das politische Konzept des Gaius Gracchus zum Scheitern gebracht hatte. Auch der Sohn sollte wie sein Vater seine politische Laufbahn als verlängerter Arm der optimatischen Senatsmehrheit beginnen und die letzten Reste popularer Veränderungen beseitigen, aber anscheinend verließ er, wie Tiberius Gracchus, seine bisher eingeschlagene politische Linie, um eine eigenständige, sich radikalisie-

Die folgende Schilderung zeigt den Auflösungsprozess der römischen Gesellschaft der späten Republik. In der Zusammenfassung des Buches 70 der »Römischen Geschichte« des Livius heißt es in römischer Knappheit:

P. (Publius) Rutilius, ein Mann äußerster Unschuld, war dem Ritterstand, der die Richter stellte, deshalb verhasst, weil er als Legat des Prokonsuls Q. (Quintus) Mucius die Provinz Asia vor den Übergriffen der Publikanen schützte, und daher wurde er wegen Erpressungen verurteilt und ins Exil geschickt.

rende Politik zu betreiben. Schon das Problem der Richter wollte Livius Drusus nicht durch ein simples Rückgängigmachen der gracchischen Regelung lösen, indem er die in Repetundenverfahren eingesetzten Ritter einfach wieder durch Senatoren austauschte, sondern er wollte den Senat um 300 Ritter erweitern, diese also in den Senatorenstand aufnehmen, und aus diesem Reservoir von nun insgesamt 600 Senatsmitgliedern sollten dann die Richter genommen werden.

Die italischen Landstädte entwickelten im 2. Jahrhundert v. Chr. ein wachsendes Selbstbewusstsein gegenüber Rom. Um die Zeit des Bundesgenossenkrieges baute man in Praeneste (heute Palestrina) das Heiligtum für die Orakelgöttin Fortuna Primigenia in Dimensionen aus, die alles in Rom Sichtbare in den Schatten stellten.

Livius Drusus hatte weitere Maßnahmen im Sinn; dazu gehörten ein Ackergesetz, Koloniegründungen, eine weitere Herabsetzung des Getreidepreises und die Absicht, den Bundesgenossen das römische Bürgerrecht zu verleihen; offenbar war das Bundesgenossenproblem jetzt das brennendste geworden.

Der Widerstand in Rom gegen die Bürgerrechtsverleihung war nach wie vor sehr groß; umso dringender und drängender war anscheinend bei den Bundesgenossen der Wunsch, nun endlich gleichberechtigt zu werden. Aber bevor die Auseinandersetzungen zu einem Abschluss gekommen waren, wurde Livius Drusus plötzlich ermordet. Niemand wusste genau, warum, aber auf bundesgenössischer Seite war man davon überzeugt, der Mord sei aus Gegnerschaft zu seinen Plänen der Bürgerrechtsverleihung geschehen. Daraufhin taten die Bundesgenossen etwas, das uns heute anachronistisch und donquichottehaft anmutet, sie erklärten Rom den Krieg. Aber es war ein wirklicher Krieg, der mit großer Erbitterung geführt wurde und von dem keineswegs klar war, ob er mit einem Sieg Roms enden würde.

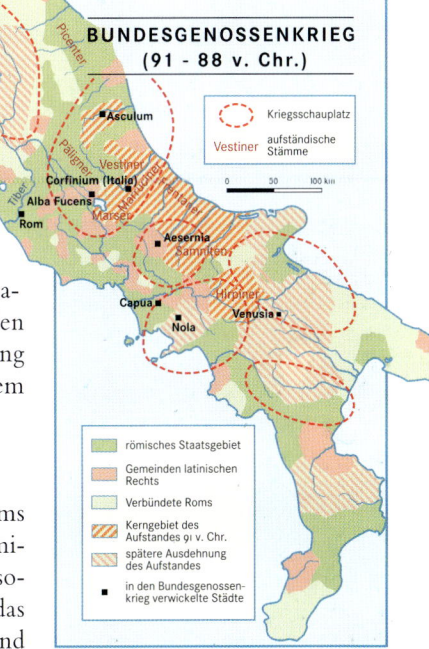

Der Bundesgenossenkrieg (91–89 v. Chr.)

W ir hatten schon früher gesehen, dass die Expansion Roms über das Mittelmeergebiet den Unterschied zwischen römischen Bürgern und italischen Bundesgenossen verwischt hatte, sowohl intern als auch in der Außenwahrnehmung. Das Heer, das Roms Herrschaft begründet hatte, bestand aus Soldaten mit und

Die aufständischen italischen Bündner prägten 90/88 v. Chr. eigene Münzen, die auf beiden Seiten die Personifikation Italiens zeigen. Auf der Rückseite wird Italia von der Siegesgöttin bekrönt.

Die italischen Landstädte hatten in der Zeit des Bundesgenossenkrieges eigenständige Kunsttraditionen. Die bald nach 89 v. Chr. entstandene Stützfigur im Odeion von Pompeji stammt aus derselben Werkstatt wie der Bauschmuck im großen Theater von Bovianum Vetus (heute Pietrabbondante, Provinz Isernia) dem Versammlungsort der Samnitenstämme. Auch Pompeji war zu dieser Zeit noch stark samnitisch geprägt.

ohne römisches Bürgerrecht. Trotzdem wurden die Italiker ohne römisches Bürgerrecht im Heer deutlich schlechter behandelt; sie bekamen zum Beispiel noch die Prügelstrafe, die für römische Bürger abgeschafft war, und auch bei der Beuteverteilung waren sie schlechter gestellt. Kein Wunder, dass das jeweils eigene Bürgerrecht kein Gut mehr war, sondern nur noch als Zurücksetzung empfunden wurde: Faktisch waren die Italiker ohne römisches Bürgerrecht Römer zweiter Klasse. Der Krieg begann mit der Ermordung sämtlicher römischer Bürger in Asculum in der Landschaft Picenum, heute Ascoli Piceno. Etrurien, Umbrien und die Griechen hielten zu Rom, ebenso die jetzt wieder von Feindesland umgebenen latinischen Kolonien.

Nicht ohne ein Empfinden von Tragik sieht man, wie sich die Italiker organisierten. Es wurde eine Parallelhauptstadt zu Rom erfunden, nämlich Corfinium (Corfinio), das in Italia umgetauft wurde und ein Forum wie Rom erhielt. Es gab einen Senat von 500 Mitgliedern, es gab zwei Oberbeamte und zwölf Prätoren. Der Oberbeamte hieß oskisch *meddix tuticus,* die Amtssprachen waren Oskisch und – Lateinisch.

Der Konsul des Jahres 90, Lucius Iulius Caesar, kämpfte im Süden gegen die Samniten, der andere Konsul, Publius Rutilius Lupus, war gegen die Marser gefallen, an seiner Stelle wurde der alte Gaius Marius mit dem Kommando betraut, und ihn unterstützte, fast wie in alten Zeiten in Afrika, Lucius Cornelius Sulla, der 93 v. Chr. Prätor gewesen war. Unter Rutilius hatte auch der in Picenum beheimatete Gnaeus Pompeius gekämpft, der eines Augenfehlers wegen den Beinamen Strabo, der Schielende, bekommen hatte; er focht auch nach dessen Tod weiter, belagerte Asculum und eroberte es im folgenden Jahr wieder zurück, nun als Konsul. Marius war für dieses Jahr 89 v. Chr. das Kommando nicht verlängert worden; wohl aber kämpfte mit besonderer, bis zum Hass gesteigerter Energie sein alter Feind Sulla so erfolgreich, dass er für das Jahr 88 zum Konsul gewählt wurde.

Der Bundesgenossenkrieg ging allmählich zu Ende, seine Beendigung erfolgte aber nicht durch einen militärischen Sieg, sondern dadurch, dass den Bundesgenossen in Etappen das römische Bürgerrecht verliehen wurde, und man könnte etwas locker ausgedrückt sagen, dass die Römer dieses Ergebnis auch einfacher hätten haben können. Nur die Marser und vor allem die Samniten kämpften verbissen weiter, zum Teil noch jahrelang.

Sullas Marsch auf Rom

F aktisch war der Bundesgenossenkrieg ein Bürgerkrieg, und nachdem die letzten Schlachten ausgefochten worden waren, verlagerten sich Hass und Blutdurst weiter in die römische Altbür gerschaft. Der Anlass dafür waren die Modalitäten, unter denen die Neubürger in die *tribus* eingeschrieben werden sollten. Die Optimaten waren so kleingeistig, dass sie sie nur in acht der 35 *tribus* aufnehmen wollten, damit die zahlreichen Neubürger die Stimmverhältnisse möglichst wenig verändern konnten. Das verhinderte aber ein popular gesinnter Volkstribun des Jahres 88 v. Chr., Publius Sulpicius Rufus, der ein Gesetz durchsetzte, das alle Neubürger auf alle *tribus* gleichmäßig verteilte. Explosiv wurde diese Frage dadurch, dass sich der wegen seines Kommandoentzugs grollende Marius mit Sulpicius verbündete und dass beide die populare Politik gegen die Optimaten wieder aufnehmen wollten. Hinzu kamen persönliche Abneigungen, die in einer so auf Personen abgestellten Staatsform, wie es die aristokratische Römische Republik war, hochpolitische Bedeutung bekommen konnten. Marius war der von unten kommende Soldat, der Rom vor Jugurtha und den Germanen gerettet hatte, politisch hilflos, von der alten Aristokratie verachtet, nur notdürftig gelitten und umso intensiver abgelehnt, als man genau wusste, was man ihm des eigenen Versagens wegen zu verdanken hatte.

Sulla dagegen war ein Mann aus uralter patrizischer Familie, die bisher aber kaum hervorgetreten war. Er hatte mit blonden Haaren, scharfen blauen Augen und einem sehr hellen, teilweise rötlich verfärbten Teint ein auffallendes Äußeres, und er muss eine starke persönliche Ausstrahlungskraft gehabt haben – auf das andere Geschlecht, aber auch auf seine Anhängerschaft, insbesondere auf seine Soldaten. Sein Charakter war ambivalent. Einerseits hatte er die große Nonchalance eines Mannes, der seiner gesellschaftlichen und persönlichen Position und Wirkung vollkommen sicher ist – das muss einen angestrengten Aufsteiger wie Marius wohl zur Weißglut gebracht haben –, andererseits war Sulla seinerseits zu großen Hassgefühlen, furchtbarer Grausamkeit und starker Verbissenheit fähig, mit denen er gefährliche Situationen frontal anging und sie mit unglaublicher Kühnheit ausfocht, die alles auf eine Karte setzt und der es gleichgültig zu sein scheint, ob man siegt oder untergeht. Sulla siegte immer und meinte daher, die Göttin Fortuna stehe auf seiner Seite; deshalb legte er sich den zweiten Beinamen Felix zu, »der Glückliche«.

Politisch war er Optimat, und zwar einer der unerbittlichsten – freilich auch einer der klügsten, was sich noch zeigen wird. Als sich schon beim Heer vor Nola in Kampanien befand, um gegen König Mithridates zu marschieren, bekam er die Nachricht, dass die Volksversammlung auf Antrag des Sulpicius ihm das Kommando genommen und es auf Marius übertragen hatte. Seine Offiziere wollten sich dem Volksbeschluss fügen, aber seine Soldaten gewann Sulla mit seinem Charisma dafür, auf dem Absatz kehrt zu machen und auf Rom zu marschieren. Auf Rom zu marschieren! – Das gab es noch nie: Der Konsul Sulla führt ein römisches Bürgerheer auf die Stadt, um seine innenpolitischen Feinde militärisch niederzuwerfen!

Seine Truppen besetzten Rom, und nachdem Sulpicius anscheinend schon mit Straßenkämpfen begonnen hatte, ließ Sulla zwölf

Dieses Kameenporträt (Rom, Kapitolinisches Museum) stellt vermutlich Sulla dar und dürfte einem seiner Anhänger gehört haben.

Als persönliche Schutzpatronin sah Sulla, wie nach ihm viele Feldherren der spätrepublikanischen Zeit, die Göttin Venus an. Sie galt als die Stammmutter der Römer, die besonders eng mit der Siegesgöttin Victoria verbunden war. Diese zeitgenössische Venusfigur (Dresden, Staatliche Kunstsammlungen) zeigt, wie die römische Kunst sie im Bilde der griechischen Göttin der Schönheit und Liebe gestaltete.

Dieses Grabrelief (Rom, Konservatoren-palast) entstand in der ersten Hälfte des I. Jahrhunderts v. Chr. und zeigt ein Ehepaar. Das schlichte Auftreten des Mannes wird durch die römische Bürgertoga geadelt, seine Gattin präsentiert sich durch die Drapierung und Geste als keusche Ehefrau von Stand.

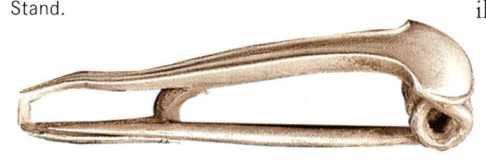

In Repräsentationsbildern tragen die Römer vornehm umgeschlungene Gewänder, die nur eine gemessene Bewegung erlauben. In der Regel steckte man die Kleidung jedoch praktischerweise fest. Die beiden römischen Silberfibeln der spätrepublikanischen Zeit stammen aus dem keltischen Manching (München, Prähistorische Staatssammlung).

seiner Gegner zu Staatsfeinden *(hostes publici)* erklären, darunter Marius, dessen gleichnamigen Sohn und Sulpicius. Einen Staatsfeind durfte man töten: Marius floh nach Afrika zu den Veteranen der *coloniae Marianae,* Sulpicius wurde ermordet. Nicht nur Gewalt übte Sulla aus, er begann auch Ansätze zu einer optimatischen Reform des Staates zu verwirklichen, und er ließ den für 87 v. Chr. gewählten Konsul Lucius Cornelius Cinna, einen Vertreter der Popularen, schwören, gegen seine Maßnahmen während seiner Abwesenheit nichts zu unternehmen, denn Sulla hatte durchaus vor, den Krieg gegen Mithridates VI. fortzuführen. Das war ein fast noch kühnerer Entschluss als sein Marsch auf Rom. Er kümmerte sich, arrogant, wie er war, nicht darum, was in Rom weiter vorging, sondern ging zum Heer und machte sich auf den Weg in den Osten.

Sulla und Gnaeus Pompeius kämpfen gemeinsam gegen die Popularen

Und natürlich: Kaum hatte Sulla Rom verlassen, versuchte Cinna, Sullas Maßnahmen wieder rückgängig zu machen. Es gab Straßenkämpfe, in denen zunächst der Mitkonsul Gnaeus Octavius siegte, sodass Cinna Rom verließ, abgesetzt wurde und ein Nachfolger gewählt werden musste. Inzwischen aber war Marius racheschnaubend in Italien gelandet, mit einem Heer, in dem sich Sklaven und Samniten befanden. Er belagerte und eroberte Rom, Cinna wurde wieder eingesetzt, und es wurde doppelt und dreifach Vergeltung geübt. Jetzt kandidierte Marius zum Konsulat; er wurde auch gewählt und trat nun tatsächlich am 1. Januar 86 v. Chr. sein siebentes Konsulat an, das ihm geweissagt worden war, um alsbald endlich seinerseits gegen Mithridates zu ziehen, starb aber schon am 13. Januar. Während der nicht nur amtlose, sondern sogar zum Feind erklärte Sulla Athen eroberte, den Reichsfeind Mithridates besiegte und mit ihm einen Friedensvertrag schloss, regierte in Rom Cinna, Jahr um Jahr Konsul mit wechselnden Kollegen. Was genau in Rom zu dieser Zeit geschah, ist nicht hinreichend bekannt; man hat den Eindruck, dass Cinna, über den man auch als Person merkwürdig wenig weiß, vor allem mit Machterhalt beschäftigt war. Sulla kam wieder. Cinna zog ihm entgegen, wurde aber 84 v. Chr. von Meuterern erschlagen. Ein erprobter Optimat kam mit seiner Klientel, Quintus Caecilius Metellus, der Sohn des früheren Vorgesetzten des Marius; als sein Vater wegen der Verweigerung des Eides für Saturninus ins Exil gegangen war, hatte er sich erfolgreich für seine Rückkehr eingesetzt und daher den ehrenvollen Beinamen Pius, »der Vatertreue«, erhalten.

Es erschien auch ein 23-jähriger amtloser junger Mann mit drei kampfstarken Legionen. Sulla verjagte ihn keineswegs wegen dieser unglaublichen Anmaßung, sondern nahm dankbar die beträchtliche Verstärkung seiner Truppen in Empfang, ja, er begrüßte diesen Jüngling sogar mit dem Ehrentitel *imperator,* der sonst nur alterprobten

Feldherren nach einem Sieg über auswärtige Feinde zukam. Dieser junge Mann war der Sohn des Konsuls von 89 v. Chr., des Cn. Pompeius Strabo, und auch er hieß Gnaeus Pompeius, einen Beinamen hatte er noch nicht. Die Veteranen des inzwischen gestorbenen Va-

In der Zeit der sullanischen Restauration wurde das römische Staatsarchiv (Tabularium) am Forum Romanum erbaut (78 v. Chr. eingeweiht). Seine Fassade zum Forum hin ist von späteren Tempelbauten etwas verdeckt (im Vordergrund die Halle der Dei Consentes von 367 n. Chr., in der zwölf vergoldete Statuen von sechs Göttern und sechs Göttinnen aufgestellt waren). Die Fassade war mit dem wuchtigen Sockel und den weiten Bögen im Obergeschoss, die nur teilweise wieder von späterem Mauerwerk befreit sind, von beeindruckender Wirkung. Heute bildet sie die Rückfront des Rathauses von Rom.

ters waren in der Landschaft Picenum angesiedelt worden, hatten sich einige Jahre auf ihren neuen Bauernstellen eingerichtet, aber als der junge Sohn ihres Patrons eines Tages erklärte, er brauche sie, um mit Sulla gegen die Popularen zu kämpfen, ließen sie, seine Klienten, alles stehen und liegen und folgten ihm.

Ein Spaziergang war der Krieg jedoch nicht. Es dauerte anderthalb Jahre, bis Sulla in Rom einziehen konnte; Pompeius eroberte für ihn Sizilien und Afrika, er selber musste in Italien unter anderem erst Gaius Marius, den Sohn des siebenfachen Konsuls, besiegen und schließlich am 1. November 82 v. Chr. am Collinischen Tor in Rom den letzten Haufen der Gegner. Es waren samnitische Erzfeinde – so lange hatte dann sogar noch der Bundesgenossenkrieg gedauert. Dann kam die Rache, die alles Bisherige an Grausamkeit in den Schatten stellte. Zuerst wurde regellos gemordet, dann erfolgte ein Schritt in Richtung auf eine, man mag es kaum sagen, Art von Rechtssicherheit. Es gab eine *lex Cornelia de proscriptione,* die bestimmte, dass diejenigen, die zu strafloser und ertragreicher Tötung bis zum 1. Juni 81 v. Chr. freigegeben waren, auf öffentlich ausgehängte Listen, so genannte Proskriptionslisten, geschrieben werden sollten; und obwohl die Absicht dabei die war, den nicht darauf Verzeichneten ein Gefühl von Sicherheit zu geben, gab es doch willkürliche Nachträge.

Insgesamt wurden 40 Senatoren und 1600 Ritter, insgesamt 4700 Bürger proskribiert, und den Söhnen und Enkeln der Proskribierten wurde die politische Laufbahn verboten. Vornehmlich in der Skla-

Cicero verteidigte im Jahre 80 v. Chr. den des Mordes angeklagten Sextus Roscius aus Ameria (heute Amelia in Umbrien). Da der Prozess noch während der Diktatur Sullas stattfand, musste sich Cicero vorsichtig ausdrücken, wenn er den übelsten Nutznießer der Proskriptionen, den Freigelassenen Chrysogonus, angriff. Trotzdem ist er ziemlich deutlich (Pro Sexto Roscio Amerino 6):

Worum es sich hierbei handelt? Um das Vermögen des Vaters dieses Sextus Roscius hier, das einen Wert von sechs Millionen Sesterzen hat. Ein junger Mann, der gegenwärtig wohl die größte Macht in unserem Staate hat, L. (Lucius) Cornelius Chrysogonus, will es für 2000 Sesterzen von L. Sulla, dem Helden und erlauchten Mann (ich nenne ihn, um ihn zu ehren), gekauft haben. Dieser Mensch ist ohne jedes Recht über ein so großes und stattliches Fremdvermögen hergefallen, und nun glaubt er, dass das Leben des Sextus Roscius diesem Vermögen im Wege steht und den Genuss beeinträchtigt.

Bei einem großen Brand im Jahre 83 v. Chr. war auch das Heiligtum des Jupiter auf dem Kapitol, der Haupttempel des römischen Staates, zerstört worden und wurde prachtvoll wieder aufgebaut. Seine Fassade erscheint im Hintergrund eines Reliefs, das den Kaiser Mark Aurel beim Opfer zeigt (Rom, Konservatorenpalast; unten). Die Kultbilder im Tempel stellten Jupiter, Juno und Minerva dar. Kopien in Statuettenformat aus dem ganzen Römischen Reich geben von ihrem Aussehen eine Vorstellung. Die abgebildete Gruppe auf der gegenüberliegenden Seite wurde bei einer Raubgrabung in Italien gefunden und an der Schweizer Grenze sichergestellt.

venschaft der Proskribierten unternahm Sulla große Freilassungsaktionen, 10 000 sollen es gewesen sein; die Freigelassenen erhielten alle den Namen Cornelius, und diese Cornelii waren als Sullas Klienten neben den Soldaten sein persönliches Machtreservoir.

Das war die eine Seite Sullas. Die andere war die, dass er, nachdem er seinen Rachedurst gestillt hatte, daran ging, den Staat wieder aufzubauen und neu zu ordnen. Nichts Besonderes war, dass er natürlich seine Veteranen – nicht weniger als 120 000 sollen es gewesen sein – in Kolonien ansiedelte, in unsicheren Gebieten wie Samnium und Etrurien, aber auch in Kampanien; auf diese Weise ist das oskische Pompeji römisch geworden. Aber ganz neue Wege beschritt er bei der Staatsreform.

Sulla und die Neubegründung des römischen Staates

Sulla erinnerte sich daran, dass es in lange zurückliegenden Zeiten das legale Notstandsamt des Diktators gegeben hatte, und in Abwandlung dieser Verfassungsinstitution ließ er sich zum *dictator legibus scribundis et rei publicae constituendae* wählen, also zum Diktator, der Gesetze geben und den Staat begründen sollte; an eine Frist war dieses Amt nicht gebunden. Und Sulla gab wirklich Gesetze und begründete den Staat wirklich neu.

Aus seinen Maßnahmen können wir erkennen, welche Krankheitsdiagnose er dem römischen Staat stellte. Gesellschaftlich sah er, wie der jüngere Livius Drusus, ein, dass der Senatorenstand auf eine breitere Basis gestellt werden und das Verhältnis zum Ritterstand neu gefasst werden musste. Dieser war durch die Proskriptionen stark geschwächt, wurde aber insofern aufgewertet, als aus ihm (und aus Teilen der Zenturionenschaft, also der Subalternoffiziere) 300 neue Senatoren bestellt wurden, seltsamerweise durch Volkswahl. Dem gesellschaftlichen Bereich ist auch zuzuordnen, dass Sulla die Aufnahme der Bundesgenossen ins römische Bürgerrecht beibehielt, auch ihre Verteilung auf alle *tribus.* Er schaffte aber die Getreidespenden ab.

Im Volkstribunat erkannte er die Institution, die am meisten zum Zerfall des Staates beigetragen hatte, und deshalb nahm er ihm erhebliche Befugnisse. Das Interzessionsrecht behielt er wohl bei, aber er nahm den Volkstribunen das Recht, eigenständig Gesetzesanträge einzubringen. Dass vorher der Senat befragt, also die *auctoritas patrum* eingeholt werden sollte, war bis 133 v. Chr. üblich gewesen, jetzt wurde es gesetzlich vorgeschrieben. Völlig bedeutungslos aber sollte das Volkstribunat durch eine indirekte Maßnahme werden. Für einen jungen Römer war bisher dieses Amt das Sprungbrett für eine politische Laufbahn gewesen; es war die erste Stufe, die genommen werden musste, und verleitete leicht dazu, allzu sehr über die Stränge zu schlagen. Sulla bestimmte daher, dass ein ehemaliger Volkstribun von allen weiteren staatlichen Ämtern ausgeschlossen werden sollte; damit war dieses Amt, so dachte Sulla, für keinen ernst zu nehmenden und tüchtigen Politiker, sondern nur noch für harmlose Menschenfreunde erstrebenswert.

Die Senatoren wurden weiterhin dadurch gestärkt, dass sie wieder allein die Strafrichterbänke besetzen sollten, wenngleich ihr Stand jetzt durch Ritter aufgefüllt worden war, aber diese waren eben keine Ritter mehr. Verstärkt wurde diese Position dadurch, dass Sulla die ständigen Gerichtshöfe erheblich vermehrte. 149 v. Chr. waren diese *quaestiones perpetuae* für die Repetundenverfahren eingerichtet worden, seit Sulla gab es weitere für zahlreiche schwere Delikte, darunter für bestimmte Mordfälle, für Wahlbestechung und für Unterschlagung im Amt. Diesen Gerichtshöfen saßen jetzt acht Prätoren vor, Quästoren gab es nun 20.

Überhaupt wurden Funktion und Zuständigkeit der Magistrate grundlegend neu geregelt, und man würde gerne Sullas Gesicht gesehen haben, als er gesamtstaatliche Konsequenzen aus einem Sachverhalt zog, der durch sein eigenes Verhalten seinen Tiefpunkt gefunden hatte. Das war die Militarisierung der politischen Ämter, die sich im Bürgerkrieg ausdrückte. Sulla verfügte, dass das Konsul- und Prätorenamt ausschließlich in Rom ausgeübt werden durften und keine militärische Befehlsgewalt mehr enthielten; das *imperium* als prinzipielle auch militärische Kommandogewalt wurde natürlich rechtlich nicht eingeschränkt, wohl aber durch die tatsächliche Kompetenzverteilung. Die Konsuln regierten während ihrer Amtszeit im zivilen Bereich, die Prätoren im Recht sprechenden als *praetor urbanus* oder *praetor peregrinus* und als Vorsitzende der *quaestiones*. Nach dem Ablauf des Amtsjahres gingen alle zehn Magistrate als Statthalter in die zehn Provinzen, als Prokonsuln beziehungsweise als Proprätoren. Dort und nur dort befehligten sie römische Bürgerheere. Schließlich verfügte Sulla, dass den Zensoren das Recht der *lectio senatus* genommen wurde; alle Magistrate, vom Quästor angefangen, wurden damit automatisch Senatsmitglieder.

Wie lassen sich diese Maßnahmen nun charakterisieren? Handelte es sich um ein optimatisches Durchpauken reaktionärer Gesetze? Nein. Schon deshalb nicht, weil eine Generalrevision der Verfassung durch geschriebene Gesetze dem Selbstverständnis einer auf Traditionen und ungeschriebenem Komment beruhenden Adelsrepublik diametral widersprach. Was bisher *mos maiorum*, geheiligter Brauch der Vorfahren, war, wurde jetzt objektiviertes, nachprüfbares und daher auch der Änderung unterworfenes Gesetz. Hier war ein Geist am Werk, der die römische Verfassung als ein komplettes System sah, in dem alle Teile miteinander zusammenhingen und das wie eine Maschine funktionieren sollte. Natürlich war es kein Produkt theoretischen Nachdenkens, denn wenn einer erfahrungsgesättigt war, dann war es Sulla, und die Erfahrungen, die er, auch mit sich selbst, gemacht hatte, gingen in die Konstruktion der neuen Republik ein. Ebenso natürlich war, dass diese Regelung nicht populär war,

Die Leichtlebigkeit Sullas illustriert die Anekdote, wie er seine Frau Valeria bei einem Gladiatorenspiel kennen lernte (Plutarch, Sulla 35):

(Als sie) hinter Sullas Rücken vorbeiging, streckte sie die Hand aus, zupfte einen Flocken Wolle aus seiner Toga und ging weiter auf ihren Platz. Als Sulla verwundert nach ihr blickte, sagte sie: »Nichts Böses, Imperator; ich möchte nur ein bisschen von deinem Glück abbekommen.« Das hörte Sulla nicht ungern, sondern es war sofort deutlich, dass er einen Stich abbekommen hatte, denn er erkundigte sich in der Stille nach ihrem Namen, ihrer Familie und ihrem Lebenswandel. Darauf gab es ein Geäugel hin und her, ein ewiges Umdrehen nacheinander und Anlächeln, und schließlich eine Verlobung und Ehe.

aber sie legte wegen des rational Konstruierten doch die Axt an die Wurzel des organisch gewachsenen Adelsstaates.

In dem besonders von Senatoren bewohnten Viertel auf dem Palatin wurde diese Wanddekoration eines vornehmen Hauses gefunden (Rekonstruktion). Die Stuckverzierung aus der Zeit Sullas ahmt marmorne Inkrustationen nach. Luxusgüter dieser Art wurden vom Senatorenstand der späten Republik scharf kritisiert.

Aber welche Autorität hat ein Gesetzgebungswerk, dem ein zynisches und grausames Blutbad vorausgegangen war? Welches Vertrauen flößt eine angeblich aristokratisch restaurierte Gesellschaft ein, in der windige Gestalten, die sich am Vermögen unschuldig Ermordeter bereichert haben, keine geringe Rolle spielen? Und welche Autorität hat ein Gesetzgeber, der seine Position zum Erlass restriktiver Gesetze der nun wahrlich irregulären Hilfe eines jungen Mannes und dessen Privatarmee mit verdankt? So widersprüchlich das alles ist, so widersprüchlich ging Sullas Laufbahn zu Ende. Keiner hatte dem Diktator mit den unernsten Zügen zugetraut, dass er eines jedenfalls ernst meinte, nämlich seine Neugründung des Staates und dessen Funktionieren, ohne als ein an persönlicher Macht hängender Tyrann darüber zu stehen. Im Jahre 79 v. Chr. erklärte er vor der Volksversammlung seinen Rücktritt. Sulla wurde Privatmann, er zog sich auf seinen Landsitz bei Puteoli, heute Pozzuoli, zurück und hoffte anscheinend, noch recht lange seinen literarischen Neigungen und dem nicht sehr gesellschaftsfähigen Umgang mit lockeren Schauspielerfreunden nachgehen zu können. Aber schon 78 v. Chr. starb er. Er hinterließ Memoiren in 22 Büchern – die würde man gerne lesen, aber leider sind sie verloren.

O Zeiten, o Sitten! – Pompeius und Caesar

Pompeius strebt nach politischer Macht

Wie sehr Sulla die populare Strömung oder Stimmung unterschätzt hatte, zeigte sich gleich in seinem Todesjahr 78 v. Chr.; einer der Konsuln dieses Jahres, Marcus Aemilius Lepidus, revoltierte im folgenden Jahr, der Senat erließ das *senatus consultum ultimum* – abgekürzt SCU – und erklärte ihn zum *hostis,* also zum Feind. Lepidus wurde mit Leichtigkeit besiegt und starb auf der Flucht in Sardinien. Das war zwar ein böses Omen, jedoch sollte die tatsächliche Auflösung der sullanischen Ordnung aus ihrem Zentrum selbst erfolgen, nämlich durch Cn. Pompeius.

Pompeius wollte nicht einfach ins Glied zurücktreten, sondern in irgendeiner Weise seine gesellschaftliche Position auch staatlich ausgedrückt haben; das ist verständlich bei einem jungen Mann von unter dreißig Jahren, der höchst erfolgreich ein Heer befehligte, das ihm nun schon in der zweiten Generation durch feste und sturmerprobte Klientelbande verbunden war. Die persönliche Autorität Sullas konnte diese Bestrebungen durch gutes Zureden bremsen, aber nicht aufhalten.

Nach der Ausschaltung des Lepidus wurde Pompeius vom Senat, wenn auch widerwillig, so doch in der Einsicht, dass es anders nicht gehe, die Aufgabe übertragen, Spanien zurückzugewinnen. Dort gab es noch einen Befehlshaber, der von der Popularenherrschaft übrig geblieben war und sich eine starke Anhängerschaft sichern konnte, Quintus Sertorius. Gegen ihn kämpfte seit 79 Metellus Pius, der als sullanischer Statthalter nach seinem Konsulat nach Spanien gegangen war; aber Verstärkung war nötig. Sertorius war mehr als nur ein lokaler Befehlshaber; er hatte einen popularen Gegensenat gebildet, nahm Verbindung mit Mithridates VI. von Pontos auf, und Metellus Pius und Pompeius konnten seiner Truppen erst 71 v. Chr. Herr werden, und auch das erst, nachdem er im Verlauf innerer Streitigkeiten ermordet worden war. 71 kehrten beide Feldherren zurück und triumphierten gemeinsam; vorher hatte Pompeius noch einige Versprengte des Sklavenaufstandes unter Spartacus hingerichtet.

Nach dem Sieg über Sertorius stellte sich wieder die Frage nach dem Platz, den ein solch mächtiger Mann wie Pompeius im Staat haben sollte. An sich hätte er sich nun um die Quästur bewerben müssen, um dann nach dem *cursus honorum* zu höheren Ämtern aufzusteigen, aber war ihm das zuzumuten und wäre das nicht eine pedantische Prinzipienreiterei gewesen? So dachte jedenfalls Pompeius und erstrebte gleich das Konsulat. Aber zahlreiche Senatoren lehnten Sonderrechte ab und widersetzten sich. Er sah sich daher nach einem Mitkandidaten um, dessen Klientel, der seinen zugerechnet, beide unschlagbar machen würde. Dieser politische Bündnispartner stand parat, es war der Spartacussieger Crassus.

Das Bildnis (Kopenhagen, Ny Carlsberg Glyptotek) schildert Pompeius als einen nüchternen und schlauen Politiker. Zugleich rühmt es ihn als überragenden Staatsmann, der seinen Beinamen »Magnus« (der Große) zu Recht trägt.

Das Konsulat des Pompeius und Crassus und die Beseitigung der sullanischen Gesetze

Marcus Licinius Crassus entstammte einer alten und ruhmreichen Senatorenfamilie. Er hatte sich frühzeitig Sulla angeschlossen, musste deswegen zeitweilig nach Spanien fliehen und hatte schließlich während der Proskriptionen und durch geschicktes geschäftliches Verhalten danach über seinen ohnehin bestehenden Reichtum hinaus in den Status des Steinreichen aufsteigen können. Er war darüber hinaus ein liebenswürdiger, leutseliger Mann, der eifrig zur Verfügung stand, wenn es galt, in Schwierigkeiten geratenen Leuten helfen zu können, auch vor Gericht, und der dadurch eine große Klientel gewonnen hatte. Außer ihrem politischen Bündnis trafen Pompeius und Crassus aber noch eine weitere Absprache, um zu Konsuln gewählt zu werden.

Alle Jahre kandidierten hinreichend viele junge Leute zum Volkstribunen und wurden gewählt, obwohl ihnen dadurch die weitere Karriere gemäß Sullas Reformen versperrt war. Es gab daher ein nicht geringes Potenzial sowohl unter der Wählerschaft als auch in der Führungsschicht, das daran interessiert war, einen Teil der sullanischen Verfassung rückgängig zu machen. Das versprachen Pompeius und Crassus, sie wurden gewählt und machten ihre Versprechen während ihres Konsulats im Jahre 70 v. Chr. wahr: Die Be-

Das Bildnis des Marcus Licinius Crassus (Paris, Louvre) unterstreicht die Entschlossenheit und nüchterne Strenge in den Zügen des Senators, der aus einem der bedeutendsten Geschlechter Roms stammte.

schränkungen des Volkstribunats wurden aufgehoben, die Zensoren konnten wieder eine *lectio senatus* abhalten – sofort wurden 64 Männer aus dem Senat entfernt –, und eine *lex Aurelia* setzte die Gerichte neu zusammen: Ein Drittel waren nach diesem Gesetz Senatoren, ein Drittel Richter, ein Drittel Ärartribunen (kleinere Magistrate aus den *tribus*).

Aber das Konsulat von Pompeius und Crassus war kein gewöhnliches Konsulat, das diese oder jene Reformen durchsetzte. Es war aus persönlichem Machtstreben gegen die allgemein geltenden Regeln durchgesetzt worden und beruhte auf ungewöhnlich großen und ungewöhnlich aktiven Klientelen. Nicht demagogische Volkstribune bedrohten die Republik, sondern Männer, deren auf riesigen Klientelen beruhende Macht weit über das bisher übliche Maß hinausging.

Pompeius, ein zweiter Alexander?

Im Konsulatsjahr des Pompeius und Crassus, 70 v. Chr., zeigte der Prozess gegen den Statthalter von Sizilien, Gaius Verres, welch düstere Figuren durch Sulla emporgespült worden waren. In den drei Jahren seiner Statthalterschaft hatte dieser Aufsteiger Verres die Provinz so stark ausgeplündert und war so offensichtlich schuldig, dass er den Prozessausgang gar nicht erst abwartete, sondern ins Exil nach Massilia, das griechische Massalia, ging. Das Verdienst an diesem Ergebnis hatte ein anderer Aufsteiger, Marcus Tullius Cicero,

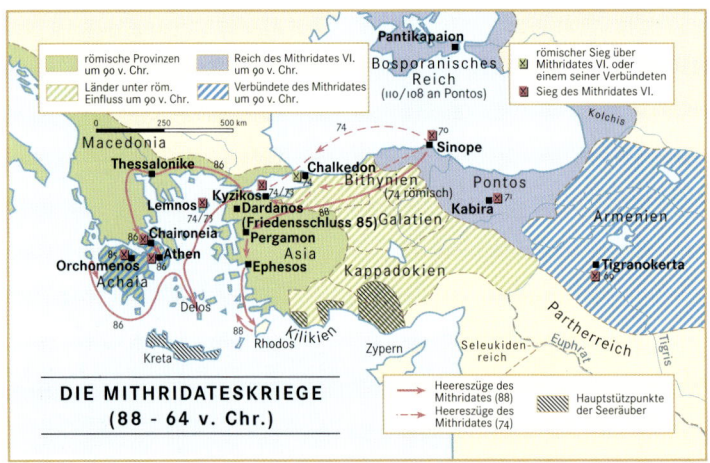

DIE MITHRIDATESKRIEGE
(88 – 64 v. Chr.)

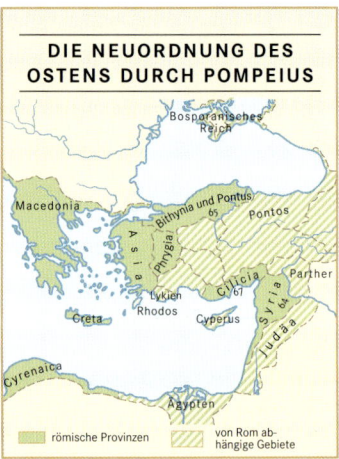

DIE NEUORDNUNG DES OSTENS DURCH POMPEIUS

106 v. Chr. in Arpinum, dem Geburtsort des Marius, geboren. Seine glänzende politische und rhetorische Begabung, die in seinen – heute noch nachzulesenden – Anklagereden zum Ausdruck kommt, ließ ihn die ersten Sporen in der römischen Innenpolitik verdienen.

Es gab einen weiteren Missstand. Die mächtigen Piraten, denen die Küsten Kretas und Kilikiens Schutz boten, machten den Verkehr im Ostmittelmeerraum unsicher, außerdem standen sie in Unterhandlungen mit Mithridates, vorher auch mit Sertorius und Spartacus, um sich gegenseitig gegen die Römer beizustehen, und allmählich empfand der Senat in Rom, dass Durchgreifendes geschehen müsse. Nach mehreren Fehlschlägen erhielt der Konsul des Jahres 69 v. Chr., Quintus Caecilius Metellus, das Prokonsulat für Kreta und kämpfte dort mit drei Legionen erfolgreich; später erhielt er zu Recht den Beinamen Creticus. Es kam ihm allerdings jemand in die Quere, und das war Pompeius.

Einer von dessen Gefolgsleuten, Aulus Gabinius, beantragte als Volkstribun im Januar 67 v. Chr., dass jemandem wieder ein übergreifendes *imperium,* 20 Legionen, 500 Schiffe und 36 Millionen Denare mit Aussicht auf mehr übertragen werden solle, das Volk solle dann über die Person entscheiden. Natürlich kam nur Pompeius infrage, und natürlich merkte das der Senat; er versuchte vergeblich, diesen Antrag zu verhindern, aber Gabinius begegnete geschickt allen Interzessionsversuchen. Das Volk verabschiedete den Beschluss, und Pompeius wurde mit der Aufgabe betraut. Nun hatte er drei Jahre Zeit. Er teilte das Mittelmeergebiet in 13 Bezirke ein und durchkämmte es systematisch von West nach Ost. Zum Schluss waren die Seeräuber vor Kilikien zusammengetrieben und wurden in einer Seeschlacht vollständig besiegt. Das Meer war frei. Wie lange hatte Pompeius dafür gebraucht? Musste vielleicht eine Verlängerung beantragt werden? Im Gegenteil. Die ganze Sache dauerte vierzig Tage. Und Pompeius hielt Ausschau nach weiteren Gelegenheiten, sich unentbehrlich zu machen.

Das Relief vom Sockel eines Siegesmonumentes aus dem Fortunaheiligtum von Praeneste entstand am Ende der republikanischen Zeit (Rom, Vatikanische Sammlungen). An Deck des Zweiruderers ist die Mannschaft kampfbereit angetreten. Links der Rammsporn mit dem Wappentier der Flotte, einem Krokodil.

Das Instrument des Volkstribunats wurde erneut eingesetzt, und auf Antrag des Gaius Manilius beschloss das Volk in allen 35 *tribus,* Pompeius das Kommando gegen Mithridates zu übertragen. Er bekam die Statthalterschaft der Provinzen Bithynia und Cilicia sowie das Imperium über alle Truppen östlich der Adria, also ein dem *imperium* aller anderen im Osten stationierten Befehlshaber übergeordnetes *imperium maius;* außerdem durfte er selbstständig Kriege eröffnen und Frieden schließen, ohne erst rückfragen zu müssen. Pompeius jammerte, als ihm diese Nachricht überbracht wurde, ob man ihm denn nie Ruhe lassen wolle; ein durchsichtiger und täppischer Bemäntelungsversuch seines Ehrgeizes. Er ging sofort ans Werk, löste den mit Recht gekränkten Lucullus ab, und wir haben schon gehört, wie unglaublich gründlich und effektiv Pompeius wieder vorging.

Dieses Bildnis Mithridates' VI. von Pontos ist mit einem Löwenskalp geschmückt, dem Kennzeichen des Helden Herakles, und feiert so den König als eine mit herkulischen Kräften begabte Herrscherpersönlichkeit. Die über weite Strecken erfolgreiche antirömische Politik des Mithridates bot mehreren römischen Heerführern, vor allem Pompeius, die Gelegenheit zur Profilierung.

Zum Schluss war Mithridates besiegt und dann durch Selbstmord ausgeschieden; das Bosporanische Reich und Armenien waren römi-

Ein entwaffneter gegnerischer Fürst unterwirft sich dem Feldherrn und wird unter den römischen Feldzeichen in seiner Herrschaft bestätigt. Viele Imperatoren vollzogen diese Zeremonie, jedoch nicht immer mit so viel Geschick und Erfolg wie Pompeius. Das Relief aus der Zeit Mark Aurels befindet sich am Konstantinsbogen in Rom, rechts daneben eine Barbarenstatue aus der Zeit des Kaisers Trajan.

sche Klientelstaaten geworden, Bithynia und Pontus sowie Syria waren neue Provinzen des Römischen Reiches, die Verhältnisse in Palästina waren neu geordnet, zahlreiche Städte waren neu gegründet worden, von denen einige ihren Namen nach Pompeius erhielten. Unterschied sich Pompeius eigentlich noch von einem hellenistischen Großkönig, kam er seinem Vorbild Alexander nicht schon sehr nahe? Er hatte wie Alexander einen Haarwirbel über der Stirn, und schon früher hatten ihm seine Soldaten den Beinamen »Magnus« (der Große) verliehen. Und vor allem: War seine Stellung in Rom im Jahre 70 v. Chr. schon so übermächtig, dass weder er noch alle anderen so recht wussten, wie er eigentlich in die Adelsrepublik einzuordnen sei, so musste sich dieses Problem jetzt, im Jahre 62 v. Chr., mit geradezu übermächtiger Dringlichkeit stellen. Seine Klientel umspannte das ganze Reich, Königreiche, Landschaften, Städte gehörten dazu, vor allem sein riesiges Heer, mit dem er jetzt nach Italien zog. Was würde nun geschehen?

Die Catilinarische Verschwörung

In Abwesenheit des Pompeius ging die Politik in Rom weiter, als eine Art Probe aufs Exempel: Rom war frei von übermächtigen Einzelnen, für die wichtigsten auswärtigen Probleme sorgte weit im Osten Pompeius, andere existenzielle Herausforderungen gab es nicht mehr, und somit waren alle Voraussetzungen gegeben, dass sich jetzt die Republik sozusagen ohne systemwidrige Störungen entfalten konnte. Das geschah nun nicht so. Ein politisch gescheiterter Adliger, Lucius Sergius Catilina, versuchte 63 v. Chr. einen Aufstand, der vom Konsul M. Tullius Cicero nur mit Mühe verhindert werden konnte, und obwohl Cicero diese Catilinarische Verschwörung und seine eigene Leistung übertreibend schildert, war es doch kein geringes Ereignis. Das Jahr 63 fing auch sonst hochpolitisch an.

Am 1. Januar, bei Amtsantritt der Konsuln, kam etwas zur Sprache, was seit 91 v. Chr., seit Livius Drusus, kein Thema mehr gewesen war. Erstmals stand wieder ein Landverteilungsplan zur Debatte. Der Volkstribun Publius Servilius Rullus hatte ihn seit seinem Amtsantritt ausgearbeitet und progagiert, der neue Konsul Cicero lehnte ihn aber strikt ab. Was konnte man gegen ihn haben? Viele Tausende sollten mit Bauernstellen versorgt werden, das dafür benötigte Land sollte ordnungsgemäß vom Staat gekauft und das dafür wieder nötige Geld sollte ebenfalls ordnungsgemäß durch Verkäufe von Staatseigentum, Eintreiben von Außenständen und andere Transaktionen beschafft werden. Cicero fand mehrere Haken in dem Vorschlag, die er in mehreren Reden enthüllte. Für die ganze Aktion waren fünf Jahre vorgesehen, und es sollte eine Zehnmännerkommission mit außerordentlichen Vollmachten bestellt werden, die die Ausführung in die Hand nehmen sollte; außerdem sollten ihre Mitglieder in einer Art abgekürzten Verfahrens eingesetzt werden. Hier witterte der Konsul Hintermänner, die mit diktatorischen Absichten am Werk seien – und er verhinderte dies; anscheinend kam es gar nicht erst zur Abstimmung.

Bei den neuen Konsulwahlen kandidierte der bisher schon mehrfach gescheiterte Catilina, der abermals nicht gewählt wurde, sondern Lucius Licinius Murena und Decimus Iunius Silanus. Jemand anders war auch durchgefallen, nämlich der berühmte Jurist Servius Sulpicius Rufus. Während Catilina nun erst recht den Weg der Verschwörung betrat, wählte Sulpicius den Gerichtsweg und verklagte Murena wegen Wahlbestechung. Cicero verteidigte Murena – eine doppelt kitzelige Sache, denn zum einen beanspruchte ihn inzwischen voll der Kampf gegen Catilina, und zum anderen gehörte Sulpicius zu seiner politischen Richtung; er durfte ihn also auf gar keinen Fall vor den Kopf stoßen – und wenn er den taktischen Ausweg in Witz und Ironie suchte, so war das eine dritte Komplikation, denn wie leicht kann gerade so etwas schief gehen. Ihm ist aber alles gelungen; Cato der Jüngere soll säuerlich-anerkennend gesagt haben: »Was haben wir doch für einen witzigen Konsul!« Und auf Marcus Porcius Cato Uticensis kam es Cicero an.

Nun endlich zur eigentlichen Catilinarischen Verschwörung. Für Cicero bestand das taktische Problem darin, eine Verschwörung, die ihrer Natur nach geheim ist, noch vor ihrem Ausbruch als existierend nachzuweisen und vorbeugend diesen Ausbruch zu verhindern. Noch komplizierter ist unsere Lage heute, diese Verschwörung aufgrund der Quellenlage zu rekonstruieren. Zwar besitzen wir die vier Reden, die Cicero gehalten hat, aber sie sind nicht nur parteiisch, sondern auch nachträglich bearbeitet worden; die Darstellung Sal-

Im Heer des Mithridates hatten viele Soldaten aus Thrakien (im Südosten der Balkanhalbinsel) mitgekämpft, die sich in Rom als kriegsgefangene Gladiatoren besonders tapfer schlugen. Der »Thrax« wurde dadurch zur stehenden Figur in der Arena. Charakteristisch für seine Bewaffnung ist ein Kettenärmel am rechten Arm und ein Helm mit Visier. Dieser Helm aus Pompeji ist besonders reich mit Reliefs verziert (Neapel, Museo Archeologico Nazionale).

RÖMERKÖPFE

Die späte Republik war eine Blütezeit der realistischen Bildniskunst. Römerporträts des I. Jahrhunderts v. Chr. scheinen oft wie aus dem Leben gegriffen: Der Charakter und das Alter treten in ungeschönter, fast brutaler Weise hervor. Man meinte früher, in den ernsten Mienen etwas von der nüchternen Härte lesen zu können, mit der die römischen Soldaten und Senatoren ihr Weltreich eroberten und regierten.

Der Realismus ist jedoch keine ursprünglich römische Sichtweise des Menschen, denn er stammt aus der griechischen Kunst. Besonders freigelassene Sklaven, in der Regel also Fremde, zeigten sich gern so ernst. Ihre Bildnisse streichen immer die gleichen Tugenden heraus. Man war stolz auf ein entbehrungsreiches Leben, in dem man sich nur durch eigene Leistungen und Charakterfestigkeit behauptet hatte.

Der etwas früher entstandene Kopf (rechts) spricht dagegen durch die pathetische Wucht des jugendlich glatten Gesichts an. Der unbekannte Senator, also ein Mann aus

alter römischer Familie, wollte nämlich als charismatischer Feldherr auftreten. Auch ihm bot die griechische Kunst mit dem Grundmuster des hellenistischen Königs ein passendes Rollenbild.

lusts und die sonstigen berichtenden Quellen können zwar als Kontrolle dienen, aber sie sind später verfasst worden und beruhen teilweise auf demselben Material, das auch wir haben; Sallust insbesondere verfolgt ebenfalls politische Absichten. Alles in allem lässt sich aber trotzdem das Folgende sagen.

Ende Oktober erwirkte Cicero das *senatus consultum ultimum,* zumal da außerhalb Roms die ersten Truppen der Aufständischen zusammengezogen wurden. Cicero traf die ersten militärischen Gegenmaßnahmen, Catilina aber war immer noch in Rom und bereitete den nächsten Schlag vor, nämlich die Ermordung Ciceros. Dieser erfuhr aber davon, sodass die beiden Mörder, ein Senator und ein Ritter, am Morgen des 7. November das Haus Ciceros scharf bewacht vorfanden und umkehrten. In aller gespielten Harmlosigkeit erschien Catilina an diesem Vormittag im Senat, alles wich entsetzt vor ihm zurück, und Cicero schleuderte ihm in einer improvisierten Rede seine Anklagen entgegen – das ist die berühmte Rede, in der er ihm zurief, wie lange er noch die Geduld der Senatoren missbrauchen wolle und in den Ruf *»o tempora, o mores!«* (o Zeiten, o Sitten!) ausbrach. Catilina war so überwältigt, dass er nach anfänglichen frechen Zwischenrufen schließlich nichts mehr antwortete, anschließend die Stadt verließ und sich zum aufständischen Heer begab – dass er da die konsularischen Insignien anlegte, das höchste Ziel seines Lebens, das er auf legalem Wege nicht erreichen konnte, lässt einen fast Mitleid mit ihm empfinden.

Catilina hatte sich damit demaskiert, die anderen Verschwörer aber waren noch, zum Teil unentdeckt, in der Stadt. Allmählich machte sich im Senat die Stimmung breit, eine so dringende Gefahr, wie Cicero sie dauernd beschwor, bestehe möglicherweise gar nicht,

Die Notabeln. Das Bild, das der römische Senat oder ein lokaler Stadtrat in der Öffentlichkeit bot, hat das Giebelrelief von einem Grabbau im mittelitalischen Teate (heute Chieti) angeregt (im dortigen Nationalmuseum, um 40 n. Chr.). Statt der Ratsmitglieder haben sich hier die Männer eines Priesterkollegiums zusammengefunden, dem auch der Bestattete Lucius Storax angehörte.

aber den endgültigen Umschwung brachten einige kompromittierende Briefe der Verschwörer, die man abfangen konnte, und aufgrund dieser nun wahrlich authentischen Zeugnisse wurden fünf hochrangige Verschwörer vor dem Senat verhört und dann in Haft genommen.

Im Tempel der Concordia beriet der Senat noch den ganzen 4. Dezember darüber, was mit den Verhafteten zu geschehen habe, am 5.

fällte er die Entscheidung. Als Erster offerierte der designierte Konsul Silanus sein Urteil und beantragte die »äußerste Strafe«, sein Kollege Murena tat dasselbe, ebenso die anwesenden 14 Konsulare, und für alle war klar, dass damit die Todesstrafe gemeint war. Dann kamen die designierten Prätoren an die Reihe, als erster Gaius Iulius Caesar. Auch er fand starke Worte zu dem Verbrechen der Verschwörer, allerdings erinnerte er daran, dass es das Gesetz *de provocatione* gebe, das bei jedem Todesurteil noch die Berufung an das Volk vorsehe. Daher schlage er etwas, seinen Worten nach, noch viel Schlimmeres vor, nämlich die lebenslange Internierung der Gefangenen. Wer Gremiensitzungen kennt, in denen kontroverse Fragen debattiert werden, wundert sich nicht über das, was nun folgte. Unsicherheit machte sich bemerkbar, die Teilnehmer fielen der Reihe nach in ihrer Entscheidung um.

Denn als der Konsul Cicero nun ein sofortiges Urteil forderte, nachdem er eine Verschiebung bis zum endgültigen Sieg über Catilina abgelehnt hatte, und die Umfrage erneut begann, sagte Silanus jetzt, mit »äußerster Strafe« habe er gar nicht die Todesstrafe, sondern Haft gemeint. Mit einer Ausnahme schlossen sich ihm nun wieder alle folgenden Redner an, bis die Reihe an den jüngeren Cato kam, der als designierter Volkstribun sprach. Es war ein vernichtendes Donnerwetter. Caesar wurde von ihm der Komplizenschaft mit den Verschwörern, die anderen der Charakterlosigkeit beschuldigt, ein durchsichtiges Manöver sei Caesars Vorschlag, um die Catilinarier der gerechten Strafe zu entziehen, und diese gerechte Strafe beantrage er jetzt: die sofortige Hinrichtung. Das rief einen abermaligen Stimmungsumschwung hervor; so stark, dass Cicero sofort abstimmen ließ, und alle Konsulare und die Mehrheit waren dafür. Die Henker wurden benachrichtigt, die Verurteilten wurden aus ihrem Gewahrsam geholt und mit den Senatoren im Gefolge über das Forum in das Staatsgefängnis unterhalb des Kapitols geführt, wo einem nach dem anderen mit dem Strick das Genick gebrochen wurde. In der inzwischen eingetretenen Dunkelheit trat Cicero wieder auf das Forum und verkündete dem wartenden Volk mit lauter Stimme: »Vixerunt!« (Sie haben gelebt!). Die Gefahr für den Staat war beseitigt, die ganze Stadt jubelte befreit. Anfang des nächsten Jahres wurde das Heer Catilinas besiegt, er selber soll tapfer kämpfend gefallen sein.

Die Teilnehmerschaft der Verschwörung war gemischt. Trotz der Parteilichkeit der Quellen steht doch fest, dass es Gescheiterte waren; das Heer bestand aus Veteranen, die das Zivilleben nicht bewältigten; die führenden Leute aus dem Senatoren- und Ritterstand hatten ein entsprechendes Programm: Schuldentilgung, Machtergreifung, Rache; Catilina schwang nach Sallusts Darstellung zwar volksfreundliche Reden, aber das war nur ein schwacher Abklatsch der üblichen popularen Thematik. Nein, hinter der Verschwörung stand ein inneraristokratischer Putschversuch, der soziale Probleme für sich selbst instrumentalisierte, aber keine weiter reichenden Ziele hatte.

Auch vornehme Damen hatten an der Verschwörung Anteil (Sallust, Die Verschwörung des Catilina 25):

Übrigens befand sich unter ihnen auch Sempronia, die schon viele Untaten geliefert hatte, welche oft männlichen Wagemut verlangten. Diese Dame war durch ihre Abkunft und Schönheit, ferner durch ihren Mann und ihre Kinder in einer recht glücklichen Lage; sie war wohl unterrichtet in griechischer und lateinischer Literatur, konnte kunstgerechter musizieren und tanzen, als es für eine anständige Frau nötig ist ... Doch war ihr immer alles andere lieber als Ehrbarkeit und Keuschheit. Ob sie mit ihrem Geld oder ihrem guten Ruf weniger schonend umging, hätte man nicht leicht entscheiden können; ihre Sinnlichkeit war so entfacht, dass sie häufiger Männer begehrte als selbst begehrt wurde. Oft schon hatte sie vordem ihr Wort gebrochen, ein Darlehen mit einem Meineid abgeleugnet, um eine Mordtat gewusst: Infolge ihrer Genusssucht und der Knappheit ihrer Mittel war es mit ihr abwärts gegangen. Dabei war sie kein ungeschickter Kopf: Sie verstand es, Verse zu machen, Scherz zu treiben, ein Gespräch sittsam oder schnippisch oder auch anzüglich zu führen; kurz, sie besaß viel Witz und Charme.

61 bis 55 v. Chr. ließ Pompeius aus Beutegeldern das erste steinerne Theater in Rom erbauen (unten: der große Marmorplan im Konservatorenpalast; rechts ein Modell). Der Bau setzte den Feldherrn groß in Szene: In den Wandelhallen standen Personifikationen der von ihm unterworfenen Stämme (Rom, Palazzo Borghese, gegenüberliegende Seite). Über den Zuschauerrängen erhob sich ein Tempel seiner Schutzgöttin, der siegreichen Venus.

Turbulenzen: Cicero leidet, Pompeius kehrt nach Rom zurück, Crassus besticht die Richter und Caesar saniert sich

Pompeius war währenddessen im Osten und vollbrachte dort Taten, denen gegenüber die häuslichen Ereignisse winzig erscheinen mussten. Cicero hatte ihm in einem langen Brief mitgeteilt, was

Die Bühnenfront des Pompeiustheaters war ähnlich aufgebaut wie die im rekonstruierten Theater von Sabratha (Libyen, um 200 n. Chr.). Die Säulenfassade diente ursprünglich vor allem zur Schaustellung von Beutestücken und rühmte so die Taten des Erbauers. In Sabratha waren hier die Bildnisse des Kaiserhauses aufgestellt, wie es in der Kaiserzeit üblich wurde.

er als Konsul alles für den Staat geleistet habe und dass beide in einer Art korrelativen Verhältnisses zueinander ständen, Cicero innen, Pompeius außen. Pompeius schien aber nicht sehr beeindruckt von diesem Vergleich gewesen zu sein. Jetzt stand seine Rückkehr bevor. Wie würde er sich verhalten?

Gemächlich ließ er es angehen; er landete erst im Herbst 62 v. Chr. wieder in Italien und traf im Januar 61 in Rom ein; eine Weile konnten die inneren Querelen in Rom noch ohne ihn weitergehen, zumal er seine Vertrauensleute dort hatte. Für Cicero selbst waren die Auseinandersetzungen zunächst sehr schlimm. Am 5. Dezember 63 waren die fünf Catilinarier hingerichtet worden, am 10. traten die neuen Volkstribunen ihr Amt an, und einer von ihnen, Quintus Caecilius Metellus Nepos, griff Cicero sofort mit der Anschuldigung an, er habe römische Bürger ohne die Möglichkeit der *provocatio* an das Volk hinrichten lassen. Politisch gefährlich war das weniger deshalb, weil damit die populare Agitation immer noch ihre Lebendigkeit bewies, sondern weil dieser Metellus als Vertrauensmann des Pompeius galt; deshalb hatte sich Cato ebenfalls zum Volkstribunen wählen lassen, um ihm ein Gegengewicht zu bieten. Ciceros Amtsjahr endete mit einer schönen Pointe südländischer Beredsamkeit. Er wollte vor dem Volk in einer letzten Rede die Summe seiner Amtstätigkeit ziehen, wogegen Metellus mit der Begründung interzedierte, jemand, der römischen Bürgern verweigere, sich gegen eine Anklage zu rechtfertigen, dürfe auch selber nicht reden. Den vorgeschriebenen Eid, die Gesetze gewissenhaft geachtet zu haben, konnte Metellus aber nicht verhindern, und diesen Eid schwur Cicero nun so, dass er in ihm alles das sagte, was er zu sagen vorgehabt hatte –

große Begeisterung aller, und Cicero wurde im Triumph nach Hause geleitet.

Pompeius' Hand begann weiter, sich spürbar zu machen, und die Art und Weise, wie das geschah, war ominös. Es wurde anscheinend geplant, Pompeius zu erlauben, sich in Abwesenheit um das Konsulat für 61 v. Chr. zu bewerben. Der Volkstribun Cato aber war strikt dagegen, weil er das alles mit einer freien Republik für unvereinbar hielt und Pompeius die schlimmsten Absichten zutraute. Er kündigte daher seine Interzession an, und das Ergebnis war folgende schreckliche Szene: Als die Volksversammlung begann, setzte sich Cato zwischen den neuen Prätor Caesar und den Volkstribun Metellus, und als er sein Veto gegen das Verlesen des Gesetzestextes sprach, wurden er und seine Begleitung durch einen unter anderem aus Gladiatoren bestehenden Schlägertrupp angegriffen, den Metellus bereitgestellt hatte. Cato blieb in Lebensgefahr sitzen, nur dem Konsul L. Licinius Murena gelang es, ihn wegzuführen. Immerhin kam dann der Antrag nicht durch. Der Senat erließ das *senatus consultum ultimum,* und Caesar wurde die Amtsführung verboten; als das Volk stürmisch seine Wiedereinsetzung verlangte, beruhigte er es und wurde vom Senat zum Dank dafür wieder als Prätor bestätigt.

Im Spätherbst 62 landete Pompeius in Italien, und zur allgemeinen Überraschung und großen Erleichterung blieb das aus, was viele erwartet hatten: Er rückte nicht mit seinem Heer auf Rom vor, sondern als treuer Staatsbürger und Beauftragter der Republik entließ er seine Soldaten, natürlich in der Erwartung, dass ihnen Land zugewiesen und dass der Senat seine Verfügungen, die er im Osten getroffen hatte, billigen werde. Jetzt zeigte sich, wie engstirnig und konzeptlos die Optimatenpolitik war. Kaum dass sich zeigte, dass Pompeius nicht als Tyrann agieren werde, wurden die Herren wieder mutig und betrieben Obstruktion. Erst nach knapp drei Jahren und nachdem die Optimaten Pompeius in das ihnen feindliche Lager abgedrängt hatten, gelang es seinen politischen Verbündeten, die nun wirklich sachlich berechtigten, ja notwendigen Wünsche zu verwirklichen.

Das Jahr 62 endete mit einer Posse, die allerdings Folgen haben sollte. Im Dezember feierten vornehme Damen im Hause von Caesars Gattin Pompeia das Fest der Bona Dea, einer Göttin, die in einem nur Frauen vorbehaltenen Kult verehrt wurde, und dabei stellte sich heraus, dass sich ein junger Tunichtgut in Frauenkleidern eingeschlichen hatte, Publius Clodius Pulcher. Ein großer Skandal! Caesar trennte sich sofort

Schauspieler bereiten sich auf ein Satyrspiel vor. Das römische Mosaik aus Pompeji (Neapel, Museo Archeologico Nazionale) kopiert vermutlich ein griechisches Votivbild des frühen 3. Jahrhunderts v. Chr., das der siegreiche Chorführer (im Vordergrund sitzend) einem Heiligtum gestiftet hatte.

von seiner Frau mit der Begründung, dass die Angehörigen eines Caesar bei aller Schuldlosigkeit auch nicht der geringste Verdacht treffen dürfe. Das war deshalb eine bemerkenswerte Begründung, weil Caesar derjenige römische Politiker war, der der Rekordhalter im Ehebruch gewesen sein soll. Clodius wurde im nächsten Jahr wegen Religionsfrevels vor Gericht gestellt und betrieb seine Verteidigung auf zweierlei Weise. Politisch gebärdete er sich als verfolgter Populare und griff die Optimaten an, insbesondere Cicero und dessen Verhalten gegenüber den Catilinariern; Cicero, der sich ohnehin ständig in dieser Angelegenheit verteidigen musste, griff als Zeuge im Prozess und durch öffentliche Reden Clodius mit einer Fülle von Sarkasmen an und machte ihn sich dadurch zum Todfeind. Clodius betrieb aber noch eine praktischere Art der Verteidigung. Er erhielt von Crassus viel Geld und bestach damit die Richter, sodass er freigesprochen wurde. Der astronomisch verschuldete Caesar war inzwischen als Statthalter nach Spanien gegangen, von wo er im Juli des Jahres 60 v. Chr. schuldenfrei zurückkehrte.

Das Triumvirat des Pompeius, Crassus und Caesar und der beginnende Untergang der Römischen Republik

Dieses Jahr 60 v. Chr. ist im zeitgenössischen römischen Bewusstsein das Jahr geworden, mit dem der Untergang der Republik begann; der Politiker, Soldat und vielseitige Autor Gaius Asinius Pollio begann seine »Historiae«, die Geschichte des römischen Bürgerkrieges, mit diesem Jahr, in dem Quintus Caecilius Metellus Celer und Lucius Afranius Konsuln waren. Nachdem der Senat immer noch nicht seine Anordnungen im Osten gebilligt hatte und ein

Die Feldherren der späten Republik sammelten mit Leidenschaft alte und neue Gemmen und Kameen, die sie teilweise von den hellenistischen Königen erbeutet hatten. Caesar stiftete einen Teil seiner Sammlung dem Venustempel. Welches Herrscherpaar der kostbare so genannte Ptolemäerkameo (Wien, Kunsthistorisches Museum) darstellt, ist umstritten. Die Gemme (Neapel, Museo Archeologico Nazionale) mit der Sage von Apollon und Marsyas stammt vom Gemmenschneider Dioskurides, der auch Porträts von Caesar und Augustus anfertigte.

Gesetz zur Versorgung der Veteranen unter ähnlich gewalttätigen bis skurrilen Umständen wie das Gesetz von Anfang 62 gescheitert war, musste sich Pompeius nach potenten Verbündeten umsehen. Er fand sie in Crassus und Caesar. Die genaue Chronologie ist umstritten, das Faktum nicht, dass sich diese drei Männer im so genannten 1. Triumvirat zusammentaten, um die jeweils eigenen Ziele aufeinander abzustimmen und mittels ihrer Klientelen durchzusetzen. Es waren sehr unterschiedliche Herren unterschiedlichen Charakters, unterschiedlicher politischer Ziele und unterschiedlichen Gewichts: Pompeius bei weitem der Mächtigste, vor allem militärisch und organisatorisch hoch begabt, ungeheuer populär, politisch unklar; Crassus vor allem wirtschaftlich mächtig, mit ziellosem Ehrgeiz, politisch ebenfalls nicht einzuordnen, in diffuser Konkurrenz zu Pompeius stehend; Caesar der Jüngste, mit dem geringsten Prestige, mit großem persönlichem Charme, ebensolcher Rücksichtslosigkeit und trotz seiner Herkunft aus einer uralten patrizischen Familie politisch ein Populare.

Als Konsul erwirkte Caesar 59 v. Chr. zwei Ackergesetze, wovon das zweite den *ager Campanus* verteilte und damit nicht nur die Veteranen des Pompeius befriedigte, sondern auch Caesar einen Klientelzuwachs dankbarer Nutznießer bescherte und Crassus als Mitglied der Verteilungskommission in eine wichtige Position brachte. Auch billigte der Senat endlich die Verfügungen des Pompeius im Osten,

So beginnt die Ode 2,1 des Horaz, die Asinius Pollio gewidmet ist:

Den Bürgerkrieg vom Konsul Metellus her,
Des Zwistes Ursach', Gräuel und
*   Wirrungen*
Des Glückes Spiel, das unheilvolle,
Bündnis der Führenden und die Waffen,

Von ungesühntem Blute noch
*   schmachbedeckt,*
Ein Werk gefahrvoll tückischen
*   Würfelspiels,*
Behandelst du, durch Gluten schreitend,
Die unter trugvoller Asche schwelen.

Dem Starken helfen die Götter, so zeigt es dieses Weihrelief (Ostia, Museum). Ein weissagendes Standbild des Herkules wurde zufällig von Fischern im Meer gefunden (rechts), der Halbgott selbst reicht die Glück verheißenden Losorakel einem Haruspex (Mitte), der sie einem Feldherrn weitergibt (links, teilweise zerstört). Das Glück ist ihm hold, denn Victoria fliegt mit einem Kranz auf ihn zu. Möglicherweise war er ein Parteigänger des Pompeius.

und schließlich ist als weitere Errungenschaft ein musterhaftes Gesetz gegen die Erpressungen des Statthalter in den Provinzen zu erwähnen, die *lex Iulia de repetundis*. Das persönliche Verhältnis zwischen Caesar und Pompeius wurde zudem im Frühling des nächsten Jahres dadurch in unerwarteter Weise gefestigt, dass Pompeius, dessen Frau gestorben war, Caesars Tochter Iulia heiratete und mit ihr eine sehr glückliche Ehe führte.

Diese bisher gezogene positive Bilanz hat aber auch eine Negativseite. Der Senat war vor allem gegen die Ackergesetze, aus seiner alten Furcht heraus, sie würden den Initiatoren und Organisatoren zu viel persönliche Macht einbringen. Das zögerliche Verhalten des Pompeius hätte den Optimaten diese Furcht nehmen können, und auch vonseiten des Crassus war nicht zu erkennen, wie etwa er dauerhaft eine übermächtige Position hätte gewinnen sollen. Anders sah es allmählich mit Caesar aus. Natürlich ist seine Ungeduld mit den unschöpferischen Obstruktionspolitikern verständlich, aber die Art und Weise, mit der er diese Obstruktion überwand, konnte nur zu dem Schluss führen, dass man von ihm das Schlimmste zu erwarten hatte. Die Gesetze wurden mit ähnlichem Terror durchgebracht wie die Anfang des Jahres 62 v. Chr., und dass diese Brutalität diesmal

Ein Haruspex bei der Leberschau, dargestellt auf einem Reliefbecher der Zeit um Christi Geburt (Rom, Thermenmuseum). Die Priesterschaft der Haruspexe weissagten nach der »disciplina Etrusca« aus den Innereien der Opfertiere oder anhand von Wettererscheinungen.

zum Erfolg führte, lag an dem geballten Einfluss der drei Mächtigen. Allmächtig waren sie freilich nicht. Sie hatten es trotz allem nicht verhindern können, dass Caesar einen optimatischen Mitkonsul bekommen hatte, Marcus Calpurnius Bibulus, dessen Schicksal es war, immer Caesar zum Kollegen zu haben; auch Caesar dürfte darunter gelitten haben. Als Bibulus gegen das erste Ackergesetz interzedieren wollte, wurde das Forum in der Nacht vorher von Bewaffneten besetzt, er am nächsten Tag mit Unrat beworfen und vom Forum geprügelt. Er zog sich darauf für den Rest des Amtsjahres in sein Haus zurück, verkündete von dort aus religiöse Erlasse, die sämtliche Amtshandlungen Caesars rechtsungültig machten und betrieb auch auf andere Arten Obstruktionspolitik.

Wie zügig vonseiten Caesars gehandelt werden konnte, wenn es darauf anzukommen schien, musste der arme Cicero schmerzlich erfahren. Sein geschworener Feind Clodius, der aus einem patrizischen Geschlecht kam, bemühte sich seit geraumer Zeit, zur *plebs* übertreten zu können, um Volkstribun zu werden und – unter anderem – Cicero zu schaden; er hatte zu diesem Zweck sogar seinen Namen von Claudius in das volkstümlichere Clodius geändert. Bisher war dieses Vorhaben an Caesar und Pompeius gescheitert, die Cicero immer noch zu sich herüberzuziehen hofften und Clodius erst dann einsetzen wollten, wenn es ihnen opportun erschien. Im März 59 war es so weit. Cicero beklagte sich in einer Prozessrede lebhaft über die augenblicklichen Zustände, und drei Stunden später war Clodius Plebejer: Caesar, der 63 *pontifex maximus* geworden war, ließ die dreißig Liktoren der Kuriatkomitien anrücken, Pompeius besorgte als Augur notwendige religiöse Formalitäten, ein Plebejer war gefunden, der Clodius adoptierte und ihn nach der Adoption sofort wieder aus der Sohnesstellung entließ. Die Schlinge um Ciceros Hals hatte sich weiter zugezogen.

Das wichtigste Anliegen Caesars, das er schon im Mai 59 erreicht hatte, war ein außerordentliches Kommando außerhalb Roms. Es sollte ihm dazu dienen, durch auswärtige Erfolge, wie sie Pompeius gehabt hatte, eine solch starke Klientel und so viel Popularität zu gewinnen, dass seine Stellung als erster Mann des Staates unangefochten sein würde. Durch ein Gesetz des Volkstribunen Publius Vatinius erhielt Caesar als Prokonsul Gallia Cisalpina mit Illyricum, ferner durch Senatsbeschluss Gallia Narbonensis. Die außerordentlichen Kommandos waren ursprünglich dadurch entstanden, dass sich Senat und Volk nicht mehr in der Lage sahen, plötzlich auftretende Gefahren durch die ordentlichen Magistrate abwehren zu können, sodass Konsuln außer der Reihe bestellt wurden. Man verfiel so auf die juristische Pfiffigkeit, die Amtsgewalt des *imperiums* vom Amt zu trennen und separat für einen bestimmten Zweck zu verleihen. So waren die Kommandos des Pompeius in die Verfassung eingepasst worden.

Aber schon bei Pompeius traf es nicht mehr zu, dass er sozusagen nolens volens wegen einer anders nicht zu bewältigenden Notlage bestellt worden wäre; und bei Caesar schon ganz und gar nicht: Zuerst war sein Interesse da, durch auswärtige Leistungen an Macht und Prestige zu gewinnen, und dann erst stellte sich, mit viel Interpretationskunst, die Notwendigkeit dafür ein. In seinem Fall war es die Situation in Gallien, die angeblich ein Kommando auf fünf Jahre erforderte, das ihm gegen den Willen des Senats durch Volksgesetz erteilt wurde.

Bevor Caesar nach Gallien abmarschierte, musste noch etwas erledigt werden. Clodius hatte es im Zuge seiner popularen Agitation darauf abgesehen, Cicero endgültig zu Fall zu bringen. Den drei mächtigen Männern gefiel dieser Bursche zwar auch nicht, aber die politische Konstellation veranlasste sie, den Schlag, der jetzt erfolgte, jedenfalls zu tolerieren; Caesar blieb auch nichts anderes übrig, weil jetzt schon gegen sein Konsulat heftig agitiert wurde mit der Behauptung, alle getroffenen Akte seien rechtswidrig und daher nichtig. Clodius erreichte ein Gesetz, das denjenigen verbannte, der nach einem Gerichtsverfahren für schuldig befunden wurde, römische Bürger ohne Zustimmung des Volkes getötet zu haben. Das bezog sich natürlich auf Cicero, und dieser wartete den Prozess gar nicht erst ab, sondern ging von sich aus sofort ins Exil, das ihn bis nach Thessalonike (Saloniki) führte; sein Haus auf dem Palatin wurde niedergerissen. Cicero befand sich jetzt am ersten Tiefpunkt seiner politischen und persönlichen Existenz. Nach Caesars Abreise erfolgte noch ein weiterer Schlag des Clodius gegen einen seiner Erzfeinde, der aber auch Caesar gelegen kam. Cato, der unerbittlichste von allen, wurde durch Volksbeschluss gezwungen, nach Cyprus (Zypern) zu gehen, um dieses hellenistische Königreich in eine römische Provinz umzuwandeln. Er gehorchte.

Das Rohmaterial der Millefiorigläser, einer Art von Mosaikgläsern, wurde aus Glasfäden zusammengegossen und anschließend geschliffen (Berlin, Antikensammlung). Die Technik stammt aus Alexandria und wurde bald in Italien nachgeahmt. Nach seinem Sieg über Mithridates stiftete Pompeius dem Tempel des Iuppiter Capitolinus 2000 solcher Gefäße.

Leichtes Spiel mit den Barbaren? – Die Unterwerfung Galliens

W ieder brachen Jahre an, in denen der entscheidende Mann nicht in Rom war, sondern einen auswärtigen Krieg führte. Aber welch ein Unterschied zum Aufenthalt des Pompeius im Osten! Einerseits war Caesar viel länger abwesend, nämlich acht ganze Jahre, andererseits konnte er eine viel engere Verbindung mit Rom halten und gleichzeitig mit den Kämpfen in Gallien, Germanien und Britannien Politik in Rom machen, und schließlich war seine führende Stellung in Rom noch keineswegs außer Diskussion, sondern stand immer noch in Konkurrenz zu der des Pompeius.

Es ist nahe liegend, die Ereignisse in Gallien vornehmlich anhand von Caesars eigenem Bericht zu schildern, dem »Bellum Gallicum«.

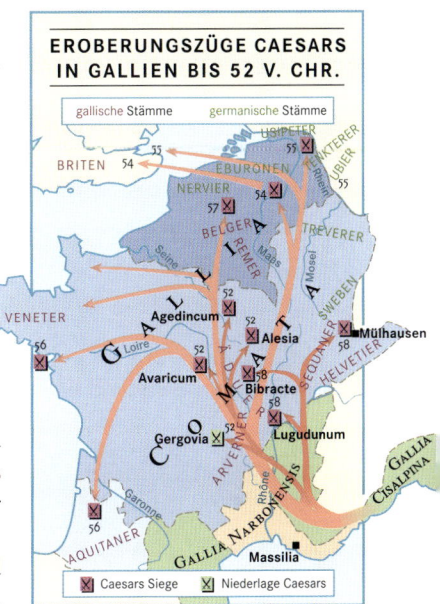

EROBERUNGSZÜGE CAESARS IN GALLIEN BIS 52 V. CHR.

gallische Stämme   germanische Stämme

BRITEN 54

USIPETER 55

TENKTERER

EBURONEN

NERVIER 57 54

UBIER 55

BELGER

REMER

TREVERER

SWEBEN

Maas

Mosel

Seine

GALLIA

VENETER

Agedincum 52

Alesia 52

Mülhausen

SEQUANER 58

HELVETIER

Loire 56

Avaricum 52

Bibracte 58

COMATA

Gergovia 52

Lugudunum

ARVERNER

GALLIA CISALPINA

Garonne 56

AQUITANER

GALLIA NARBONENSIS

Rhône

Massilia

☒ Caesars Siege   ☒ Niederlage Caesars

Wegen der stilistischen Brillanz und wegen der Tatsache, dass hier die Eroberung eines ganzen Landes und Volkes vom Eroberer selbst mit äußerster Nüchternheit und keineswegs nur beschönigend dargestellt wird, stellt dieser Text ein ungeheuer eindrucksvolles Dokument nicht nur lateinischer Literatur dar. Über die Glaubwürdigkeit im Einzelnen ist viel diskutiert worden, mindestens einmal hat sich jedenfalls Caesar einen Bären aufbinden lassen, als er nämlich behauptet, bei den Germanen gebe es ein Tier namens Elch, dessen Beine keine Gelenke hätten; zum Schlafen lehne es sich an einen Baum, und wenn man solche Bäume vorher ansäge, fielen Baum und Elch um und Letzteren könne man auf diese Weise fangen. Im Jahre 51 v. Chr. wurde das Buch in Rom veröffentlicht in der Absicht, den Lesern die großen Leistungen vor Augen zu führen, die das römische Heer mit seinen Offizieren und seinem Oberkommandierenden erbracht habe.

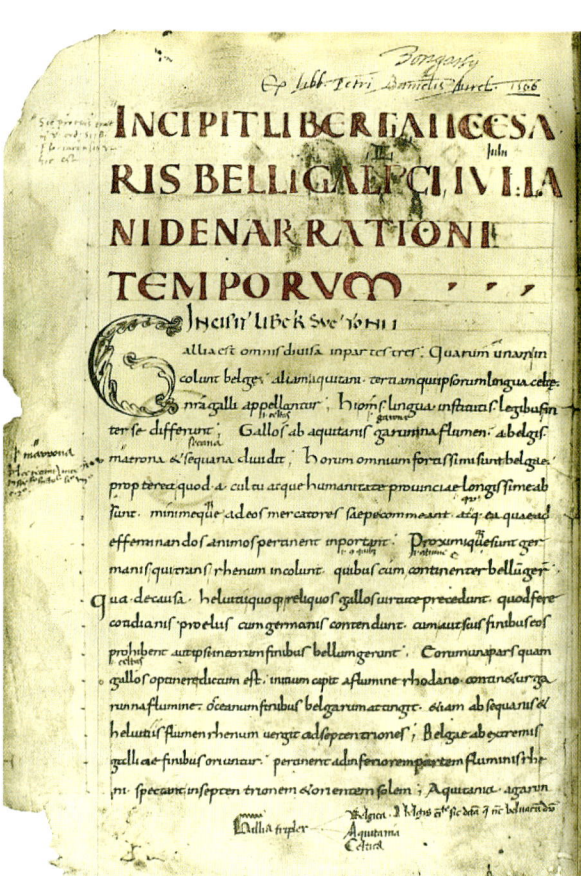

Eine der ältesten erhaltenen Abschriften von Caesars »Bellum Gallicum« entstand im 9. oder 10. Jahrhundert (Amsterdam, Universitätsbibliothek). Antike Texte sind nur dadurch überliefert, dass man sie seit ihrer Entstehungszeit immer wieder kopierte. Oft schrieben gelehrte Leser des Mittelalters Erläuterungen zu unverständlichen Passagen oder Korrekturen zwischen oder neben die Zeilen.

Ein etwa 48 v. Chr. geprägter Denar zeigt den Kopf eines Galliers mit Halsring und keltischem Schild. Die Kelten werden nach dem Muster der griechischen Kunst und Literatur von den Römern als wilde Barbaren geschildert.

Caesar besiegt die Helvetier und die Sweben …

Die Lage in Gallien war dadurch bestimmt, dass im Jahr 61 v. Chr. eine Gesandtschaft der keltischen Äduer (auch Häduer) unter ihrem König Diviciacus nach Rom kam, die sich über die Arverner und die Sequaner beschwerte. Die Äduer saßen nördlich von Lugudunum, dem heutigen Lyon, und waren von den Sequanern in Abhängigkeit gebracht worden, die östlich von ihnen mit der Hauptstadt Vesontio saßen, dem heutigen Besançon; die Arverner saßen westlich von ihnen. Hinter den Sequanern standen die germanischen Sweben unter ihrem Herzog Ariovist, die sich im Elsass festgesetzt hatten. Dann trat eine neue Entwicklung ein, als bekannt wurde, dass sich ein weiterer keltischer Stamm, die Helvetier, auf eine Wanderung nach Westen aufgemacht habe.

Die Helvetier saßen östlich der Sequaner, also in der heutigen Westschweiz; warum sie ihre Wohnsitze verließen, ist nicht völlig geklärt, wohl aber, dass sie keine Absichten auf römisches Einflussgebiet hatten, sondern ganz nach Westen, an den Atlantik, strebten. Trotzdem kann man es verstehen, dass die Stämme, an denen sie vorbeiziehen oder durch deren Gebiet sie womöglich durchziehen wollten, schwere Bedenken dagegen hatten und Rom um Hilfe baten. Der neue Prokonsul Caesar verließ daraufhin im März Italien und zog in Eilmärschen nach Norden. Nach einem ersten Erfolg seines Legaten Titus Labienus siegte er selber 58 v. Chr. bei Bibracte, dem Hauptort der Äduer, und bewog die Helvetier, wieder zu ihren alten Wohnsitzen zurückzukehren; in schonender Weise geschah das, es wurde sogar ein Bündnis mit ihnen abgeschlossen. Bis zur Überlagerung durch die Alamannen in der Spätantike blieben sie dort, und sie leben weiter in der lateinischen Bezeichnung der Schweizerischen Eidgenossenschaft, der Confoederatio Helvetica. Jedem Autofahrer ist sie unter dem Kürzel CH geläufig.

Caesars militärische Aktivitäten bewegten sich gänzlich außerhalb der ihm zugewiesenen Provinz, was sich – nach allmählich uralter römischer Tradition – durch den Hilferuf der Äduer rechtfertigte, und als er anschließend noch weiter ausgriff, legte er großen Wert darauf, dass er auch hierzu von den Galliern ersucht worden sei. Vor allem die Äduer machten ihn darauf aufmerksam, dass das Hilfegesuch des Jahres 61 dadurch verursacht worden sei, dass hinter den Sequanern Ariovist mit seinen Sweben stand, und dass die Gefahr inzwischen sogar noch größer geworden sei, dass die Germanen immer tiefer nach Gallien eindrängen und daher auch eine Gefahr für Rom darstellten. Caesar griff das bereitwillig auf und zog nach Norden, um Ariovist in einer Aussprache dazu zu veranlassen, nicht in gallisches Gebiet vorzurücken.

Ariovist verweigerte zunächst eine Zusammenkunft, und als sie im Elsass im Jahre 58 v. Chr. dann doch stattfand, führte sie zu keinem Ergebnis. Nach zehn Tagen kam es, vermutlich bei Mülhausen, zur Schlacht, Caesar siegte, Ariovist zog sich über den Rhein zurück, und die Germanengefahr war für gut zwei Jahrhunderte gebannt.

... und führt von Oberitalien aus Politik

Im Herbst desselben Jahres begab sich Caesar in das diesseitige Gallien (Gallia Cisalpina), also nach Oberitalien, um Rom näher zu sein und um sich an der dortigen Politik besser beteiligen zu können. Er hatte eine regelrechte Kanzlei bei sich, die die Korrespondenz und den Besucherverkehr regelte; sprichwörtlich ist ja, dass Caesar mehrere Briefe gleichzeitig diktieren konnte. Unter seinen Heerführern waren Angehörige der führenden römischen Politiker, so die beiden Söhne des Crassus, Publius und Marcus, oder auch Ciceros Bruder Quintus. Auch die Verbindungen seiner barbarischen Verbündeten oder Kontrahenten nach Rom waren eng. Die gallischen Gesandtschaften nach Rom waren nichts Ungewöhnliches, und Ariovist soll sogar lateinisch gesprochen haben. Auf jeden Fall zeigte er sich mit einer Bemerkung über Caesars innenpolitische Gegner über die dortige Situation gut informiert und versuchte, diese innerrömische Zerklüftung für seine Absichten auszunutzen. Damit tat er nichts anderes, als was die Römer im Ausland und jetzt auch in Gallien ständig taten. Caesar nutzte nicht nur die Aufteilung der Gallier in verschiedenste Stämme und Unterstämme aus, indem er nach Möglichkeit einzeln mit ihnen zu tun hatte und einzelne Regelungen mit ihnen traf. Er griff auch in innere Streitigkeiten ein und gewann so immer die Unterstützung einer der beteiligten Gruppen.

Die gallischen »Barbaren« wurden beim Triumph Caesars in Rom dem staunenden Publikum gezeigt. Ein Jahrhundert später stellten sich die nunmehr romanisierten Gallier ihrerseits die Germanen als gefährliche Feinde der Zivilisation vor, die man unterwerfen musste. Dies zeigt das Reliefbild eines gefangenen Germanen am Ehrenbogen von Carpentorate (heute Carpentras) in Südfrankreich.

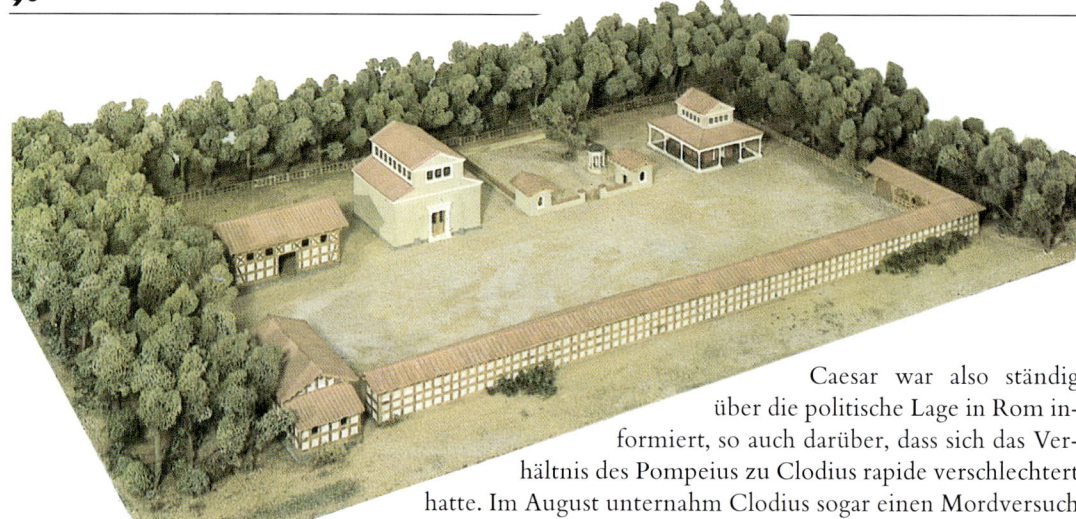

Trotz der starken Romanisierung der Nordwest-, Nord- und Nordost-provinzen wurden einheimische wie etwa keltische Traditionen nicht unterdrückt. Das zeigt sich zum Beispiel in eigenständigen Bauformen wie dem typischen »Umgangstempel« (im Bild rechts oben). Das abgebildete Modell (Bonn, Rheinisches Landesmuseum) zeigt das Heiligtum der Matronen bei Pesch in der Nordeifel aus dem I. Jahrhundert n. Chr.

Caesar war also ständig über die politische Lage in Rom informiert, so auch darüber, dass sich das Verhältnis des Pompeius zu Clodius rapide verschlechtert hatte. Im August unternahm Clodius sogar einen Mordversuch gegen Pompeius und ließ dessen Haus durch eine Schlägerbande belagern, sodass Pompeius für den Rest der Amtszeit des Clodius sein Haus nicht mehr verlassen mochte. Außerdem fiel es Clodius plötzlich ein, wie der verbittertste Optimat die Rechtsgültigkeit von Caesars Maßnahmen des Konsulatsjahres infrage zu stellen. Das hatte zur Folge, dass die Stimmung umzuschlagen begann und die ersten Versuche unternommen wurden, Cicero aus dem Exil wieder zurückzurufen. Acht Volkstribune wollten das beantragen, wurden aber durch Interzession daran gehindert, und ein für das nächste Amtsjahr gewählter Tribun fuhr sogar zu Caesar nach Oberitalien, um ihn für diesen Zweck zu gewinnen, aber Caesar ging zu dieser Zeit noch nicht darauf ein.

Es kamen gallische Schwierigkeiten auf. Der Großstamm der Belger – nach denen der 1830 gegründete belgische Staat seinen Namen hat, er ist allerdings kleiner als das Gebiet der Belger – begann im Winter, vorbeugend gegen die Römer zu rüsten, und nach der inneren Mechanik dieser Machtfragen veranlasste das Caesar, seinerseits vorbeugend gegen sie vorzugehen. Die Remer, die um Reims herum siedelten, das damalige Durocortorum, unterwarfen sich ihm freiwillig und blieben die ganze Zeit die verlässlichsten Verbündeten der Römer; ein Sohn des Crassus, Publius, erreichte die Unterwerfung der in der Normandie und in der Bretagne ansässigen Stämme, sodass es nach der Stationierung von sieben Legionen in Nordgallien im Herbst 57 v. Chr. so aussah, als sei Gallien nun römisch geworden.

Die politische Situation in Rom

Ungeheure Beute war in Gallien gemacht worden, mit der Caesar kräftig in die römische Innenpolitik eingreifen und sich zahlreiche Politiker, sagen wir, verpflichten konnte. Das war auch nötig, denn die Machtbalance fing an, in Unordnung zu geraten. Der amtlose Clodius hatte sich darauf verlegt, als neue Machtbasis Schlägerbanden zu bilden. Die moderne Forschung hat entdeckt, dass er dabei auf urtümliche interne Organisationen der *plebs* zurückgriff, doch macht das die Sache nicht besser. Die andere Seite antwortete mit Gegenbanden unter Titus Annius Milo und Publius Sestius. Nun gelang auch die Rückberufung Ciceros, sogar auf Betreiben des Pompeius; im August 57 v. Chr. kam der überglückliche Konsular wieder nach Rom, glaubte freilich irrig, nun könne er die entscheidende Rolle in dieser Stadt spielen. Pompeius schien immer noch die Zentralfigur zu sein, und immer noch zerbrachen sich seine Anhänger und er den Kopf, was man ihm denn Herausragendes zu tun geben könne. Soll er die Diktatur erhalten? Wegen der Schwierigkeiten mit der Getreideversorgung – Clodius hatte die Gratisverteilung durchgesetzt, und jetzt fehlte das Staatsland des *ager Campanus* – kam man auf die Idee, Pompeius damit zu betrauen, und er bekam wieder ein außerordentliches Kommando auf fünf Jahre, durch das er die Getreidebeschaffung organisieren sollte, die *cura annonae.* Ein geflügeltes Wort stammt aus dieser seiner Tätigkeit. Als er bei Sturm nach Sardinien übersetzen wollte, wollte seine Begleitung ihn davon abhalten, aber er stieg ins Schiff mit dem Ausspruch: »*Navigare necesse est!*« (Seefahrt tut Not!). Etwas banal, aber anscheinend wirkte es.

Die Gallier proben den Aufstand und Caesar, Pompeius und Crassus erneuern das Triumvirat

Die angeblich unterworfenen Gallier merkten inzwischen, was die römische Herrschaft bedeutete, und als römische Offiziere bei den Venetern an der Südküste der Bretagne erschienen, um Getreide zu requirieren, war das der Beginn des ersten weiträumigen Aufstandes von den Pyrenäen bis zum Rhein. Caesar war noch in Oberitalien, wo er einen entscheidenden innenpolitischen Schachzug vorbereitete. Der arme Cicero vergnügte sich noch damit, Caesar in öffentlicher Rede zu tadeln, in dem Glauben, Pompeius sei auf

In der römischen Kaiserzeit wurde der Politiker, Schriftsteller und Feldherr Caesar vor allem als Militär gerühmt. Eine Statue des 2. Jahrhunderts n. Chr. im Senatorenpalast von Rom zeigt ihn in der Rüstung.

Die Stadt Luca (heute Lucca in der Toskana) war 56 v. Chr. Ort der Konferenz zwischen Caesar und Pompeius. Das mittelalterliche Stadtbild bewahrt die römische Anlage noch im geraden Straßenverlauf und der charakteristischen Bebauung des Amphitheaters (links).

seiner Seite, da traf sich dieser im April im mittelitalischen Luca mit Caesar, nachdem Crassus schon in Ravenna bei Caesar gewesen war. Die diesmaligen Beschlüsse waren noch durchgreifender als die des Jahres 60 v. Chr., und sie wurden auch effizienter ausgeführt. Das

Wichtigste war, dass Pompeius und Crassus im darauf folgenden Jahr Konsuln werden sollten und jeder im Jahr darauf ein außerordentliches Kommando erhalten sollte, um Caesars gallische Position auszugleichen, Pompeius Spanien und Crassus Syrien, jeweils auf fünf Jahre befristet.

In Rom, besonders auch bei Cicero, herrschte Fassungslosigkeit, aber Caesar war schon längst wieder mit Gallien beschäftigt. Er hatte noch von Oberitalien aus befohlen, dass auf der Loire gegen die seefahrenden Veneter eine Flotte gebaut werden solle. In großem Bogen gingen die Römer gegen die Aufständischen vor, siegten, und im Winter konnte Caesar wieder im diesseitigen Gallien sein.

Turbulentes passierte dann in Rom. Erst Anfang 55 v. Chr. konnten die Konsulwahlen stattfinden, und die beiden Machthaber Pompeius und Crassus wurden unter Einsatz physischer Gewalt gewählt. Auch als anschließend die Sonderkommandos durch Volksbeschluss erteilt wurden, kam es zu Gewaltakten, an denen sich sogar Crassus selbst beteiligte. Es gab Tote.

Caesar kämpft gegen Germanen, ist erfolglos in Britannien und wiederum siegreich gegen die aufständischen Gallier

Im Frühjahr 55 musste Caesar an Wichtigeres denken. Die Germanenstämme der Usipeter und Tenkterer hatten den Niederrhein überschritten und zogen nach Süden. Sie erbaten Siedlungsland, einige Gallierstämme wollten sie in ihren Dienst nehmen. Caesar verhandelte mit ihnen und verwies sie an die Ubier auf dem rechten Ufer. Als die Germanenfürsten wieder zu Verhandlungen bei ihm erschienen, nahm er sie unter flagranter Verletzung des Gesandt-

55 v. Chr. überschritt Caesar mit seinen Truppen vermutlich bei Andernach den Rhein und stieß in das freie Germanien vor. Die dafür gebaute Flussbrücke hat er genau beschrieben. Stromaufwärts (im Vordergrund) sind zur Sicherung senkrechte Pfähle eingerammt, an denen die hölzernen Brückenpfeiler verankert sind. Auf der Gegenseite werden diese durch schräge Stützen gesichert (Modell im Stadtmuseum von Andernach).

schaftsrechts fest, griff die Germanenstämme an und vernichtete sie vollständig – die Verhandlungsführer wurden wieder freigelassen. In Rom schämte sich Cato entsetzlich für die Treulosigkeit des römischen Feldherrn und stellte den Antrag, den verräterischen Prokonsul zur religiösen Sühne den Germanen auszuliefern. Natürlich geschah das nicht; Caesar blieb im Gegenteil ausnahmsweise den Winter über in Gallien, um im nächsten Jahr an die Eroberung Britanniens zu gehen; wegen der Verbindungen der dortigen Kelten mit den gallischen hatte er schon einen Erkundungsvorstoß dorthin unternommen.

Das Frühjahr 54 verbrachte Caesar gleichwohl in Oberitalien, und auf der Rückreise Ende Mai nach Gallien hatte er die Nervenkraft, ein Buch grammatischen Inhalts zu schreiben, »De analogia«. Die Expedition nach Britannien im August/September brachte allerdings nicht den erhofften Erfolg. Zwar konnte die Themse überschritten werden, und zwar konnte sich Caesar die Hilfe einiger Stämme sichern, aber er musste doch mit dem Anführer der britischen Abwehrkoalition Cassivellaunus verhandeln. Caesar zog sich, unter Mitnahme von Geiseln, wieder zurück, ohne die römische Macht in Britannien etabliert zu haben. Das hinderte ihn nicht, seinen neu gewonnenen Reichtum jetzt in großem Stil in seine politische Zukunft in Rom zu investieren.

So wurde Cicero mit Freundlichkeiten überhäuft, bekam sogar ein riesiges Darlehen, natürlich ohne jede auch nur angedeutete Verpflichtung zu irgendeiner Gegenleistung, wie es sich gehört; schon die Schrift »De analogia« hatte Caesar Cicero gewidmet. Cicero selbst wandte sich in seiner politisch machtlosen Situation der staatsphilosophischen Schriftstellerei zu, und so verdanken wir der Lage der untergehenden Republik Werke wie »De oratore« (»Über den Redner«) und »De re publica« (»Über den Staat«), deren Wirkung auf die gesamte europäische Geistesgeschichte gar nicht ermessen werden kann.

Nach der Rückkehr aus Britannien wurde die Situation in Gallien so kritisch, dass Caesar den Winter über dort bleiben musste. Im Frühjahr 53 v. Chr. gelang es ihm mit Titus Labienus, den erneuten Aufstand völlig niederzuschlagen. Der beginnende Winter zeigte ein vollständig befriedetes Gallien.

Straßenkämpfe in Rom und der letzte große Aufstand der Gallier

Anders war die Situation in Rom, oder sagen wir: Was in Rom herrschte, waren Chaos und Terror. Das Bandenwesen nahm immer mehr zu, und teils seinetwegen, teils weil sich die Politiker auf nichts einigen konnten, gelang es nicht, Wahlen für das Jahr 52 v. Chr. abzuhalten. Crassus war am 9. Juni 53 v. Chr. gegen die Parther gefallen, sodass von den drei Mächtigen nur noch zwei übrig waren. Für Pompeius wurde, des allgemeinen staatlichen Zustandes wegen, die Diktatur erwogen. Wie es seiner Art entsprach, lehnte er dieses Angebot heftig ab, und es muss ihm sehr peinlich gewesen sein, dass Cato ihn sofort darauf festlegte; das war natürlich ganz im Interesse Caesars. Pompeius hatte eine bestimmte Vorstellung davon, wer Konsul werden sollte; darunter war nicht Milo, der dafür kandidierte, und diese Kandidatur war umso brisanter, als gleichzeitig Clodius Kandidat für die Prätur war. Da explodierte die Situation. Am 18. Januar 52 stießen die Banden Milos und Clodius' auf der Via Appia aufeinander, in dem Handgemenge wurde Clodius schwer verwundet und dann auf Milos Befehl umgebracht. Das hatte solche Ausschreitungen seiner Anhänger in der Stadt zur Folge, dass die

Welch großen Eindruck in Rom das Übersetzen nach Britannien machte, zeigen Verse im Gedicht 11 des Catull; er spricht von dem Land jenseits der Alpen:

Wo der große Caesar sich schuf sein Denkmal,
Welschlands Rhein, das schaurige Meer, am Welten-Rand die Britanner...

Die Niederlage des Crassus bei Karrhai in Syrien (heute Südosttürkei) 53 v. Chr. erregte in Rom erhebliches Aufsehen. Es wurde als besondere Schmach empfunden, dass man die Feldzeichen von sieben Legionen verloren hatte. Den Träger eines Legionsadlers (aquilifer) stellt diese Bronzestatuette dar (Wien, Kunsthistorisches Museum). Die Figur gehörte ursprünglich zu einer Pferderüstung.

Curia, das Sitzungsgebäude des Senats, abbrannte. Jetzt betraute der Senat Pompeius mit der Wiederherstellung der Ordnung.

Wir hatten zu Beginn des Gallischen Krieges schon gehört, dass Ariovist spitze Bemerkungen über Caesars innenpolitische Situation machte, und daher ist es nicht überraschend, dass Caesar sein siebentes Buch damit eröffnen kann, dass die Gallier angesichts der bürgerkriegsartigen Verhältnisse in Rom die letzte Gelegenheit gekommen sahen, ihre Freiheit zurückzugewinnen. Der letzte ganz Gallien erfassende große Aufstand brach los. Gegen den 18. Januar, also dem Tag der Ermordung des Clodius, war Caesar noch von Gallien aus in Ravenna eingetroffen, und das gallische Kalkül ging auf: Caesar wurde wochenlang in Italien festgehalten und musste den Aufstand erst einmal hinnehmen, bevor er wieder zur Bekämpfung der größten bisherigen Herausforderung nach Gallien eilen konnte, wo er Ende Februar eintraf. Pompeius wurde, ohne Beispiel in der römischen Verfassungsgeschichte, vom Senat zum alleinigen Konsul (*consul sine collega*) bestimmt und begann, mit militärischen Mitteln die Ordnung wieder herzustellen.

Im April fand der Prozess gegen Milo auf dem Forum statt, das von den Truppen des Pompeius aus Sicherheitsgründen umstellt war. Diese wirkten auch auf friedliche Beteiligte bedrohlich, so zum Beispiel auf den Verteidiger Milos, den unmilitärisch veranlagten Cicero. Er hatte ohnehin eine schwierige Aufgabe, denn er musste behaupten, Clodius sei in Notwehr erschlagen worden, während er in Wirklichkeit ermordet worden war, als er schon verwundet in einem Gasthaus lag. Hinzu kamen die äußeren Umstände der Verhandlung, sodass Cicero in ausgesprochen schlechter Form war. Das Ergebnis war die Verurteilung Milos; er ging nach Massilia ins Exil, und als er später die sehr viel bessere schriftliche Fassung von Ciceros Rede bekam, dankte er seinem Verteidiger ironisch dafür, dass dieser in Wirklichkeit schlechter geredet und so seinen Freispruch verhindert habe, denn sonst säße er jetzt nicht in Massilia und könnte nicht die vorzüglichen Fische essen, die es nur dort gab.

Vercingetorix wird besiegt und Gallien ist unterworfen

Gallien hatte sich, im Lauf des Jahres 52 v. Chr. sogar unter Beitritt der Äduer, unter dem Arvernerkönig Vercingetorix vereinigt. Alles, was Caesar seit 58 v. Chr. erreicht hatte, schien verloren zu sein. Vercingetorix, der bisher in einem vertrauten Verhältnis zu Caesar und den Römern gestanden hatte und daher deren strategisches Vorgehen kannte, hatte es darauf abgesehen, den Römern nicht in einer offenen Schlacht entgegenzutreten, sondern sie durch Abschneiden der Versorgungsmöglichkeiten auszumanövrieren. Caesar versuchte, den in der Nähe des heutigen Clermont-Ferrand gelegenen Hauptort der Arvener, Gergovia, zu erobern, was ihm nicht nur nicht gelang, sondern wobei er beim Erstürmungsversuch unter so hohen Verlusten abgeschlagen wurde, dass er abziehen musste. In der Folgezeit vereinigte er sich mit Labienus, und es kam zur entscheidenden Schlacht in demselben Jahr 52 v. Chr.; Vercingetorix hatte einen Angriff auf den Heereszug Caesars verloren und zog sich in die Festung Alesia bei Dijon zurück – und da packte Caesar zu. Er umgab Alesia mit riesigen Belagerungswerken einerseits, die gegen Vercingetorix gerichtet waren, und andererseits mit einem zweiten

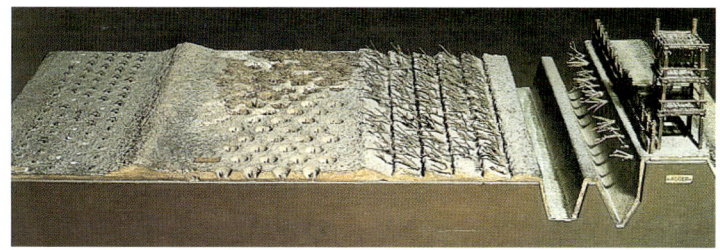

Nach der genauen Beschreibung Caesars konnte der römische Verteidigungsring bei der Schlacht von Alesia im Modell rekonstruiert werden (Rom, Museo della Civiltà Romana).

Ring, einem Verteidigungsring, da ein gallisches Entsatzheer von außen die Römer bedrängte. Nach Wochen kam es zur Entscheidung, das Entsatzheer wurde geschlagen, am nächsten Tag ergab sich Vercingetorix.

Das war das Ende. Es gab zwar noch weitere Kämpfe, die sich bis in das Jahr 51/50 v. Chr. hinzogen, aber die Entscheidung war gefallen. Klugerweise beließ Caesar in der politischen Regelung der gallischen Verhältnisse den Arvernern und den Äduern die innere Selbstbestimmung, Vercingetorix aber wurde gefangen genommen und für den Triumphzug aufgehoben. Gallien wurde römisch; so römisch, dass mit dem Französischen dort heute eine Sprache gesprochen wird, die sich aus dem Lateinischen entwickelt hat. Und dieses Ergebnis trat deshalb ein, weil ein römischer Aristokrat für seine innenpolitischen Ziele eine große Klientel und großes Prestige brauchte.

Das unterste, ständig feuchte Verlies im römischen Staatsgefängnis (Carcer Mamertinus) war das Tullianum. Hier sperrte man gefangene Feinde Roms ein, um sie im Triumphzug vorzuführen und anschließend zu erdrosseln. Auch Vercingetorix ging diesen Weg. Da der Legende nach die Apostel Petrus und Paulus hier eingekerkert waren, wird der Raum bis heute als christliche Kapelle benutzt.

»Hoch fliege der Würfel!« – *Der römische Bürgerkrieg beginnt!*

R oms Innenpolitik hatte sich inzwischen so weiterentwickelt, dass es Pompeius gelungen war, die äußere Ordnung wieder herzustellen und im August 52 v. Chr. einen zweiten Konsul hinzuwählen zu lassen. Man kann auch, als Ereignis am Rande, hinzufügen, dass Cicero 51/50 Provinzstatthalter war, in Kilikien, und dass er, wie seinerzeit als Quästor in Lilybaeum, die Provinz vorbildlich verwaltete. Im Übrigen war über zwei Jahre lang das wichtigste innenpolitische Thema die Frage, wie mit Caesar zu verfahren sei. Die Rechts- und Machtfragen, die große und die kleine Taktik sind so unüberschaubar, dass wir hier nur kurz zu summieren brauchen. Spätestens seit 52 v. Chr. nahm Pompeius eine undurchsichtige Haltung ein, die dann dergestalt immer durchsichtiger wurde, als er auf die Seite der Optimaten gegen Caesar trat. Zudem war 54 v. Chr.

Iulia gestorben, sodass, nun auch losgelöst von allen familiären Bindungen, die Entfremdung von Caesar weiter fortschreiten konnte.

Es ging darum, wie und wann Caesars Kommando in Gallien enden sollte. Caesar hatte aus einem sehr praktischen, wenn auch vordergründigen Grund ein Interesse daran, nahtlos vom Prokonsul wieder zum Konsul zu werden, denn wenn es irgendwann einmal eine amtlose Zeit geben würde, würde ihm wegen des Jahres 59 v. Chr. sofort der Prozess gemacht werden. Weil er in Gallien noch unabkömmlich war, wollte er sich in absentia bewerben dürfen, und in diesem Punkt gab es ein unendliches Hin und Her, mit negativem Ergebnis. Die Machtfrage war weniger vordergründig. Es ging darum, dass er, gewissermaßen wie Pompeius 62 v. Chr., seine Truppen entlassen sollte; er erklärte, dazu nur dann bereit zu sein, wenn Pompeius mit seinen dasselbe täte; Pompeius hatte ja das *imperium proconsulare* in Spanien, ließ Spanien aber durch Legaten verwalten und war in Rom geblieben. Diese Entlassung der Truppen wurde von Pompeius und dem Senat abgelehnt. So lief es darauf hinaus, dass es zwei Machthaber gab, die nicht nachgeben wollten, dazwischen stand der hilflose Senat, der von Caesar mehr befürchtete als von Pompeius. Es gab nervöse Verhandlungen, die Mehrheit der Senatoren scharte sich um Pompeius als das kleinere Übel, zu Beginn des Jahres 49 v. Chr. wurde das *senatus consultum ultimum* erklärt und Pompeius mit dessen Durchführung beauftragt. Caesar erklärte sich als in seiner Ehre gekränkt und überschritt am 11. Januar 49 v. Chr. den Grenzfluss zwischen seiner Provinz und Italien, den Rubico (Rubikon). Er soll den griechischen Dramatiker Menander zitiert und auf griechisch gesagt haben: »Hoch fliege der Würfel!«, – uns geläufiger ist Suetons nicht ganz wörtliche Übersetzung *»alea iacta est!«* (der Würfel ist gefallen!). Der Bürgerkrieg war da.

Der Rubikon ist ein kleiner Fluss südlich von Ravenna; »den Rubikon überschreiten« wurde durch Caesar zum Inbegriff für das Treffen einer unwiderruflichen Entscheidung. Mit dem Übergang seines Heeres über die Nordgrenze Italiens war der Kampf Roms gegen seinen eigenen Feldherrn unausweichlich geworden.

Die alte Republik wehrt sich – Der Bürgerkrieg

Auch den Bürgerkrieg hat Caesar beschrieben, und wenn etwas skandalös ist, dann ist es die Existenz dieses Buches »Bellum civile«. Natürlich wollte er durch dessen Inhalt politisch wirken, sich rechtfertigen oder einfach seine Überlegenheit demonstrieren. Aber die Tatsache selbst ist ungeheuerlich. Man muss sich einmal klarmachen, dass derjenige, der – unabhängig von Schuldfragen – einen Bürgerkrieg begonnen hat, über diesen Krieg in genau demselben Ton der ruhigen Objektivität berichtet wie über den Krieg gegen ein Barbarenvolk, das er gerade unterworfen hatte. Das ist mehr als eine Stilfrage, das ist ein deutliches Zeichen dafür, dass er aus dem gesellschaftlich-politischen Kontext der Adelsrepublik herausgewachsen war. Auf der anderen Seite bedeutet das Buch natürlich auch, dass er sich nicht als Monarch empfand, sondern als literarisch tätiger Angehöriger des Hochadels, der über seine politische Tätigkeit reflektierend und plädierend berichtet, also durchaus mit Gegenmeinungen rechnet, auf die er literarisch einwirken will.

Der vorauseilende Ruf der »clementia Caesaris« ebnet Caesar den Weg nach Rom

Caesar hatte mit Ausbruch des Bürgerkrieges neun Jahre hintereinander in einem Krieg gestanden, der an Härte, an Grausamkeiten und an existenziellen Gefahrensituationen seinesgleichen suchte. Das Überschreiten des Rubico schloss sich unmittelbar an diesen Eroberungskrieg im Barbarenland an, Caesar hatte die Stadt Rom seit März 58 v. Chr. nicht wieder betreten, und zwischen ihm und seinen Soldaten hatte sich ein Verhältnis der gegenseitigen Loyalität und inneren Verbundenheit herausgebildet, das es in dieser Intensität wohl kaum je gegeben hat. Neun Jahre unablässiger Krieg in einem unzivilisierten Land unter einem charismatischen Feldherrn, der alle physischen Anstrengungen mit den Soldaten teilte, das muss ganz exzeptionell geprägt haben. Auch den Feldherrn.

Caesar hatte zu Beginn des Bürgerkrieges nur eine Legion zur Verfügung, und vor diesen Soldaten rechtfertigte er seiner Darstellung nach sein Verhalten, und zwar damit, dass ihm deshalb nichts anderes übrig bleibe, als mit militärischer Gewalt vorzugehen, weil seine Gegner durch die Weigerung, ihn so zu behandeln, wie es ihm nach allen seinen Leistungen zukomme, ihn in seiner Ehre verletzt,

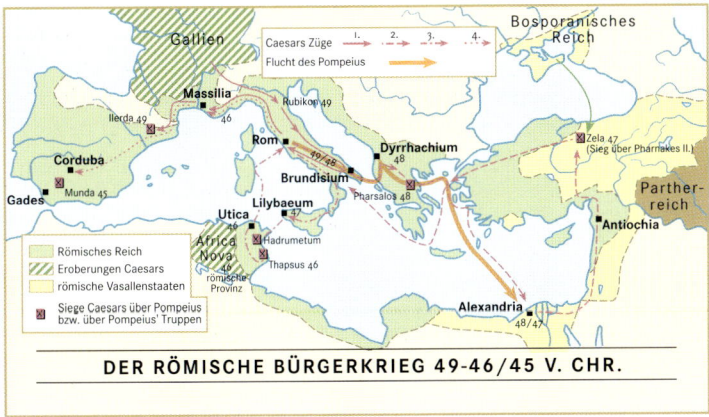

DER RÖMISCHE BÜRGERKRIEG 49-46/45 V. CHR.

also seine *dignitas* angetastet hätten; außerdem hätten sie die beiden Volkstribunen Marcus Antonius und Gaius Cassius Longinus, die sich für Caesar eingesetzt hatten, an der Ausübung ihres Amtes gehindert; damit hätten sie die Volksrechte verletzt, und sie seien ohnehin nur eine kleine Gruppe, die sich eine illegitime Herrschaft anmaße. Es waren also ausgesprochen populare Töne, die er anschlug. Der hocharistokratische Hinweis auf seine Ehre aber stand im Vordergrund, und das war es, was seine Soldaten mitriss. Einer allerdings, der bisher mit ihm durch dick und dünn gegangen war, sah in seinem Verhalten einen Verfassungsbruch, den er nicht mitmachen könne: Ausgerechnet Titus Labienus verließ ihn und wechselte auf die Seite des Senats und des Pompeius über.

Diese Gegenseite war unvorbereitet – trotz der jahrelangen politischen Intrigen gegen Caesar, oder sagen wir besser, obwohl sie ihn doch seit Jahren im Verdacht hatte, die alleinige Macht ergreifen zu wollen, und obwohl sie doch gesehen hatte, was für ungeheure Schwierigkeiten er in Gallien bewältigt hatte. Pompeius hatte grundlos geprahlt, er brauche nur auf den Boden zu stampfen, und es würden Soldaten heraufsteigen; eine Metapher, die Schule machen sollte. Aber als es so weit war, waren Senat und Pompeius nicht hinreichend gerüstet. Caesar ging dessen ungeachtet politisch höchst vorsichtig vor. Jeder dachte, er würde es so machen wie Sulla, und umso überraschter waren alle, dass er die Gegner, die ihm in die Hände fielen, äußerst gelinde behandelte und umgehend wieder freiließ; manche vergalten ihm das so, dass sie wieder zum Gegner gingen und weiter gegen ihn kämpften. Von Caesar aus war das ein Programm: Die *clementia Caesaris* (die Milde Caesars) war dabei, zum geflügelten Wort zu werden, und zwar zu einem sehr wirksamen. Ganz so harmlos war sie nämlich nicht. Zum einen war Caesar darauf angewiesen, möglichst viele Bedenken auszuräumen, da er als Angreifer in einem Bürgerkrieg psychologisch in einer schlechten Position war; der vorauseilende Ruf seiner *clementia* veranlasste viele, ihm wenig oder keinen Widerstand entgegenzusetzen, sparte also Energie. Zum anderen schwang in dieser Attribuierung ein Unterton mit, der auch nicht unbemerkt blieb: Wer Milde walten lässt, sagt dadurch implizit, dass er auch anders handeln könne, und wer seine Gegner daher prononciert-propagandistisch milde behandelt, han-

In einem Ausspruch König Karls VII. von Frankreich gebraucht Schiller in der »Jungfrau von Orleans« ein Bild, das bereits Pompeius benutzt hatte:

Kann ich Armeen aus der Erde stampfen? Wächst mir ein Kornfeld auf der flachen Hand?

CLEMENTIA

In der römischen Kunst wurde die Idee der Milde (clementia), in eine feste Bildformel gefasst. Der Feldherr allein gewährt die Gnade der Schonung, wenn sich die Gegner fußfällig unterwerfen. Nur er hat das Recht dazu, niemals jedoch der einfache Bürger oder Soldat. Wie im Relief der Ehren-

säule für Kaiser Trajan (links) sind es immer Barbaren, die sich dem thronenden Kommandanten nahen.

Das Bronzerelief von einem Pferdegeschirr zeigt die andere Seite der Medaille: Der Feldherr reitet die Barbaren nieder (rechts). Er vernichtet mit seinen Soldaten die Widersacher des Reiches und übt so nach römischem Denken Gerechtigkeit (iustitia). Aus diesem Geist heraus schreibt in der Generation nach Caesar der Dichter Vergil, es sei die Bestimmung des Römers, »die Unterworfenen zu schonen und die Hochmütigen niederzukämpfen«.

Clementia ist also vor allem eine Tugend des römischen Heerführers im Kampf gegen auswärtige Feinde. Die innenpolitischen Gegner mussten daher Caesars clementia als

Anmaßung und bittere Demütigung empfinden. In der politisch gefärbten Bildkunst ihrer Zeit findet die Milde des Diktators daher keinen Ausdruck.

delt eben doch wie ein Tyrann, weil es in seiner Hand liegt, grausam zu sein oder auch nicht. Italien fiel ihm auf diese Weise zu, die Städte ergaben sich ihm reihenweise; das ist insbesondere im Picenum bemerkenswert, denn das war doch altes Klientelland des Pompeius, woher die Legionen kamen, die er als junger Mann Sulla zugeführt hatte.

Pompeius fühlte sich Caesar nicht gewachsen. Er verließ Rom und Italien und ging mit seinem Heer und einem Teil der optimatischen Senatorenschaft nach Griechenland. Er hatte die Absicht, nach Sammlung aller Kräfte Caesar großräumig zu überwältigen, denn in seiner Provinz Spanien stand ihm ein schlagkräftiges weiteres Heer zur Verfügung. Man kann dem wahrlich erfahrenen Feldherrn und Organisator glauben, dass hinter diesem Vorhaben, Italien den Rücken zu kehren, ein wohl durchdachter Plan stand. Trotzdem überrascht es nicht, dass viele sein Vorgehen als Flucht aufgefasst haben. Auch Cicero empfand das so, und erst nach langem Schwanken ging er zu Pompeius nach Griechenland und wurde dort wegen seines Zögerns nicht mit offenen Armen empfangen.

Caesars Kriege gegen die Pompejaner in Afrika und Spanien

Vom Saturntempel auf dem Forum Romanum sind noch die Säulen der Fronthalle erhalten, die nach einem Großbrand 283 n. Chr. errichtet wurden. Im Podium des Gebäudes lagerte unter Aufsicht der Quästoren der Staatsschatz sowie die einschlägigen Dokumente und Rechnungsbücher.

C aesar kam Ende März 49 v. Chr. nach Rom, gab sich aber keinen sentimentalen Wiedersehensgefühlen hin. Er hielt am 1. April eine Senatssitzung ab, der der abwesende Cicero Glanz hätte verleihen sollen, aber auch die anwesenden Senatoren waren nicht geneigt, Caesars Wünsche zu erfüllen; in seinem Buch über den Bürgerkrieg entschlüpft ihm diesbezüglich die Bemerkung, er habe diesen Herren gesagt, wenn sie nicht wollten, könne er den Staat auch alleine regieren. Einen peinlichen Vorfall verschweigt er dann. Pompeius hatte vergessen, die Staatskasse mitzunehmen, als er Rom verließ, und als Caesar sie jetzt für sich einziehen wollte, verweigerte ihm das der Volkstribun Lucius Caecilius Metellus. Caesar marschierte darauf mit Soldaten zum Tempel des Saturn auf dem Forum Romanum, wo sich der Staatsschatz befand, wurde unbeherrscht wütend und bedrohte Metellus mit dem Tod, worauf dieser nachgab und Caesar mit dem Geld abziehen konnte. Auch beim Volk von Rom soll dieser Akt Unmut hervorgerufen haben.

Militärisch wandte sich Caesar noch nicht gegen Pompeius, sondern erst gegen die Pompejaner, die in Afrika und in Spanien standen. In der Provinz Africa übernahm diese Aufgabe für ihn Gaius Scribonius Curio, der von Sizilien aus dorthin übersetzte. Curio, ein hoch begabter jüngerer Mann, Volkstribun im Jahr 50 v. Chr., war ursprünglich ein glühender Optimat, Gesprächs- und Briefpartner Ciceros und ein scharfer Gegner Caesars. Jedoch war er hoch verschuldet, und aus dieser Situation befreite ihn der in Gallien reich gewordene Caesar; und dass Curio danach zu Caesar überging, wollen wir, um uns einen Rest des Vertrauens in die Menschen zu bewahren, nicht ausschließlich dieser massiven Finanzspritze zuschreiben. Jedenfalls kämpfte er nach Caesars Bericht unerschüttert loyal in Africa gegen die Pompejaner, die mit dem numidischen König Juba I.

Der so genannte Tempel der Fortuna Virilis am alten Flusshafen von Rom wurde um 100 v. Chr. errichtet und war vermutlich dem Hafengott Portunus geweiht. Dank seiner guten Erhaltung ist er ein Musterbeispiel römischer Sakralarchitektur. Der römische Tempel ist, anders als der griechische, durch ein Podium herausgehoben, seine Frontseite ist betont.

In seinem Buch »Über den Bürgerkrieg« (2,17; 2,18; 2,20) macht sich Caesar über das opportunistische Verhalten des großen Gelehrten Varro lustig, der pompejanische Truppen befehligte:

Als M. (Marcus) Varro im jenseitigen Spanien die Vorgänge in Italien erfuhr, sprach er anfangs höchst freundlich von Caesar, weil er die Lage des Pompeius für hoffnungslos hielt ... Später aber, als er hörte, Caesar liege vor Massilia fest, ... da wandte auch er sich dorthin, wohin das Glück sich neigte ... Er selbst hielt vor den Soldaten donnernde Reden gegen Caesar ... Da ihm nun jeder Weg versperrt war, ließ er Caesar melden, er sei bereit, seine Legion zu übergeben, an wen er wollte. Der aber schickte Sex. (Sextus) Caesar zu ihm und befahl, diesem die Legion zu übergeben. Nach der Übergabe ging Varro zu Caesar nach Corduba, wo er ihm die amtlichen Rechnungen mit den Belegen, dazu einen Kassenbestand übergab und meldete, was er überall an Getreiden und Schiffen hatte.

verbündet waren. Dort erlag er am 20. August 49 v. Chr. einer Kriegslist Jubas und ging tapfer kämpfend unter.

In Spanien gingen die Kämpfe anders aus, dort befehligte ja auch Caesar selbst. Massilia, die alte Griechenstadt, wollte sich herauswinden, Caesar ließ sie durch einen Unterfeldherrn belagern. In Spanien standen ihm in der diesseitigen Provinz, Hispania Citerior, pompejanische Truppen unter dem Befehl eines Petreius und des Afranius gegenüber; Letzterer war früher Unterfeldherr des Pompeius im Osten und im Jahre 60 v. Chr. Konsul gewesen. Nach nicht einfachen Kämpfen siegte Caesar und erreichte die Kapitulation der Gegner. Massilia hatte sich zwischendurch halten können, kapitulierte aber nach Caesars Ankunft wegen Hunger und Erschöpfung; die Stadt wurde bestraft, jedoch in ihrer Selbstständigkeit belassen. In Italien kam es dann zu einem berühmten Vorfall, den Caesar ebenfalls nicht berichtet. Ein Teil seiner Truppen meuterte, weil der Krieg unabsehbar zu sein schien und weil Caesar nicht plündern ließ. Caesar begann seine Ansprache mit der verächtlichen Anrede »Quirites« (Bürger) und nicht mehr mit »commilitones« (Kameraden), womit er sie auf der Stelle aus dem Heer entlassen hatte. Sofort flehten die Soldaten ihn um Wiederaufnahme an. Das wurde ihnen unter der Voraussetzung, dass sie ihre Anführer hinrichten ließen, auch gewährt.

Caesars Krieg gegen Pompeius

Inzwischen war Caesar gewiss nicht ohne eigenes Zutun durch einen Prätor zum Diktator ernannt worden, damit Konsulwahlen durchgeführt werden konnten. Als er im Dezember 49 v. Chr. wieder in Rom war, wurde gewählt, und siehe da, Caesar wurde neben Publius Servilius Isauricus zum Konsul für das Jahr 48 gewählt, sollen wir uns darüber wundern? Damit war das erreicht, dessen Verweigerung der Anlass des Bürgerkrieges gewesen war, aber eben nur der Anlass. Da die wirklichen Ursachen tiefer lagen, ging der Krieg weiter. Schon zur Jahreswende 49/48 setzte Caesar bei Brundisium nach Griechenland über; das war bereits nicht einfach, aber besonders ungünstig war dann, dass Caesar zur See von Nachschub abgeschnitten wurde. Flottenkommandant war Bibulus, sein Kollege in der Ämterlaufbahn, und man kann nicht recht erkennen, mit welchen Empfindungen Caesar berichtet, Bibulus sei an Krankheit, Strapazen und Hass auf Caesar gestorben.

Im April 48 gelang es M. Antonius, Verstärkung zu bringen, und alsbald gelang es Caesar, Pompeius bei Dyrrhachium, heute Durrës in Albanien, einzuschließen und einen langen Stellungskrieg gegen ihn zu führen. Im Juli aber konnte Pompeius sich befreien, was in besonders demütigender Weise für Caesar geschah. Seine Soldaten scheint Panik ergriffen zu haben, und Caesar schildert in seinem Werk, wie er sich ihnen vergeblich in ihrer panischen Flucht entgegenzustellen versuchte. Caesars Soldaten waren nahe daran, in ihrer Demoralisierung zu verharren, auf der gegnerischen Seite herrschte Hochstimmung. Pompeius und die Optimaten zogen nach Thessalien, und im August stand allmählich die reguläre Feldschlacht auf der Tagesordnung. Die Heere standen sich bei dem Ort Pharsalos gegenüber, dem heutigen Farsala in Griechenland. Caesar hatte es verstanden, seinen Soldaten wieder Selbstbewusstsein zu geben, ähnlich wie vor der Auseinandersetzung mit Ariovist zehn Jahre vorher. Arroganten Hochmut scheinen seine Gegner ausgestrahlt zu haben. Die Optimaten fingen in ihrer Siegesgewissheit an, Pompeius für überflüssig zu halten und ihm vorzuwerfen, er verzögere aus eigensüchtigen Gründen die Herbeiführung einer Entscheidung. Sie verteilten bereits die Posten und trafen ihre Vorbereitungen für die Bestrafung der Caesarianer. Umso vernichtender war dann der endgültige Sieg Caesars am 9. August 48 v. Chr.

Die Schlacht bei Pharsalos ist im Geschichtsbild der Folgezeit immer als das eigentliche Ereignis im Übergang von der Republik zur Monarchie angesehen worden. Caesar, dessen Name später sogar der Titel des Monarchen geworden ist, war der alleinige Sieger; sein Gegenspieler Pompeius und die Römische Republik waren geschlagen, endgültig, unerachtet der vielen Wege und Umwege, die die Geschichte noch bis zur unangefochtenen Errichtung des Kaisertums einschlug. Pharsalos war das eindrucksvollste Ereignis, natürlich auch deshalb, weil hier die beiden Giganten einander gegenüberstanden, von denen der Sieger der ehemalige Verbündete, ja sogar Schwieger-

Caesar schildert Pompeius zwar mit zurückhaltender Wertung, anlässlich der Niederlage bei Pharsalos aber doch als jemanden, der seine Leute zum Durchhalten auffordert, selber aber flieht (Über den Bürgerkrieg, 3,94 und 96):

Wie aber Pompeius seine Reiterei geschlagen und gerade die Truppe, auf die er am meisten baute, in panischer Bestürzung sah, verließ er ohne Zutrauen auf die anderen die Schlacht, ritt sofort ins Lager und rief den Centurionen, die er am Haupttor auf Posten stehen hatte, mit lauter Stimme zu, sodass es auch die Soldaten hörten: »Schützt das Lager und verteidigt es gut, wenn Gefahr eintreten sollte! Ich mache die Runde bei den anderen Toren und spreche den Besatzungen Mut zu.« Nach diesen Worten zog er sich ins Feldherrnzelt zurück, ohne Vertrauen auf den Sieg, aber noch in Erwartung des Ausgangs ... Schon waren die Unseren ins Lager eingedrungen, als sich Pompeius das erste beste Pferd griff, die Feldherrnzeichen ablegte, durch das Hintertor aus dem Lager sprengte und sogleich nach Larisa jagte.

Das Forum Romanum mit dem Kapitolshügel (1). Die Heilige Straße (Via Sacra, 2) läuft vor dem Tempel des Antoninus Pius (3) zum Ehrenbogen für Septimius Severus (4). Vom seit 54 v. Chr. errichteten Forum Iulium (5), dem Ehrenplatz Caesars, ist nur ein Bruchteil erhalten. Die drei Säulen vorn (6) gehören zum Dioskurentempel, diejenigen hinten (7) vor der Fassade des Tabulariums (8) zum Vespasianstempel. Beiderseits wird der Platz von nur in Resten erhaltenen Marktbasiliken gesäumt (9). Im Vordergrund das Haus der Vestalinnen mit dem Vestatempel (10). Heute dominiert die von Caesar nach 52 v. Chr. neu begonnene Curia (11), der Sitzungssaal des Senats, das Bild an dieser Stelle. Im Altertum war sie dem Forum Iulium deutlich untergeordnet. Darin drückt sich die Rolle aus, die der Diktator sich selbst und den Organen der alten Republik zuwies.

Pompeius, ein Nachruf. Pompeius hatte als Person wenig Tragisches an sich. Sein Porträt zeigt einen eher verschmitzt-bäuerlichen Mann, dessen Haarwirbel das Einzige war, was ihm Ähnlichkeit mit dem jugendlichen Helden Alexander dem Großen verlieh. Seine Qualitäten als Feldherr lassen ihn den Strategen zurechnen, die sich eher durch planvolle und sorgfältige Organisation als durch Kühnheit und scharfe Entschlüsse auszeichnen. In seinem Charakter wurde er als zurückhaltend, abwartend, undurchsichtig empfunden, bis hin zur leisen Heimtücke und Treulosigkeit. Damit tat man ihm möglicherweise Unrecht. Er muss zudem doch auch große persönliche Anziehungskraft gehabt haben. Seine zeitweilige Popularität kann dabei aus dem Spiel bleiben, wohl aber ist bemerkenswert, dass er starke Loyalitäten seiner Person gegenüber begründet hat, und zwar sowohl von seinen Soldaten aus als auch vonseiten mancher Angehöriger der Oberschicht.
Seine Tragik bestand darin, dass er den Zwiespalt zwischen dem großen Individuum, das viel geleistet hatte und entsprechende Anerkennung erwarten durfte, und dem Sicheinordnen nicht hat überwinden können. Jede neue Aufgabe, an der er sich bewähren konnte, vertiefte diesen Zwiespalt.

Auch nach Pompeius' Niederlage und Tod zerfiel die Klientel des großen Feldherrn nicht. Noch ein Jahrzehnt später konnte sein Sohn, Sextus Pompeius, in den Bürgerkriegen eine starke Machtbasis erringen. Der Siegelstein zeigt das Bildnis des Sextus Pompeius (Rom, Kapitolinisches Museum).

vater des Besiegten, an Jahren und politisch-militärischer Erfahrung aber zudem noch der Jüngere war. Der Reichsfeldherr Pompeius, der keine Ahnenreihe aufzuweisen hatte, dessen großer Begabung bisher alles zugefallen zu sein schien, war nun von dem Popularen aus uralter Adelsfamilie, von dem revolutionären Politiker und Eroberer Galliens in den persönlichen und politischen Abgrund gestürzt worden. Die Weltliteratur von Lukans Epos »Pharsalia« oder dem »Bellum civile« an bis zu Goethes zweitem Teil des »Faust« war vom Dramatischen dieses geschichtlichen Augenblicks gepackt.

Beim Bericht Caesars über das weitere Schicksal des Pompeius scheint eher beklommenes Mitleid vorzuherrschen. Caesar trieb ihn regelrecht vor sich her, Antiochia, Syriens Hauptstadt, weigerte sich, ihn aufzunehmen; er floh weiter nach Ägypten und ließ den unmündigen König Ptolemaios XIII. bitten, ihn um der Freundschaft seines Vaters willen und trotz seines Unglücks aufzunehmen. Aber, wie Caesar selbst sagt, im Unglück werden aus Freunden Feinde. Die Ägypter kalkulieren die Machtverhältnisse, heucheln freundliche Aufnahme, kommen mit einem römischen Offizier zum Schiff des Pompeius, geben vor, ihn zum König führen zu wollen, und veranlassen ihn, in ein Boot zu steigen. Er erkennt in diesem Offizier einen Kriegskameraden aus dem Seeräuberkrieg und wird dann von ihm erstochen.

Caesar und Kleopatra und der Alexandrinische Krieg

Caesar verfolgte Pompeius und erreichte am 1. Oktober 48 v. Chr. Alexandria, und man hört mit Erleichterung – nicht durch ihn –, dass ihm doch die Tränen kamen, als ihm der Kopf des Pompeius gebracht wurde. Aber sofort wurde er in neue Probleme verwickelt, nämlich in einen komplizierten Thronstreit zwischen den Geschwistern Ptolemaios XIII., Ptolemaios XIV., Kleopatra VII. und Arsinoe. Kleopatra, deren Heer noch außerhalb Alexandrias stand, ließ sich heimlich, in einen Sack eingewickelt, zu Caesar in den Palast bringen, und das Ergebnis war, dass Caesar für sie und gegen Ptolemaios XIII. eintrat. Es kam zu heftigen Kämpfen, in deren Verlauf ein Vorrat noch unbeschriebenen Papyrus' in Flammen aufging, was später als Brand der berühmten Bibliothek umgedeutet wurde; auch konnte sich Caesar einmal nur dadurch retten, dass er vom Heptastadiondamm ins Wasser sprang und, seinen purpurroten Imperatorenmantel zurücklassend, zu einem seiner Schiffe schwamm. Rettung kam für ihn dadurch, dass er den Galaterfürsten Mithridates von Pergamon um Entsatz ausgeschickt hatte und dieser mit vorderasiatischen Einheiten anrückte; unter diesen befanden sich auch 3000 kampftüchtige jüdische Soldaten. Ende März 47 v. Chr. ergab sich Alexandria, Kleopatra wurde nach dem Tod Ptolemaios' XIII. mit Ptolemaios XIV. verheiratet und als Königin eingesetzt. Alsbald zog Caesar weiter, denn in seinem Rücken hatte sich etwas zusammengebraut.

Und »Caesar und Kleopatra«? Caesar wurde doch immerhin über ein halbes Jahr in Alexandria festgehalten – hatte ihn Kleopatra etwa so sehr an sich gefesselt, dass er alles andere vergaß? Leider war es weniger romantisch. Vor allem war es die militärische Situation, die Caesar gefesselt hatte, und er rückte gleich aus Ägypten ab, nachdem diese geklärt war. Hat aber nicht doch noch, wie es eine nicht sichere Überlieferung will, nach Abschluss der Kämpfe eine romantische Nilfahrt stattgefunden? Wir wollen es Caesar gegönnt haben. Jedenfalls gebar Kleopatra etwa sechs Monate nach seinem Abzug einen Sohn, der Kaisar oder Kaisarion, kleiner Caesar, genannt wurde. Aber auch das hatte eine politische Dimension: Das Ptolemäerreich wurde jetzt von Caesars Geliebten und Mutter seines Sohnes regiert.

Das ptolemäische Ägypten galt als üppiges Land, in dem genussreiches Wohlleben herrscht. So zeigt es ein Mosaik, das vermutlich alexandrinische Künstler im Heiligtum von Praeneste (heute Palestrina) bei Rom schufen; seine Datierung ist umstritten. Die Ausschnitte zeigen ein Picknick im Freien und den Empfang eines Feldherrn (Palestrina, Museo Archeologico Prenestino).

»Veni, vidi, vici!« – »Ich kam, ich sah, ich siegte!«

Allmählich war es für Caesar höchste Zeit, nach Rom zurückzukehren; auf dem Rückmarsch siegte er 47 v. Chr. noch schnell über den pontischen König Pharnakes II. Hier tat er den berühmten Ausspruch: *»Veni, vidi, vici!«* Zwar hatten die Truppen des alten Senats und des Pompeius sich in der Provinz Africa konzentriert und begannen, zur Gefahr für das caesarische Italien zu werden, aber in Rom hatten sich die Dinge so chaotisch entwickelt, dass Caesar nicht mehr wie bisher nur durch Mittelsmänner regieren konnte, sondern selber eingreifen musste.

Am 24. September landete Caesar in Tarent. Seine Person und Politik kommen in folgendem Vorfall ganz zur Geltung: Cicero, der sich ja Caesar nach einigem Zögern nicht nur nicht zur Verfügung gestellt hatte, sondern zu Pompeius übergewechselt war, hatte sich nach Pharsalos wieder auf die Rückreise nach Italien begeben. Er kam bis Brundisium, von wo aus er sich brieflich vor Caesar rechtfertigte und dessen Verzeihung abwartete. Als Caesar dann von Tarent nach Brundisium reiste, kam Cicero ihm entgegen, und als Caesar Ciceros ansichtig wurde, stieg er aus dem Wagen und ging voller Respekt vor dem berühmten Redner, Autor und Staatsmann eine Strecke zu Fuß mit ihm, als ob nie etwas gewesen wäre. Caesar aber

Die markanten Worte des Diktators sind auf einer römischen Vorbildern nachempfundenen Bronzemünze wohl der frühen Neuzeit wiedergegeben.

Einen numidischen Reitersoldaten des I. Jahrhunderts v. Chr. zeigt diese Grabstele (Tunis, Musée National du Bardo). Die Numider schlugen sich 47/46 v. Chr. auf die Seite der senatorischen Truppen.

Nach der Schlacht von Thapsus wurde auch der Sohn des durch Selbstmord umgekommenen numidischen Königs als Gefangener im Triumphzug durch Rom geführt. Er wurde jedoch in die Familie Caesars aufgenommen und in Rom erzogen. 25 v. Chr. setzte ihn Augustus als König Juba II. zum Herrscher über das neu gebildete Klientelreich Mauretanien ein. Die Bronzebüste Jubas II. wurde in einer kaiserzeitlichen Villa in Volubilis bei Moulay-Idriss (Marokko) gefunden (Rabat, Musée des Antiquités Préislamiques).

widmete sich in Rom ernsthafteren Geschäften, mit seinem Eintreffen war das Machtvakuum sofort beendet. Er bändigte aufsässige Veteranen wieder durch die Anrede »Quirites«, er traf zahlreiche Regelungen, er ließ für den Rest des Jahres Konsuln wählen, er trat vom Amt des Diktators zurück, er ließ sich und Marcus Aemilius Lepidus zu Konsuln für 46 wählen – und er bereitete die Überfahrt nach Africa vor, wo die Truppen der Gegner auf ihn warteten. Am 17. Dezember 47 kam er in Lilybaeum an, am 28. landete er in Africa.

Es dauerte drei Monate, bis es zur Schlacht kam; vor der Stadt Thapsus siegte Caesar abermals. Numidien wurde eine neue römische Provinz, Africa Nova, und als Statthalter wurde einer der Prätoren des Jahres 46 eingesetzt, Gaius Sallustius Crispus, der spätere Historiker Sallust. Nach Spanien gelangten Gnaeus und Sextus Pompeius, die Söhne des Pompeius Magnus, und ebenfalls Titus Labienus. Faustus Sulla, den Cicero seinerzeit verteidigt hatte, und Afranius, Caesars anderer Gegner in Spanien, gerieten in Gefangenschaft und wurden auf Caesars Weisung hingerichtet. Seinen erbittertsten Gegner hätte Caesar gerne am Leben gelassen, M. Porcius Cato bzw. Cato den Jüngeren.

Cato befehligte Utica, die Hauptstadt der Provinz Africa, die von Caesar noch unerobert war. Es befiel jedoch so viele dort Mutlosigkeit, dass Cato nicht auf einer Verteidigung bestand, vielen zur Flucht verhalf und sich dann im April 46 v. Chr. selber tötete. Er sah in Caesar einen Tyrannen und wollte nicht durch dessen Gnade am Leben bleiben. Er wählte damit den Ausweg, den die stoische Philosophie als Tor zur Freiheit bereitstellte, wenn als Alternative nur noch die Zwänge der Gegenwart gegeben waren. Dieser Tod hat eine ungeheure Wirkung gehabt, viel von dem vergessen lassen, was Cato während seines Lebens an Befremdlichkeiten gezeigt hatte, und Caesar viel vom Glanz seines Sieges genommen. Cato war der Urenkel des M. Porcius Cato Censorius, der für die Zerstörung Karthagos eingetreten war, und lebte ganz in der altrömischen Tradition, die schon zur Zeit seines Urgroßvaters angefangen hatte, Legende zu werden, und sie war es erst recht in der Endphase der Republik. Cicero als *homo novus* sah sie gewissermaßen von außen, Cato lebte sie von innen heraus. Trotzdem hatte dieses altrömische Leben etwas Doktrinäres und Gewaltsames an sich, das gelegentlich das Lächerliche streifte; selber gelacht haben soll Cato, wenn beispielsweise später erzählt wurde, dass er beim Betreten von Antiochia von einem großartigen Empfangskomitee gefragt wurde, ob er wisse, wo Demetrios bleibe – Demetrios war ein Freigelassener des Pompeius, für den dieses Komitee bereitstand, und Cato, der zu Fuß ging, wurde für einen simplen Mann von der Straße gehalten.

Nur zu gerne hätte Caesar an ihm seine Milde bewiesen, und man kann sich gut vorstellen, wie sehr es ihm gegen den Strich ging, dass Cato ihm diesen Triumph durch den Freitod genommen hatte. Cato erhielt den Beinamen Uticensis, Cicero und der spätere Caesarmörder Marcus Iunius Brutus schrieben noch 46 v. Chr. verherrlichende Abhandlungen über ihn, und es zeigt, wie viel innere Liberalität auch unter Caesars Herrschaft doch noch gegeben war, dass Caesar selbst eine Gegenschrift schrieb und veröffentlichte, den »Anticato«. Catos Ruhm beeinträchtigte das nicht. Unter dem Caesarerben Augustus pries Horaz ihn in einer Ode (2, 1), und unter Nero dichtete Lukan die berühmten Verse, dass die siegreiche Sache offenbar den Göttern gefallen habe, aber die besiegte dem Cato.

Nach Rom zurückgekehrt, wurde endlich der Triumph gefeiert, über Gallien – hatten wir es etwa schon vergessen? –, Pontos, Ägypten und Africa, jetzt wurde Vercingetorix erdrosselt. Bald danach erschien Kleopatra mit Kaisarion, wohnte in Caesars Gärten jenseits des Tiber und hielt elegant und geistreich Hof. Sie muss die Sensation der römischen Gesellschaft gewesen sein. Wieder war sie nicht lange mit Caesar zusammen, wieder musste militärisch Widerstand gebrochen werden, zum letzten Mal. In Spanien sammelten sich unter den beiden Pompeiussöhnen nicht nur versprengte Senatoren aus den Resten des bei Thapsus geschlagenen Heeres, auch Soldaten kamen, die nach wie vor Loyalität zu Pompeius, ja sogar zu Afranius empfanden, und zusammen mit römischen und nichtrömischen Einheimischen kamen immerhin 13 Legionen zusammen. Wieder versagten Caesars Beauftragte, wieder musste er selber eingreifen. Anfang November 46 v. Chr. verließ er Rom, und wie ernsthaft er zu kämpfen hatte – auch sonst sind alle seine Schlachten keine Spaziergänge gewesen, vielleicht außer der gegen Pharnakes –, zeigt sich daran, dass es nach vielen Schwierigkeiten und Rückschlägen erst im März 45 v. Chr. zur Entscheidungsschlacht bei Munda kam. Selbst jetzt noch stand der Ausgang anscheinend so auf Messers Schneide, dass Caesars Heer zu weichen begann und er es nur dadurch zum Stehen und dann zum Siegen brachte, dass er selbst in die vorderste Reihe eilte und sich dem feindlichen Geschosshagel aussetzte. Das war dann der Sieg. Labienus fiel, Caesar hat ihn bestattet. Der Bürgerkrieg war zu Ende.

Bis zu den Iden des März – Die Quadratur des Zirkels

Die Neuordnung des römischen Staates durch Caesar

Caesar hatte sich zwischen seinen Kriegen jeweils immer nur kurz in Rom aufgehalten. Im Frühjahr 49 v. Chr. waren es wenige Tage zwischen der Einnahme Italiens und dem Abmarsch nach Spanien gewesen, Ende 49 zwischen der Rückkehr aus Spanien und dem Abmarsch nach Brundisium ganze elf Tage, nach der Rückkehr von Pharsalos, Ägypten und Kleinasien im Oktober 47 immerhin einige Wochen bis zum Aufbruch nach Afrika am Jahresende, nach der Rückkehr im April 46 einige Monate bis zum November, als er nach Spanien zog, und dann von seiner Rückkehr im Frühjahr 45 bis zu den Iden des März 44 v. Chr., das ist der 15. März 44 v. Chr., ein knap-

Die Bronzebüste des jüngeren Cato (Rabat, Musée des Antiquités Préislamiques) war vermutlich als Pendant zum Bildnis Jubas II. auf einem Wandpfeiler aufgestellt gewesen. Sie ist eine um 100 n. Chr. entstandene Kopie nach einem zeitgenössischen Vorbild und belegt die Verehrung für den Feldherrn der Republik noch in der Kaiserzeit.

Bei Horaz heißt es (Ode 2,1):

Nun sehe ich alles rings bezwungen
Außer dem eisernen Willen Catos.

Lukans Verse über Cato heißen auf lateinisch (Der Bürgerkrieg 1,128):

Victrix causa deis placuit, sed victa Catoni.

Eine der letztlich siegreichen Entscheidungsschlacht von Munda ähnliche Situation, bei der er aber scheiterte, schildert Caesar (Über den Bürgerkrieg 3,69) selber mit großem Freimut aus dem Kampf gegen Pompeius:

Überall herrschten Verwirrung, Angst und Flucht, so sehr, dass einige, obschon Caesar die Feldzeichen der Fliehenden eigenhändig ergriff und Halt gebot, ihre Pferde laufen ließen und die Flucht fortsetzten, andere aus Furcht sogar ihre Feldzeichen wegwarfen und gar niemand mehr standhielt.

pes Jahr. Vergleichbar mit Sulla nach dessen erstem Marsch auf Rom hatte auch Caesar seine Zwischenstopps dazu benutzt, um notwendige, den Staat ordnende Regelungen zu treffen. Wichtig ist die Darstellung dieser Tätigkeit deshalb, weil sie es war, die außer seinem persönlichen Machtanspruch eine Art sachlicher Rechtfertigung seiner Herrschaft darstellte. In ihr sahen viele Zeitgenossen, aber auch die Nachwelt die gestalterische Kraft des großen Staatsmanns, der erstmals Konsequenzen aus der Reformbedürftigkeit des römischen Staates zog, Konsequenzen, die bisher wegen der Überholtheit der erstarrten Republik nicht hatten gezogen werden können und die nach der Ansicht vieler Caesars Alleinherrschaft vor der Geschichte rechtfertigten.

Publikane. Private Geschäftskontrahenten des römischen Staates aus dem Ritterstand werden seit dem 3. Jahrhundert v. Chr. als Publikane (publicani) bezeichnet. Ihr Aufgabenbereich betrifft die Heereslieferungen, die Pacht von staatlichen Einkünften sowie von Staatsbesitz. Häufig vereinigten sich die Publikane in Steuerpachtgesellschaften, wenn die Pachtsumme das Vermögen eines einzelnen Publikanus überstieg. Anteilscheine dieser Gesellschaften wurden gehandelt.

Die Änderungen im staatlichen Aufbau beziehungsweise bei den Institutionen betreffen zunächst den Senat; er wurde allmählich auf 900 Personen erweitert, wobei anscheinend das Volk, anders als bei Sulla, nicht mitzureden hatte. Die Zahl der Quästoren erhöhte Caesar auf 40, die der plebejischen Ädile auf vier, die der Prätoren auf 16. Die Ärartribune entfernte er wieder aus den Gerichten, diese wurden jetzt wieder nur noch von Senatoren und Rittern besetzt. Konsuln sollten in Zukunft zwei Jahre Statthalter sein, Prätoren weiterhin nur ein Jahr. Eine *lex Iulia municipalis* organisierte die italischen Städte einheitlich. Am berühmtesten ist vielleicht Caesars Kalenderreform, die das Jahr auf 365 und einen Vierteltag festlegte und damit unseren später nur noch geringfügig

Als erster römischer Feldherr wurde Caesar zu seinen Lebzeiten auf Münzen verewigt und damit als Herrscher Roms propagiert. Ein Denar zeigt ihn mit einem goldenen Kranz als besonderem Ehrenzeichen. Die kultische Schöpfkelle und der Stab der Auguren verweisen auf seine Priesterämter.

STÄDTE(NEU)GRÜNDUNGEN DES 1. JAHRHUNDERTS V. CHR.

Städte(neu)gründungen
- der Zeit vor Caesar
- Caesars (teilweise unsicher)
- des 2. Triumvirates
- des Augustus

Noviodunum · Lugudunum · Garonne · Cremona · Tergeste · Drau · Save · Schwarzes Meer · Arelate · Rhône · Bononia · Luca · Ariminum · Sinope · Caesaraugusta · Florentia · Donau · Herakleia Pontike · Duero · Ebro · Mariana · Kızılırmak · Tajo · Emerita Augusta · Guadiana · Tarraco · Rom · Pyrrhachium · Pella · Philippi · Italica · Corduba · Catania · Capua Pompeji · Alexandria Troas · Antiochia · Gades · Carthago Nova · Uselis · Korinth · Berytos · Cartenna · Utica Karthago · Cirta · Syrakus · Knossos · MITTELMEER

Im 1. Jahrhundert v. Chr. wurden besonders viele Städte im ganzen Römischen Reich neu- oder wiedergegründet. Dort siedelte man vor allem Veteranen aus dem Heer an, das während der Bürgerkriege zeitweise erheblich gewachsen war. Die einfachen Legionäre kamen oft aus erbärmlichen Verhältnissen und mussten nach dem Ablauf ihrer Dienstzeit versorgt werden. Das erwarteten sie von ihrem Patron, dem Feldherrn, dem sie als Klienten mit lebenslanger Treue dankten. Zunächst konzentrierten sich die Siedlungen in Italien. Außerhalb ihres Heimatlandes wurden die Kolonisten zu Wegbereitern der Romanisierung.

modifizierten Kalender schuf; seit dem 1. Januar 45 v. Chr. wurde so gerechnet.

Caesar verlieh das römische Bürgerrecht an alle Einwohner Italiens jenseits des Po, womit jetzt ganz Italien römisch war. Es gab eine umfangreiche Luxusgesetzgebung. Den Publikanen wurde die Steuereintreibung für die Provinz Asia genommen, wohl wegen früherer allzu großer Exzesse. Am wichtigsten sind seine Maßnahmen hinsichtlich der Unterschicht, zu der auch die Soldaten zu rechnen sind. Er reduzierte die Getreideempfänger von 320 000 auf weniger als die Hälfte, sorgte aber zum Ausgleich dafür, dass etwa 80 000 von ihnen angesiedelt wurden. Die Veteranen wurden natürlich ohnehin mit Land versorgt, und zwar in Italien, obwohl dieses Programm bei seinem Tod noch nicht zum Abschluss gekommen war. Im Übrigen erweiterte er kräftig die Zahl der überseeischen Kolonien, die es seit Marius gab. In der Provinz Africa waren es acht, darunter Karthago, in Griechenland drei, darunter Korinth, in Kleinasien fünf, eine in Südfrankreich (Arelate, heute Arles) und dreizehn in Spanien. Insbesondere sie trugen zur schnellen Romanisierung Spaniens bei.

Caesar erhält neue Befugnisse – und geht den Weg der menschlichen Überhöhung

Zu den institutionellen Regelungen gehören auch die Befugnisse seiner Person. Jahr um Jahr war Caesar Konsul, er war aber vor allem seit 46 v. Chr. Diktator auf zehn Jahre, was faktisch allerdings bedeutete, dass er immer wieder formell zurücktreten musste. Aus dieser Stellung oder durch besondere Verleihung durch Senat oder Volk ergaben sich weitere spezifische Rechte. So hatte Caesar das alleinige Recht, das Heer zu befehligen, natürlich mit der Möglichkeit zu delegieren; er durfte Krieg und Frieden erklären, ohne andere Institutionen fragen zu müssen; er durfte die Statthalter in den Provinzen ernennen; er hatte das Recht, die Hälfte der Magistrate zu bestimmen; er hatte die *sacrosanctitas* der Volkstribunen; er hatte die *praefectura morum,* also die Aufsicht über die Sitten, und daher, wie die Zensoren, das Recht, Senatoren zu ernennen oder aus dem Senat zu entfernen.

Ihm wurden Ehren über Ehren zuteil. Er wurde offiziell als *parens* oder *pater patriae* bezeichnet, Vater des Vaterlandes, ebenso als *liberator,* der Rom von den Gefahren befreit habe, in die es durch die Gegner Caesars im Bürgerkrieg geraten war. Der Imperatortitel wurde ihm als Eigenname zuerkannt, er durfte immer das Triumphalkleid und den Lorbeerkranz des Triumphators tragen, seinen Liktoren war es gestattet, lorbeerumwundene *fasces* zu führen; ein goldener Kranz stellte dann eine weitere Überhöhung dar. Unzählige Statuen wurden Caesar errichtet; außer generalisierenden Nachrichten wären einzeln zu erwähnen zwei Statuen auf der Rostra, von denen die eine die *corona civica,* die andere die *corona*

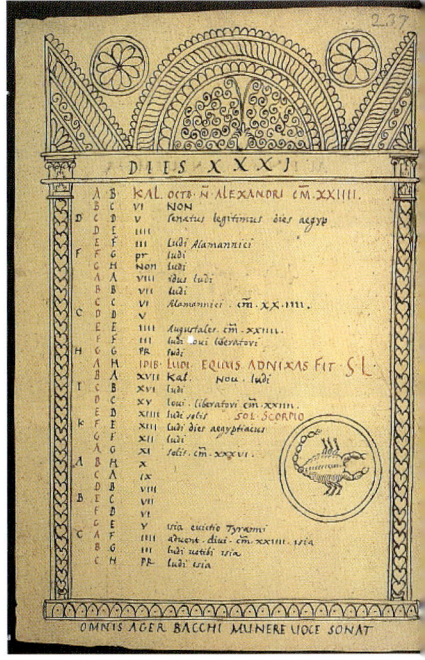

Ein römischer Kalender, wie er in einer Abschrift des 17. Jahrhunderts überliefert ist (Rom, Vatikanische Bibliothek). Hier das Blatt für den Oktober des Jahres 354 n. Chr. Nach zwei Spalten mit Wochenzählungen (Nundien) folgen die Datumsangaben bezüglich Kalenden, Nonen und Iden, die sich ursprünglich auf die Mondphasen bezogen. Abschließend Angaben zu den öffentlichen Festen in Rom.

Eine römische Landstadt im Italien des 1. Jahrhunderts v. Chr. wird auf diesem Relief im Palazzo Torlonia in Avezzano (Abruzzen) gezeigt. Feste Mauern und eine dicht gedrängte, aber geordnete Bebauung im Inneren bestimmen das Stadtbild, vor den Toren breiten sich Villen aus.

obsidionalis trug – das waren Kränze, von denen Letzterer aus Gras bestand und dem Befreier eines ganzen Heeres verliehen wurde, während Ersterer aus Eichenlaub war und der Rettung römischer Bürger galt. Eine weitere Statue Caesars wurde im Quirinustempel aufge-

Seit der Zeit Caesars verehrte man Apollo nicht nur als Gott der schönen Künste, der die Leier schlägt, sondern vor allem als Orakelgeber, dessen Weissagungen in der Krise des Staates den Weg weisen sollten. Ein Wandbild aus Rom zeigt ihn auf dem heiligen, von Binden umwundenen Stein in Delphi (Rom, Antiquarium auf dem Palatin).

stellt mit der Aufschrift *»deo invicto«* (dem unbesiegten Gott), wiederum eine andere wurde als Götterbild bei feierlichem Einzug vom Kapitol zu den Spielen im Circus gefahren, eine elfenbeinerne Statue wurde im Jupitertempel aufgestellt, noch eine den Statuen der sieben Könige und des Brutus auf dem Kapitol zugesellt, wieder eine als Panzerstatue auf dem Forum Romanum errichtet. Überall im Reich wurden ihm weitere Statuen aufgestellt, und schließlich sieht es so aus, als sei ein religiöser Caesarkult zumindest im Entstehen gewesen, für den ein Tempel für ihn und seine *clementia* beschlossen worden war. Sein Bild kam außerdem noch auf eine besonders wirksame Weise in Umlauf, denn er bekam als erster lebender Römer das Recht, Münzen mit seinem Porträt schlagen zu lassen. Schließlich nennt man bis auf den heutigen Tag seinen Geburtsmonat, der bis dahin Quinctilis hieß, nach seinem Gentilnamen, nämlich Iulius, also Juli.

Vor seinem Tod verdichten sich die Nachrichten, die weitere Überhöhungen Caesars entweder andeuten oder konkret darstellen. Das hellenistische Königsdiadem soll einer der Rostrastatuen aufgesetzt und mit der Begründung wieder abgenommen worden sein, Caesar erstrebe es nicht; als *rex,* also König, wurde er angerufen, und er antwortete, er heiße nicht so, sondern Caesar (seine Mutter war eine Marcia, aus der Familie der Marcii Reges); Caesar legte die roten Stiefel an, die die Könige von Alba Longa (Castel Gandolfo) getragen hatten, rechtfertigte das aber mit seiner Zugehörigkeit zu dem Geschlecht der Julier. Alba Longa war der Sage nach von Ascanius – als Iulus Stammvater der Julier –, dem Sohn des trojanischen Helden Äneas, gegründet worden. Der bekannteste Vorfall ist aber der des 15. Februar 44 v. Chr., wo ihm M. Antonius beim Luperkalienfest vor aller Augen das Königsdiadem anbot, Caesar es aber zurückwies. Waren all das Versuche, offiziell zum König ernannt zu werden? Wohl kaum. Erstens war der baldige Kriegszug gegen die Parther beschlossene Sache, sodass hastige Rangerhöhungen dieser höchst delikaten Art unwahrscheinlich sind, und zweitens hatte es eine sehr reale, beschreibbare und eindeutige Änderung in Caesars Stellung ja gerade gegeben. Er war 45 zum Diktator auf Lebenszeit, *dictator perpetuus,* ernannt worden. Das sicherte ihm ohne die jährliche Rücktrittsverpflichtung seine Rechte auf Dauer, und das war etwas, was jeder verstehen und nachvollziehen konnte.

Jeder römische Aristokrat versuchte, aus seinem Namen politisches Kapital zu schlagen. Der Münzmeister Lucius Marcius Philippus ging sogar so weit, nicht nur das alte Reiterstandbild des Konsuls Quintus Marcius Tremulus abzubilden, sondern auch das Porträt des Makedonenkönigs Philipp V., des einstigen Gegners von Rom.

»Nieder mit dem Tyrannen!« – Das Ende der Römischen Republik

Für alle die, die schon bisher Caesars Verhalten immer weniger billigen konnten, war das lebenslange Diktatorenamt anscheinend der Tropfen, der das Fass zum Überlaufen brachte. Viele psychologische Missgriffe waren vorausgegangen. Kurz vor Caesars Tod wollte Cicero einmal ein Anliegen vorbringen, musste aber lange im Vorzimmer warten, bis er vorgelassen wurde; Caesar sagte danach einem seiner Vertrauten, dass ihm so etwas natürlich Hass einbringen müsse.

Aus Ciceros Korrespondenz sehen wir, wie demütigend es war, im Ausland oder sonstwo zu sitzen und darauf warten zu müssen, ob der Alleinherrscher nun geruhte, einen zu begnadigen oder nicht, und wenn ja, wann. Kaum zu zählen sind die Taktlosigkeiten und Provokationen gegenüber dem Senatorenstand, die bei einem so rationalen Mann wie Caesar nur schwer zu erklären, gleichwohl unübersehbar sind. Schon die Erweiterung des Senats auf 900 Senatoren bedeutete natürlich eine Senkung der Bedeutung des einzelnen Senators, also der bisherigen kleinen Schicht, und das war ja auch beabsichtigt; hinzu kam noch, dass zahlreiche neu ernannte Senatoren aus den unteren Schichten kamen, es waren Söhne von Freigelassenen,

Prächtige Wanddekorationen der Zeit kurz nach Caesars Tod wurden auf dem Esquilin gefunden (Rom, Vatikanische Sammlungen). Dargestellt sind zwischen gemalten Wandpfeilern die Irrfahrten des Odysseus in einer fantastischen Landschaft. Hier ist die Ankunft des Helden und seiner Gefährten im Lande der riesenhaften Lästrygonen abgebildet.

und auch Kelten waren dabei. Caesars Umgang mit dem Senat zeigte zudem in kalt provozierender Weise, wer Herr im Hause war. So erhielt Cicero einen Dankesbrief für einen Senatsbeschluss, für den er laut Ausweis des Beschlusses den Antrag gestellt hatte – aber Cicero wusste nichts davon, Caesar hatte das einfach fingiert und nicht einmal hinterher Cicero davon unterrichtet.

Schnippische Aussprüche Caesars waren in Umlauf. Dass er 49 den Senat angefaucht hatte, wenn die Senatoren nicht wollten, dann werde er eben alles allein machen, davon hatten wir schon aus seiner eigenen Darstellung erfahren. Jetzt hörte man, er habe gesagt, Sulla

43/42 v. Chr. gaben die Caesarmörder an ihre Truppen im Osten des Reiches Silbermünzen aus, die den Feldherrn Brutus auf der Vorderseite und die Symbole der Iden des März 44 v. Chr. auf der Rückseite zeigen.

Dieses Caesarbildnis (Turin, Archäologisches Museum) stellt den Diktator als einen Mann von gelassener Überlegenheit dar, in dessen Mimik sich Witz und Ironie spiegeln.

sei ein Analphabet gewesen, weil er abgedankt habe, und überhaupt sei der Staat bloß noch ein Name ohne Körper und Gestalt. Den Bürgerkrieg stellte Caesar in Parallele zum Gallischen Krieg, obwohl Letzterer ein auswärtiger Krieg gegen ein barbarisches Volk war, und während der Triumph nach Thapsus immerhin noch als ein solcher gegen auswärtige Mächte notdürftig dargestellt werden konnte, war der nach Munda nur noch einer über römische Bürger, von denen etwa Cato auch noch durch bildliche Darstellungen verspottet wurde. Der letzte Tag des Jahres 45 v. Chr. wurde von Caesar bewusst zur Verhöhnung der republikanischen Institutionen verwendet: Der Konsul Quintus Fabius Maximus war gestorben, und da gerade die Tribuskomitien zusammengetreten waren, um die Quästorenwahlen vorzunehmen, ließ Caesar sie sich in anderer Ordnung als Zenturiatkomitien aufstellen und ganz schnell Gaius Caninius Rebilus zu einem Konsul für ein paar Stunden wählen.

Bei all dem entsprach es nur der geschichtlichen und politischen Logik, dass Caesar mehr und mehr als das angesehen wurde, was er nach dem antiken Staatsverständnis auch war, als Tyrann. Der Tyrannenmord war nicht nur gerechtfertigt, sondern auch geboten. Das empfanden zahlreiche Senatoren, die sich zusammengetan hatten, um den Staat vom Tyrannen zu befreien. M. Iunius Brutus war dabei, der für dieses Jahr 44 zum Prätor gewählt worden war, obwohl er doch bei Pharsalos für Pompeius gekämpft hatte. Etwa sechzig Männer waren es, frühere Anhänger Caesars und frühere Gegner, die sich mit ihm wieder versöhnt hatten, jetzt aber sämtlich seine hochfahrende Herrschaft nicht mehr ertragen wollten. Cicero war nicht dabei, war auch gar nicht gefragt worden. Als Caesar im Sitzungssaal des Pompeiustheaters auf dem Marsfeld Platz genommen hatte, unter der Statue des Pompeius, drangen die sechzig auf ihn ein und durchbohrten ihn mit Dolchen. »Auch du, mein Sohn Brutus!«, hat Caesar gewiss nicht gesagt, wohl auch nicht: »Das ist ja Gewalt!«; lautlos ist er in sich zusammengesunken. Der Tyrann war tot, die Attentäter riefen: »Cicero!« Aber die alte Republik stand nicht wieder auf.

Warum Caesar scheiterte

G aius Iulius Caesar wurde am 13. Quinctilis (Juli) des Jahres 100 v. Chr. geboren. Er entstammte einer Familie des patrizischen Uradels, die sich auf Äneas zurückführte, und da dessen Mutter die Liebesgöttin Aphrodite war, stammte Caesar demnach von Venus ab. Er heiratete früh, mit 16 Jahren, und zwar Cornelia, eine Tochter des rabiaten Popularen Cinna, von der er im Jahre 83 sein einziges legitimes Kind bekam, die Tochter Iulia. Auch sonst war er mit der popularen Seite familiär verbunden; eine Schwester seines Vaters war die Ehefrau des Marius. Wohl weniger aus popularen Sympathien, sondern aus empfindlichem Widerspruchsgeist und dem Bewusstsein, selber jemand zu sein, trotzte Caesar Sulla und der sullanischen Verfassung. Als Sulla von ihm verlangte, sich von Cornelia zu trennen, gehorchte er nicht, was durchaus riskant war; und als 69 v. Chr.

seine Tante, die Witwe des Marius, starb, ließ er trotz des sullanischen Verbots in ihrem Leichenzug die Bilder von Marius und von
dessen gleichnamigem Sohn mitführen.

Caesar konnte ein reizender, liebenswürdiger Mann sein und
hatte eine große Gabe bei der Menschenbehandlung. Wahrscheinlich ist das auch einer der Gründe, weshalb viele Senatoren trotz ihrer politischen Gegnerschaft zu ihm überwech-
selten. Selbst Cicero erlag Caesars Charme gelegentlich; wenn
man dessen sanguinische Beeinflussbarkeit abzieht, bleibt
noch genug übrig, um zu sehen, wie dieser Charme sich politisch auswirkte. Cato hatte das republikanische Bewusstsein und
die Sittlichkeit auf seiner Seite und ist mit Recht zum Helden und
Märtyrer der Freiheit geworden, aber als Person war Caesar weit an-
ziehender. Seine Bücher über den Gallischen Krieg und den Bürgerkrieg sind hinreißende Meisterwerke an Gedankenführung und Stil.

In spätrepublikanischer Zeit kam die
Ehrung durch Schildbüsten mit Porträts
auf. Man hängte eine solche imago
clipeata etwa im Atrium eines
vornehmen Hauses auf. Noch in der
Kaiserzeit schmückte man mit
Ehrenschilden öffentliche Gebäude.
Dieses marmorne Exemplar (Ostia,
Museum) entstand in der Zeit des
Kaisers Trajan.

So ein Mann wurde dann Prokonsul in Gallien und befehligte
neun Jahre lang ein Heer, das mit ihm so verwuchs wie kein römisches Heer vorher mit seinem Befehlshaber. Der extravagante Politiker, glänzende Stilist, tief verschuldete und hochelegante römische
Lebemann kämpfte in Wäldern und Sümpfen mit seinen Soldaten
gegen kaum zu zähmende Barbaren, geriet in Hinterhalte und stellte
selber welche, verhandelte mit gallischen, britannischen und germanischen Stammeshäuptlingen und Königen, war generös und grausam und vernachlässigte dabei nie die Politik zu Hause. Und doch
scheint es so, als habe ihn das Soldatenleben das Fingerspitzengefühl
verlernen lassen, das man in dem Dschungel der stadtrömischen Politik brauchte. Die unablässigen existenziellen Anstrengungen, die er
vom Betreten Galliens im Jahre 58 bis zur Schlacht von Munda 45
v. Chr. in nicht abreißender Folge auf sich genommen hatte, ließen
ihn zum Schluss reizbar, ungeduldig und hochfahrend werden, und
das hat sein gewaltsames Ende mitverschuldet.

Aber doch nur als zweitrangiger Faktor. Zu tief war der struktu-
relle Widerspruch zwischen dem Machtstreben eines Einzelnen, der
ganz nach Adelsbrauch große militärische Leistungen erbracht und
sich eine große Klientel geschaffen hatte, und dem Beharrungsver-
mögen einer Aristokratie, die über Jahrhunderte hinweg Großes und
Größtes geleistet, dabei ein Weltreich begründet hatte und die nicht
einsehen konnte, warum sie sich jetzt von jemandem ihresgleichen
wie Knechte behandeln lassen sollte. Die Macht, die Caesar ange-
häuft hatte, war zu groß, als dass die Republik sie hätte integrieren
können, und die Republik war zu selbstbewusst, als dass sie kampflos
hätte weichen können.

Worin das Problem lag, sehen wir bei den immer behandelten
Fragen, die um den Charakter von Caesars Herrschaft kreisen. Die
Lösung praktischer Probleme war dabei eher harmlos und von un-
mittelbarer Einsichtigkeit. Von der jeweiligen Sache her war es praktisch und vernünftig, was Caesar erreicht hatte.

Im Zentrum aber stand nicht nur aus heutiger Sicht, sondern auch
schon bei den Zeitgenossen und bei Caesar selbst die Frage, welche

Caesar schildert an mehreren Stellen
die Anhänglichkeit der Soldaten an ihn,
die bis zum Tode andauerte; ein
Beispiel (Über den Bürgerkrieg 3,91
und 99):

*In Caesars Heer stand ein freiwillig
Längerdienender namens Crastinus, der im
letzten Jahr bei ihm in der 10. Legion den
ersten Manipel geführt hatte, ein Mann von
einzigartiger Tapferkeit. Als das Zeichen
ertönte, rief er: »Mir nach, Kameraden aus
meinem alten Manipel, und kämpft für
eueren Feldherrn, wie ihr beschlossen habt!
Nur diesen Kampf noch müsst ihr bestehen;
ist er gewonnen, wird Caesar seine Würde
wiedergewinnen und wir unsere Freiheit.«
Zugleich sah er Caesar an und rief: »Feldherr, heute bringe ich es dahin, dass du mir,
ob ich lebe oder falle, Dank sagst.« Nach
diesen Worten stürmte er als Erster auf dem
rechten Flügel vor, und etwa 120 auserle-
sene Freiwillige eilten ihm nach ... der oben
erwähnte Crastinus fiel heldenhaft kämpfend, von einem Schwert gerade durchs
Gesicht gestoßen.*

Form seiner Herrschaft gegeben werden sollte. Dass ein hellenistisches Königtum nicht infrage kam, wird schon dadurch deutlich, dass die Exempel hellenistischer Kleinkönige, die Caesar und seine Zeitgenossen vor Augen hatten, gewiss nicht dazu einluden, deren Existenz zum Muster für den Herrscher des Römischen Reiches zu machen, eines Reiches, das selbst den größten von ihnen, Antiochos den Großen, mit Leichtigkeit besiegt hatte. Dafür, dass Caesar mit dem Gedanken gespielt haben könnte, ein römisches Königtum zu errichten, gäbe es schon mehr Indizien, aber doch eben nur für eine tentative, unentschlossene, undeutliche Behandlung dieser Frage. Ein König altrömischen Stils wäre trotz einer historisierenden Verehrung, die man manchen der Könige auch entgegenbrachte, die plumpeste aller Provokationen gewesen. All das war aber unnötig, denn der Sache nach war eine eindeutige und als dauerhaft gedachte Entscheidung schon gefallen. Caesar brach als Diktator auf Lebenszeit zu einem Partherzug auf, seine organisatorische Tätigkeit in Rom und die politische Formung seiner Stellung sah er als abgeschlossen an, und sie war es ja auch.

Mehr war nicht zu tun. Oder doch, eines, aber das lag nicht im institutionellen Bereich. Es betraf das Verhältnis zur Aristokratie. Aristokratie und Alleinherrschaft vertrugen sich in der Antike nicht miteinander, alles andere wäre der Versuch der Quadratur des Zirkels gewesen. Bei dem starken, berechtigten Selbstbewusstsein des Senatorenstandes wäre äußerste Behutsamkeit in der Behandlung nötig gewesen und vor allem viel Zeit für eine langsame Gewöhnung. An Ersterer ließ Caesar es fehlen, dass Letztere nicht zur Verfügung stand, lag an Caesars Abreise in einen neuen Krieg, der nicht nötig war. Beides zeigt, dass er inzwischen so von Kampf und Krieg geprägt worden war, dass er die Politik verlernt hatte. Das hat ihn scheitern lassen.

Streit um das Erbe – Der Aufstieg Octavians

Die caesarianische Usurpation

Der große Mann war nun tot, und diejenigen, die in ihm einen Tyrannen gesehen hatten, jubelten. Dazu gehörte der größte Teil der Oberschicht, auch Cicero war dabei, und wie tief und unüberbrückbar der Hass auf den Alleinherrscher war, zeigen Ciceros Briefe, in denen er unverhüllt seine Begeisterung ausdrückt, obwohl sein persönliches Verhältnis zu Caesar zeitweise doch sogar herzlich gewesen war. Wäre die Tat ein einfacher Tyrannenmord gewesen, dann hätte nach Caesars Tod die alte Republik gewissermaßen von alleine wieder erstehen und funktionieren müssen. Das tat sie aber nicht, und darauf waren die Mörder nicht vorbereitet. Das hätten sie aber sein können. Sie hätten in einem ganz bestimmten Punkt wissen müssen, dass der bloße Wegfall des Tyrannen nicht reichte, und sie hätten Vorkehrungen treffen müssen. Dieser Punkt war die Tatsache, dass Caesar unter dem Volk, besonders aber unter den Soldaten,

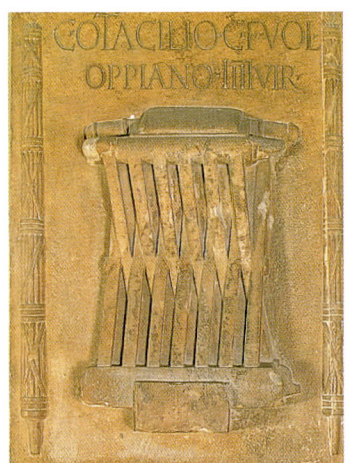

Caesar brüskierte die Senatoren auch dadurch, dass er die würdigen Herren empfing und dabei auf seinem Amtssessel sitzen blieb. Diese sella curulis war Ausdruck der Amtsgewalt eines Magistraten; sie wird auf diesem Grabrelief des städtischen Oberbeamten Gaius Otacilius Oppianus gezeigt (Avignon, Musée Calvet). Um transportabel zu sein, war das Möbel als Klappstuhl konzipiert.

Cicero schildert in einem Brief an Atticus (15,11) eine Beratung der Caesarmörder, die unter anderem deshalb bemerkenswert ist, weil auch Frauen ganz selbstverständlich daran teilnahmen und Aufgaben übernahmen, so Servilia, die Mutter des Brutus:

Und während ich dabei war, darzulegen, was man hätte tun müssen … da rief deine Freundin: »Das habe ich noch nie jemand sagen hören!« Daraufhin hielt ich an mich. Indessen scheint es mir so, als ob Cassius geht – Servilia versprach, dafür zu sorgen, dass der Auftrag zur Getreidebeschaffung aus dem Senatsbeschluss gestrichen würde.

eine bedingungslos zum Folgen bereite Klientel hatte, und dass die Klientel sich vererbt, hatte man spätestens beim jungen Pompeius sehen können. Es gab auch einen Mann, der von sich sagen konnte, er sei jedenfalls der politische Erbe Caesars und könne in dieser Eigenschaft die Klientel aktivieren, und dieser Mann, Marcus Antonius, hatte neben Caesar das Konsulat inne. Die Attentäter wären gut beraten gewesen, wenn sie Vorkehrungen gegen eine caesarianische Usurpation getroffen hätten.

Diese Usurpation erfolgte, aber von einer gänzlich unerwarteten und unvorhersehbaren Seite. Es erschien nämlich plötzlich ein junger Mann von 18 Jahren (am 23. September 63 v. Chr. geboren) und erklärte, er sei der zivilrechtliche und politische Erbe Caesars. Tatsächlich war er, Caesars Großneffe Octavius, von ihm testamentarisch eingesetzt worden, aber dass er sich nun Gaius Iulius Caesar nannte und begann, Caesars Soldaten auf seine Seite zu ziehen, damit konnte niemand rechnen. Für Mark Anton muss das ein schwerer Schlag gewesen sein, Cicero jubelte, und in der Tat schien der junge Caesar – den wir der Unterscheidung wegen Octavianus nennen – zunächst mit dem Senat gegen Antonius zu stehen. Cicero hielt flammende Reden gegen diesen, die er in Analogie zu den Reden des Demosthenes gegen den Makedonenkönig Philipp II. »Orationes Philippicae« nannte. Aber dann kam ein neuer Umschwung. Im August 43 v. Chr. wurde Octavian neunzehnjährig gegen den Willen des Senats und unter dem Druck seiner Soldaten zum Konsul gewählt. Er verständigte sich mit Antonius.

Dieses Kameenbildnis des jungen Octavian (Neapel, Museo Archeologico Nazionale) stammt aus Herculaneum.

DAS ENDE DER BÜRGERKRIEGE (44-30 v. Chr.)

Das Triumvirat des Octavian, des Antonius und des Lepidus und der Beginn der Schreckensherrschaft

Zu Antonius hatten sich inzwischen die caesarianischen Statthalter im Westen Marcus Aemilius Lepidus, Lucius Munatius Plancus und Gaius Asinius Pollio begeben, Ende Oktober 43 v. Chr. kamen Antonius, Octavian und Lepidus auf einer Flussinsel nördlich von Bononia (Bologna) zusammen und regelten die politischen Verhältnisse Roms unter sich; ihre Absprachen wurden im November durch eine *lex Titia* legalisiert.

Dieses Gesetz setzte M. Antonius, C. Iulius Caesar Octavianus und M. Aemilius Lepidus auf fünf Jahre als *triumviri* (oder *tresviri*) *rei publicae constituendae* ein, schuf also für sie ein Dreimänneramt mit der Aufgabe, den Staat wiederherzustellen. Von den Diktaturen Caesars und Sullas unterschied sich dieses 2. Triumvirat vor allem dadurch, dass die Inhaber der Macht zu dritt waren, sonst hatten auch sie allumfassende Befugnisse; vom so genannten 1. Triumvirat zwischen Pompeius, Crassus und Caesar vom Jahr 60 v. Chr. unterschied es sich dadurch, dass es keine private Übereinkunft, sondern ein staatliches Amt war. Den Staat wiederherzustellen unternahmen die drei Mächtigen aber nicht, sondern sie teilten die Macht unter sich auf, in der Absicht, erst einmal gemeinsam die Gegner niederzuzwingen; dann wollte man weitersehen.

Als Erstes griffen sie, ganz im Gegensatz zur *clementia Caesaris,* auf die sullanische Institution der Proskriptionen zurück. Schon am Tag nach der Verabschiedung der *lex Titia* veröffentlichten sie die erste Liste, auf der die für vogelfrei Erklärten genannt waren. Finanzielle und statusmäßige Belohnungen, wie zum Beispiel die Freiheit für Sklaven, erwarteten die Denunzianten und Mörder; das Vermögen der Ermordeten brauchten die Triumvirn für ihre Soldaten. 300 Senatoren und 2 000 Ritter wurden in diesen Tagen umgebracht. Am 7. Dezember 43 v. Chr. traf es Cicero. Er war auf der Flucht, steckte, als das Mordkommando ihn fasste, seinen Kopf aus der Sänfte, der ihm sofort abgeschlagen wurde. Zusammen mit seinen ebenfalls abgehackten Händen wurde Ciceros Kopf zum Spott auf der Rostra zur Schau gestellt, also an dem Ort, wo er mit diesen Werkzeugen seines Genies politisch gewirkt hatte.

Dieses Bildnis des Marcus Antonius auf einer etwa 40 v. Chr. geprägten Goldmünze propagiert den Zusammenhalt des soeben geschlossenen 2. Triumvirates, denn auf der Rückseite ist Octavia, die Ehefrau des Antonius und Schwester Octavians, dargestellt. Die Einigkeit der Triumvirn und die eheliche Treue sollten jedoch nicht lange anhalten.

Ein Nachruf auf Cicero

Marcus Tullius Cicero wurde am 3. Januar 106 v. Chr. in Arpinum, einer kleinen latinischen, ehemals volskischen Stadt, geboren, die seit 188 v. Chr. das volle Stimmrecht in Rom hatte. Er entstammte dem Ritterstand, und seine Laufbahn wäre die eines wohlhabenden Herren der Oberschicht gewesen, wenn ihn seine grandiose Begabung nicht auf den Weg der Politik geführt hätte. Zunächst trat er als Prozessredner auf und trat dann die Ämterlaufbahn an, in der er jeweils *suo anno* in die staatlichen Ämter gewählt wurde, also jeweils zum frühestmöglichen Termin: 75 war er Quästor, 69 Ädil, 66 Prätor und 63 v. Chr. Konsul. Seine Herkunft aus dem Ritterstand zeigt, dass der Senatorenstand, in den er durch die Wahlen gelangte, durchaus offen war und sich von unten ergänzte. Trotzdem wusste jeder, dass Cicero ein *homo novus* war, und wenn sich Cicero selbst dessen nicht ohnehin bewusst gewesen wäre, dann hätte ihn die oft herablassende Art, mit der er vonseiten der Angehörigen der alten Familien behandelt wurde, ständig mit der Nase darauf gestoßen.

Wirklich populare Politik hat er nie betrieben, aber auch nicht von vornherein optimatische. Von seiner Herkunft her und durch seine Intelligenz ist ihm die Sterilität der Optimaten und ihrer Politik nicht verborgen geblieben, und obwohl er sich im Konfliktfall, wenn es nur auf ein »Ja« oder »Nein« ankam, letzten Endes immer auf die optimatische Seite geschlagen hat, sah er sein politisches Lebensziel doch darin, alle nicht revolutionären Kräfte der Republik unter der Devise *concordia ordinum* zu sammeln. Diese »Eintracht der Stände« sollte Senatoren und Ritter zusammenfassen und dafür sorgen, dass im Rahmen der überkommenen Republik die nötigen Reformen mit Augenmaß angepackt würden. Obwohl Cicero unter Caesars Diktatur auch Ansätze der Auffassung gezeigt hat, dass der Staat vielleicht doch auf eine informelle Führung durch einen Einzelnen angewiesen sei, ist sein Verständnis der römischen Politik und Verfassung doch ganz im Bisherigen verhaftet geblieben. Die Idealisierung der römischen Politik und der römischen Geschichte hängt gewiss mit seiner Herkunft zusammen, hat der Nachwelt aber in Ciceros staatsphilosophischen Schriften ungeheuer wirkungsreiche Texte zur Verfügung gestellt, die bis auf den heutigen Tag die politische Theorie befruchten.

Im Kapitolinischen Museum in Rom steht das bekannteste Bildnis des Marcus Tullius Cicero. Sein staatsphilosophisches Hauptwerk »Über den Staat« stellt den Begriff der Gerechtigkeit in den Mittelpunkt der Staatslehre. Das Buch galt jahrhundertelang als verschollen, bis große Teile daraus als Palimpsest wieder entdeckt wurden: Der Text einer spätantiken Abschrift war im Mittelalter, um Schreibmaterial zu sparen, weitgehend vom Pergament geschabt und ein neuer Text darauf geschrieben worden.

Wenn ihm in der Neuzeit zum Vorwurf gemacht worden ist, dass er keine zukunftsträchtigen Ideen hervorgebracht hat, dann ist dieser Vorwurf allen seinen anderen Zeitgenossen auch zu machen. Wenn ihm darüber hinaus auch vorgeworfen wird, er habe keine gradlinige Politik betrieben und sei überhaupt zu sehr Opfer seines unsicheren und wankelmütigen Charakters gewesen, dann ist dazu einmal zu sagen, dass solche Vorwürfe etwas reichlich Selbstgefälliges haben und vernachlässigen, dass man heute kaum die Berechtigung hat, das Verhalten eines Einzelnen in dem ungeheuer komplizierten politischen Geflecht der späten Römischen Republik zu beurteilen. Vor allem aber resultieren diese Vorwürfe aus der ungewöhnlich guten Quellenlage. Wir haben so viele Texte von Cicero und auch von seinen Zeitgenossen, dass wir anders als sonst in der Antike zahlreiche Einzelheiten erfahren, wodurch die Illusion entsteht, überhaupt über alles informiert zu sein. Hinzu kommen Ciceros Briefe, insbesondere die an seinen Freund Atticus. In ihnen zeigt sich in der Tat ein Mann, der sich über vieles nicht klar ist, der sozusagen laut denkt, aber auf dieser Basis sollte man erst dann abfällige Urteile über Cicero treffen, wenn man für die anderen Politiker dasselbe Quellenmaterial hat, und das ist nicht der Fall. Gewiss war er ruhmredig und ist mit diesem Charakterzug auch Zeitgenossen auf die Nerven gefallen. Dass er aber in den Augen der Triumvirn eine solche Gefahr war, dass man ihn auf demütigende Weise umbrachte, geschah, wenn denn schon geurteilt werden soll, ihnen zur Schande und ihm zum Ruhm. Cicero wurde durch seinen Tod der letzte Märtyrer der römischen republikanischen Freiheit.

Antonius und Kleopatra

Ein Stadttor von Perusia (heute Perugia) aus der Zeit des Augustus.

Die Proskriptionen beseitigten die inneren Feinde, deren man habhaft werden konnte, im Jahr 42 v. Chr. erledigte man die äußeren. In zwei Schlachten im Oktober und November schlug vor allem Antonius mit dem militärisch minder begabten Octavian bei Philippi östlich von Thessalonike die Heere der Caesarmörder. M. Iunius Brutus und C. Cassius Longinus begingen Selbstmord, die Asche des Brutus schickte Antonius dessen Frau Porcia, der Witwe des Bibulus. Antonius ging in den Osten und traf dort in der kleinasiatischen Stadt Tarsos – der späteren Heimatstadt des Apostels Paulus – die ägyptische Königin. Kleopatra hatte nach Caesars Ermordung Rom verlassen und kam auf Wunsch des Antonius nach Tarsos. Mit ihm gelang ihr das, was Caesar sorgfältig vermieden hatte, nämlich den mächtigsten Römer von sich abhängig zu machen. Auf ihren Wunsch ließ Antonius ihre Schwester Arsinoe töten, die ihrer eigenen Stellung gefährlich werden konnte, und zudem wurde sie seine faktische, später auch rechtliche Ehefrau; schon im nächsten Jahr gebar sie ihm die Zwillinge Alexandros Helios und Kleopatra Selene. Bis zu ihrer beider Selbstmord im Jahr 30 v. Chr. blieben sie zusammen.

Skandal in Rom: Octavian, der kaltblütige Triumvir, spannt Tiberius Claudius Nero die Frau aus!

Die 4. Ekloge Vergils kündigt aus der damaligen politischen Situation heraus ein neues Zeitalter an:

Groß aus Ursprungsreine erwächst der
    Zeitalter Reihe.
Nun kehrt wieder die Jungfrau, kehrt
    wieder saturnische Herrschaft,
Nun wird neu ein Spross entsandt aus
    himmlischen Höhen.
Seit der Geburt nur des Knaben, mit dem
    die eiserne Weltzeit
gleich sich endet und rings in der Welt eine
    goldene aufsteigt ...

Octavian hatte zunächst einmal den politisch unangenehmsten Teil zugeschanzt bekommen. Zum einen sollte er Veteranen in Italien ansiedeln, eine Aufgabe, die in jedem Fall böses Blut machen musste; im Zuge dieser Veteranenansiedlung wurde im Jahre 41 v. Chr. die Familie des Dichters Vergil bei Mantua enteignet, allerdings auch entschädigt. Auch als Einzelner war der junge Mann von kalter Brutalität. Nach der Eroberung der alten Etruskerstadt Perusia, heute Perugia, ließ er an den Iden des März 40 v. Chr. 300 Senatoren und Ritter, die sich dorthin geflüchtet hatten, am Altar des Divus Iulius, des vergöttlichten Caesar, abschlachten. Auf Bitten um Gnade antwortete er, offensichtlich in der Absicht, altrömisch-monumental zu wirken: »Moriendum est« (es muss gestorben werden).

Einigen gelang die Flucht, so einem Tiberius Claudius Nero, der 42 v. Chr. Prätor gewesen war.

Nach Auseinanderleben und Wiederversöhnung der Machthaber – Letztere führte zur 4. Ekloge Vergils, einem Gedicht, das durch die metaphorisch gemeinte Geburt eines Knaben den Beginn eines neuen Zeitalters ankündigt und das später christlich umgedeutet wurde – gab es im Jahr 38 v. Chr. in Rom einen gesellschaftlichen Skandalfall, der welthistorische Bedeutung bekommen sollte. Ti. Claudius Nero war mit seiner Frau Livia in der Verbannung bei Sextus Pompeius gewesen. Er hatte sie 43 als Fünfzehnjährige geheiratet. 42 v. Chr. hatte Livia ihm den ersten Sohn geboren, der nach seinem Vater ebenfalls Tiberius Claudius Nero hieß. Jetzt war sie mit einem weiteren Kind schwanger. Als beide nach Rom zurückkehren konnten und Octavian Livia Ende 39 v. Chr. sah, war es wohl wirklich das, was man Liebe auf den ersten Blick nennt. Anders als solche Lieben oft verlaufen, blieb diese Liebe stabil. Octavian schied sich sofort von seiner Frau Scribonia und zwang den Mann Livias ebenfalls zur Scheidung. Am 17. Januar 38 v. Chr. heiratete er die von ihrem ersten Mann Schwangere, die bald darauf ihren zweiten Sohn gebar, Nero Claudius Drusus. Livia stammte wie ihr erster Mann aus einer hoch vornehmen Familie, den Livii Drusi, und sie ist in die Geschichte als die Kaiserin Livia eingegangen.

Die Frau an seiner Seite. Als Gattin des Octavian und später als Kaiserin mit dem Titel »Augusta« stand Livia Drusilla bis zu ihrem Tode 29 n. Chr. im Rampenlicht der römischen Politik. Viele ihrer Bildnisstatuen feierten sie wie eine Göttin, die Nahrung (ceres), Gerechtigkeit (iustitia) und Heil (salus) spendet (Bochum, Kunstsammlungen der Ruhr-Universität).

Bereits 32/28 v. Chr. ließ der noch junge Octavian sein Grabmal in Rom errichten. Er verdeutlichte so, dass er – anders als Antonius – in der Hauptstadt Italiens den Mittelpunkt des Reiches sah. Die Lage inmitten einer viel besuchten Parkanlage auf dem Marsfeld stellte den imposanten Bau und Octavians Machtanspruch einer breiten Öffentlichkeit vor Augen. Die Grabkammer enthielt die Aschenurnen nicht nur des Augustus und seiner Familie, sondern auch einiger seiner Nachfolger des 1. Jahrhunderts n. Chr.

Octavian geht zielgerichtet gegen Antonius vor und putscht

Am 31. Dezember 38 v. Chr. lief das auf fünf Jahre befristete Triumvirat ab, und man wüsste gerne Näheres darüber, wie viele Römer offen oder insgeheim diesen Ablauf herbeisehnten oder we-

Das Porträt des Feldherrn Agrippa (Paris, Louvre) zeigt den Jugendfreund und Weggefährten Octavians als tatkräftigen Mann.

nigstens neugierig waren, was denn jetzt passieren würde. Würden jetzt wieder verfassungsmäßige Zustände einkehren? Auch jetzt muss zusammengefasst werden. Ende des Jahres einigten sich Octavian und Antonius aus eigener Machtvollkommenheit auf eine Verlängerung auf weitere fünf Jahre. Aber die Triumvirn entfernten sich mehr und mehr voneinander. Octavian siegte durch Agrippa über Sextus Pompeius, aber Antonius versagte im Krieg gegen die Parther; dafür heiratete er 36 v. Chr. Kleopatra.

Wieder ging die Fünfjahresfrist des Triumvirats zu Ende, und immer noch war die Machtfrage ungeklärt. Die Konsuln, die ab dem 1. Januar 32 v. Chr. amtierten, waren Anhänger des Antonius, es waren Gnaeus Domitius Ahenobarbus und Gaius Sosius. Bei Amtsantritt griff Sosius den jungen Caesar an und scheint im Namen des Antonius gefordert zu haben, dass beide Triumvirn zurückträten – Lepidus war uninteressant geworden, und Antonius hätte das in seiner Position als Herr des Ostens wenig ausgemacht. Octavian mahnte dies zur Vorsicht. Zur nächsten Senatssitzung erschien er mit einer Leibwache, und er und seine Anhänger waren unter ihrer Toga bewaffnet. Das war der Staatsstreich, und diese Sprache wurde verstanden. Octavian erklärte sich zum Rücktritt nur bereit, wenn Antonius mit ihm zusammen in Rom abdanke, aber bevor dieser unernste Vorschlag ernsthaft erwogen werden konnte, zogen die Konsuln und über 300 Senatoren die Konsequenz und begaben sich zu Antonius, der mit ihnen einen Gegensenat bildete. Antonius ging mit Kleopatra nach Athen, und das Vorzeigen dieser Verbindung veranlasste den Konsul von 42, Lucius Munatius Plancus, der bisher auf der Seite des Antonius war, zu Octavian nach Rom überzuwechseln.

Kurz vor der Schlacht von Actium wurde eine Serie von Silbermünzen ausgegeben, die auf der Rückseite Ehrenstatuen des Octavian zeigen: Er erscheint als Feldherr in der Rüstung, als Beherrscher der Meere in der Attitüde des Gottes Neptun, als Sieger in der Seeschlacht auf einer mit erbeuteten Schiffsschnäbeln geschmückten Säule. Auf der Vorderseite erscheinen seine Schutzgöttinnen, gezeigt ist hier der Kopf der Venus.

Munatius Plancus – Gründer der Colonia Raurica, des heutigen Augst bei Basel – brachte Neuigkeiten mit, nämlich die Mitteilung, dass Antonius in seinem Testament in skandalöser Weise das Römische Reich zugunsten der »Orientalin« Kleopatra verschleudere. Das Testament war ordnungsgemäß bei den Vestalinnen in Rom niedergelegt, und Octavian sah hier die Gelegenheit, den Konflikt zuzuspitzen. Er beging den großen Tabubruch, den Vestalinnen das Testament zu entreißen, und ließ verkünden, Antonius habe den Kindern Kleopatras riesige Territorien aus dem römischen Imperium vermacht und bestimmt, dass er nach seinem Tod in Alexandria bestattet sein wolle. Diese Bestimmungen riefen, durch die von Octavian monopolisierte Propaganda verstärkt, eine Art nationaler Empörung hervor, also etwas, was in der Antike eher selten war. Octavian ließ ganz Italien einen Treueid auf sich schwören – *iuravit in mea verba tota Italia* nannte er diesen Vorgang – und erklärte den Krieg. Wem? Nicht Antonius, sondern der Königin von Ägypten; und um der Sache noch eine besondere nationale Färbung zu verleihen, geschah die Kriegserklärung in archaischer Form, indem Octavian beim Tempel der Kriegsgöttin Bellona eine blutbefleckte Lanze auf fiktives feindliches Gebiet schleuderte.

Die Schlacht bei Actium und Kleopatras Tod

Am 2. September 31 v. Chr. fand bei Actium an der nordwestgriechischen Küste die Entscheidungsschlacht statt, zur See, und es war Octavians Freund Agrippa, der für ihn siegte. Antonius und die Königin flohen nach Ägypten, Octavian ließ sich Zeit. Er reiste auf dem Landwege zum Nil und traf am 1. August 30 v. Chr. in Alexandria ein. Antonius hatte sich schon bei Octavians Herannahen den Tod gegeben, Kleopatra soll noch einmal versucht haben, den mächtigsten Römer zu verführen, und wenn das zutreffen sollte und nicht nur eine allzu nahe liegende Erfindung ist, dann kam sie bei dem kühlen Octavian natürlich an den Unrechten. Durch einen Schlangenbiss tötete sie sich dann selbst und entging so dem Schicksal, im Triumphzug in Rom zur Schau gestellt und anschließend erdrosselt zu werden. Kleopatra ist eine historische Gestalt, in der Wirklichkeit und Legende ausnahmsweise wirklich großenteils deckungsgleich sind. Ihr Porträt macht einen eher ruhig-hausfraulichen Eindruck, was kein Widerspruch zu der Tatsache sein muss, dass sie eine ganz ungewöhnliche erotische Anziehungskraft hatte. Das kann an sich für uns gleichgültig sein, wenn Kleopatra diese Eigenschaft nicht politisch ausgemünzt hätte. Sie war eine tüchtige Königin, als erste Person auf dem Ptolemäerthron hat sie sogar die Sprache ihrer einheimischen Untertanen gelernt. Natürlich hat die Propaganda ihr Bild ins Negative verzerrt, sie als Musterbeispiel einer Orientalin im verweich-

licht-dekadenten Sinn gezeichnet, aber das Bild von der eindrucksvollen Frau, die sie war, hat diese Propaganda nicht auslöschen können. Der Dichter Horaz beendet das Jubellied auf den Sieg über Kleopatra mit anerkennenden Strophen.

Horaz schildert den Tod der ägyptischen Königin Kleopatra (Ode 1,37):

Doch siehe, in edlerm Tod
Denkt sie zu sterben, zagt nicht nach
*   Frauenart*
Vor blanken Schwertern, sucht sich nicht in
Schirmender Bucht auf der Flucht zu
*   bergen.*

Sie hat die Stirn, betritt noch
*   mit heiterm Blick*
Die nun in Trümmer sinkende Königsburg.
Greift kühn dann zum Gezücht der
*   Nattern,*
Tränkt ihre Brust mit dem schwarzen
*   Gifte,*

In freiem Tode selbst noch von höchster Art;
Denn sie versagt den römischen Seglern
*   stolz,*
Sie schmachvoll, bar der Königswürde –
Welch eine Frau! – im Triumph zu zeigen.

Das Bildnis der Kleopatra (Berlin, Antikensammlung).

Das Treffen bei Actium von 31 v. Chr. war die letzte große Seeschlacht der Antike. Seestücke mit Kriegsschiffen wurden nicht nur in öffentlichen Bildern verbreitet, sondern in der Folgezeit gern in Wanddekorationen eingestreut, wie ein Beispiel im Haus der Vettier in Pompeji zeigt.

*Octavian festigt seine Herrschaft auf der Basis der römischen Verfassung
und erhält den Ehrennamen Augustus*

Ägypten war kein selbstständiges Reich mehr, es wurde eingezo-
gen. Eine römische Provinz wurde es allerdings nicht, sondern
ein privates Herrschaftsgebiet des Octavian. Am 1. Januar 30 v. Chr.
schwor der Senat, alle Maßnahmen Octavians anzuerkennen, am
11. Januar wurde der Janustempel geschlossen zum Zeichen, dass jetzt
Frieden herrsche, und am 15. August feierte Octavian – seit 38 nennt
er sich »Imperator Caesar Divi filius« (Imperator Caesar, Sohn des
Gottes [C. Iulius Caesar]) – einen dreifachen Triumph: über Illyrien,
Ägypten und Kleopatra. Jetzt war er im Alleinbesitz der Macht.
Und damit stand er vor demselben Problem, vor dem Pompeius und
vor allem sein Adoptivvater gestanden hatten: Wie bringt man
persönliche Machtfülle in eine dauerhafte politische und rechtliche
Form?

Octavian ging mit äußerster Vorsicht ans Werk. Rekapitulieren
wir: Ende 43 wurde er Triumvir auf fünf Jahre, diese Frist wurde einmal verlängert, und wenn wir sie großzügig berechnen, dann war sie
spätestens zum 1. Januar 32 v. Chr. beendet. Wir hatten schon gesehen, dass Octavian diese Situation politisch durch einen Staatsstreich
meisterte, aber rechtlich? Da war nichts, stattdessen gab es Ersatzpo-
sitionen. Darunter hat man den Schwur ganz Italiens auf den jungen
Caesar zu rechnen und etwas, was er den *consensus universorum* genannt hat, durch den er die Staatsgewalt innegehabt habe. Das war
also eine Art informeller Zustimmung aller und als staatsrechtliche
Position reichlich schwach, sodass das Jahr 32 psychologisch dadurch
überbrückt werden musste, dass der Krieg gegen Antonius und Kleopatra vorbereitet wurde. Am 1. Januar 31 hatte Octavian dann wieder
festen rechtlichen Boden unter den Füßen, da er Konsul war und es
hintereinander bis 23 v. Chr. blieb.

Trotz dieses Dauerkonsulats war die Stellung des Machthabers
aber immer noch weit gewichtiger als die eines bloßen Konsuls, der
ja immerhin immer noch einen Kollegen hatte, und das zeigte sich
am 13. Januar 27. An diesem Tag, so sagt er in seinem Tatenbericht
(»Res gestae«), habe er den Staat aus seiner Amtsgewalt *(potestas)*
wieder in die Kompetenz des Senats übergeben; danach habe er zwar

Der Triumph nach der Schlacht von
Actium ist auf dem Fries des
Apollo-Sosianus-Tempels in Rom
dargestellt. Links ein Traggerüst mit
einer Waffentrophäe und gefesselten
Gegnern, rechts werden die Opferstiere
für das Festmahl herbeigeführt (Rom,
Konservatorenpalast).

weiterhin eine überragende Autorität gehabt, aber nie mehr Amtsgewalt besessen als seine jeweiligen Kollegen im jeweiligen Amt. Er muss also eine *potestas* gehabt haben, durch die er den Staat innehatte und ihn wieder zurückgeben konnte, und welche das war, das sagt er nun nicht mehr, wohl wegen der Zweifelhaftigkeit der Rechtsposition, nicht, weil es sie nicht gegeben hätte. Man nimmt heute zu Recht an, dass es zwar nicht mehr das Triumvirat (ein einzelner Triumvir ist ja auch eine etwas abenteuerliche Vorstellung), wohl aber die triumvirale Amtsgewalt war, die er weiterführte; dass man Amtsgewalt vom Amt getrennt behandeln konnte, haben wir ja schon gesehen. Dass er immer noch aus dieser Gewalt heraus handelte, zeigt sich daran, dass er Ende 28 v. Chr. ein Edikt erließ, in dem er alle rechtswidrigen Maßnahmen, die er kraft seiner Triumviralgewalt vorgenommen hatte, aufhob – auch dieses Edikt floss also aus dieser Gewalt. Aber dann kam der große Staatsakt, mit dem der Staat auf eine neue Basis gestellt werden sollte.

Am 13. und am 16. Januar 27 spielte sich im Senat Folgendes ab: Der ehemalige Triumvir und fortdauernde Inhaber der Triumviralgewalt legte diese Gewalt nieder und gliederte sich wieder in das politische System der alten Republik ein. Einer von vielen Senatoren war er jetzt, ein Konsul neben einem anderen, und das Einzige, was ihn von den anderen unterschied, war sein ungeheures Prestige, seine *auctoritas.* Der Senat bat ihn jedoch eindringlich, den Staat weiterhin in Person zu lenken, und der bisherige Inhaber sämtlicher Staatsgewalten erklärte sich bereit, eine bestimmte Aufgabe weiterhin außerhalb der üblichen Ämterbekleidung zu erfüllen, nämlich eine begrenzte Zeit lang die noch nicht endgültig befriedeten Provinzen zu regieren. Das waren die spanischen und gallischen Provinzen, Kilikien und Syrien sowie das ohnehin besonders behandelte Ägypten; für diese Provinzen erhielt er ein *imperium proconsulare.* Über die bisherigen Ehrungen hinaus verlieh ihm der Senat weitere, die er als für seine Stellung konstitutiv bezeichnete. Sein Haus wurde offiziell mit Lorbeer geschmückt, ihm wurde die Bürgerkrone aus Eichenlaub verliehen, dazu ein goldener Schild, auf dem die Tugenden der *virtus,* der *clementia,* der *iustitia* und der *pietas* verzeichnet waren, also die Tugenden der Mannhaftigkeit, der Milde, der Gerechtigkeit und die der ehrfurchtsvollen Frömmigkeit. Hinzu kam

Zum Schmuck des Apollo-Sosianus-Tempels gehörten auch Giebelfiguren des 5. Jahrhunderts v. Chr., die man von einem Tempel in Griechenland abmontiert hatte. Hier der Kopf einer Apollostatue (Rom, Konservatorenpalast). Der Stifter des Tempels, Gaius Sosius, hatte zunächst auf der Seite des Antonius gekämpft, war jedoch im letzten Augenblick in das Lager Octavians übergewechselt.

Eine marmorne Kopie des Ehrenschildes, der Octavian 27 v.Chr. verliehen wurde, befindet sich im Musée Lapidaire von Arles.

Um 27 v. Chr. wurde ein neues Bildnis Octavians geschaffen, das den Herrscher als »Augustus« feiert. Nicht mehr das Pathos des großen Heerführers, sondern die entspannte Würde des princeps ist in ein klassisches und zugleich lebensnahes Bild gefasst. Unzählige Kopien dieses Porträts wurden im ganzen Reich aufgestellt, von der kolossalen Statue bis hin zum Miniaturbildnis. Das hier in Originalgröße abgebildete Glasköpfchen befindet sich im Römisch-Germanischen Museum, Köln.

noch etwas, der Empfänger nennt es als Erstes: Der Senat verlieh ihm den Ehrennamen Augustus, der Erhabene. Dieser Name rückte ihn in sakrale Sphären – und endlich können auch wir ihn so nennen, wie er in die Geschichte als der erste römische Kaiser eingegangen ist.

Gründe für das Ereignis des Jahres 27 v. Chr.

Wir Zeitgenossen des 20. Jahrhunderts lächeln natürlich automatisch, wenn wir hören, dass Octavian aus freien Stücken auf alles verzichtet und nur auf Drängen der Senatoren widerstrebend einen kleinen Teil der Macht wieder übernommen habe. Mit diesem wissenden Lächeln haben wir gewiss nicht Unrecht. Dieser Akt war sorgsam vorbereitet, die scheinbare Verzweiflung der sich nun angeblich allein gelassen fühlenden Senatoren war eingeplant, und es hätte böse Folgen gehabt, wenn jemand den Schein für Wahrheit genommen hätte und die Übertragung des *imperium proconsulare* sowie die Ehrungen etwa hätte diskutieren wollen. Es gibt aber auch einen anderen Gesichtspunkt, der berücksichtigt werden muss. Die Regelung wäre wertlos gewesen, wenn der Senat nur eine einfache Applausmaschine gewesen wäre; Octavians Rücktritt erhielt erst dadurch politisches Gewicht, dass hinter ihm ein gehöriges Quantum an Seriosität stand. Natürlich kann man nicht quantifizieren, was echt und was unecht gewesen ist. Es gibt aber ein nachweisbares Kriterium, das ursächlich für das Bedürfnis nach einem informellen, jedoch rechtlich abgesicherten Staatslenker, einem *princeps civitatis,* spricht. Das war die große Furcht, dass nach einem wirklichen Rücktritt des Augustus wieder ein Bürgerkrieg ausbrechen könnte. Bei Sulla hatte man Entsprechendes sehen können, und die Bürgerkriege waren spätestens seit dem Jahre 49 v. Chr. so schrecklich gewesen, dass der Wunsch nach ruhigen und gesicherten Verhältnissen übermächtig und legitim war. Die Dichtung des Horaz zeigt, welche traumatischen Wirkungen die Bürgerkriege hatten und wie aus dieser Erfahrung die Sehnsucht nach Frieden erwuchs. Sie konnte, wie die Dinge lagen, nur durch den Sieger im Bürgerkrieg, durch Augustus gestillt werden.

Das Prinzipat

Trotz dieser politischen Konstellation war höchste Vorsicht geboten, und alle institutionellen Schritte des *princeps* zeigen das. Zum Ersten war Augustus sehr vorsichtig mit der Handhabung des *imperium proconsulare,* das faktisch dem Oberbefehl über das römische Heer gleichkam. Dieses Heer umfasste nach umfangreichen Entlassungsaktionen immer noch 25 Legionen und war, erstmals in der römischen Geschichte, zum stehenden Heer von Berufssoldaten geworden. Augustus delegierte als der alleinige Befehlshaber des Heeres seine Kommandogewalt über die Truppen in den Provinzen an seine jeweiligen Legaten; diese, die *legati Augusti pro praetore,* waren gleichzeitig die Provinzstatthalter. Das *imperium proconsulare* wurde

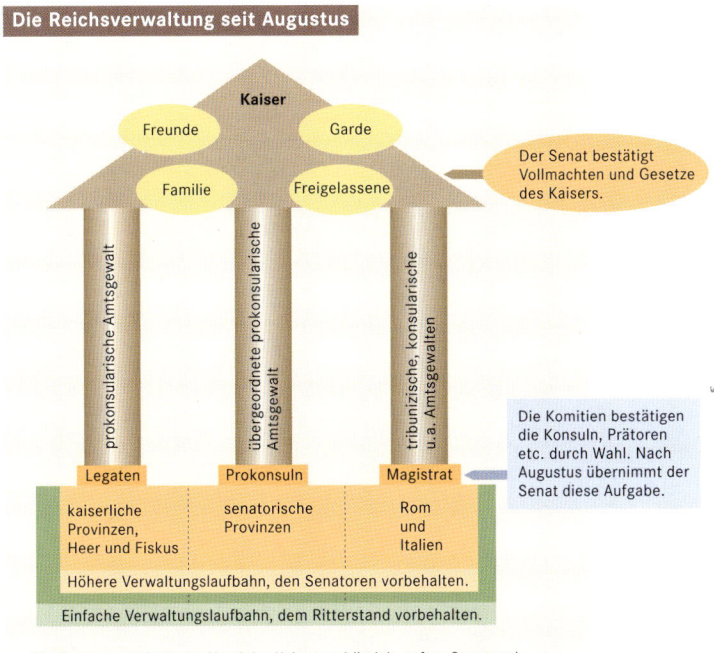

Die Reichsverwaltung seit Augustus

Kaiser

Freunde — Garde

Familie — Freigelassene

Der Senat bestätigt Vollmachten und Gesetze des Kaisers.

prokonsularische Amtsgewalt

übergeordnete prokonsularische Amtsgewalt

tribunizische, konsularische u.a. Amtsgewalten

Die Komitien bestätigen die Konsuln, Prätoren etc. durch Wahl. Nach Augustus übernimmt der Senat diese Aufgabe.

Legaten — Prokonsuln — Magistrat

kaiserliche Provinzen, Heer und Fiskus — senatorische Provinzen — Rom und Italien

Höhere Verwaltungslaufbahn, den Senatoren vorbehalten.

Einfache Verwaltungslaufbahn, dem Ritterstand vorbehalten.

Die Staatsmacht ist in der Hand des Kaisers gebündelt, sofern Senat und Heer ihm loyal sind. Protokollarisch gilt jedoch weiterhin die Verfassung der römischen Republik.

Augustus immer nur auf begrenzte Zeit verliehen, im Jahre 27 auf zehn, 18 auf fünf, 13 wieder auf fünf, 8 v. Chr., 3 und 13 n. Chr. jeweils wieder auf zehn Jahre.

Ebenso zurückhaltend und flexibel verhielt er sich in Bezug auf weitere politische Positionen. Neben dem *imperium proconsulare* bekleidete er weiterhin jährlich das Konsulat, denn die republikanische Verfassung bestand ja in vollem Umfang weiter. Es war sogar so, dass es regelrechte Wahlkämpfe gab und dass man als Kandidat für ein politisches Amt auch durchfallen konnte; in der Dichtung des Horaz wird das als selbstverständlich vorausgesetzt. Zwar liegt über der Überlieferung für das sozusagen normale politische Leben ein seltsamer Schleier, und die Tatsache, dass Augustus das Recht hatte, sich in präjudizierender Weise für bestimmte Kandidaten auszusprechen, die dann natürlich auch gewählt wurden, zeigt, dass von absoluter Freiheit der Wahl nicht mehr die Rede war. Aber auch das darf nicht verabsolutiert werden, und wie wenig wir von einer absoluten Macht des Kaisers sprechen können, zeigen die Vorgänge des Jahres 23 v. Chr. Der Mitkonsul des Augustus, Aulus Terentius Varro Murena, war offenbar kein Jasager, und die Differenzen mit dem *princeps* nahmen solche Formen an, dass der Konsul wegen einer Verschwörung in Abwesenheit verurteilt, dann ergriffen und getötet wurde. Womöglich hing der Konflikt auch damit zusammen, dass Augustus ständig das Konsulat bekleidete und dass das Anstoß erregte, denn im Juni 23 legte er es nieder, sodass auch in diesem Punkt fast lupenreine republikanische Zustände herrschten.

Die Siegesgöttin schreibt die kaiserlichen Ruhmestaten auf einen (nicht erhaltenen) Ehrenschild. Diese Statue der Victoria (Brescia, Museo Civico Romano) entstand in der Zeit des Augustus. Der kundige Betrachter sah, dass die Figur ein berühmtes Venusbild kopiert, und verstand so, dass Victoria auch als Erscheinungsform der siegbringenden Liebesgöttin und Schutzpatronin des julischen Hauses zu verstehen ist.

Freilich wurde ein Ausgleich geschaffen. Das *imperium proconsulare* wurde dadurch erweitert, dass es den Imperien der anderen Statthalter übergeordnet war, technisch gesprochen ein *imperium maius* wurde. Außerdem erhielt Augustus die gesamte Amtsgewalt eines Volkstribunen, die *tribunicia potestas.* Das Jahr 19 v. Chr. schließlich brachte die letzte institutionelle Verfestigung der Macht des Augustus. Er erhielt das *imperium* eines Konsuls, also das *imperium consulare,* das ihm wie jedem anderen Konsul zwölf Liktoren zubilligte und ihn berechtigte, zwischen den beiden regulären Konsuln auf einer *sella curulis,* dem römischen Amtsstuhl, Platz zu nehmen. Damit war die Verleihung staatlicher Rechte abgeschlossen; die Wahl zum *pontifex maximus* im Jahre 12 v. Chr. und die Verleihung des Titels *pater patriae,* Vater des Vaterlandes, im Jahre 2 v. Chr. gehören schon in das Gebiet der außerrechtlichen Ehrungen, zu denen wir jetzt übergehen.

Denn: Die Übertragung formaler staatsrechtlicher Befugnisse reicht natürlich nicht aus, um die oberste Gewalt in einem aristokratisch geprägten Staat dauerhaft und in politisch verträglicher Form auch wirklich innezuhaben. Dazu bedarf es noch weiterer Komponenten, und eine von ihnen ist die Autorität, die ein solcher Herrscher haben muss, eine andere das Mittel der Propaganda. Ehrungen, die in Auswahl ja schon genannt wurden, können in diesem Zusammenhang erwähnt werden, und diesen wäre noch hinzuzufügen, dass der Monat Sextilis seit dem Jahre 8 v. Chr. bis heute August(us) heißt. Die kultische Verehrung des Augustus, die bereits in der Umbenennung des Monatsnamens anklingt, machte freilich doch kurz vor seiner Verehrung als Gott Halt und fand zudem nur in den Provinzen und im Heer statt; dort wurden Augustus und seine Familie in religiösen Formen verehrt. Ein weiteres Mittel der Propaganda war das, was man Kulturpropaganda nennen könnte: Die Wirkung der Forumsbauten, der Ara Pacis Augustae (des vom Senat gestifteten Altars des Augustusfriedens), des Mausoleums und der Sonnenuhr auf dem Marsfeld und auch die seines Hauses auf dem Palatin und des dortigen Apollotempels ist natürlich politisch kalkuliert worden.

Die Errichtung von Bauten kann man befehlen, was man aber nicht befehlen kann, ist ihre künstlerische Qualität. Damit sie eintritt, muss ein gewisses Maß an schöpferischer Freiheit existieren, und das zu belassen, ist ein Zeichen höchster Staatskunst. Besonders und in letztlich unerklärlicher Weise deutlich wird das an der Dichtung, die von Augustus gefördert wurde, vor allem an den größten lateinischen Dichtern Vergil und Horaz. Beide gehörten zum Umkreis des Augustus, und beide haben durch ihre Dichtungen seine Herrschaft unterstützt – Vergil vor allem durch sein Epos »Aeneis«, das die römische Frühgeschichte zum Gegenstand hat, und Horaz durch große Teile seines lyrischen Werkes. Beide Dichter aber blieben unabhängige Männer, auch in ihren Dichtungen, und Horaz konnte sogar so weit gehen, Caesars konsequentesten Gegner Cato

an herausragender Stelle zu preisen. Natürlich waren sie keine Op-
positionellen, und auch Livius, der in der Zeit des Augustus die Geschichte der Republik in letztgültiger Weise in seinem Werk »Ab
urbe condita libri« dargestellt hat, war das nicht; wohl aber hatten sie
sich alle ein unabhängiges Urteil bewahrt, bewahren dürfen, und
dass sie zur Herrschaft des Augustus ja sagten, lag daran, dass er Rom
den Frieden gebracht hatte und seine Macht so schonend wie möglich ausübte.

Allerdings auch überaus wirkungsvoll, und als das frappierendste
Zeichen dafür soll schließlich noch ein Phänomen der bildenden
Kunst genannt werden. Sein Porträt auf Münzen und in Gestalt von
Plastiken wurde im ganzen Reich gezeigt, und so, wie er dort dargestellt wird, stellen wir ihn uns auch heute noch vor. Die Archäologie
hat zwar verschiedene Typen seiner Bildnisse erkennen und unterscheiden können, aber in einem sind sie sich alle gleich. Den Mann,
der 76 Jahre alt wurde und dem man das nach dem Zeugnis Suetons
auch deutlich ansah, kennen wir nur als strahlenden Jüngling, dem

Als militärischer Oberbefehlshaber
hatte Augustus auch das Kommando
über die Flotte, die unter zwei
Flottenpräfekten stand. Neben
Ravenna an der Adria wurde Misenum
im Westen des Golfs von Neapel nun
fester Flottenstützpunkt. In dieser
landschaftlich reizvollen Gegend
entstanden in der späten Republik und
in der Kaiserzeit viele Luxusvillen.

Gott Apollo gleich, dem er sich persönlich besonders verbunden
fühlte. Dass es kein Altersbild von Augustus gibt, dahinter erkennt
man eine lenkende und sehr starke Hand.

Eine Wanddekoration aus der Villa
der Kaiserin Livia bei Prima Porta
in der Nähe von Rom zeigt einen
paradiesischen Park (Rom,
Thermenmuseum), den man als
Idealbild der Segnungen des
Augustusfriedens verstehen kann.
Prächtige Obstbäume bringen in dem
verwilderten Teil des Gartens
Sommerfrüchte in reicher Fülle hervor,
während zugleich Frühjahrsblumen
blühen.

Die Parther, die Varusschlacht und die Reichsorganisation

Die Außenpolitik, das heißt die Militärpolitik, bestand im Wesentlichen nur aus Arrondierungsmaßnahmen. Die Beziehungen zum Partherreich gestalteten sich so, wie Augustus auch die Innenpolitik gestaltete, nämlich vorsichtig. Von einem Partherkrieg,
wie ihn Caesar geplant und Antonius verloren hatte, war nicht mehr
die Rede, oder, besser gesagt, nur die Rede und das auch nur in einem spezifischen Sinn. Im Jahre 20 v. Chr. gelang es Augustus, in
Verhandlungen die Feldzeichen von den Parthern wiederzubekom-
men, die Crassus bei der Niederlage verloren hatte, die ihn 53 v. Chr.
auch das Leben gekostet hatte. Um diese Rückgewinnung wurden
große propagandistische Inszenierungen veranstaltet, als ob sie aufgrund eines großen Sieges erfolgt wäre. Die Bedeutung dieses Ereignisses zeigt die kurz nach 20 v. Chr. entstandene Augustusstatue von
Prima Porta: Ihr Brustpanzer zeigt die friedlich erreichte Rückgabe
der Feldzeichen.

In Richtung Germanien gab es zunächst ein weiteres Ausgreifen Roms. Im Jahre 15 v. Chr. führten Tiberius und Drusus, die Söhne der Livia, erfolgreiche Feldzüge in den Alpen und im Alpenvorland, die Tiberius über den Bodensee hinweg bis zur Donauquelle führten. Freilich hatte man schon vorher Vorbereitungen zum Vorstoß ins Innere Germaniens getroffen, und diese Expansionspolitik, die sogar bis zur Elbe führte, war sehr erfolgreich. So erfolgreich, dass der Kommandeur des germanischen Heeres, Publius Quinctilius Varus, das Gebiet zwischen Rhein und Elbe bereits wie eine römische Provinz behandelte. Er, der vorher Statthalter in Syrien gewesen war, war seit 7 n. Chr. an den Rhein versetzt und durchzog das Land, indem er Abgaben erhob und Gerichtstage abhielt.

Was sich dann in Germanien abspielte, hat im deutschen öffentlichen Bewusstsein eine verwickelte Rolle gespielt. Die Schlacht im Teutoburger Wald vom Jahre 9 n. Chr. und ihr Sieger Arminius waren lange Zeit hindurch Gegenstand anachronistischer nationaler Hochgefühle – ähnlich wie, wenn auch mit der Trotzhaltung der Unterlegenen vermischt, die Gestalt des Vercingetorix in Frankreich –, was nach dem Zweiten

In der Villa der Kaiserin Livia bei Prima Porta stand eine Statue des Augustus in Feldherrntracht (Rom, Vatikanische Sammlungen). Der Kaiser ist als Nachkomme der Göttin Venus gekennzeichnet, denn ihm ist ein kleiner Liebesgott auf einem Delphin zur Seite gestellt. Die Rechte ist wie zu einer Ansprache an die Truppen erhoben, die Linke hielt vielleicht eines der 20 v. Chr. von den Parthern zurückgewonnenen römischen Feldzeichen.

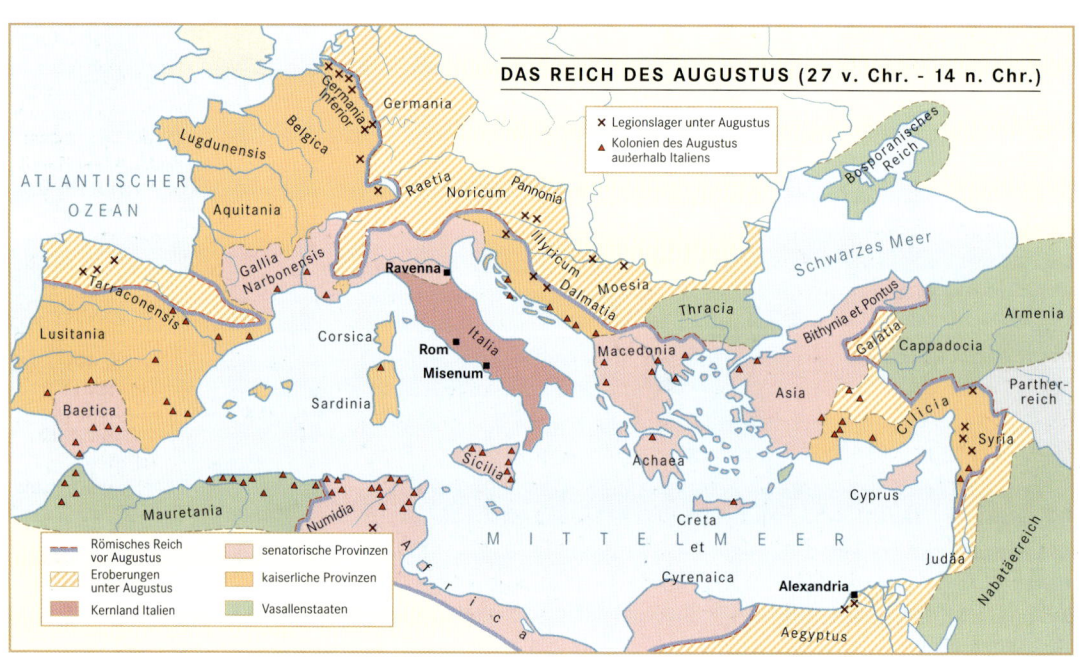

DAS REICH DES AUGUSTUS (27 v. Chr. - 14 n. Chr.)

× Legionslager unter Augustus
▲ Kolonien des Augustus außerhalb Italiens

ATLANTISCHER OZEAN

Germania
Germania Inferior
Belgica
Lugdunensis
Aquitania
Raetia
Noricum
Pannonia
Illyricum
Dalmatia
Moesia
Thracia
Macedonia
Achaea
Creta et
Cyrenaica

Gallia Narbonensis
Tarraconensis
Lusitania
Corsica
Ravenna
Rom
Misenum
Italia
Sardinia
Sicilia
Baetica
Mauretania
Numidia
Africa

MITTEL MEER

Bosporanisches Reich
Schwarzes Meer
Bithynia et Pontus
Galatia
Armenia
Cappadocia
Asia
Cilicia
Partherreich
Syria
Cyprus
Judäa
Alexandria
Aegyptus
Nabatäerreich

Römisches Reich vor Augustus
Eroberungen unter Augustus
Kernland Italien
senatorische Provinzen
kaiserliche Provinzen
Vasallenstaaten

Weltkrieg zu einem scheuen Herunterspielen der Bedeutung dieses Ereignisses führte. Beides muss nicht sein. Weder waren es im Jahre 9 n. Chr. Deutsche, die über Welsche gesiegt und sich diesen damit zum ersten Mal überlegen gezeigt hätten, noch ist diese Schlacht das erste Zeichen eines scheußlichen deutschen Nationalismus gewesen, die es besser nicht gegeben hätte. Die Sachverhalte sprechen für sich. Das römische Verhalten in Germanien löste bei den Germanen ähnliche Empfindungen aus wie das entsprechende Verhalten einige Jahrzehnte früher in Gallien, und genauso, wie gallische Adlige schon geraume Zeit enge Beziehungen zu Rom gehabt hatten, die römischen Verhältnissen daher gut kannten und wussten, wie man sich zu wehren hatte, genauso konnte der Cheruskerfürst Arminius seinen Widerstand auf intime Kenntnisse Roms stützen.

Arminius war römischer Bürger – so römisch übrigens, dass wir nicht einmal seinen germanischen Namen kennen – und kannte als römischer Offizier und Chef einer Germaneneinheit im römischen Heer die römische Kampfesweise gut. Bei Kalkriese in Westfalen legte er sich mit seinen Germanen, die durch abtrünnige germanische Hilfstruppen der Römer verstärkt waren, an einer engen Stelle zwischen Wald und Moor in einen Hinterhalt und vernichtete drei römische Legionen. Das war ein Schlag, der die römische Politik letzten Endes dazu führte, auf die Eroberung Germaniens zu verzichten. Sonst wäre dieses Buch nicht auf deutsch, sondern in einer romanischen Sprache geschrieben, die sich parallel zum Französischen entwickelt hätte.

Es begann eine gewisse Vereinheitlichung der Organisation des Reichsgebietes. Zum einen durch die Kolonisationspolitik des Augustus; er selbst rühmt sich in seinem Tatenbericht (»Res gestae«), in den Provinzen Africa, Sicilia, Macedonia, in beiden Hispaniae, in Achaea, Asia, Syria, Gallia Narbonensis und in Galatia Veteranenkolonien angelegt und in Italien 28 blühende Kolonien eingerichtet zu haben; noch mehr kommen hinzu, wenn man die Kolonien hinzurechnet, die keine Veteranenkolonien waren. Sie waren Römerstädte im Ausland, sicherten das Gebiet militärisch und sorgten für die Linderung oder Beendigung sozialer Spannungen; sie sind es gewesen, die zusammen mit den Ansiedlungen aus der darauf folgenden Kaiserzeit entscheidend zum wirtschaftlichen Aufschwung und zur Romanisierung des Reiches beigetragen haben. Der andere Motor der globalen Reichsorganisierung war die Konzentrierung der Verwaltung der wichtigsten Provinzen in der Hand des Augustus sowie im

Der Brustpanzer der Augustusstatue von Prima Porta

Der Verhandlungsfriede von 20 v. Chr. mit den Parthern wurde von den Römern wie ein Sieg gefeiert. So zeigt ihn der Brustpanzer der Augustusstatue von Prima Porta: Ein Parther gibt dem römischen Kriegsgott Mars (mit Hund) die geraubten Feldzeichen zurück. Der Vorgang hat geradezu kosmische Dimension: Unter dem Mantel des Himmelsgottes bringt der Sonnengott (im Wagen) einen neuen Weltentag hervor, die nächtliche Mondgöttin weicht zurück, getragen von den Flügeln der Morgenröte. Die Erde ist damit von Augustus befriedet, das zeigen seine Schutzgötter, Apollo auf dem Greifen und Diana auf dem Hirsch, sowie die unterworfenen Völkerschaften (sitzende Frauenfiguren). Nun kann die Erdgöttin (unten liegend) ihre Segensgaben hervorbringen. Die Schulterklappen des Panzers tragen Sphingen, die auf Weissagungen vom goldenen Zeitalter verweisen.

Der Altar des Augustusfriedens. In den Jahren 13 bis 9 v. Chr. errichtete der römische Senat zu Ehren des Kaisers den Altar des Augustusfriedens (Ara Pacis Augustae). Er stand auf dem Marsfeld an der Via Flaminia, der alten Heeresstraße nach Norden. Der eigentliche Opferaltar ist von einem schreinartigen Bau umgeben. Er trägt reiche Reliefs, welche die Herrschaft des princeps im Einklang mit dem Senat als ein goldenes Zeitalter des Friedens, der Frömmigkeit und des Wohlstandes rühmen.

Die Bruchstücke des kleinen Gebäudes wurden bei verschiedenen Ausgrabungen seit dem 16. Jahrhundert gefunden und gelangten in verschiedene Museen. Aus Originalfragmenten und Abgüssen wurde der Altar in der Nähe seines Fundortes rekonstruiert.

Die Ara Pacis Augustae.

imperium proconsulare maius, das ihn berechtigte, auch in den befriedeten Provinzen, die vom Senat verwaltet wurden, das letzte Wort zu haben.

Die Stellung des Senats und des Senatorenstandes im Prinzipat

Damit sind wir endlich beim politischen Kern der Herrschaft des Augustus angelangt, nämlich bei seinem Verhältnis zum Senat und zum Senatorenstand. Caesar hatte den Senat beiseite gedrückt und war daran gescheitert, Pompeius hatte sich letzten Endes dem Senat untergeordnet, Sulla hatte geglaubt, den reformierten Senat alleine regieren lassen zu können. Eine Teilantwort auf die Frage nach dem Verhältnis zwischen *princeps* und Senat war schon gegeben worden, nämlich die, die mit dem Wort Vorsicht bezeichnet ist. Rechtlich vermied Augustus sorgfältigst, trotz seiner anfänglichen Legitimation durch seine Caesarsohnschaft, jeden Anklang an die direkte Herrschaftsstilisierung, die Caesar (und Sulla) mit der Diktatur ausgeübt hatten; es gab Phasen, in denen ihm die Diktatur dringlich angetragen wurde, und die Heftigkeit, mit der er dieses Ansinnen zurückgewiesen hat, zeigt, dass er darin eine Falle witterte. Der etappenweise erfolgenden Inanspruchnahme einzelner Rechte entsprach die ganz allmähliche Akkumulation von Ehrungen und psychologischen Faktoren, die Augustus in die Sphäre der selbstverständlichen übergeordneten Autorität rückten; ganz im Gegensatz zur sturzbachartigen Überhäufung mit Ehrungen, wie sie Caesar praktiziert hatte. Augustus unterließ im Umgang jegliche Provokation; es sind keine zynischen Äußerungen hinsichtlich des Senats von ihm überliefert, obwohl er sonst durchaus zu Zynismen neigte. Er legte großen Wert darauf, im alltäglichen Verhalten zu signalisieren, dass er ein Senator wie alle anderen auch sei, allerdings einer, der Großes geleistet hatte und dafür eine herausragende Stellung beanspruchen durfte, und das war etwas, was römischem Denken ja nicht fremd war.

Psychologische Meisterschaft genügte nun natürlich nicht, sie brauchte eine Entsprechung in der praktischen Politik. Daher war es nötig, dass der Senat wirklich eine sinnvolle Position im Staatsleben einnahm. Erreicht wurde diese dadurch, dass er über seine bisherigen Kompetenzen hinaus sogar noch eine weitere hinzu bekam, nämlich die der Gesetzgebung. Volksversammlungen existierten zwar weiterhin und waren insbesondere für die Wahlen nicht wegzudenken, aber ihre Bedeutung ging in nicht recht greifbarer Weise zurück, und vor allem traten sie nicht mehr als Organe der Gesetzgebung in Erscheinung. An die Stelle der Volksgesetze traten jetzt die Senatsbeschlüsse, die auch förmliche Gesetzeskraft hatten, und ein besonderes Privileg war es, dass Senatoren nicht mehr der normalen Strafjustiz unterworfen waren, sondern einer Spezialzuständigkeit des Senates selber. Auch hatten die Ehegesetze, die ab 18 v. Chr. in verschiedenen Regelungen vom Senat verabschiedet wurden, die Funktion, den Senatorenstand wieder zu einer lebenskräftigen Schicht werden zu lassen. Schließlich wurde der Senat wieder auf 600 Mitglieder beschränkt, die Aufblähung auf 900, die Caesar vorgenommen hatte, wurde also rückgängig gemacht, wodurch der Senat wieder ein überschaubares und arbeitendes Gremium werden konnte.

Die Segnungen der Friedenszeit unter Augustus bilden das Thema eines Reliefbildes an der Ara Pacis: Eine mütterliche Gottheit ist als Nährerin der Kinder und der Herden gezeigt. Ihr zur Seite die personifizierten Meer- und Landwinde, die Leben spendenden Regen bringen.

Freilich – Gesetzesanträge kamen meistens vom Kaiser, so die Anträge gerade für die Ehegesetze, und auch sonst muss der Befund mit der Frage relativiert werden, wer eigentlich den Senat stellte. Viele Senatoren waren in den Bürgerkriegen umgekommen – wir erinnern uns an das schreckliche Wort »moriendum est« –, der Senatorenstand musste also wieder durch Personen aus dem Ritterstand aufgefüllt werden, und Augustus war es, der die Personen bestimmte. Er hatte nicht nur das Recht bekommen, Patrizier zu ernennen,

Die Angehörigen des Senates und die Familie des Augustus schreiten auf dem Prozessionsfries der Ara Pacis in einträchtiger Festordnung. Nach den Liktoren folgt links der Kaiser selbst (stark zerstört), anschließend die Priesterschaft der Flamines.

also den alten Uradel durch Neuernennungen fiktiv wieder zu erneuern. Er führte auch mehrere Senatssäuberungen durch, auf wechselnder und nicht immer deutlicher Rechtsgrundlage, faktisch aber als Inhaber der zensorischen Gewalt; er ging sogar so weit, dass er für den Fall der fehlenden finanziellen Voraussetzungen einzelnen Kandidaten selber Geld zur Verfügung stellte.

Das Verhältnis des Augustus zum Senatorenstand weist eine zweite Ambivalenz auf. Dass die Senatoren wirklich und praktisch gebraucht wurden und nicht nur ein hoch geehrter, aber nicht wirklich wichtiger Stand waren, zeigte sich nicht nur in ihrer Funktion als Gesetzgeber im Senat, sondern auch in der Übernahme von für den Bestand des Reiches existenziellen Funktionen im Heer und in den

Die Zeit des Augustus brachte eine strengere Moral hervor. Verheiratete Frauen der Oberschicht sollten ein steifes weißes Gewand mit Schulterträgern (stola) über der Tunika tragen. Eine Porträtstatue des 1. Jahrhunderts n. Chr. (Parma, Museo Nazionale) zeigt, dass die Damen der besseren Kreise trotzdem nicht auf einen eleganten Faltenfall verzichten mochten.

Die Gemma Augustea (Wien, Kunsthistorisches Museum) fasst die Weltherrschaft des Augustus in ein allegorisches Bild. Abgebildet sind u. a. Augustus, Tiberius und Drusus.

Provinzen. Senatoren waren die Heerführer, und die *legati Augusti pro praetore* in den Provinzen waren Senatoren; nur in Ägypten und in kleineren Gebieten wurden Ritter genommen. Demgemäß waren, wenn man die direkt dem Senat unterstellten senatorischen Provinzen noch hinzunimmt, sämtliche Provinzen von Senatoren verwaltet, und das waren wahrlich Aufgaben, an denen man sich bewähren, allerdings auch fulminant scheitern konnte. Varus ist das spektakulärste Beispiel. Die Relativierung folgt aber auch hier auf dem Fuße. Mit Ausnahme der Provinz Africa waren die senatorischen Provinzen ja diejenigen, in denen keine Truppen mehr standen, die also hinsichtlich der Machtfrage zweitrangig waren, und die mächtigen proprätorischen Legaten in den kaiserlichen Provinzen hatten, wenn man genau hinschaute, eigentlich eine Stellung, die eines freien Aristokraten unwürdig war. Sie waren Angestellte des Kaisers und bekamen sogar ein festes Gehalt, zwar als Aufwandsentschädigung kaschiert, aber der Tatbestand bleibt. Ein schlichtes Salzgeld – *salarium,* daher Salär – von einer Million Sesterzen ist nicht gerade wenig. Und hinzu kam obendrein noch: Die ganz großen, übergeordneten Kommandos führten Familienangehörige des Kaisers, etwa sein Freund und Schwiegersohn Agrippa oder seine Stiefsöhne Drusus und Tiberius. Und damit sind wir bei dem letzten Komplex der Herrschaft des Augustus, bei der Familienpolitik und Nachfolgefrage.

Augustus und das Problem der Nachfolge

Die Familienpolitik des Augustus, die Frage seiner Nachfolge und sogar seine Herrschaftsform des Prinzipats als Ganze sind nur zu verstehen, wenn man sich klarmacht, dass er keinen leiblichen Sohn hatte. Aus dieser Grundtatsache folgen die zahlreichen unterschiedlichen Maßnahmen, mit denen er versuchte, die Herrschaft trotz aller republikanischen Einkleidung in der Familie zu halten. Die zentrale Figur dabei ist sein einziges Kind, die Tochter Iulia, die er von Scribonia hatte, wobei angemerkt werden kann, dass es gemeinsame Kinder des Kaiserpaares überhaupt nicht gab. Iulia wurde nacheinander mit den Männern verheiratet, in denen Augustus seine Nachfolger sah und die er auch adoptierte; er adoptierte auch Iulias Söhne Gaius und Lucius – aber alle starben sie: sein Neffe Marcellus, sein Freund Agrippa sowie seine Enkel, und übrig blieb zum Schluss nur Livias Sohn Tiberius.

Tiberius hatte sich als tüchtiger Feldherr vielfach bewährt. Er war es, der die Feldzeichen des Crassus von den Parthern erhalten hatte, und er hatte im Jahre 15 v. Chr. erfolgreich in Rätien gekämpft. Tiberius war eher ein verschlossener Mensch, und dieser Charakterzug wurde durch das, was er durch Augustus erfahren musste, weiter verstärkt. So war er eben jetzt nur Ersatz für Agrippa, der 12 v. Chr. gestorben war, und vielleicht auch für den beliebteren Drusus, der 9 v. Chr. in Germanien verstarb. Und als Ersatzmann wurde er auch in seiner persönlichen Lebensgestaltung eingesetzt: Mit Recht wird zwar oft das Schicksal der Iulia beklagt, die der Reihe nach mit den als Augustusnachfolger ins Auge gefassten Männern verheiratet wurde, aber auch die Männer mussten sich in ihren Ehen der Politik fügen. Tiberius war aus diesem Grunde schon als Kind mit Agrippas Tochter Vipsania Agrippina verlobt worden, die er 16 v. Chr. heiratete. Einige Jahre später, 11 v. Chr., musste er sich von ihr scheiden und Iulia heiraten.

Das alles ging nicht gut. Zwar erhielt Tiberius nach weiteren höchst erfolgreichen militärischen Kommandos im Jahre 6 v. Chr. die *tribunicia potestas* auf fünf Jahre, wurde also immer mehr als Nachfolger herausgestellt; aber Augustus hatte ja auch seine Enkel Gaius und Lucius Caesar adoptiert, das ereignete sich 17 v. Chr., und diese beiden wurden nun Tiberius vorgezogen. Tiberius zog sich gekränkt 6 v. Chr. nach Rhodos zurück. Während seines Exils ereilte Iulia die Katastrophe. Sie war in Rom geblieben und führte dort ein so ausschweifendes Leben, dass ihr Vater sie im Jahre 2 v. Chr. von Tiberius schied und sie auf die Italien vorgelagerte Insel Pandateria verbannte. Ihre Liebhaber, mit denen sie sich auch öffentlich zeigte, waren zum Teil politisch ehrgeizige Leute, die in Opposition zum *princeps* standen und gegen die ebenfalls vorgegangen wurde. Daher ist die Vermutung nicht von der Hand zu weisen, dass der Schlag gegen Iulia auch politische Ursachen hatte; gleichwohl dürften öffentlich vorgezeigte ehebrecherische Verhältnisse der Tochter eines *princeps,* der der Urheber strenger Ehe- und Sittengesetze war, für die Reaktion des Augustus ausgereicht haben; im Jahre 8 n. Chr. traf ihre Tochter Iulia die Jüngere dasselbe Schicksal. Im Jahre 2 n. Chr. starb Lucius Caesar, Tiberius kehrte nach achtjährigem Exil nach Rom zurück, zwei Jahre später starb auch Gaius Caesar, und wieder fungierte Tiberius als Ersatzmann: Er wurde 4 n. Chr. von Augustus adoptiert, allerdings gleichzeitig mit Agrippa Postumus, einem weiteren Sohn von Agrippa und Iulia, und um die Zurücksetzung auf ihren Höhepunkt zu treiben, musste Tiberius seinen Neffen Germanicus, den Sohn seines Bruders Drusus, adoptieren, obwohl er doch von Vipsania Agrippina einen leiblichen Sohn hatte, der ebenfalls Drusus hieß. Aber dann kamen keine Querschläge mehr: Tiberius erhielt neben seiner *tribunicia potestas* im Jahre 13 n. Chr. das *imperium proconsulare maius* und war nun komplett mit allen Rechten eines *princeps* ausgestattet. 14 n. Chr. starb Augustus 76-jährig, und die große Frage war, ob und wie eine Nachfolge in dieser undefinierten und undefinierbaren Stellung eines *princeps* vonstatten gehen würde.

Die Ursachen, die zur Herausbildung des Kaisertums führten

Ein Prinz des julisch-claudischen Herrscherhauses reicht der siegreichen Venus ein Siegeszeichen und wird von Victoria bekränzt. Oben der Kriegsgott Mars, unten zwei Meerwesen, die mit Schiffsteilen und Füllhorn auf die Früchte des Sieges hinweisen. Das Reliefbild schmückt den Brustpanzer einer Statue im Museum von Cherchell (Algerien), die vermutlich den Thronfolger Gaius Caesar oder Augustus selbst darstellte.

W enn ein konservativer römischer Senator des Jahres 133 v. Chr. hätte sehen können, wo die Entwicklung endete, die mit den gracchischen Unruhen begonnen hatte, er hätte sich nicht

Der zentrale Ort für die außenpolitische Repräsentation Roms war das 42 bis 2 v. Chr. errichtete Forum des Augustus. Seinen Mittelpunkt bildete der Tempel des rächenden Mars (Mars Ultor).

Die Kultstatue des Mars Ultor – rechts eine antike Kopie (Rom, Kapitolinisches Museum) – hat zugleich kriegerische und väterliche Züge. Dieses Bild prägte für viele Generationen römischer Soldaten deren Vorstellung von ihrem Schutzgott; unten eine Figur aus dem Militärlager Abusina im heutigen Neustadt an der Donau.

gewundert. Genau das, hätte er gesagt, haben wir vorausgesehen: die sich auf das Volkstribunat stützende Herrschaft eines Einzelnen mit einer riesigen Klientel sowie ein eingeschüchterter Senat, der nur noch akklamiert; wie bei einer klassischen Tyrannis geht es dem Alleinherrscher nur um die Machtsicherung, und das Einzige, was ungewiss ist, ist die Nachfolge in der Herrschaft. Einem solchen Senator könnte man konzedieren, dass er mit seiner erfahrungsgesättigten Skepsis die Dinge schon richtig sehe, man müsste jedoch hinzufügen, dass entscheidende Unterschiede zu dem bestanden, was damals befürchtet worden war. Zunächst einmal ist diese Entwicklung nicht aus sich heraus so eingetreten, sondern in einem aus Wechselwirkungen bestehenden Prozess, zu dem auch die konservative Senatsseite ihren Teil beigetragen hat. Das Problem, das Tiberius Gracchus lösen wollte, war ja wirklich gravierend, wie schon daraus hervorgeht, dass er ursprünglich aus Senatskreisen auf die Bahn gesetzt worden war, die er dann in revolutionärem Überschwang verließ, und es ist auch wahr, dass die Senatsseite eben nicht fähig war, die Verarmung der Bauern, die zudem das römische Heer ausmachten, aufzuhalten.

Der objektive Anstoß kam also von unten, von der zunehmenden Verarmung der Bauernschaft, und sie ist eine Folge der ständigen und immer ausgreifenderen Kriege der Expansion gewesen. Aber auch oben hatte die Expansion destabilisierende Folgen. Die Aristokratie wurde durch sie in doppelter Weise herausgefordert, und in beiden Fällen wirkte sich die Herausforderung dekompositorisch auf den Zusammenhalt des Adels aus. Zum einen boten die Kriege und die auswärtige Politik großartige Felder der Bewährung, und die ersten großen Individuen, die wir in der römischen Geschichte erkennen können, sind die, die sich auf diesen Gebieten hervorgetan hatten. Wer diese Leistungen hinter sich hat, der gliedert sich nur noch schwer in eine auf Gleichheit achtende Führungsschicht ein. Zum anderen bot die Weltherrschaft, sozusagen umgekehrt, ungeheuer große Versuchungen, denen große Teile der Senatsaristokratie erlagen. Draußen war man auf sich gestellt und außer Kontrolle der Standesgenossen, und so wie die positiven Leistungen auflösend wirkten, so erst recht die bis ins Verbrecherische gehende Selbstherrlichkeit der Feldherrn und Provinzstatthalter.

EUMACHIA – EINE WOHLTÄTERIN DER STADT POMPEJI

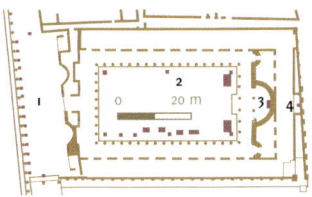

Eumachia, eine reiche Witwe aus der Familie eines Amphoren- und Ziegelherstellers in Pompeji, ließ um Christi Geburt das größte Gebäude am Forum ihrer Stadt mit prächtiger Marmorausstattung errichten. Es diente als Ort der Freizeit und des Rituals, geweiht war es der Göttin des Friedens und der Eintracht unter der Herrschaft des Augustus. In der Vorhalle (1) am Forum konnte man Versammlungen abhalten. Im Inneren ist ein Gartenhof (2) mit Säulenhallen und einem schattigen Umgang. In dem überreichen Statuenschmuck (rot) dominierte die Figur der Gottheit in einer Apsis (3).

Die Spenderin selbst konnte es als Frau bis zur Ehre einer öffentlichen Priesterin bringen. Für ihren Sohn plante sie eine größere Karriere und ließ ihn deshalb gleichfalls als Stifter nennen. Beide eiferten damit dem Herrscherhaus nach, hatte doch die Kaiserin Livia zusammen mit ihrem Sohn Tiberius auf dem Esquilinhügel in Rom eine ähnliche Säulenhalle erbauen lassen.

Besonderen politischen Rückhalt versprach die Zunft der Gerber, die den Bau mit einer Ehrenstatue der Eumachia als Priesterin schmückte (rechts; im Plan Nr. 4). Ein wuchtiges Grabmal vor den Toren der Stadt stellte allen Pompejanern die Bedeutung der Familie vor Augen.

Diese Aristokratie war in der späten Republik nicht mehr in der Lage, die immer neuen Gefahren zu meistern, die das Reich von innen und von außen bedrohten. Wer das aber konnte, das waren einzelne besonders befähigte Aristokraten, die teils aus eigener Initiative, teils aber auch als vom Senat widerwillig Beauftragte Sondervollmachten bekamen, die jeweilige Krise erfolgreich meisterten und nun erst recht nicht mehr in die Adelsgesellschaft passten. In ihnen nahm die Entwicklung nun ganz spezifisch römische Züge an. Die Gefahr, die die konservativen Senatoren zu Beginn der Revolutionsepoche witterten, kam im Ergebnis nämlich aus einer anderen Richtung als sie befürchteten. Ihnen schwebte eine Demagogenherrschaft nach griechischem Muster vor, verstärkt durch die engen Bindungen, die das römische Klientelwesen ausmachten. Streckenweise bestand diese Gefahr für die Aristokratie in Gestalt der popularen Bewegung wirklich, und die *tribunicia potestas* des Kaisers ist sozusagen die staatsrechtliche Beurkundung dieser Entwicklung. Der Faktor aber, der schließlich die Senatsherrschaft aus den Angeln hob, drückt sich in der wichtigsten Kompetenz des Kaisers aus, im *imperium proconsulare,* also in der Kommandogewalt über das gesamte Heer, das seine riesige, bewaffnete Klientel darstellte. Die Herkunft dieser Kommandogewalt waren die Kriege, die die großen Einzelnen der späten Republik im Auftrag des Senats oder durch eigene Initiative führten, zunächst gegen äußere Feinde, dann als Bürgerkriege. Der römische Kaiser ist, wenn man die Entwicklung in einem einzigen Begriff fassen will, derjenige adlige Bürgerkriegskommandeur, der zum Schluss übrig geblieben ist und die soldatische und zivile römische Klientel bei sich monopolisiert hat. Und das haben die Gegner der Gracchen zu Beginn der Revolutionszeit nicht gesehen und nicht sehen können.

Die Portlandvase aus augusteischer Zeit könnte ursprünglich ein Hochzeitsgeschenk im Umkreis des Kaiserhofes gewesen sein. Das aus zweifarbigem Glas geschnittene Gefäß zeigt mythologische Liebesszenen (London, Britisches Museum).

Kaiser, Reich und Untertanen – Das Römische Reich bis 395 n. Chr.

Den römischen Adler mit Siegespalme und Kranz zeigt eine Kamee im Kunsthistorischen Museum, Wien.

In der Öffentlickeit präsentiert sich der Kaiser vor allem bei religiösen Handlungen. Rechts opfert Tiberius, am zweiten Altar ihm gegenüber vielleicht Augustus selbst. Beide Herrscher vollzogen 14 n. Chr. die Reinigungszeremonie für den römischen Staat, die traditionell alle fünf Jahre stattfand, und bei der die Opfertiere Stier, Schwein und Widder geschlachtet wurden (Paris, Louvre).

Ausführlich haben wir die späte Römische Republik an uns vorbeiziehen lassen. Dabei ist, anders als in den meisten anderen Darstellungen, die gesamte Lebens- und Regierungszeit des Augustus noch unter der Republik abgehandelt worden. Das geschah, um die Offenheit des Geschichtsablaufs zu unterstreichen. Zu keinem Zeitpunkt der Herrschaft des Augustus war ein endgültiger Abschluss der Entwicklung erreicht, und das wird dann deutlich, wenn man die ungewöhnliche Länge dieses Lebens in Rechnung stellt. Wenn an seinem Ende die komplizierte Staatsform des Prinzipats einen gewissen Grad von Konsolidierung erreicht haben sollte, dann ist es sehr fraglich, ob dieselbe Wirkung etwa schon 23 v. Chr. eingetreten wäre, als Augustus lebensgefährlich erkrankt war und sich merkliche Opposition zeigte. Der übliche Einschnitt beim Jahr 27 v. Chr. – oder gar bei der Schlacht von Actium 31 v. Chr. – suggeriert, dass von da ab alles geklärt gewesen sei, was keineswegs der Fall war. Andererseits konnte natürlich auch Augustus nicht mit einer so langen Experimentierzeit rechnen; jede seiner Regelungen muss als endgültige gedacht gewesen sein. Die Probe aufs Exempel der Lebensfähigkeit der neuen Staatsform musste sich mit dem Tod des Augustus zeigen, und demgemäß wurde die erzählende Darstellung mit der Frage beendet, ob und wie die Nachfolgefrage gelöst werden würde. Jetzt soll sie beantwortet werden.

»Um des Staates willen« – Die julisch-claudische Dynastie (14–68 n. Chr.)

Die Nachfolge des Augustus

Die grundlegenden Quellen, die die Nachfolge des Augustus betreffen, sind die ersten Kapitel der »Annales« (»Annalen«) des Tacitus, die dieser etwa 100 Jahre nach diesem Ereignis geschrieben hat. Dort gibt der Historiker zwar trotz seiner Beteuerung, *sine ira et studio« (ohne Zorn und Eifer) zu schreiben, ein verzerrtes Bild der Vorgänge, man kann sie jedoch in ihrem wirklichen Ablauf rekonstruieren. Zu allererst ließ Tiberius das Heer auf sich vereidigen und teilte im Übrigen dem Senat mit, dass dieser die Kompetenz habe, frei über die Nachfolge zu entscheiden; er fühle sich der Aufgabe nicht gewachsen, und es sei vielleicht überhaupt besser, die Aufgaben zu teilen. Der Senat wiederum hielt es für selbstverständlich, dass Tiberius vollständig in die Stellung des Augustus eintrete, und verstand dieses Zögern überhaupt nicht. Einen ganzen Monat dauerte das peinliche Hin und Her, bis sich Tiberius endlich bereit erklärte, vom Senat das *imperium proconsulare maius* und die *tribunicia potestas,* die er ja nur befristet innehatte, auf Lebenszeit verliehen zu bekommen. Tacitus und mit ihm viele andere interpretierten das Verhalten des Tiberius als nackte Heuchelei und das des Senats als schmähliche Unterwürfigkeit.

In Wirklichkeit hatte es sich um nicht unverständliche Übergangsschwierigkeiten im Umgang mit einer komplizierten neuen Verfassung gehandelt, bei denen Tiberius und der Senat aneinander vorbeiredeten. Tiberius wollte jeden Anschein vermeiden, als sei er ein Gewaltherrscher, der die republikanische Freiheit missachte, und er wollte dementsprechend vom Senat freiwillig anerkannt werden. Der Senat auf der anderen Seite sah auf die Realitäten der Macht und konnte nicht verstehen, dass ihm wirklich eine andere Rolle als die des Jasagers zugemutet werde. Die Vereidigung der Soldaten zeigte ja deutlich die reale Lage, und da zudem sofort nach dem Tod des Augustus dessen anderer Adoptivsohn, Agrippa Postumus, getötet wurde, kann man diejenigen Senatoren schon verstehen, die das Zögern des Tiberius für eine Komödie hielten.

Der Konflikt zwischen dem Senat und Tiberius zeigt deutlich die Uneindeutigkeit der Staatsform. Tiberius benahm sich so, als bestünde eine Doppelherrschaft, sogar mit einem leichten Übergewicht des Senats. Der Senat war dagegen in der Herrschaftsanalyse schon weiter fortgeschritten, indem er seine Rolle nur als Dekoration innerhalb einer in Wirklichkeit monarchischen Herrschaft auffasste. Wenn wir also das von Augustus geschaffene politische System überhaupt mit einer neuzeitlichen, uns gewohnten Bezeichnung charakterisieren wollen, dann käme noch am ehesten der Begriff Monarchie infrage. Aber müssen wir das denn? Die Geschichte und das Interesse an ihr lebt ja von der großen Vielfalt der Erscheinungen, die sich von Mal zu Mal unterschiedlich ausprägen. Wenn man diese Herrschaftsform benennen will, sollte man ihr ihre Komplexität belassen. Augustus wurde, in Anlehnung an die Bezeichnung der informell führenden Männer

Schwertscheide eines römischen Legionärs der Rheinarmee, gefunden in Mainz (London, Britisches Museum). Die Waffe ist mit Bildern des Kaiserlobes geschmückt: Oben der thronende Tiberius (mit der Inschrift »Glück des Tiberius«), dem ein Feldherr, vermutlich Germanicus, den Sieg in Gestalt einer kleinen Victoria überreicht. In der Mitte ein Medaillon mit dem Kopf des Augustus, weiter unten ein Fahnenheiligtum und eine Amazone als Sinnbild der barbarischen Gegner.

Schon in den ersten Sätzen der »Annalen« schlägt Tacitus einen scheinbar nüchternen, durch die komprimierte Darstellung der kurzen Dauer früherer Alleinherrschaften aber doch tendenziösen Ton an:

Die Stadt Rom wurde anfangs von Königen beherrscht. L. (Lucius) Brutus brachte die Freiheit und schuf das Konsulat. Nur zeitweise wurden Diktatoren ernannt. Auch die Machtstellung der Dezemvirn hatte nur zwei Jahre Bestand; die der Kriegstribunen mit konsularischer Gewalt war ebenfalls nicht von langer Dauer. Cinna, Sulla schalteten kurze Zeit. Pompeius' und Crassus' Macht ging schnell auf Caesar über und Lepidus' und Antonius' Heere fielen Augustus zu, der dann unter dem Titel Prinzeps die Herrschaft über das ganze, durch die inneren Wirren erschöpfte Reich übernahm.

Bildnisse der Kaiserfamilie wurden vermutlich nach dem Vorbild berühmter Statuen in Rom kopiert, die aus offiziellen Anlässen errichtet worden waren. Der Tiberiuskopf aus Ägypten (Kopenhagen, Ny Carlsberg Glyptotek) geht auf ein Original zurück, das 4 n. Chr. aus Anlass der Adoption des künftigen Kaisers angefertigt wurde. Wie Augustus ist der 46-jährige Tiberius jugendlich dargestellt.

Auf dem »Grand Camée de France« (Paris, Bibliothèque Nationale) erscheint der gottgleich thronende Tiberius im Kreise der kaiserlichen Familie. Neben ihm Livia sowie die Prinzen als Feldherren mit ihren Gemahlinnen, der Knabe links ist Caligula, der spätere Nachfolger des Tiberius. Oberhalb schwebt der vergöttlichte Augustus auf den Schultern des Genius der Ewigkeit, Aion, zwischen zwei verstorbenen Prinzen. Das Fundament der kaiserlichen Herrschaft ist die Unterwerfung der Barbaren.

Horaz preist die Germanenkriege im Alpen- und Bodenseegebiet der beiden Söhne der Livia und des Tiberius Claudius Nero, Drusus und Tiberius, und sieht sie als dauernde Beendigung der früheren Bedrohungen Roms durch äußere Feinde, vor allem der Karthager (Ode 4,4,37–44):

Was du, o Roma, deinen Neronen dankst,
Zeugt des Metaurus Ufer und Hasdrubals
Vernichtung, zeugt der schöne Tag, der
Endlich aus Latium scheucht' das Dunkel,

Der erste hold uns leuchtende Siegestag,
Seit durch Italiens Städte der Afrerschreck
Hinfuhr wie Oststurm durch Siziliens
Meer, wie durch Fichtengehölz ein
*   Waldbrand.*

der Republik, *princeps* genannt, der Erste. Deshalb heißt die von ihm begründete spezifische Variante der Monarchie *principatus,* Prinzipat. Tiberius war nun *princeps,* und wenn er es auch an politischem Fingerspitzengefühl fehlen ließ, persönlich verschlossen war und in seinem bisherigen politischen Leben vielerlei Zurücksetzungen und Kränkungen hatte verwinden müssen, so war er, der immerhin von beiden Elternteilen her aus altadlig-republikanischem Hause stammte, doch ein überaus tüchtiger Soldat und Herrscher. Die blitzartige Vereidigung des Heeres auf ihn zeigte, dass er Notwendigkeiten energisch erledigen konnte. Ein Handicap begleitete allerdings die erste Zeit seiner Regierung. Augustus hatte in seinem Testament noch einen letzten Giftpfeil für Tiberius verborgen gehabt, indem er seine Frau Livia, die Mutter des Tiberius, ebenfalls adoptierte und ihr den Titel Augusta verlieh. Man beachte, wie schwer Augustus die Adoption des Tiberius nach dem Tod seiner beiden Enkel gefallen ist, die er in ihrer politischen Laufbahn protegiert und auf die er alle seine Hoffnungen bezüglich der Nachfolge gesetzt hatte. »Rei publicae causa« (um des Staates willen) soll Augustus gesagt haben, als er Tiberius letztendlich zu seinem Nachfolger berufen hatte.

Die Regierung des Tiberius im Überblick (14–37 n. Chr.)

Große Neuerungen gingen von Tiberius nicht aus; er sah offenbar seinen Ehrgeiz darin, sachgerecht und gesetzmäßig zu regieren. Gerade dieses letzte Bedürfnis führte aber wieder zu einem Verhalten, das möglicherweise dazu gedacht war, die legalen Grenzen, die auch einem *princeps* gezogen waren, peinlich genau einzuhalten, das aber im Ergebnis wieder schreckliche Missverständnisse, Verdächtigungen und menschliche Tragödien herbeiführte. Schon seit der hohen Republik gab es den Straftatbestand der Verletzung der Hoheit des römischen Volkes, also der *laesa maiestas,* und dieser war dann unter Augustus auf persönliche Beleidigung des *princeps* und auf politische Opposition erweitert worden. Und nun kam vieles zusammen. Erstens, dass, in der Antike nicht ungewöhnlich, die Todesstrafe auf dieses Verbrechen stand; zweitens, dass, ebenfalls normale Praxis, Strafverfolgung nur auf Antrag eintrat, dass aber der erfolgreiche Ankläger aus dem Vermögen des Verurteilten belohnt wurde; drittens, dass der Senat als der zuständige Gerichtshof in einem Übermaß an vorauseilendem Gehorsam einem vermeintlichen Willen des Tiberius zuvorzukommen suchte und Angst hatte, bei mangelndem Verfolgungseifer den Zorn und die heimliche Rache des *princeps* hervorzurufen; viertens schließlich die Scheu des Tiberius, sich offen einzumischen, bei gleichzeitigem Bestreben, doch seinen Willen durchzusetzen. So kam es, dass nach anfänglicher Zurückhaltung allmählich immer mehr Majestätsprozesse geführt wurden, insgesamt etwa sechzig, dass Tiberius auf Anfragen nach dem anzuwendenden Verfahren und nach dem gewünschten Urteil ausweichend reagierte und auf die Gesetze verwies und dass infolgedessen die gefällten Todesurteile nicht nur doch ihm zugerechnet wurden, sondern ihm zudem abermals den Vorwurf der Hinterhältigkeit und dem Senat den der Kriecherei einbrachten.

Sonst bestimmte vorsichtige Rechtlichkeit Tiberius' Politik. Er verbat sich, zu sehr in göttliche Sphären gehoben zu werden; er war sparsam im Geldausgeben; er baute die Provinzialverwaltung vorsichtig und überlegt aus. So ging er von der Praxis ab, die Statthalter nach republikanischem Muster in der Regel jährlich auszuwechseln, er führte sogar längere Dienstzeiten ein, die der Kontinuität der Verwaltung zugute kamen. So amtierte der berühmteste Statthalter der römischen Geschichte zehn Jahre lang hintereinander, nämlich der *praefectus Iudaeae* Pontius Pilatus. Dieser Mann aus dem Ritterstand stand der Unterprovinz Judäa als Statthalter nichtsenatorischen Typs von 26 bis 36 n. Chr. vor, und in seine Amtszeit fiel die Hinrichtung eines Mannes, der wegen Aufstandsversuches gegen die Römer verurteilt worden war – Jesus aus der Stadt Nazareth.

Germanicus und Vipsania Agrippina – Kontrahenten des Tiberius?

Nach schweren Meutereien der Legionen an der Grenze zu Germanien und in Pannonien gleich nach dem Regierungsantritt des Tiberius ergab sich die Notwendigkeit, den Heeren nach der Niederwerfung der Meuterer Beschäftigung zu geben. So wurde noch im Jahre 14 n. Chr. der charismatische Neffe und Adoptivsohn des Tiberius, Germanicus, nach Germanien geschickt und durchzog das rechtsrheinische Gebiet, wobei er sogar wieder bis zur Elbe vorstieß. Er besuchte auch das Schlachtfeld der Niederlage des Varus und ließ die Überreste der Gefallenen bestatten. Aber die Verluste, auch im Jahr darauf, waren so groß, dass Tiberius erklären ließ, man habe sich nun hinreichend an den Germanen gerächt, und Germanicus durfte im Jahr 17 einen glänzenden Triumph feiern. Die römische Rheinarmee wurde nun in zwei Abschnitte eingeteilt, in das ober- und niedergermanische Heer, eine Vorform der späteren Provinzeinteilung. Das persönliche Schicksal des Arminius endete jetzt tragisch. Sein Schwiegervater Segestes verfolgte eine prorömische Politik, und auf diese Weise gelang es Rom, diesen Teil der Familie in die Hand zu bekommen. Thusnelda, die Gattin des Arminius, wurde im Triumph mitgeführt. Arminius kam 21 in innergermanischen Streitigkeiten um. Tacitus aber nennt ihn »*haud dubie liberator Germaniae*« (ohne Zweifel der Befreier Germaniens), und einen schöneren Nachruf konnte er wohl kaum bekommen.

Germanicus erhielt 18 von Tiberius den Auftrag, allerlei diplomatische und organisatorische Probleme im Ostteil des Reiches zu lösen; seine Gattin Vipsania Agrippina (Agrippina die Ältere), Tochter

---

Ein Beispiel dafür, wie Tacitus über Majestätsprozesse berichtet (Annalen 3,51):

Priscus wurde in den Kerker abgeführt und sofort hingerichtet. Tiberius machte dem Senat in seiner gewohnten zweideutigen Art Vorwürfe darüber. Er dankte zwar für die Pflichttreue, mit der man sogar geringfügige Beleidigungen des Princeps hart bestrafe, bat aber, von so übereilter Bestrafung bloßer Worte künftig abzusehen. Er lobte Lepidus, tadelte aber Agrippa nicht. So wurde denn ein Senatsbeschluss gefasst, die Senatsentscheidungen sollten erst nach Ablauf von zehn Tagen protokolliert und bis dahin die Vollstreckung der Todesurteile aufgeschoben werden. Doch schloss das nicht die Befugnis des Senats ein, ein Urteil rückgängig zu machen, und Tiberius pflegte sich während der gegönnten Frist nicht zur Begnadigung bestimmen zu lassen.

Tiberius hielt das Andenken seines 9 v. Chr. beim Feldzug in Germanien gefallenen Bruders Drusus, des Vaters von Claudius und Germanicus, wach und ließ auch dessen Bildnis weiter verbreiten. Vermutlich stellt diese Glaskamee Drusus (Wien, Kunsthistorisches Museum) dar.

Der schöne Nachruf des Tacitus (Annalen 2,88) auf Arminius lautet vollständig:

Er focht mit wechselndem Glück und fiel dann durch die Arglist seiner Verwandten. Er war ohne Zweifel der Befreier Germaniens und hat dem römischen Volke den Fehdehandschuh hingeworfen, und zwar nicht in der Zeit seiner schwachen Anfänge, sondern als es in der Blüte seiner weltbeherrschenden Macht stand. Seine Schlachtenerfolge waren zweifelhaft, aber einen Krieg hat er nicht verloren. 37 Jahre hat er gelebt, 12 Jahre geherrscht. Noch heute besingen ihn die Barbarenvölker.

Schon Augustus hatte die malerische Insel Capreae (heute Capri) zu seinem persönlichen Eigentum erklärt. Hier ließ sich Tiberius in traumhafter Lage eine weltabgeschiedene Luxusvilla erbauen. Allein seine Abwesenheit aus Rom bereitete in Rom den Boden für Gerüchte über die Ausschweifungen des Kaisers auf seinem Landsitz.

des Agrippa und der Augustustochter Iulia, reiste mit. Er erfüllte seine Aufgaben, die in der Regelung der Verhältnisse in Armenien und in Verhandlungen mit den Parthern bestanden, gut. 19 reiste er nach Ägypten, ohne Tiberius um Erlaubnis zu bitten, und wurde in Alexandria und im ganzen Land, das er auf einer Art Besichtigungstour durchreiste, stürmisch gefeiert. Natürlich musste das das Misstrauen des Kaisers erwecken. Nach seiner Rückkehr nach Syrien erkrankte er schwer und starb. Agrippina verkündete von nun an, er sei auf Geheiß des eifersüchtigen Tiberius durch den Statthalter von Syrien, Gnaeus Calpurnius Piso, vergiftet worden, und letzteres Gerücht war so stark, dass Piso wirklich der Prozess gemacht wurde und er sich nur durch Selbstmord einer Verurteilung entziehen konnte. Agrippina konnte den Tod ihres Mannes nicht verwinden. Sie trat mit ihren neun Kindern ständig in der Öffentlichkeit auf und beschuldigte direkt und indirekt den Kaiser, an Germanicus' Tod schuld zu sein. Schließlich wurde sie 29, im Todesjahr Livias, auf die Insel Pandateria verbannt, auf der auch die beiden Iuliae, die Tochter und die Enkelin des Augustus, umgekommen waren, und sie ereilte mit zwei von ihren Kindern dasselbe Schicksal.

Tiberius' Regierungszeit nach 27 n. Chr. und die Sejanische Verschwörung

Tiberius hatte sich 27 auf die Insel Capri als ständigen Aufenthaltsort zurückgezogen. Seine schwierige Persönlichkeit ließ ihn die Anwesenheit in Rom als immer lästiger empfinden; über das, was er auf Capri getrieben haben soll, gab es verständlicherweise die aufregendsten Gerüchte. Tatsache ist nur, dass er die tatsächliche Regierung immer mehr den Händen eines Mannes anvertraute, der eine Gefahr für das Prinzipat darzustellen begann. Lucius Aelius Seianus (Sejan) war *praefectus praetorio* des Kaisers, also Kommandeur der Truppe, die schon den Feldherrn der späten Republik als persönliche Bedeckung zur Verfügung gestanden hatte. Diese Prätorianerpräfekten entstammten dem Ritterstand und waren daher wegen ihres Status von vornherein nicht in der Lage, Posten auszufüllen, die Senatoren vorbehalten waren. Sejan aber hatte das unbedingte Vertrauen des Kaisers und versuchte immer mehr, sich der kaiserlichen Familie zu verbinden und wohl auch das Prinzipat zu übernehmen.

Sejan, in Rom bereits durch zahlreiche Statuen geehrt, begann göttliche Verehrung entgegenzunehmen, und im Jahr 31 erreichte er den Höhepunkt seiner Macht, indem er zusammen mit dem Kaiser das Konsulat bekleidete und das *imperium proconsulare* erhielt, also allmählich zum Nachfolger designiert wurde. Aber dieses Jahr beendete Karriere und Leben. Anscheinend hatte er geplant, den Kaiser zu beseitigen, und nach jahrelangem Wegsehen und Schleifenlassen reagierte Tiberius nun schnell: Ein anderer wurde zum Prätorianerpräfekten ernannt, Sejan wurde am 18. Oktober 31 vor dem Senat angeklagt und noch am selben Tag hingerichtet. Tiberius lebte noch gut fünf Jahre, vernachlässigte die Regierung immer mehr und starb am 16. März 37 in Misenum (heute Capo Miseno).

DIE PEUTINGERSCHE TAFEL

Eine gut erhaltene römische Straßenkarte wurde von dem Humanisten Konrad Celtis um 1500 in einem Kloster entdeckt. Sie heißt nach dem späteren Besitzer »Tabula Peutingeriana«.

Sie zeigt auf 6,75 x 0,34 m das ganze Römische Reich (ein Stück ist verloren). Wahrscheinlich liegt ein berühmter Marmorplan zu- grunde, der die Wand einer langen Säulenhalle in Rom schmückte. Die Darstellung ist daher in die Breite gezogen und verzerrt, Italien über- groß wiedergegeben: Den hier ab- gebildeten Ausschnitt mit Nord- afrika (unten), Italien (Mitte) und dem Balkan (oben) zeigt die moderne Karte links unten. Im 5. Jahrhundert wurde noch einmal gründlich aktualisiert, wie die Angabe der damals wichtigen Orte zeigt.

Sieben Jahrhunderte später hat ein mittelalterlicher Schreiber das heute in der Wiener Nationalbiblio- thek aufbewahrte Exemplar ge- zeichnet. Beim Kopieren der antiken Vorlage hat er viele Namen völlig verballhornt, die zu seiner Zeit nicht mehr geläufig waren.

Ein Pferd wird zum Konsul ernannt – Caligula (37–41 n. Chr.)

Falls den Römern die letzten Regierungsjahre des Tiberius lang- weilig vorgekommen sein sollten, so wurden sie durch seinen Nachfolger vollauf entschädigt. Tiberius hatte keinen seiner Ver- wandten eindeutig zum *princeps* designiert, und als er gestorben war, riefen die Prätorianer einen Sohn des Germanicus zum Kaiser aus, Gaius Iulius Caesar Germanicus. Dieser Gaius – so sein Name als Kaiser – war von Vipsania Agrippina schon als kleines Kind den Soldaten als möglicher zukünftiger Herrscher präsen- tiert worden, von ihnen hatte er den zärt- lichen Spitznamen Caligula, »Soldatenstiefel- chen«, bekommen. Auch hier war es die Auf- gabe des Senates, die Einsetzung vorzunehmen, und so holprig dieser Vorgang noch bei Tiberius vor sich ging, so glatt erfolgte er nun bei Cali- gula; man wusste jetzt, wie die Nachfolge im Prinzipat stattzufinden habe, und erteilte dem jungen, im Jahre 12 n. Chr. geborenen Mann dieselben Rechte und Ehrungen wie Augustus und Tiberius.

Das Pech war, dass man einen Geisteskranken zum Kaiser ge- macht hatte. Zunächst handelte Caligula noch einigermaßen ver- nünftig oder jedenfalls verständlich, so dadurch, dass er seine unter Tiberius verfolgten Geschwister öffentlich ehrte und drei seiner Schwestern auf Münzbildern mit göttlichen Attributen versehen ließ. Spätestens aber nach einer Krankheit im Herbst 37 zeigte er psy-

Nur wenige Bildnisse des Caligula sind nach der Zerstörung seines Andenkens (damnatio memoriae) erhalten geblieben. Ein Marmorkopf befindet sich in Schloss Fasanerie bei Fulda. Er hebt vor allem die jugendliche Schönheit des am Hofe erzogenen Herrschers hervor.

chopathische Züge. Er wollte sich überall als Gott verehren lassen – ein in Jerusalem oder der Synagoge von Alexandria besonders riskanter Plan –, und er wollte seine Schwester Drusilla heiraten, die aber 38 starb. Er ist der berühmte römische Kaiser, der ein Pferd zum Konsul machte. Natürlich drückt sich darin auch eine Verachtung des Senatorenstandes aus, den er mit Majestätsprozessen, Hinrichtungen und Konfiskationen quälte. Kein Wunder, dass es Mordverschwörungen gegen den Kaiser gab; die dritte hatte Erfolg, am 24. Januar 41 wurde er umgebracht.

Trotz einzelner Eskapaden hatten die Nachfolger des ersten princeps keine Alternative zum Herrschaftssystem des Augustus und zollten seinem überragenden Werk Tribut. Eine 37/38 n. Chr. geprägte Münze zeigt Caligula beim Opfer vor dem Tempel des vergöttlichten Augustus.

Ein Bücherwurm führt die Regierungsgeschäfte: Claudius (41–54 n. Chr.)

Dass die Prätorianer Caligula zum Kaiser ausgerufen hatten und dass der Senat ihnen gefolgt war, zeigt die Stärke und Selbstverständlichkeit des dynastischen Prinzips, das den Kern des Prinzipats darstellte. Bei der Nachfolge des Caligula trat es in noch deutlicherer, ja in grotesker Weise zutage, und das nun Folgende ist keine Satire: Nach der Ermordung Caligulas durchstreiften die Soldaten die kaiserlichen Gemächer auf dem Palatin auf der Suche nach jemandem, den sie zum Kaiser machen könnten. Da sahen sie unter einem Vorhang zwei Füße hervorstehen, und als sie den zitternden Inhaber dieser Füße herauszerrten, stellte sich heraus, dass es sich um den bisher immer verlachten Bruder des Germanicus, Claudius, handelte. Sie taten ihm nicht nur nichts, sie riefen ihn im Gegenteil zum Kaiser aus. Claudius war Epileptiker, stotterte und hatte eine weitere Eigenschaft, die seine Rolle als Idiot der Familie noch steigerte, die zu benennen dem berichtenden Historiker aber eine gelinde Peinlichkeit bereitet: Er war nämlich auch Historiker, sogar ein guter, der bedeutende Werke zur etruskischen und karthagischen Geschichte und Bücher über Augustus und Cicero geschrieben hat – wir wären glücklich, wenn wir sie heute hätten. Für die Familie und seine Umwelt war er jedoch der belächelte, lebensuntüchtige Bücherwurm, der in allem das genaue Gegenteil des strahlenden Germanicus darstellte und den niemand ernst nahm.

Wie sehr sich nicht nur das Prinzipat, sondern auch das dynastische Prinzip durchgesetzt hatte, zeigt sich gerade in diesem Fall der Nachfolge des Caligula. Nach seinem Tod wurde ein letztes Mal in der römischen Geschichte und nur für wenige Stunden der Gedanke aufgeworfen, ob man nicht zur Republik zurückkehren solle; daneben wurde erwogen, ob man nicht das Prinzipat zwar beibehalten, aber jedes Mal neu entscheiden und den jeweils Geeignetsten berufen solle, ohne Rücksicht auf familiäre Bindungen. Kaum aber war die Wahl der Prätorianer

Von einem kaiserlichen Ehrenbogen des späten 1. Jahrhunderts n. Chr. in der Hafenstadt Puteoli am Golf von Neapel (heute Pozzuoli) stammt das Reliefbild eines Prätorianers. Diese Elitetruppe des Heeres spielte bei der Ernennung der Kaiser eine große Rolle, da sie die einzige militärische Macht in der Hauptstadt bildete (Berlin, Antikensammlung).

bekannt geworden, wurde Claudius trotz all seiner bekannten Schwächen selbstverständlich auch vom Senat zum *princeps* gemacht. Das Erstaunliche war: Eine nur schlechte Entscheidung war das nicht. Von seinen persönlichen Defekten abgesehen, entpuppte sich Claudius als einsichtsvoller Mann, über den man zwar immer noch gegelegentlich lächeln konnte – so, wenn er etwas krause öffentliche Reden hielt –, der aber in vernünftiger und durchdachter Weise regierte. Hier kann der heutige Historiker nun wieder aufatmen, denn Claudius handelte in vielen Fällen aufgrund seiner breiten historischen Bildung und berief sich gelegentlich auch auf sie.

Senat und Volk des Städtchens Lanuvium in Latium errichteten für Claudius 42/43 n. Chr. eine Kolossalstatue, die den Kaiser gleichnishaft im Bilde des Götterfürsten Jupiter zeigt (Rom, Vatikanische Sammlungen). Dem römischen Kaisertum ist die uns vertraute Demutsgeste des christlichen Herrschers fremd. Daher lobt das Ehrenstandbild die kaiserliche Machtfülle ganz unverhohlen.

In den Beziehungen zur Außenwelt nahm Claudius die Politik des von ihm bewunderten Augustus wieder auf; als im Jahre 10 v. Chr. Geborener hatte er ihn natürlich noch ausgiebig kennen gelernt, und Augustus hatte sich positiv über Claudius' intellektuelle Kapazität geäußert. Claudius arrondierte das Reich und schuf insgesamt sechs neue Provinzen in den Randgegenden, so zwei in Mauretanien in Afrika, Noricum in den Alpen, Mösien und Thrakien südlich der Donau sowie Judäa; vor allem begann unter ihm nun ernsthaft die Eroberung Britanniens, dessen Südteil auf Dauer römischer Besitz wurde. Innerhalb des Reiches verfolgte Claudius eine gezielte Politik der Einbeziehung der Provinzialeliten durch Verleihung des römischen Bürgerrechts, wobei er nicht versäumte, diese Politik mit historischen Beispielen zu legitimieren; den Äduern wurde sogar das Recht verliehen, römische Ämter zu bekleiden.

Im Inneren stellte Claudius mit dem Senat wieder ein erträgliches Verhältnis her. Die Majestätsprozesse hörten sofort auf, andererseits sorgte er aber auch durch eine *lectio senatus* dafür, dass der Senatorenstand von unwürdigen Mitgliedern befreit wurde. Dem Ritterstand wandte er seine besondere Aufmerksamkeit zu; Ritter wurden jetzt zunehmend für die kaiserliche Verwaltung herangezogen, und es wurden die ersten Grundlagen einer geregelten ritterlichen Verwaltungslaufbahn gelegt. Diese Verwaltung war schon unter Augustus eingerichtet worden, und ihre Aufgaben waren vielgestaltig. Sie ergaben sich schon allein aus der Tatsache, dass der Kaiser die letzten Endes alles entscheidende Instanz war, sodass er aus dem ganzen Reich in Angelegenheiten aller Art angerufen wurde; sie ergaben sich auch daraus, dass er ein ungeheures Vermögen hatte, das zwar offiziell als Privatvermögen galt, wegen seines riesenhaften Umfanges aber doch faktisch öffentliches Vermögen war und verwaltet werden musste. Für diese Aufgaben wurden von Augustus gebildete Sklaven und Freigelassene herangezogen, meist griechischer Herkunft, und das war trotz allmählicher Verwendung von ritterständischen Funktionären auch unter Claudius der Fall. Diese Freigelasse-

Über die Senatorenfrau Arria nach Plinius dem Jüngeren (Brief 3,16) und Martial (Epigramm 1,13):

Unter Claudius spielte auch die berühmteste Geschichte einer heldenhaften römischen Senatorenfrau, sie hieß Arria. Als ihrem Mann Caecina Paetus im Jahre 42 wegen der Teilnahme an einem – wirklichen – Putschversuch der Prozess gemacht werden sollte, hätte es sich gehört, dass er vorher freiwillig aus dem Leben schied. Kann man es ihm verdenken, dass er zögerte, sich selber das Messer in den Leib zu stoßen? Arria verdachte es ihm, tötete sich selber und reichte ihm sterbend den Dolch mit den Worten »Paete, non dolet« (Paetus, es tut nicht weh).

Kaiser Claudius ist mit seinen Kindern Britannicus, Octavia (links) und Antonia (rechts) auf einem Glasmedaillon dargestellt; solche Glasmedaillons wurden seriell hergestellt und als Abzeichen im römischen Heer verliehen (London, Britisches Museum).

nen besaßen demzufolge erheblichen Einfluss, und vernünftige Maßnahmen des Claudius hatten in der Praxis ihre Herkunft in diesen Kreisen.

Claudius und seine Frauen

Claudius war in dritter Ehe mit Valeria Messalina verheiratet, einer Angehörigen eines alten, berühmten Geschlechtes, von der er eine Tochter Octavia und einen Sohn hatte, der schon mit zwei Jahren den Beinamen Britannicus bekam. Diese Messalina ist bis heute wegen geschlechtlicher Zügellosigkeit sprichwörtlich geworden. Abgesehen von der moralischen Demütigung des Kaisers hatte dieses Verhalten politische Auswirkungen. Zum einen soll Messalina vornehme Männer, die ihr nicht zu Willen waren oder auf deren Vermögen sie es abgesehen hatte, beim Kaiser angeschwärzt haben, sodass sie wegen erfundener politischer Verfehlungen unter Einziehung ihres Vermögens beseitigt wurden. Zum anderen führte sie durch ihre Triebhaftigkeit ihre eigene Katastrophe herbei, was Auswirkungen auf die Gesamtgeschichte hatte. Sie ging so weit, im Jahre 48 einen ihrer Geliebten, Gaius Silius, regulär zu heiraten, also in Bigamie zu leben, was auch deshalb für Claudius und seine Berater gefährlich war, weil Silius designierter Konsul war, sodass dieses skandalöse Verhalten eine unmittelbar politische Dimension bekam.

Der immer noch schwankende Claudius wurde schließlich durch den Freigelassenen Narcissus, den Vorsteher der Kanzlei *ab epistulis* (Korrespondenzkanzlei), dazu bestimmt, den Hinrichtungsbefehl zu geben, und Silius und Messalina wurden umgebracht.

Jetzt war die Stunde Agrippinas der Jüngeren gekommen, einer Tochter des Germanicus und der Vipsania Agrippina, also einer Nichte des Claudius. Sie war schon zweimal verheiratet gewesen und hatte aus ihrer ersten Ehe mit Gnaeus Domitius Ahenobarbus einen Sohn Lucius. Sie hatte mit ihrer Mutter unter Tiberius gelitten, war dann auch von ihrem Bruder Caligula erneut verbannt worden und legte jetzt alles darauf an, selber in eine herrschende Stellung zu gelangen und ihren Sohn zum *princeps* zu machen. Nach Messalinas Tod heiratete sie 49 ihren Onkel Claudius, und die Rechnung ging auf. Sie erhielt schon zu Lebzeiten den Augustitel, bekam volles Münzrecht, empfing ausländische Gesandte, kommandierte Truppenteile, wohnte (wenn auch hinter einem Vorhang) Senatssitzungen bei und wollte sogar Senat und Volk auf sich vereidigen lassen; im Jahre 50 wurde ihr Geburtsort Oppidum Ubiorum am Rhein durch Veteranenansiedlung zu einer römischen Kolonie erhoben und nach ihr und ihrer Mutter in Colonia Claudia Ara Agrippinensium umbenannt, woraus der Name Köln geworden ist.

Messalina erregte mit einem üppigen Weinlesefest im Palast auf dem Palatin 48 n. Chr. erhebliches Aufsehen. Bei einer dionysischen Tanzaufführung trat sie selbst zusammen mit ihrem Geliebten Silius auf. Ein Tonrelief der frühen Kaiserzeit im Metropolitan Museum of Art, New York, zeigt einen Tanz von Mänade und Satyr, den mythischen Begleitern des Weingottes.

In diesem Jahr wurde ihr Sohn von Claudius adoptiert, er hieß jetzt nicht mehr Lucius Domitius Ahenobarbus, sondern offiziell Nero Claudius Caesar Drusus Germanicus. Er heiratete Octavia und wurde immer mehr dem Britannicus vorgezogen, dem leiblichen Sohn des Kaisers. Jetzt musste nur noch Claudius fallen, und das geschah 54: Claudius wurde durch ein Pilzgericht vergiftet, die Prätorianer riefen Nero zum *imperator* aus, und der Senat setzte ihn zum *princeps* ein.

Nach seiner Ermordung wurde Claudius pflichtschuldig sofort zum Gott erhoben. Zum Zeremoniell dieser Apotheose gehörte es, bei der Verbrennung der Leiche einen Adler fliegen zu lassen, der den Aufstieg des Dahingeschiedenen in den Götterhimmel symbolisierte. Diese Kamee befindet sich im Cabinet des Médailles in Paris.

Nero, der Exzentriker (54–68 n. Chr.)

W er sich Porträtbüsten Neros ansieht, wird kaum auf die Idee kommen, in diesem aufgedunsenen, konturlosen Gesicht mit seinem Bartflaum, der griechisch aussehen sollte, einen jungen Mann zu erkennen, dessen Regierung nach der schon in der Antike herrschenden Ansicht die ersten fünf Jahre musterhaft gewesen war. Diese Qualität wird auf den Einfluss seiner Mutter und den der beiden Männer zurückgeführt, die Agrippina mit der Erziehung und Leitung ihres Sohnes betraut hatte. Agrippina war nämlich eine kluge und gebildete Frau, die auch eine Autobiographie geschrieben hat, deren Verlust sehr zu beklagen ist. Die beiden Männer waren der Prätorianerpräfekt Sextus Afranius Burrus und der aus der spanischen Römerstadt Italica stammende große Philosoph Lucius Annaeus Seneca.

Als erste Anzeichen dafür auftraten, dass Nero sich nicht mehr gängeln lassen wollte, und seine Mutter daher, um ihn unter Druck zu setzen, auf die Existenz des Britannicus wies, ließ Nero diesen schon zu Beginn des Jahres 55 vergiften, mit Billigung seiner beiden Erzieher. Die Spannungen zwischen ihm und seiner Mutter, die er als das empfand, was sie war, nämlich herrschsüchtig, endeten damit, dass er sie 59 durch eine düsterfeige Machination ermorden ließ. Zuerst sollte sie mit einem angebohrten Schiff ertrinken, aber als sie sich schwimmend an Land gerettet hatte, wurde sie auf konventionelle Weise durch einen *centurio* getötet. Seneca und Burrus zogen sich 62 zurück, Nero trennte sich von Octavia, die ganz im Gegensatz zu ihrer Mutter eine zurückhaltende Frau war, und deshalb war es besonders perfide, dass Nero sie

später unter dem Vorwurf des Ehebruchs töten ließ. Nero, dessen ständige Geliebte die Sklavin Acte war, heiratete dann die elegante und kluge Poppaea Sabina, die er dem Senator Marcus Salvius Otho ausspannte; Poppaea ist die berühmte Frau, die ihrer Schönheit durch Bäder in Eselsmilch nachhalf. Sie soll dadurch gestorben sein, dass Nero ihr 65 in schwangerem Zustand Fußtritte versetzt hatte.

Nero entwickelte sich nicht nur zu einer zügellosen und grausamen, sondern auch zu einer exzentrischen Figur. Er hielt sich nämlich für einen großen darstellenden Künstler, vor allem Sänger, und sah seinen Ehrgeiz darin, in dieser Eigenschaft, weniger in der des *princeps,* Beifall zu erringen. Wohlwollende Autoren wollen ihm

Ein qualitätvolles Porträt Neros (oben; Rom, Thermenmuseum) gehört zu den wenigen Bildnissen, die den Sturz und Tod des Kaisers überdauert haben. Das Bildnis des Seneca (links; Berlin, Antikensammlung) zeigt den stoischen Philosophen zusammen mit Sokrates. Die Doppelherme entstand fast zwei Jahrhunderte nach seinem Tode, als man Seneca bereits als klassische Geistesgröße verehrte. Die Gegenüberstellung berühmter Griechen und Römer ist in der Kaiserzeit sehr beliebt.

heute zubilligen, dass er in diesem Fach tatsächlich einiges geleistet hat, aber abgesehen von der Unmöglichkeit, darüber Sicheres zu wissen, ist das völlig unerheblich gegenüber der Tatsache, dass er über diesen Bemühungen in peinlicher Weise seine Herrscherpflichten vernachlässigte. Natürlich erntete er ständig permanenten rauschen den Beifall, so, wenn er als Sänger zur Kithara auftrat, erst recht, als er 66 eine regelrechte Tournee nach Griechenland unternahm, die ein ganzes Jahr dauerte und bei der er von seinen Auftritten auf allen griechischen Festspielen insgesamt 1808 Siegeskränze einheimste.

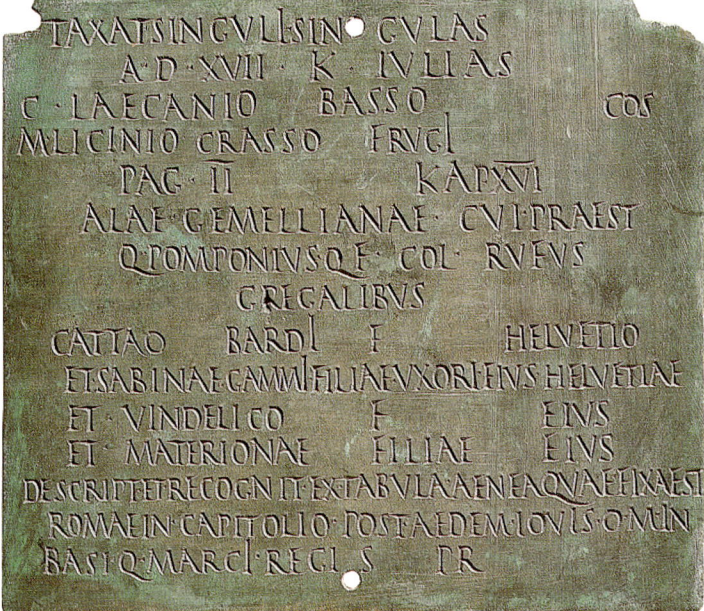

Ein Militärdiplom aus Geiselprechting (bei Traunstein, Oberbayern). Am 15. Juni 64 n. Chr. war der Helvetier Cattaus nach 25-jähriger Dienstzeit aus dem Militär ausgeschieden und hatte zu diesem Anlass zusammen mit seiner Frau und den beiden Kindern das römische Bürgerrecht erhalten. Auf der Rückseite der Urkunde sind neun Zeugen vermerkt; das Original war in Rom an einer Wand angebracht.

Die Außen- und Innenpolitik Neros

Die außenpolitischen Probleme konzentrierten sich wie seit der Zeit der späten Republik um das Verhältnis zum Partherreich. Große politisch-militärische Verdienste erwarb sich dabei der bedeutendste Feldherr seiner Zeit, Gnaeus Domitius Corbulo, den Nero nach Erfolgen in Germanien auf den Rat von Burrus und Seneca mit Sondervollmachten im Osten eingesetzt hatte, der aber schließlich wegen Neros Eifersucht Selbstmord begehen musste, um nicht hingerichtet zu werden. Corbulo war aber nur einer unter vielen, die den neronischen Verfolgungen zum Opfer fielen. Die erste Massenverfolgung traf die Christen, deren Glauben so ganz von den üblichen religiösen Vorstellungen abwich und daher großes Befremden erregte. In der Nacht vom 18. auf den 19. Juli 64 brach ein riesiger Brand aus, der sechs Tage lang wütete und große Teile Roms verheerte. Obwohl Nero beim Volk beliebt war, verbreitete sich doch das bezeichnende Gerücht, er haben den Brand gelegt, um daraus künstlerische Inspiration zu gewinnen, und dieser Verdacht lebte wieder auf, als er auf verwüstetem Gelände einen prunkvollen Palast,

Im Untergeschoss der Domus Aurea sind großflächige Wandmalereien erhalten. Führend soll hier der Maler Fabullus gewirkt haben, von dem man berichtet, er habe selbst auf den Gerüsten immer in der würdevollen Toga gearbeitet.

seine »*domus aurea*«, sein »Goldenes Haus«, errichten ließ. Um das Gerücht zu unterbinden, beschuldigte Nero diese merkwürdige jüdische Sekte der Christen. Sie wurden zusammengetrieben und im Circus den wilden Tieren vorgeworfen; Petrus und Paulus sollen auf diese Weise den Märtyrertod erlitten haben.

Allmählich geriet der Senatorenstand in das Zentrum der Verfolgung. Die Majestätsprozesse nahmen immer mehr zu, eine Atmosphäre des Terrors breitete sich aus, die Vermögenskonfiskationen zugunsten der kaiserlichen Kasse erreichten ein ungeheures Ausmaß, und der übliche Mechanismus setzte auch hier ein: Wenn die Angst vor Verschwörungen den Tyrannen zu immer umfangreicheren Verfolgungsmaßnahmen veranlasst, wächst der Widerstand, und es treten tatsächlich Verschwörungen auf. Im Jahre 65 wurde Nero kurz vor der Verwirklichung ein umfangreiches Komplott verraten, das unter der Führung des Gaius Calpurnius Piso seine Ermordung vorsah. Untersuchungen enthüllten weit verzweigte Verbindungen, und unter denen, die hingerichtet wurden oder denen der Selbstmord erlaubt wurde, war auch Seneca.

Auf diese Pisonische Verschwörung folgte im Jahre 66 die des Annius Vinicianus, deren Unterdrückung dann auch Corbulo zum Opfer fiel. 68 aber glückte eine. Als Nero von seiner grotesken Griechenlandtournee zurückgekommen war, erfuhr er, dass sich Gaius Iulius Vindex, der Statthalter der Provinz Gallia Lugdunensis, gegen ihn erhoben hatte. Ihm schloss sich Galba, der Statthalter der Provinz Hispania Citerior an; es gab komplizierte Kämpfe mit anderen Heeresgruppen, in deren Verlauf Vindex zwar Selbstmord beging, der Aufstand gegen Nero hatte jedoch Erfolg. Der Senat setzte Nero ab und erklärte ihn zum Staatsfeind, sogar die Prätorianer sagten sich von ihm los, Galba wurde als neuer *princeps* eingesetzt. Nero kam einer Festnahme durch Selbstmord zuvor, nicht ohne den Tod eines so bedeutenden Künstlers, wie er einer sei, beklagt zu haben: »Welch ein Künstler geht mit mir zugrunde!« Damit war die julisch-claudische Dynastie ausgelöscht. Wir haben ihr Schicksal ausgiebig verfolgt, weil es in der politischen Geschichte wirklich auf den bestimmenden Faktor der Dynastie ankam. Es war eine unglaublich vitale Familie, die in tiefer Verderbtheit und in musterhafter Leistung einzigartig dasteht, die aber vor allem in ihrem Stammvater das römische Kaisertum dauerhaft begründet und damit den römischen Staat über die Zeiten gerettet hat.

Kampf um die Nachfolge – Das Vierkaiserjahr 68/69 n. Chr.

Welches Eigengewicht dieser Staat gewonnen hatte und wie verhältnismäßig irrelevant demgegenüber die psychopathischen Turbulenzen an der Staatsspitze waren, lehrt ein Blick auf diejenigen, die in dem jetzt beginnenden kurzen Bürgerkrieg um die Macht kämpften. Nicht, dass es überhaupt nicht darauf angekommen wäre, wer *princeps* war, im Gegenteil; aber wenn man sieht, welche überaus fähigen Persönlichkeiten an der Spitze von Armeen und

Senecas Tod beschreibt Tacitus in seinen »Historien« (15, 60 ff.):

Weiter wurde Annaeus Seneca getötet ... In aller Ruhe verlangte Seneca sein Testament. Der Centurio verbot, es ihm zu geben. Da wandte er sich nach seinen Freunden um und sagte, da man ihn hindere, sich für ihre Freundschaftsbeweise dankbar zu erzeigen, hinterlasse er ihnen das Einzige, aber auch das Wertvollste, was er besitze, das Bild seines Lebens. Wenn sie das im Gedächtnis behielten, würden sie als hohen Lohn für ihre treue Anhänglichkeit den Ruf echter Tugend ernten ... »Wo sind die philosophischen Grundsätze, wo die Fassung im Unglück, zu der wir uns so viele Jahre lang gerüstet haben?«, fragte er. »Wer wusste es denn nicht, dass Nero grausam ist? Nachdem er seine Mutter und seine Geschwister umgebracht hat, blieb ihm doch nichts mehr übrig, als auch seinen Erzieher und Lehrer zu ermorden!« Desgleichen sagte er mehr für die Öffentlichkeit. Dann umarmte er die Gattin ... Sie erwiderte, auch sie habe sich zum Sterben entschlossen, und forderte, jemand solle sie erstechen. Seneca wollte ihrem großartigen Entschluss nicht in den Weg treten ... und sagte deshalb: »Ich habe dich auf die Tröstungen des Lebens hingewiesen; du wählst einen ehrenvollen Tod ... Die Festigkeit, mit der wir aus dem Leben scheiden, mag bei uns beiden gleich sein: Der Ruhm ist bei dir höher.« Hierauf öffneten sie sich mit einem Schnitt die Pulsadern ... Noch im letzten Augenblicke blieb er im Besitze seiner Redegabe. Er ließ Schreiber kommen und diktierte ihnen eine längere Rede, die wörtlich veröffentlicht ist ...

Provinzen standen, dann relativieren sich nicht nur die Extravaganzen einer sich erschöpfenden Herrscherdynastie, sondern dann muss man die Prägekraft einer Armee und einer Staatsorganisation bewundern, die all diesen gefährlichen Peinlichkeiten zum Trotz in sich gefestigt war und sich weiter festigte.

Galba, Otho und Vitellius

An sich war Servius Sulpicius Galba, geboren 3 v.Chr., wie geschaffen für das Prinzipat. Aus einem republikanischen Geschlecht, das schon seit dem 3. Jahrhundert v. Chr. hervorgetreten war, bekleidete er im Jahre 33 unter Tiberius das Konsulat, verwaltete mehrere Statthalterposten tüchtig und war ein ebenso erfolgreicher Befehlshaber, der auf strenge Disziplin hielt und am Rhein und in Britannien verantwortungsvolle Kommandos ausfüllte. Seit 60 war er *legatus Augusti pro praetore* in Spanien und ist durch all das ein Beispiel dafür, dass Effizienz und Pflichtbewusstsein auch unter unwürdigen Herrschern ihren Platz hatten. Dem Senat stellt es nach allem vorherigen Fehlverhalten ein gutes Zeugnis aus, dass er diesen Mann zum *princeps* bestellte. Aber: Galba wurde ermordet, sein Nachfolger Otho – jener Gatte der Poppaea Sabina – beging Selbstmord, und der Legat von Niedergermanien Aulus Vitellius, der von den rheinischen Legionen zum *imperator* gegen Galba ausgerufen worden war, rückte auf Rom und nahm es ein. Da meldete jemand Anspruch auf das Prinzipat an, der Tüchtigkeit mit politischer Klugheit verband und zum Glück obsiegte.

Vespasian

Titus Flavius Vespasianus, geboren 9 v.Chr., stammte aus einfachen Verhältnissen außerhalb Roms; sein Vater hatte zum Schluss ein kleines Bankgeschäft in Aventicum, heute Avenches in der Schweiz. Vespasian wurde Soldat, stieg in ruhig-zielstrebiger Weise auf und wechselte sogar durch zivile Ämter in den Senatorenstand über; im Jahr 39 hatte er die Prätur inne. Trotz despektierlichen Verhaltens gegenüber Neros Sangeskünsten – er entschlummerte einmal bei einem Konzert – wurde ihm 66 der Oberbefehl bei einem Aufstand übertragen, der in Judäa ausgebrochen war. Der Aufstand begann auf der Bergfestung Masada am Toten Meer und breitete sich schnell aus, Vespasian gelang es aber ohne allzu große Mühen, ihn stückweise einzudämmen. Dabei eroberte er auch den festen Platz Jotapata, der von einem Joseph befehligt worden war, der dann später als Josephus Flavius in griechischer Sprache diesen Krieg und die jüdische Geschichte schildern sollte; sein »Jüdischer Krieg« ist zum Klassiker geworden. Als Vespasian begann, Jerusalem zu belagern, wurde ihm das Prinzipat angetragen; Militärkommandeure hatten sich vorher auf ihn geeinigt. Gerade im Fall Vespasians muss gesagt werden, dass diese militärisch-zivile Elite von Staatsdienern ein ausgezeichnetes Urteil bewies.

Der über 70-jährige Kaiser Galba auf einer Bronzemünze. Die hier nicht gezeigte Münzrückseite propagiert die Befreiung des Staates von der Tyrannei Neros im Bilde der Freiheitsgöttin Libertas.

Im Einsetzungsbeschluss für Kaiser Vespasian wurden ihm die Rechte eingeräumt, die Augustus, Tiberius und Claudius hatten – Caligula und Nero werden mit Schweigen übergangen (Corpus Inscriptionum Latinarum, VI 930):

... dass von (der Beachtung) der Gesetze und Plebiszite, an die, wie schriftlich festgelegt, der vergöttlichte Aug(ustus) oder Tiberius Iulius Caesar Aug(ustus) und Tiberius Claudius Caesar Aug(ustus) Germanicus nicht gebunden waren, der Imp(erator) Caesar Vespasianus entbunden sein solle und dass alles, was kraft eines Gesetzes oder Gesetzesantrages der vergöttlichte Aug(ustus) oder Tiberius Iulius Caesar Aug(ustus) oder Tiberius Claudius Caesar Aug(ustus) Germanicus tun durften, dass dies alles dem Imp(erator) Caesar Vespasianus Aug(ustus) zu tun erlaubt sein solle.

Am 1. Juli 69 rief ihn der Statthalter von Ägypten, Tiberius Iulius Alexander, zum *princeps* aus, die Heeresgruppen in Judäa, Syrien und im gesamten Donauraum folgten, und dortige Einheiten waren es, die für ihn auf Rom marschierten. Dort war Vespasians Bruder Flavius Sabinus Stadtpräfekt; er wurde von den Truppen des Vitellius auf dem Kapitol eingeschlossen und bei dessen Erstürmung getötet, das Kapitol ging in Flammen auf, nur Titus Flavius Domitianus, Vespasians 18-jähriger Sohn, konnte sich retten. Am 20. Dezember rückten die Vespasianer in die Stadt ein, Vitellius wurde auf dem Forum erschlagen, und am 22. Dezember 69 setzte der Senat Vespasian zum *princeps* ein. Ihm wurden die Kernkompetenzen des *imperium procon-*

RÖMERSTRASSEN

Mediolanum

Via Aemilia

Via Aurelia

Via Flaminia

Rom

Via Appia

Capua

Brundisium

Rom

—— Römerstraße   0   1000 km

Ausgangspunkt des Straßennetzes ist die Hauptstadt Rom. Ihr Ausbau spiegelt das Wachstum des römischen Herrschaftsgebietes. Alte Karawanenwege, wie die Weihrauchstraße nach Südarabien und die Seidenstraße durch Mesopotamien und das persische Hochland, münden in Römerstraßen ein. Noch heute verlaufen wichtige Fernstraßen auf römischen Trassen, besonders in Italien.

—— Römerstraße im späten 4. Jahrhundert v. Chr.
—— Ausbau bis zum späten 2. Jahrhundert v. Chr.
—— Ausbau bis zum 2. Jahrhundert n. Chr.
········ alter Handelsweg

Die lange Reiseroute von Gades (heute Cádiz in Südspanien) nach Rom ist auf einem Silberbecher (oben rechts) eingraviert (Rom, Thermenmuseum). Vermutlich weihte sie der Reisende nach Fahrtende im Apolloheiligtum bei Vicarello am Lago di Bracciano nahe Rom, wo das Gefäß gefunden wurde.

sulare und der *tribunicia potestas* sowie zahlreiche weitere Kompetenzen und Ehrungen verliehen, und wir sind deshalb so genau darüber unterrichtet, weil ein Teil dieses Beschlusses inschriftlich erhalten ist, es ist die so genannte *lex de imperio Vespasiani*. Vespasian kam erst im Sommer 70 nach Rom.

Der Bürgerkrieg war zu Ende. Er hatte die letztinstanzliche Grundlage des Prinzipats allen deutlich vor Augen geführt, nämlich das Heer. Er hatte aber auch gezeigt, dass diese Grundlage wirklich nur letztinstanzlich war, sich nur in Ausnahmesituationen enthüllte und unmittelbar für den Normalzustand nicht taugte. Ebenfalls

Vespasians Sparsamkeit. Die bekannteste Anekdote von Vespasian steht für viele andere Anekdoten und Maßnahmen, die seine Sparsamkeit und seinen gesunden Menschenverstand illustrieren: Als ihn sein Sohn Titus wegen der Einführung einer Abgabe auf Urin tadelte, das zum Gerben nötig ist – vielleicht handelte es sich auch um eine Toilettengebühr –, hielt er ihm ein Geldstück unter die Nase und fragte ihn, ob er etwas röche, und als Titus verneinte, sagte er, das komme vom Urin; daraus ist die Redensart geworden, Geld stinke nicht (non olet).

wurde ganz deutlich, dass diese Grundlage nicht in Konkurrenz zu anderen Verfassungsvorstellungen stand, dass also das Prinzipat sich vermittels des Heeres nicht gegen republikanische Konzepte durchzusetzen hatte, sondern dass alle Kämpfe in seinem Rahmen stattfanden. Und er hatte, als wichtigste Erkenntnis, gezeigt, dass die schlichte Kennzeichnung des Heeres als alleinige Grundlage deshalb viel zu kurz greift, weil dessen Kommandeure meist auch als Statthalter eine auch zivil und politisch kompetente Reichselite darstellten und daher eher sie als diejenigen zu bezeichnen sind, die jetzt den entscheidenden Machtfaktor darstellten.

Wo vorher in Neros Lustgärten ein See war, ließ Vespasian die riesige Arena des Kolosseums zum Vergnügen aller Römer errichten. Das Aquarell des venezianischen Malers Giovanni Volpato in den Staatlichen Kunstsammlungen (Dresden) entstand im ausgehenden 18. Jahrhundert.

Von einfacher Herkunft – Die flavische Dynastie (69–96 n. Chr.)

»Geld stinkt nicht« – Die Regierung Vespasians (69–79 n. Chr.)

Bäuerlich-verschmitzt sah Vespasian aus, und so war er auch; viele Anekdoten illustrieren Maßnahmen, die seine Sparsamkeit und seinen gesunden Menschenverstand betreffen, und auf ihn geht die Redensart zurück: »Geld stinkt nicht« *(non olet)*. Er restaurierte oder baute nach dem Bürgerkrieg sofort die Gebäude auf dem Kapitol wieder auf, zu denen auch der bedeutendste Tempel der römischen Staatsreligion zählte, nämlich der des Iuppiter Capitolinus, er errichtete zahlreiche Nutzbauten, aber auch das riesige Amphitheatrum Flavium in Rom, das heute Kolosseum genannt wird, zur Unterhaltung der hauptstädtischen Bevölkerung. Mit dem Senat stand der Kaiser wieder gut, es gab eine einzige Hinrichtung aus politischen Gründen, die nicht unprovoziert geschah und die Vespasian später bedauerte. Wie Augustus sorgte er nun auch planmäßig dafür, dass der Senat durch tüchtige Männer aufgefüllt wurde. Nicht wenige von denen, die in späteren Jahrzehnten durch besondere Leistungen hervortraten, stammten aus Familien, die durch Vespasian an die Spitze gekommen waren.

Das Bildnis Vespasians in der Ny Carlsberg Glyptotek (Kopenhagen) zeigte den Römern bewusst den unprätenziösen Charakter des neuen Herrschers.

Vespasian organisierte das Heer neu, und höchst bemerkenswert ist nicht nur, dass er die überdimensionierte und auch deshalb gefährliche Prätorianergarde verkleinerte, sondern auch, dass sie sich das gefallen ließ. Wie im Inneren, so betrieb er auch im Reich eine vorausschauende, wohl durchdachte, fast hausväterliche Politik. Er organisierte zahlreiche Provinzen nach praktischen Gesichtspunkten neu, so etwa kam das Duodezkönigreich Kommagene an Syrien, das einer heutigen Öffentlichkeit durch seine überlebensgroßen Skulpturen auf dem Nemrut Daǧı bekannt ist. Besonders hervorzuheben ist, dass er ganz Spanien das latinische Recht verlieh, also die an seine Zeit angepasste Variante des Rechts, mit dem die Römer der hohen Republik ihre Kolonien im italischen Ausland ausgestattet und sie so zu Bollwerken des römischen Staates gemacht hatten.

Vespasian wäre aber kein Soldat und kein antiker Mensch gewesen, wenn er nicht auch größte Härte bis zur Brutalität dort gezeigt hätte, wo die Macht gefährdet war. Der Bataveraufstand am Niederrhein unter Iulius Civilis, der noch aus den Wirren des Vierkaiserjahres herrührte und sich weiter ausgebreitet hatte, wurde vollständig niedergeworfen, und ebenso ging es beim jüdischen Aufstand zu, bei dessen Bekämpfung ihn die Wirren um die Nachfolge Neros

In dem historischen Kriminalroman »Silberschweine« von Lindsey Davis über die römische Kaiserzeit erzählt der Detektiv Falco (S. 25):

Die Sache mit dem Eimer und dem Bleichbottich muss ich wohl erklären. Viel später erzählte ich diese ganze Geschichte mal einer Bekannten, und wir unterhielten uns darüber, mit welchen Mitteln die Wäschereien Kleider bleichen. »Ausgelaugte Holzasche?«, schlug meine Bekannte zögernd vor. Sie benutzen tatsächlich Asche, Pottasche. Sie benutzen auch Soda und Bleicherde, und für die prachtvollen Gewänder der Wahlkandidaten verwenden sie Pfeifenton. Aber die echten alten Togen unseres großartigen Imperiums werden wirklich und wahrhaftig mit dem Urin aus den öffentlichen Latrinen gebleicht. Kaiser Vespasian, der immer originelle Einfälle hatte, wenn es darum ging, bei den Leuten Geld lockerzumachen, hatte diesen altehrwürdigen Handel mit menschlichem Unrat eines Tages mit einer Steuer belegt, und Lenia (die Wäschereibesitzerin) bezahlte die Steuer auch, aber sie ergänzte ihre Vorräte kostenlos, wo immer es ging oder vielmehr lief.

Die Bergfestung Masada 50 km südöstlich von Jerusalem.

unterbrochen hatten. Sein Sohn Titus machte dem ein Ende und eroberte im Herbst 70 Jerusalem unter gewaltigen Opfern auf beiden Seiten. Der Tempel, der nach seiner Entweihung durch Antiochos IV. von den Makkabäern wiederhergestellt worden war, wurde nun erobert und zerstört, die heiligen Geräte wurden im darauf folgenden Jahr im Triumphzug in Rom mitgeführt, der auf einem Relief des Titusbogens auf dem Forum Romanum dargestellt ist. Auf

einem der großen Relieffelder auf der Innenseite des Bogens kann man heute noch die silbernen Trompeten und den siebenarmigen Leuchter sehen; auch der Bau des Kolosseums wurde aus der jüdischen Beute finanziert. Noch zweieinhalb Jahre hielten sich die letzten jüdischen Aufständischen in der Bergfeste Masada, und erst, als die Römer über eine – heute ausgegrabene – gewaltige Rampe anrückten, töteten sich die letzten Verteidiger selbst.

Titus, der Eroberer und Zerstörer Jerusalems, folgt im Prinzipat (79–81 n. Chr.)

»Judäa ist besiegt!«, verkündet die Umschrift auf einer nach der Eroberung von Jerusalem geprägten Bronzemünze. Die personifizierte Judäa sitzt trauernd am Boden, neben einer Palme als Hinweis auf das exotische Land steht ein gefesselter Gegner. Auf der Münzvorderseite der Sieger Vespasian.

Vorausschauend und mit sicherer Hand regelte Vespasian auch die Nachfolge. Er hatte gegenüber seinen Vorgängern und gegenüber anderen auch in Betracht gezogenen Kandidaten für das Prinzipat den großen Vorteil, zwei fähige Söhne zu haben, und dass deren Nachfolge die bare Selbstverständlichkeit war, zeigt abermals, dass es sich beim Prinzipat um eine Monarchie handelte. Titus, 39 geboren und zusammen mit Claudius' Sohn Britannicus erzogen, der Eroberer und Zerstörer Jerusalems, muss persönlich ein Mann großen Charismas gewesen sein, »das Entzücken des Menschengeschlechts« wurde er genannt; das war einzigartig und kann daher

Der große Vesuvausbruch von 79 n. Chr. begrub mehrere Städte in Kampanien unter einer dicken Schicht von Bimsstein und Schlamm. Viele Bewohner konnten sich nicht mehr retten: Die Körperabdrücke der Opfer wurden von den Archäologen mit Gips ausgegossen und so konserviert. Das gut erhaltene Stadtbild von Pompeji ist eine der wichtigsten Fundstätten der antiken Welt.

nicht als billige Schmeichelei interpretiert werden. Er bekam bald nach dem Regierungsantritt seines Vaters das *imperium proconsulare* und die *tribunicia potestas* sowie den zusätzlichen Namen Caesar. Schon Galba hatte kurzfristig einen Lucius Calpurnius Piso zum Mitregenten gemacht und ihn Caesar genannt, sodass man sieht, dass hier ein Titel im Entstehen war, der einen Mitkaiser zweiten Ranges bezeichnete. Auffällig ist, dass Vespasian Titus auch zum Prätorianerpräfekten machte, obwohl das ein ritterständischer Posten war, aber der Kaiser sah sehr gut, welch unerwünschtes Machtzentrum diese Position werden konnte. Skandalöse Frauengeschichten gab es

bei Titus nicht. Bevor sein Vater zum *princeps* aufstieg, war die jüdische Königin Berenike seine Geliebte – ein etwas beunruhigender Tatbestand angesichts des Krieges gegen die Juden –, aber als er sie dann zu seiner legitimen Ehefrau machen wollte, gab er dem öffentlichen Widerstand dagegen nach und verzichtete.

Vespasian starb 79, Titus schon 81; in seine kurze Regierungszeit fiel der Vesuvausbruch vom 24. August 79.

Schon 62 n. Chr. war den Bewohnern Pompejis durch ein Erdbeben die gefährdete Lage ihrer Stadt bedrohlich deutlich geworden. Das Relief an einem Hausaltar zeigt, wie der Jupitertempel am Forum ins Wanken geriet. Rechts wird den erzürnten Göttern ein Stier geopfert. Ohne gute Vorlagen kann der lokale Steinmetz das Geschehen nur in einer sehr naiven und plakativen Bildform zeigen.

Domitian, ein Autokrat (81–96 n. Chr.)

Mit dem Regiment Domitians, des Bruders des Titus, änderte sich einiges. Die Bewertung von dessen Herrschaft ist deshalb schwierig, weil die Forschung das Bestreben hatte, sich von dem düsteren Bild, das Tacitus in seinen »Historiae« (»Historien«) zeichnete, freizumachen. Man bemerkte, dass Tacitus nicht unvoreingenommen schrieb, und rückte demgegenüber die sachlichen Leistungen des Kaisers in den Vordergrund. – Zunächst einmal geschah die Nachfolge problemlos; Titus, der keinen Sohn hatte, hatte Domitian gleich nach seinem eigenen Regierungsantritt zum Mitkaiser gemacht und damit zum Nachfolger designiert, und der Senat legitimierte sofort nach Titus' Tod Domitians Ausrufung zum Kaiser durch die Prätorianer. Tatsache, und keine böswillige Verzerrung, ist nun, dass Domitian alsbald den Autokraten herauskehrte. Er erschien im roten Gewand des Triumphators im Senat, er ließ 24 Liktoren vor sich hergehen, und er ließ sich *dominus et deus* (Herr und Gott) anreden, allerdings nicht göttlich verehren. Ständig bekleidete er das Konsulat, und seine absolute Gewalt über die Senatoren zeigte sich darin, dass er ab 85 Zensor auf Lebenszeit wurde *(censor perpetuus)*.

Sonst war Domitian ein sachlicher Politiker, energisch und tüchtig. Was die Außenpolitik betraf, oder besser die Militärpolitik an den gefährdeten Grenzen des Reiches, hat er nicht Unbedeutendes geleistet. In Britannien, wo die römische Eroberung seit Claudius stetig weitergegangen war, standen die Römer allmählich in Nordengland und Schottland, und insbesondere der schon 77 eingesetzte, aber von Domitian belassene und geförderte Statthalter Gnaeus Iulius Agricola hatte dabei große Verdienste. Unter ihm wurde die Nordspitze Schottlands umschifft, was zeigte, dass Britannien eine Insel war, und dass Domitian später den Agricola abberief, dürfte durchaus sachliche Gründe gehabt haben. Angesichts wichtiger Herausforderungen mussten die militärischen Energien nämlich an-

Diese Bronzebüste (Kopenhagen, Ny Carlsberg Glyptotek) zeigt den Kaiser Domitian. Die Einfassung in einen Akanthuskelch verbindet das Herrscherbildnis gedanklich mit Wachstum und Fülle, die unter seiner glücklichen Regierung herrschen sollen.

derswo zusammengezogen werden. Das war einmal in Germanien. Wohl 89 wurden die bisherigen Heeresabschnitte Ober- und Niedergermanien in reguläre Provinzen umgewandelt, und Domitian drang an Lahn und Dill erstmals wieder gegen einen germanischen Stamm, die Chatten, vor und begann, die Grenze militärisch zu sichern. Weiter östlich mussten die Einfälle der Daker abgewehrt werden. Die Daker waren ein thrakischer Volksstamm, der auf dem

Durch den Ausbau Roms im 1. Jahrhundert n. Chr. kamen tüchtige Bauunternehmer, wie die Familie Haterius, zu Reichtum und Selbstbewusstsein. Ein Relief (links) zeigt im Zentrum den reich geschmückten Grabbau einer Hateria und daneben einen Baukran, an dem viele Arbeiter bei der Bedienung der Flaschenzüge tätig sind. Oben liegt die Verstorbene im Kreise ihrer Familie beim Mahl.
Domitian zieht in Begleitung des Kriegsgottes Mars und seiner Schutzgöttin Minerva in den Kampf (rechts), gestützt von Roma und verabschiedet von den Genien des römischen Senates (in der Toga) und Volkes (mit nacktem Oberkörper). Domitians Gesicht wurde nach seiner Ermordung in ein Porträt Nervas umgearbeitet. Beide Reliefs befinden sich heute in den Vatikanischen Sammlungen in Rom.

Gebiet des heutigen Siebenbürgen lebte, eine Spielart der weiter östlich wohnenden Geten. Die Daker unternahmen nicht nur ab 85/86 Einfälle in römisches Gebiet, sie waren auch dabei, unter ihrem dynamischen König Decebalus ein mächtiges Reich zu bilden, das Rom gefährlich werden konnte. In seinen Kriegen gegen die Daker gelang es Domitian immerhin, diese vorläufig ruhig zu stellen.

In der inneren Verwaltung setzte Domitian die Linie von Vater und Bruder fort. Generell wurde darauf geachtet, dass die zivile und militärische Elite aus sachlich fähigen Männern bestand. Die Verwaltung seines privaten Bereiches ging zunehmend von Freigelassenen auf Angehörige des Ritterstandes über. Domitian überwachte die Beamten intensiv und ging streng gegen Amtsmissbräuche vor. Die Opposition gegen ihn nahm allerdings zu. Ursachen dafür waren gewiss seine Strenge, großenteils auch sein sonstiges herrisches Auftreten und die harte Hand, mit der er den Senat im Griff hielt. Zudem brauchte er wegen allzu großer Freigebigkeit Geld, und das konnte er durch Konfiskationen bei verurteilten Senatoren bekommen. So schaukelte sich die gegenseitige Animosität hoch, es kam zu Verfolgungen wie unter Caligula und Nero.

Domitians Abneigung richtete sich später auch gegen Intellektuelle, also Philosophen, Redner und Schriftsteller, und sie ging so weit, dass er sie aus Italien verbannte. So erklärt sich zum Teil, warum über ihn so abwertend berichtet wird, weiter dadurch, dass er, je länger er regierte, den Senat immer heftiger und unberechenbarer verfolgte. Trotz seiner Leistungen hat Domitians negative Bewertung durch Tacitus, von der sich die althistorische Forschung lange distanziert hatte, jedoch wieder Vertreter gefunden. Was man nämlich in wohlwollender Gesinnung nicht berücksichtigt hatte, weil man es nicht kannte und es sich nicht vorstellen konnte, war die Atmosphäre der lähmenden Angst, die das gesamte Dasein der römischen Oberschicht durchdrungen hatte. Daher war es erst unserem

Jahrhundert vorbehalten, in der Schilderung der Herrschaft Domitians durch Tacitus nicht nur parteiliche Übertreibung zu entdecken, sondern zu bemerken, dass hier eine Situation unter totalitärer Herrschaft unverwechselbar geschildert wird; insbesondere in der Sowjetunion las man Tacitus wie einen zeitgenössischen Autor. – An der Ermordung Domitians am 18. September 96 nahmen sogar auch seine Frau teil, Ritter und Freigelassene, aber auch die Prätorianerpräfekten und schließlich auch Senatoren. Noch am Tag des Tyrannenmordes wurde ein kinderloser Senator von siebzig Jahren, Marcus Cocceius Nerva, vom Senat zum neuen *princeps* bestimmt. Es war eine ausgezeichnete, zukunftsweisende Wahl.

Klingt es nicht höchst aktuell, wenn Tacitus zu Beginn der Biographie seines Schwiegervaters Agricola (Kapitel 2) von der allgegenwärtigen Bespitzelung schreibt:

Wir gaben in der Tat einen schönen Beweis von Unterwürfigkeit; und wie die alte Zeit sah, was das Äußerste in der Freiheit ist, so wir, was in der Knechtschaft, wobei durch geheime Überwachung auch der Austausch im Sprechen und Hören genommen war. Auch das Gedächtnis hätten wir noch mit der Stimme verloren, wenn es so in unserer Macht stünde, zu vergessen wie zu schweigen.

DER OBERGERMANISCH-RÄTISCHE LIMES

Die Grenze des Reiches gegen die Germanen wurde am Oberlauf von Rhein und Donau besonders seit den Germanenfeldzügen Domitians von den Römern zum **Limes** ausgebaut. Die Wälle und Befestigungswerke waren durch zahlreiche Kastelle gesichert.

Es wird adoptiert! – Das humanitäre Kaisertum (96–180 n. Chr.)

Nerva stellt das Kaisertum auf neue Weichen (96–98 n. Chr.)

Dass als Erster der nun folgenden Kaiser ein kinderloser Mann ausgewählt wurde, war möglicherweise Absicht derer, die ihn zum Kaiser machten. Schließlich hatte Rom mit leiblichen Abkömmlingen regierender Kaiser sehr schlechte Erfahrungen gemacht, und vielleicht ist es auch Absicht gewesen, dass Nerva einen ebenfalls kinderlosen Senator adoptierte und ihn dadurch zum Nachfolger designierte, dass er ihm den Titel Caesar verlieh und ihm das *imperium proconsulare* und die *tribunicia potestas* übertragen ließ. Dieser, Marcus Ulpius Traianus, tat das dann später ebenfalls, und weil das noch eine Weile so weiterging, hat man diese Herrscherdynastie die der Adoptivkaiser genannt. Diese Bezeichnung ist deshalb schief, weil der Gedanke der Erbmonarchie, bei der leibliche Söhne die Nachfolge antreten sollten, immer noch der vorherrschende war und jedenfalls die Kaiser nur deshalb adoptierten, weil ihnen leibliche Kinder versagt waren; der Letzte in dieser Reihe, Marcus Aurelius,

Das Bildnis des Nerva auf einer Bronzemünze zeigt die nüchternen und ernsten Züge des Kaisers in aller Schärfe. Nach dem prunkliebenden Regiment des Domitian sollte unter Nerva nun wieder mehr Disziplin einkehren.

Das eindrucksvollste Zeugnis des humanitären Kaisertums ist die Antwort, die Trajan dem Statthalter der Provinz Bithynien und Pontus, dem jüngeren Plinius, auf dessen Anfrage, wie mit Christen zu verfahren sei, gab (Plinius der Jüngere, Briefe 1,97):

Bei der Untersuchung der Fälle derer, die bei dir als Christen angezeigt worden sind, hast du den rechten Weg eingeschlagen. Denn insgesamt lässt sich überhaupt nichts festlegen, was gleichsam als feste Norm dienen könnte. Nachspionieren soll man ihnen nicht; werden sie angezeigt und überführt, sind sie zu bestrafen, so jedoch, dass, wer leugnet, Christ zu sein und das durch die Tat, das heißt: durch Anrufung unserer Götter beweist, wenn er auch für die Vergangenheit verdächtigt bleibt, aufgrund seiner Reue Verzeihung erhält.
Anonym eingereichte Klageschriften dürfen bei keiner Straftat Berücksichtigung finden, denn das wäre ein schlimmes Beispiel und passt nicht in unsere Zeit.

Um nicht in die Hände der Römer zu fallen, gab sich der Dakerkönig Decebalus selbst den Tod. Der kaiserliche Tatenbericht in den Bildern der Trajanssäule lässt die Gelegenheit nicht aus, den Barbarenfürsten wegen Feigheit vor dem Feind anzuprangern.

hatte einen Sohn Commodus, der dann selbstverständlich die Nachfolge antrat, und sofort brach wieder die bekannte Herrschaftskrise aus. Trotzdem ist es natürlich eindrucksvoll, wie es gelang, etwa über ein ganzes Jahrhundert durch Adoption das Ideal des Prinzipats Wirklichkeit werden zu lassen, das darin bestand, jeweils den Geeignetsten zum *princeps* zu machen. Nerva, der nur 16 Monate regierte, hatte damit den Anfang gemacht, und wenn die Adoption Trajans möglicherweise ein innenpolitischer Schachzug gewesen sein sollte, der Nerva aus einer schwierigen Situation rettete, so muss gesagt werden, dass es eben ein Schachzug höchster Qualität und weit reichender Bedeutung war, der allein schon Nerva an einen Ehrenplatz in der römischen Geschichte stellt.

Trajan, der »optimus princeps« (98–117 n. Chr.)

Trajan trat im Oktober 98 sein Amt an. Er stammte aus der spanischen Stadt Italica; wenn aber gelegentlich hervorgehoben wird, dass es mit ihm ein Spanier bis zum *princeps* gebracht habe, so muss man sich vor einem Missverständnis hüten. Selbstverständlich war Trajan kein allenfalls romanisierter Provinziale, sondern ein Römer; Italica ist als römische Gründung bis in die Zeit des älteren Scipio Africanus zurückzuverfolgen. Auch Trajan hatte unter Domitian Karriere gemacht, war 91 Konsul gewesen, und die Nachricht von seiner Erhebung erreichte ihn in Köln, das zu dieser Zeit noch Colonia Claudia Ara Agrippinensium genannt wurde, wo er als Statthalter Obergermaniens stationiert war. Typisch für diesen jetzt 45-jährigen selbstbewussten Soldaten war schon, wie er auf die Ernennung durch den Senat reagierte. Er eilte nicht beflissen oder beseligt nach Rom, sondern er blieb zunächst an der germanischen Grenze, um die letzten Maßnahmen zu ihrer Konsolidierung zu treffen. Auch danach betätigte er sich aus demselben Grund noch an der Donaugrenze und traf erst ein Jahr nach seiner Ernennung in Rom ein. Soldat, auch der äußeren Erscheinung nach, ist Trajan geblieben, und seine Herrschaft drückt sich in ganz besonderem Maße durch militärische Tätigkeit, ja durch große Eroberungen aus, die dem Römischen Reich seit Augustus im Großen und Ganzen fremd geworden waren.

Trajan hatte eine lange Laufbahn als Feldherr, Statthalter und Organisator der römischen Armee hinter sich, als er *princeps* wurde, und der gewissenhafte Abschluss der Herrschaftssicherungsmaßnahmen in Germanien unterstreicht diesen Wesenszug; wir finden ihn auch bei den folgenden militärischen Unternehmungen wieder. Zunächst unterwarf er 101 bis 106 in zwei groß angelegten Feldzügen Dakien, also das im Karpatenbogen liegende Siebenbürgen; König Decebalus gab sich selbst den Tod, eine neue römische Provinz Dacia wurde gegründet. Die militärischen und organisatorischen Sicherungsmaßnahmen einschließlich eines Ansiedlungsprogramms, die auf die gesamten Donauprovinzen ausgedehnt wurden, bedeuteten die komplette Romanisierung dieses Gebietes. Trajan ist heute noch (oder wieder) ein häufiger rumänischer Vorname.

Kaum waren die Daker besiegt, wurde das nabatäische Klientelkönigreich mit der Hauptstadt Petra – bekannt mindestens durch Agatha Christies Buch »Appointment with death« – nach Thronwirren 106 als Provinz Arabia an das Reich angeschlossen, und als im Klientelstaat Armenien ebenfalls Thronfolgestreitigkeiten ausbrachen und die Parther eingriffen, zog Trajan 113 in den Partherkrieg. Wenngleich eine dauerhafte Lösung nicht erreicht wurde, so war Trajan doch der Römer, der den Parthern gegenüber die größten Erfolge aufzuweisen hatte. Er drang tief nach Mesopotamien ein, die Provinzen Armenia und Assyria wurden eingerichtet, und trotz gewichtiger Rückschläge war nicht abzusehen, wie die römische Macht weiter ausgedehnt und stabilisiert werden konnte, wenn nicht zwei Ereignisse den Abbruch hervorgerufen hätten. Erstens brach 115 im Vorderen Orient von Kyrene bis Zypern ein riesiger jüdischer Aufstand aus, der von beiden Seiten grausam geführt wurde und nur mit Mühe unterdrückt werden konnte. Und zweitens starb Trajan 117 im kleinasiatischen Selinus.

Seine Innenpolitik brachte Trajan von den Zeitgenossen die Ehrenbezeichnung *optimus princeps* (bester *princeps*) ein, weil er das Idealbild des *princeps* in der Wirklichkeit verkörperte. Dieses sah den Kaiser als einen Senator, der neben außergewöhnlicher militärischer und administrativer Tüchtigkeit auch die Fähigkeit aufbrachte, den Senat als gleichberechtigten Partner zu behandeln, und im Übrigen als jemanden, der zweckmäßig, ohne monarchisches Gehabe regierte, mit einem etwas anachronistischen Wort: als aufgeklärten Fürsten. Und so war es unter Trajan. Das Verhältnis zum Senat war unter ihm wieder dauerhaft entspannt.

Majestätsprozesse gab es nicht mehr, und Trajans Reverenz gegenüber diesem Gremium und seinen republikanischen Traditionen ging so weit, dass er seinen Amtseid stehend vor dem sitzenden Konsul ablegte. Nun war der Senat nicht mehr ein Gremium, das aus eigener Leistung entstanden war, sondern das auch in seiner Zusammensetzung völlig vom Kaiser abhängig war, und demgemäß setzte sich dem Kaiser gegenüber die Anrede *dominus* (Herr) im emphatischen Sinne durch; auf der anderen Seite verflachte sie doch wieder, sodass aus ihr das spanische *Don,* das portugiesische *Dom* und das rumänische *Domnul* entstehen konnten. Am besten erkennen wir die Art, in der Trajan mit der Senatsaristokratie umging, im zehnten Buch des Briefwechsels des jüngeren Plinius. Während Plinius als Statthalter der Provinz Bithynien und Pontus den Kaiser in überaus elaborierten und ehrfurchtsvollen Briefen um Instruktionen für die verschiedensten Sachverhalte bat, sind die Antwortbriefe des Kaisers – seiner Kanzlei natürlich, aber er setzte den stilistischen Maßstab – knapp und streng auf die Sache beschränkt.

Das Porträt Trajans im Museum von Ostia ist von kolossaler Größe (gegenüberliegende Seite). Es zeigt den Kaiser als einen nüchternen, entschlossenen Mann. In seiner äußeren Erscheinung – und das heißt vor allem: in seinem Haarschnitt – folgt er der Mode der frühen Kaiserzeit und stellt sich damit deutlich in die Nachfolge des Augustus.

Die Mysterienreligion des ursprünglich aus Persien stammenden Sonnengottes Mithras verbreitete sich seit dem 2. Jahrhundert n. Chr. durch das Heer im ganzen Römischen Reich. Eine Marmorskulptur des stiertötenden Gottes in den Vatikanischen Sammlungen (Rom) stammt aus einer Kultkapelle. In der Schächtung des Urstieres sahen die Eingeweihten den Akt der Urzeugung alles Lebendigen.

Der Sohn des Titus Iulius Celsus Polemaeanus, Statthalter in Kleinasien, ließ im frühen 2. Jahrhundert n. Chr. in Ephesos eine öffentliche Bibliothek errichten. Er huldigte damit nicht nur dem damals üblichen Bildungskult, sondern ehrte zugleich seinen Vater, dessen Grablege im Inneren der Bücherei angelegt wurde.

Von den zahlreichen Baumaßnahmen im ganzen Reich sei das riesige Trajansforum in Rom genannt, das zahlreiche Nutzbauten umfasste, darunter zwei öffentliche Bibliotheken sowie die Trajanssäule mit ihrem Reliefband mit der Darstellung der Dakerkriege. In ihr wurde die Asche des Kaisers beigesetzt. Die Donaubrücke am Eisernen Tor war nicht nur ein gewaltiges technisches Wunderwerk, sondern verkörpert auch durch seinen Architekten Apollodoros von Damaskos die riesigen, internationalen Dimensionen des römischen Weltreichs. Die Dakerkriege hatten eine ungeheure Beute erbracht, die zum Teil in überaus teuren Spielen, aber auch wirtschaftlich nutzbringend angelegt wurde. Unter anderem führte Trajan die von Nerva begründeten Alimentarstiftungen tatkräftig fort, durch die italischen Bauern billige Kredite gewährt wurden und deren Zinsen zur Versorgung Bedürftiger verwandt wurden. Italien wurde überhaupt besonders gefördert, was allerdings auch hieß, dass Italien einer besonderen Förderung bedurfte. Auch sonst zeigte sich ein merkwürdiges Doppelgesicht der wirtschaftlichen und zivilisatorischen Entwicklung. Das weitaus dominierende Charakteristikum der Regierung Trajans war zwar der weitere große Aufschwung, den das wirtschaftliche Leben des Reiches nahm – überall blühten die Städte, neue wurden gegründet, bestehende dehnten sich aus. Gleichzeitig stießen manche von ihnen aber auch an ihre wirtschaftlichen Grenzen und waren genötigt, vom Kaiser Unterstützung zu erbitten. Das war für die antike Mittelmeerwelt, die ja von der Vitalität ihrer untersten Einheit, der Stadt, lebte, ein beunruhigendes Zeichen. Aber zunächst und noch für lange Zeit herrschte ungestörter Friede, und das Reich blühte.

Hadrian, ein Feldherr und Schöngeist (117–138 n. Chr.)

Das Bildnis des Kaisers Hadrian in der Berliner Antikensammlung zeigt den Kaiser als Ehrfurcht gebietenden Mann von Weitsicht und Geschmack. Anders als seine Vorgänger greift er die seinerzeit neue Mode des Vollbartes nach klassisch griechischem Muster in gepflegter Form auf.

Im allgemeinen Bewusstsein der Neuzeit ist das Bild, das man sich von Trajans Nachfolger, seinem Neffen Publius Aelius Hadrianus, machte, nicht immer der Gefahr der Verkitschung entgangen. Hadrian selber lieferte natürlich Anlässe für diese Vorstellungen. Seine Liebe zum Griechentum, die ihn sogar einen Vollbart, den griechischen Philosophenbart, tragen ließ, erweckte den Eindruck der Weichlichkeit, und der weltweite Kult, den er mit seinem im Nil ertrunkenen Geliebten Antinoos treiben ließ, dessen jugendlich-melancholische Gestalt heute noch in Skulpturen zahlreicher Museen zu sehen ist, ruft für den modernen Betrachter nicht gerade den Eindruck einer energisch-zupackenden Persönlichkeit hervor. Nimmt man noch seine riesige verspielte Villenanlage in Tivoli hinzu, dann glaubt jeder, das ihm zugeschriebene Verslein »animula, vagula, blandula« (Seelchen, schweifendes, schmeichelndes) gebe seinen Charakter vollständig wieder. Welch ein Irrtum! Richtig ist, dass Hadrian ein großer Griechenfreund war, auch auf Griechisch dichtete und viel für die griechische Kultur getan hat. Auch war er durchaus ein Schöngeist, umfassend gebildet und kenntnisreich, und seine ungewöhnlich intensive Reiselust führte ihn an alle Stätten der griechisch-römischen Zivilisation, die er aus kulturhistorischem Interesse aufsuchte, und das war für einen römischen Kaiser schon etwas Besonderes.

Hadrian war es auch, der der Stadt Athen endlich die Fertigstellung des Olympieions, des Tempels des olympischen Zeus, und dazu einen neuen Stadtteil geschenkt hat, die Hadriansstadt; zu ihr führt heute noch das Hadrianstor; gegenüber dem Römischen Markt ließ er die so genannte Hadriansbibliothek erbauen. Hier zeigt sich schon, dass er kein passiver Genießer mit einem schweifenden Seelchen, sondern ein zupackender Mann war, der aus seiner Bildung konkrete Schlüsse zog. Diese Charaktereigenschaft erwies sich auch in der Politik, die er nach Herrschaftsantritt verfolgte, und zwar paradoxerweise gerade darin, dass er die kostspielige und nur halb geglückte Eroberungspolitik Trajans abbrach und zum Teil rückgängig machte. Dieser Kurswechsel zeugte nämlich nicht nur von Einsicht, sondern auch von energischem Durchsetzungsvermögen, denn Trajans Generäle waren nicht damit einverstanden, und ihre Opposition musste gewaltsam zum Schweigen gebracht werden.

Hadrian war auch seinerseits ein tüchtiger und umsichtiger Feldherr, der die Armee neu organisierte und insbesondere die soldatische Disziplin durch Strafen, Belohnungen und sogar durch einen neuen Kult der *disciplina militaris* wieder stabilisierte. Er führte eine neue Waffengattung nach persischem Vorbild ein, die schwere Reiterei der Kataphrakten, und unter ihm wurden die barbarischen Hilfstruppen unter der Bezeichnung *numeri* neu organisiert. Die militärische Sicherung der Reichsgrenzen wurde stationar: Hadrian ging dazu über, die örtlich ausgehobenen Truppen nicht mehr in andere Reichsteile zu verlegen, sondern an Ort und Stelle einzusetzen, und unter ihm wurden die Grenzen zu einem festen Verteidigungssystem ausgebaut, dem Limes, wie wir ihn heute vor allem im Bewusstsein haben; der Hadrianswall in Britannien ist das berühmteste Beispiel.

Hadrians Reichspolitik bestand im weiteren Ausbau des Städtewesens, so ist das anderthalb Jahrhunderte später welthistorisch gewordene Hadrianopolis (Adrianopel, heute Edirne) seine Gründung. Eine andere Gründung führte aber schon zu Hadrians Lebzeiten zu bedeutenden Konsequenzen. 130 gründete er in Jerusalem die Colonia Aelia Capitolina und ließ an der Stelle des alten Jahwetempels einen Tempel für Iuppiter Capitolinus, den kapitolinischen Jupiter, errichten. Das führte zum letzten jüdischen Aufstand der Antike, unter

Hadrian ließ seinen Liebling Antinoos, der 130 n. Chr. im Nil ertrunken war, als Gott verehren. Der weit verbreitete Kult fand vor allem im Osten des Reiches große Resonanz. Man verehrte in dem Jüngling nicht allein die Person, sondern geradezu das kulturelle Modell der griechischen Kunst. So zeigt ihn eine Statue im Museum von Delphi in klassischer Jünglingsgestalt.

Der Hadrianswall zieht sich nördlich des Tynetals zwischen Carlisle und Newcastle upon Tyne über 120 km durch das nördliche England. Er bildete mit einer kurzen Unterbrechung zweieinhalb Jahrhunderte die Nordgrenze des Römerreiches.

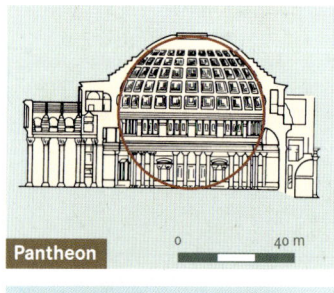

Pantheon
0   40 m

Das Pantheon, der »Tempel aller Götter« in Rom wurde 609 n. Chr. in eine christliche Kirche umgewandelt und blieb dadurch fast vollständig erhalten. Die monumentale Wirkung des Kuppelbaus beruht auf einfachen und klaren Proportionen. Es ist möglich, daß Hadrian selbst das Gebäude entworfen hat, welches er nach einem Brand neu errichten ließ. Auf dem Gebälk nennt er bescheiden nur den Namen des Agrippa, der den Vorgängerbau errichten ließ.

Der Tempel des vergöttlichten Hadrian in Ephesos wurde durch eine private Stiftung finanziert. Noch im späten 4. Jahrhundert n. Chr. restaurierte man den Bau und vervollständigte seinen Schmuck.

Bar Kochba (»Sternensohn«), der von 132 bis 135 dauerte; an dessen Ende wurde Jerusalem zerstört, und die Juden gingen endgültig in die Diaspora. Schließlich wirkte Hadrian auch in der inneren Organisation des Reiches zusammenfassend und abschließend. Unter ihm wurde das System der kaiserlichen Ländereien planmäßig durchorganisiert, indem er das Land an freie Bauern verpachten ließ, die Kolonen (coloni); die Verpachtung wurde von Mittelsmännern durchgeführt, den Konduktoren (conductores). Diese organisatorische Maßnahme prägte die Landwirtschaft insbesondere in der Spätantike deutlich. Die Personalstruktur der Verwaltung wurde durchorganisiert, indem jetzt endgültig und durchgängig juristisch ausgebildete Ritter eingesetzt wurden, mit abgestuften Rängen, unterschiedlichen Gehältern und festgelegten Beförderungsregeln. Hadrians Beraterstab wurde als consilium principis als feste Instanz organisiert. Ein Schlussstrich wurde unter die Entwicklung des römischen Rechts gezogen. Hadrian beendete die seit den Anfängen des Staates bestehende Rechtssetzungsbefugnis der Prätoren und beauftragte den Juristen Publius Salvius Iulianus, das über viele Jahrhunderte hin entwickelte »Prätorische Edikt« festzuschreiben und zu kommentieren, das edictum perpetuum. In dieser Gestalt ist es dann weiter tradiert worden.

Hadrian starb 138 und wurde in dem von ihm errichteten Mausoleum in Rom beigesetzt, das heute als Engelsburg berühmt ist.

Antoninus Pius (138–161 n. Chr.) und der Philosophenkaiser Mark Aurel (161–180 n. Chr.)

Hadrians Nachfolger wurde nach komplizierten Adoptionsverfahren der reiche Senator Antoninus, der wegen der von ihm durchgesetzten Vergöttlichung Hadrians den Beinamen Pius erhielt. Er regierte bis 161, und wenn man den Ausspruch des Perikles, diejenige Frau sei die beste, von der man am wenigsten spreche, übertragen darf, dann war die Regierung des Antoninus Pius die beste, die Rom hatte, denn von seinen immerhin 22 Herrscherjahren weiß man sehr wenig. Das liegt nicht an einer besonderen Kargheit der Quellen, sondern diese Kargheit ist ihrerseits zum Teil dadurch verursacht, dass nichts Spektakuläres zu berichten war, weder im besonders Guten noch im besonders Bösen. Nicht zu Unrecht ist daher diese Ära immer als die friedlichste der römischen Geschichte angesehen worden, und für wen halkyonische Ruhe und müde Leidenschaftslosigkeit das Ideal darstellt, der wird sich wünschen, unter Antoninus Pius gelebt zu haben. Natürlich hat es kleinere Kriege und Aufstände gegeben, und immerhin hat der Kaiser das Limessystem in Germanien weiter ausgebaut, auch territorial, und er hat die römische Grenze in Britannien 120 km nach Norden verlegt und an der schmalsten Stelle der Insel den allerdings nur kurzlebigen Antoninuswall errichtet. Unter seinem Adoptivsohn und Nachfolger Marcus Aurelius wurde es dann wieder interessanter, wegen äußerer Ereignisse und wegen der Persönlichkeit dieses Kaisers, der bei uns Mark Aurel genannt wird.

Das Schicksal Mark Aurels waren die Germanen- und Sarmatenkriege, die ersten Vorboten eines Völkersturms, der später zum Ende des Reiches beitragen sollte. Markomannen, Quaden und Jazygen drängten neben zahlreichen anderen Barbaren im Donauraum unablässig gegen die Grenzen, und der Kaiser hat die meiste Zeit seiner Regierung dort im Feldlager verbracht; die Mark-Aurel-Säule auf der Piazza Montecitorio in Rom, vor dem heutigen italienischen Parlament, schildert in Parallele zur Trajanssäule diese Kämpfe. Es gelang eine Eindämmung, und im Osten gelang sogar ein Zurückdrängen des Partherreiches, mit dem der Krieg wieder aufgeflammt war. Am berühmtesten freilich ist der Kaiser durch das Buch geworden, das er geschrieben hat, die »Selbstbetrachtungen«. Es sind tatsächlich Selbstgespräche, zum Teil tagebuchartigen Charakters, im Feldlager unter schlimmen äußeren Bedingungen aufgezeichnet.

Mark Aurel war der Letzte der Adoptivkaiser und gleichzeitig der letzte Kaiser, der das humanitäre Kaisertum vertrat.

Für Mark Aurel war die stoische Philosophie die Grundlage einer persönlichen Ethik, die den Herrscher auch im Felde in die Pflicht nahm. Das Standbild vom Kapitolsplatz in Rom zeigt ihn als Feldherrn.

Kaiser nichtrömischer Herkunft! – Die severische Dynastie (193–235 n. Chr.)

Die severische Dynastie beginnt noch nicht: Commodus (180–192 n. Chr.) und Pertinax (192–193 n. Chr.)

D er Nachfolger des letzten Vertreters des humanitären Kaisertums war der leibliche Sohn von Mark Aurel, Commodus, und sofort trat das ein, was längst überwunden schien, nämlich eine Tyrannenherrschaft alten Stils. Commodus, der aus rein dynastischen Gründen ohne Mitwirkung des Senats Kaiser wurde, war ein grober Kerl, der am liebsten Gladiator geworden wäre und sich als Herkules mit der Keule abbilden ließ. Mit dem Senat lebte er auf Kriegsfuß, zahlreiche Senatoren wurden wie in den schlimmsten Zeiten des 1. Jahrhunderts hingerichtet, und da Commodus überall Verschwörungen witterte und grausam gegen sie vorging, so rief er durch dieses Verhalten wieder das hervor, was er bekämpfen wollte, nämlich Verschwörungen. Am letzten Tag des Jahres 192 gelang die letzte Verschwörung, Commodus wurde ermordet. Die Verschwörer erhoben den tüchtigen, militärisch bewanderten Pertinax zum Kaiser, und der Senat erkannte ihn an, weil er die Gewähr bot, dass er wieder im Einklang mit seinem Stand regieren würde. Aber wie im Jahr 68/69 brachen jetzt Kämpfe zwischen den einzelnen Heeresgruppen aus, die den jeweiligen Oberkommandierenden zum Kaiser machen wollten.

Kaiser Commodus präsentierte sich gern in der Rolle des neuen Herkules. Die Porträtbüste im Konservatorenpalast, Rom, zeigt ihn mit dem Löwenfell und der Keule des Helden sowie den Unsterblichkeit verheißenden Äpfeln der Hesperiden. Von den eleganten und gebildeten Idealen des antoninischen Herrscherhauses konnte er sich jedoch nicht frei machen, wie die Mimik sowie die Haartracht zeigen.

Septimius Severus (193–211 n. Chr.)

D er Legat Pannoniens war der Sieger, Lucius Septimius Severus. Trotz der Ähnlichkeit im äußeren Verlauf hatte sich seit dem letzten Kampf um den Kaiserthron 68/69 Entscheidendes verändert.

Zum einen war die Rolle der Soldaten jetzt überdeutlich geworden. Schon früher war ihre Loyalität durch hohe Sonderzahlungen, Donative, erkauft worden, aber jetzt gehörten diese Bestechungssummen zum normalen Vorgang der Kaisererhebung; nicht umsonst erteilte Septimius Severus auf dem Totenbett seinen Söhnen den Rat, allein auf die Zahlungen an die Soldaten komme es an. Zum anderen zeigt die regionale und ethnische Herkunft der Prätendenten, wie sehr die Elite des römischen Kaiserreichs inzwischen aus dem ganzen Mittelmeergebiet rekrutiert wurde. Didius Iulianus, der nicht einmal drei Monate des Jahres 193 Kaiser war, und Pescennius Niger,

Seit dem 2. Jahrhundert n. Chr. wurde die literarische Bildung zum wichtigsten Ideal der gehobenen Klassen. Ein um 270 n. Chr. entstandener Sarkophag in den Vatikanischen Sammlungen, Rom, zeigt den Verstorbenen bei der Lektüre einer Papyrusrolle in Gesellschaft von Musen mit den Gesichtszügen seiner Familienangehörigen und von weisen Männern.

Das Bildnis der Kaiserin Iulia Domna in der Münchener Glyptothek. Ihre zusammengewachsenen Brauen galten bei den Zeitgenossen als Schönheitsmakel, den die selbstbewusste Herrscherin jedoch nicht überspielte und so in den Rang eines Modeattributes erhob.

der im April wie Septimius Severus zum Kaiser ausgerufen wurde, waren zwar Italiker, aber Clodius Albinus, ebenfalls im April erhoben, stammte aus dem nordafrikanischen Hadrumetum (heute Sousse in Tunesien), und den Vogel schoss der Sieger zusammen mit seiner Familie ab. Septimius Severus war aus Leptis Magna im heutigen Libyen und soll sein Leben lang mit punischem Akzent gesprochen haben – man stelle sich vor, ein römischer Kaiser mit dem Tonfall des alten Erzfeindes Roms! Freilich entstammte er einer seit langem romanisierten Senatorenfamilie, und das tat auch seine Frau, Iulia Domna aus Emesa, dem heutigen Homs in Syrien. Die Familie, aus der sie kam, war die des einheimischen Priesterkönigtums, die einen lokalen Sonnengott verehrte.

Die Politik des Severus nahm zwar auf den Senat nicht allzuviel Rücksicht, war aber nicht von besonderer Grausamkeit. Der ritterständische Prätorianerpräfekt Gaius Fulvius Plautianus, mit dessen Tochter der Kaisersohn Caracalla verheiratet wurde, wurde zwar übermächtig, schließlich aber doch auch gestürzt. Zudem bekam dieses Amt des Prätorianerpräfekten jetzt einen neuen Charakter dadurch, dass es auch hohe Juristen bekleideten, so Papinian, genauer Aemilius Papinianus, einer der größten Juristen der europäischen Geistesgeschichte. Tatkräftig konsolidierte der Kaiser das Reich. Er teilte mehrere große Provinzen in handhabbarere kleinere auf; er verlieh den Agglomerationen Ägyptens den Charakter von Städten, sodass sich dieses Land endlich der allgemeinen griechisch-römischen Infrastruktur anschließen konnte; er förderte auch sonst in Schwierigkeiten geratene Städte und baute in großem Stil – natürlich in seiner Heimatstadt Leptis Magna, aber auch in Rom; sein Ehrenbogen auf dem Forum Romanum ist heute noch zu sehen. Zuletzt führte er an der Nordgrenze Britanniens Krieg und starb 211 in Eburacum, dem heutigen nordenglischen York.

Caracalla (211–217 n. Chr.) und Geta – und die Nachfolge

Die Söhne des Septimius Severus, Caracalla und Geta, regierten zunächst zusammen, aber schon 212 ließ der brutale und größenwahnsinnige Caracalla seinen Bruder Geta umbringen, angeblich sogar im Schoß ihrer gemeinsamen Mutter Iulia Domna, wohin sich der zarte Geta geflüchtet hatte. Viele vermeintliche Gegner Caracallas wurden gleich mit umgebracht, darunter Papinian, der sich geweigert hatte, in einem juristischen Gutachten den Brudermord zu rechtfertigen. Caracalla ließ aus allen Darstellungen und Inschriften Porträt und Namen Getas entfernen, und die Museen der Welt sind voll von steinernen Zeugnissen, auf denen neben Caracalla eine leere Stelle ist, die das Andenken an Geta entgegen den Intentionen seines Bruders erst recht wach hält.

In allen öffentlichen Gebäuden des Reiches war der Kaiser im Bildnis gegenwärtig, in den meisten Fällen als gemaltes Porträt. Erhalten blieb davon nur ein Gruppenbildnis der severischen Familie in der Antikensammlung, Berlin. Oben Septimius Severus und Iulia Domna, unten ihre beiden Söhne Caracalla und Geta. Das Bildnis des Geta wurde nach seiner Ermordung gelöscht und besudelt.

Mit Caracallas Namen ist eine Reform verbunden, die seine klugen Juristen entworfen haben, die »Constitutio Antoniniana« von 212, also das Antoninische Gesetz, das seinen Namen von der fiktiven Abstammung der Severer von den Antoninen hat, deren Familie von Hadrian bis Didius Iulianus alle Kaiser gestellt hatte. Es verlieh mit Ausnahme einer heute nicht mehr genau zu bestimmenden Gruppe allen Reichsangehörigen das römische Bürgerrecht, zog also auch die rechtliche Konsequenz aus der Tatsache, dass das Mittelmeergebiet im Laufe der Kaiserzeit zu einer Einheit zusammengewachsen war. Mag der unmittelbare Anlass auch der gewesen sein, jetzt mehr Steuern erheben zu können, so ist dieser gesetzgeberische Akt doch mindestens von hoher symbolischer Bedeutung.

Das Bildnis Caracallas in Militärtracht soll dem Betrachter die Sicherheit vermitteln, dass dieser Herrscher die Probleme des Reiches energisch anpackt und gegenüber den Soldaten den richtigen Ton anzuschlagen weiß (Berlin, Antikensammlung).

Sein Ende erlebte Caracalla 217 im Osten im Krieg gegen die Parther. Er wurde ermordet, aber sein Nachfolger, der Prätorianerpräfekt Macrinus, unterlag bald einem Großneffen Caracallas. Nach Caracallas Tod hatte seine Mutter, Iulia Domna, Selbstmord begangen, und das dürfte erst recht dazu beigetragen haben, im Heer die Stimmung gegen den neuen Kaiser zu schüren. Jedenfalls propagierte Iulia Domnas Schwester, Iulia Maesa, im Stammsitz der Familie Emesa das Gerücht, der junge Sonnenpriester Elagabal, der Sohn ihrer Tochter Iulia Soaemias, sei in Wirklichkeit der Sohn Caracallas, und das Ergebnis war dessen Ausrufung zum

Kaiser im Jahre 218; Macrinus unterlag in einer Schlacht und wurde getötet.

Elagabal (218–222 n. Chr.), Severus Alexander (222–235 n. Chr.) und der Einfluss ihrer weiblichen Verwandten

Porträt des Elagabal im Kapitolinischen Museum, Rom. Der Besteller des Ehrenbildnisses hatte offenbar kein Interesse, die Selbstdarstellung des Kaisers als Orientalenfürst zu rühmen, und blieb lieber in der Tradition des römischen Prinzenbildes.

Nachdem die Prätorianergarde 235 n. Chr. Maximinus Thrax zum neuen Kaiser ausgerufen hatte, wurden viele Bildnisse des Severus Alexander von den Soldaten gestürzt. Das Porträt in der Kunstsammlung der Ruhr-Universität Bochum zeigt Hiebe einer Spitzhacke, welche die Skulptur zwar nicht zerstörten, sie aber symbolisch töteten.

Mit Elagabal begann das bizarrste Kapitel der bisherigen römischen Geschichte. Elagabal, latinisiert Heliogabalus, zog geschminkt und juwelenüberhangen in Rom ein, vor einem Wagen einhergehend, der einen schwarzen Meteoriten trug. Dieser Meteorit war der heilige Gegenstand, der den Sonnengott verkörperte, und Elagabal schritt rückwärts vor ihm her, um ihn immer im Auge behalten zu können. Er fühlte sich auch als römischer Kaiser vor allem als Priester dieses Sonnengottes, den er sogar zum höchsten römischen Staatsgott erklärte und dem er einen Tempel bauen ließ. Im Übrigen führte er, von seiner Mutter unterstützt, ein psychopathisches Willkürregiment mit vielen Mordtaten. Die Großmutter Iulia Maesa spürte die wachsende Ablehnung dieser gefährlichen Witzfigur durch alle Schichten der römischen Bevölkerung und ließ daher den Sohn ihrer zweiten Tochter Iulia Mamaea, Severus Alexander, zum Mitkaiser erheben. Nach mehreren Versuchen Elagabals, den konkurrierenden Vetter zu ermorden, wurde schließlich er selbst mit seiner Mutter 222 von Prätorianern erschlagen.

Severus Alexander verkörpert sozusagen den Nachsommer nicht nur der Severerdynastie, sondern der hohen römischen Kaiserzeit überhaupt. Unter ihm wurde der zweite ganz große Jurist Domitius Ulpianus (Ulpian) Prätorianerpräfekt, und der mindestens gleichrangige Iulius Paulus stieg zum Mitglied des kaiserlichen *consilium,* des kaiserlichen Beirats, auf. Severus Alexander, römisch erzogen und gebildet, soll ein gutes Verhältnis zum Senat gehabt haben. Zusammen mit ihm regierten seine Großmutter und seine Mutter, Iulia Mamaea, de facto das Reich, nach dem Tod der Maesa 226 Mamaea allein. In seine Regierungszeit fallen zwei Ereignisse, die den Zusammenbruch des Reiches einläuteten. Zum einen gelangte 224 im Partherreich die Dynastie der Sassaniden an die Macht, die die bisher herrschenden Arsakiden ablösten, und diese begannen eine dynamische, aggressive Politik gegenüber Rom, die schwerwiegende Auswirkungen bekommen sollte. Zum anderen überschritten 233 die germanischen Alamannen den Rhein und begannen, Gallien zu verwüsten. Sie waren nach den Markomannen die weiteren Vorboten der großen Völkerwanderung, und zu ihrer Abwehr eilten Severus Alexander und seine Mutter an den Rhein. Als die römischen Truppen aber merkten, dass weniger militärisches Vorgehen als vielmehr Tributzahlungen an die Germanen vorgesehen waren, meuterten sie und erschlugen bei Mainz (Mogontiacum) den Kaiser und seine Mutter.

Zum neuen Kaiser wurde ein älterer Haudegen barbarischer Herkunft ausgerufen, Maximinus Thrax.

Zu der äußeren kam eine innere Krise hinzu. Schon unter Trajan hatten sich ja die ersten Anzeichen gezeigt, dass die blühende Stadtkultur begann, in wirtschaftliche Schwierigkeiten zu geraten. Diese Schwierigkeiten verstärkten sich immer mehr, sodass man dazu übergehen musste, die bisher freiwillig erbrachten Leistungen der Bürger für ihre Städte da und dort zwangsweise einzufordern und überhaupt den Staat immer mehr regulierend eingreifen zu lassen. Caracallas Verleihung des Bürgerrechts an alle Reichsbewohner verfolgte möglicherweise vor allem fiskalische Ziele, und auch die rechtliche Urbanisierung Ägyptens durch Septimius Severus ist zum Teil damit zu erklären. Nimmt man nun noch die immer mehr angewachsene Bedeutung des Heeres als innenpolitischer Machtfaktor und das Zurücktreten des Senats hinzu, dann erscheint folgender Mechanismus des geschichtlichen Prozesses in sich stimmig: Die äußere Bedrohung steigerte die existenzielle Bedeutung der Heere, der kein anderer Faktor mehr ausgleichend die Waage halten konnte. Folglich bestimmten erst recht sie, wer zum Kaisertum gelangen sollte, und da es mehrere Heeresgruppen gab, nahmen neben der Abwehr der äußeren Feinde die gegenseitigen Kämpfe immer mehr zu. Entsprechend wurden die materiellen Mittel der Städte immer mehr und immer ungeordneter herangezogen, die durchziehenden Heere requirierten immer ungehemmter, und der wirtschaftliche Niedergang nahm zu. Das Reich begann, mehr und mehr im Chaos zu versinken.

Von Ulpian stammen weltberühmt gewordene Maximen zum Wesen des Rechts (Digesten I,I,10). »Suum cuique« wurde der Wahlspruch der preußischen Könige:

Gerechtigkeit ist der unwandelbare und dauerhafte Wille, jedem sein Recht (»ius suum cuique«) zu gewähren.

Fünfzig Jahre Anarchie – Die Soldatenkaiser (235–284 n. Chr.)

Das Chaos war so groß, dass wir für die nun beginnenden fünfzig Jahre der so genannten Soldatenkaiser – rund dreißig waren es, wobei schwer zwischen legitimen und illegitimen zu unterscheiden ist – einen ganz ungewöhnlichen Mangel an Quellen haben. Daher sind die inneren Mängel am besten anhand der Maßnahmen erkennbar, die Kaiser Diokletian gegen sie getroffen hat, also der Kaiser, der am Ende dieser Periode steht und das Reich wieder stabilisierte. Von den für den Fortbestand des Römischen Reiches lebensgefährlichen Angriffen der Germanen und Sassaniden ist allerdings zu sagen, dass sie zwar die unmittelbare Ursache für die Unzahl der Kaisererhebungen waren, dass sie aber doch im Großen und Ganzen gemeistert wurden. Alamannen, Franken, Goten und die zeitweise bis auf die Peloponnes vordringenden Heruler wurden schließlich doch zurückgeworfen, und diese Leistungen der Soldaten und ihrer Befehlshaber lassen einen den katastrophalen Zustand des Reiches, in den es durch eben diese Heere wegen ihrer Rivalitäten versetzt wurde, doch in einem etwas milderen Lichte erscheinen. Die jeweiligen Kai-

Die Kaiser des 3. Jahrhunderts n.Chr. traten mit militärischem Kurzhaar und dem typischen Dreitagebart ausgesprochen soldatisch auf. Ihre Gesichtszüge sind von der Sorge um das Reich (cura imperii) geprägt. Das Bildnis des Philippus Arabs (links) steht in den Vatikanischen Sammlungen, das seines aus Illyrien stammenden Gegners Decius (rechts) im Kapitolinischen Museum, Rom. Die fremdländische Herkunft spielte in der Herrscherrepräsentation keine Rolle.

sererhebungen geschahen oft ja nur deshalb, weil man sich von dem neuen Prätendenten eine effektivere Kriegführung erhoffte, und ein großer Teil dieser Soldatenkaiser bestand tatsächlich aus eindrucksvollen und fähigen Männern, die nicht alle bloße Haudegen waren, sondern die sich auch im Inneren um die Wiederherstellung des Staates bemühten.

Nur ganz wenige können wir hier nennen. Nach Maximinus Thrax folgten 238 noch einmal kurzfristig einige Senatskaiser, bis mit Philippus Arabs 244 bis 249 sogar ein wenn auch romanisierter Araberscheich Kaiser wurde. Kaiser Valerian, der 253 auf den Thron kam, führte einen nicht aussichtslosen Perserkrieg gegen den Sassanidenkönig Schapur I., geriet aber als erster römischer Kaiser 260 in Gefangenschaft, in der er umkam; Schapur rühmte sich dieses Sieges in dem berühmten Felsrelief bei Naksch-e Rostam. Valerians Sohn Gallienus konnte immerhin die Nachfolge antreten und wurde 268 ermordet. Wichtig ist die Regierung Kaiser Aurelians 270 bis 275, auch er wurde freilich ermordet. Mit seinem Namen ist die riesige Stadtmauer verbunden, die er um Rom zog, um die Stadt gegen barbarische Einfälle zu schützen, ein ungeheuer bezeichnendes Faktum. Fertiggestellt wurde sie unter Marcus Aurelius Probus. Aurelian besiegte das Sonderkaisertum des Palmyreners Odaenathus und von dessen ihm nachfolgender Gattin Zenobia, die zeitweise sogar Ägypten beherrschte, zog sich aber aus Dakien zurück, sodass in der Forschung

AURELIANISCHE MAUER

besiedeltes Stadtgebiet
öffentliche Gebäude
Straßen
Wasserleitungen
Stadtmauer der republikanischen Zeit
Aurelianische Stadtmauer

Die Bebauung Roms war seit den Tagen der Republik längst über die alten Stadtgrenzen hinausgewachsen. Kaiser Aurelian ließ das gesamte besiedelte Areal daher zur Sicherung gegen Barbareneinfälle seit 271 n. Chr. mit einem 19 km langen Mauerring umziehen.

die Frage nach der romanischen Kontinuität im Karpatenbogen entstanden ist. Es dauerte dann noch elf Jahre, bis am 20. November 284 der romanisierte Illyrer Diokles, Befehlshaber der kaiserlichen Leibwache, von den Soldaten in Nikomedeia (heute İzmit) zum Kaiser ausgerufen wurde. Unter dem Namen Diocletianus (Diokletian) ist er als der Kaiser in die Geschichte eingegangen, dessen gewaltiges Werk der Stabilisierung und Umorganisierung des Reiches eine neue Epoche einleitete, die des spätrömischen Reiches.

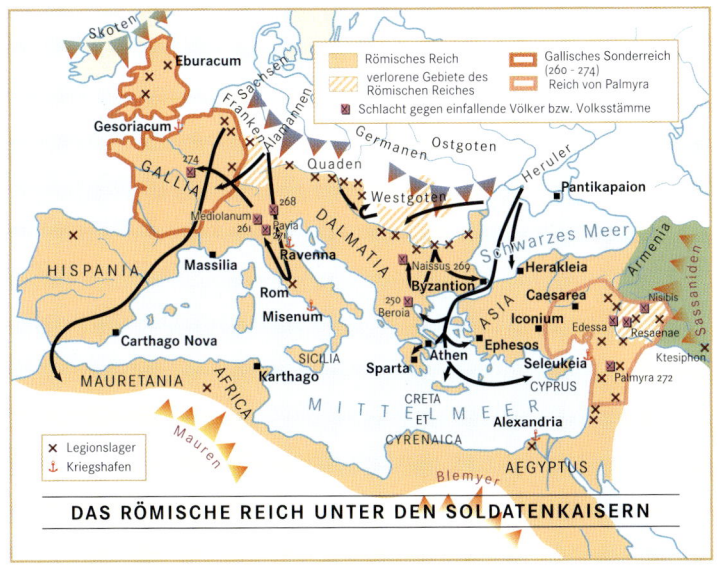

Römisches Reich
verlorene Gebiete des
Römischen Reiches
Gallisches Sonderreich
(260 - 274)
Reich von Palmyra
Schlacht gegen einfallende Völker bzw. Volksstämme

× Legionslager
⚓ Kriegshafen

DAS RÖMISCHE REICH UNTER DEN SOLDATENKAISERN

Die Errichtung des spätantiken Zwangsstaates – Das spätrömische Reich bis zur Reichsteilung (284–395 n. Chr.)

Der Reformer Diokletian zentralisiert das Reich und führt die Tetrarchie ein (284–305 n. Chr.)

Diokletian erkannte zunächst, dass das Reich straffer zentral geführt werden müsse und dass die Größe der einzelnen Provinzen auch als Basis für Usurpationen den Statthaltern zu viel Machtfülle gäben. Daher verkleinerte er sie, sodass das Römische Reich nun etwa hundert Provinzen zählte. Die Städte waren durch die wirtschaftliche Entwicklung immer weniger in der Lage, als selbsttätig funktionierende Unterinstanzen des Staatsaufbaus zu wirken, und die wilden Verhältnisse der vergangenen fünfzig Jahre hatten erst recht zu ihrem Niedergang geführt. Daher mussten ihre Aufgaben teilweise vom Staat, das heißt von einer staatlichen Beamtenschaft, übernommen werden, die ebenfalls zentralisiert wurde. Diese Straffung der Verwaltung führte zu einer geregelten Finanzverwaltung und Intensivierung der Geldbeschaffung für die gestiegenen Staatsausgaben und für das Heer, das auf 60 Legionen vergrößert wurde, für die stark vermehrte Beamtenschaft und für die Bautätigkeit, so für Diokletians Paläste in Nikomedeia und Spalatum (Split) oder für die Thermen in Rom. Die Besteuerung wurde einheitlich geregelt, indem in fünfjährigem Turnus die jeweilige Abgabe nach Person und nach Grundbesitz festgelegt wurde, die demgemäß *capitatio iugatio* genannt wurde.

Das Wirtschaftsleben sollte durch verschiedene Münzreformen stabilisiert werden sowie dadurch, dass Diokletian durch kaiserliches Edikt für sämtliche Waren Höchstpreise festlegte; dieses Edikt ist in zahlreichen Bruchstücken inschriftlich erhalten, aber wie alle

Die Kaiser der Tetrarchie regieren der Idee nach mit fester Hand und in vollendeter Eintracht. Die Bilder stellen sie daher als gepanzerte Heerführer dar, die zum Zeichen der Herrschaft jeweils die Weltkugel halten und dabei einander umarmen. Ein Säulendenkmal in den Vatikanischen Sammlungen, Rom, zeigt ihre Gleichberechtigung bis in die Gesichtszüge, lediglich sind die beiden Augusti als älter und daher bärtig dargestellt.

Ein Auszug aus dem Höchstpreisedikt (20,1,1ff.; nach Siegfried Lauffer). Hier sind die Preise, die niemand überschreiten darf, angegeben:

Ware	Menge	Denare
Getreide	pro Lagerscheffel (ca. 8,73 l)	(100)
Gerste	pro Lagerscheffel	60
Roggen	pro Lagerscheffel	60
enthülste Hirse	pro Lagerscheffel	100
gewöhnliche Hirse	pro Lagerscheffel	50
ungeschrotete Bohnen	pro Lagerscheffel	60
Linsen	pro Lagerscheffel	100
Platterbsen	pro Lagerscheffel	80
gespaltene Erbsen	pro Lagerscheffel	100
nicht gespaltene Erbsen	pro Lagerscheffel	60
Wein aus Picenum	pro italischer Sextar (ca. 0,54 l)	30
Wein aus Tibur	pro italischer Sextar	30
Wein aus dem Sabinerland	pro italischer Sextar	30
amineischer Wein	pro italischer Sextar	30
Landwein	pro italischer Sextar	8
Weizenbier oder Bier	pro italischer Sextar	4
Gerstenbier	pro italischer Sextar	2

Höchstpreisvorschriften der Geschichte konnte es sich nicht durchsetzen. Diokletian hatte weiter das Empfinden, dass der Niedergang Roms auch geistige Ursachen habe. Er, der als romanisierter Illyrer das Römertum besonders intensiv empfand, versuchte, im ganzen Reich das römische Recht sowie das Latein als Amtssprache einzuführen, und er wollte die überkommene altrömische Religion dadurch stärken, dass er den Jupiterkult besonders förderte. Das richtete sich gegen die stark vorgedrungenen orientalischen Religionen, darunter besonders gegen das Christentum; unter Diokletian fanden die letzten und besonders grausamen Christenverfolgungen statt. Diese Maßnahmen scheiterten letztlich, im Ganzen gesehen gelang es ihm aber doch, das Chaos der Soldatenkaiserzeit zu beenden und das Reich wieder in ein ruhiges Fahrwasser zu lenken. Ursache dafür war aber gewiss auch eine Art allgemeiner Erschöpfung.

Das staatsmännische Geschick des Kaisers zeigte sich auch in der Nachfolgeregelung, und obwohl auch sie in der Weise, wie sie Diokletian vorgeschwebt hatte, keinen Bestand hatte, so führte doch auch sie letzten Endes zu einem lange Zeit stabilen Kaisertum. Diokletian stärkte die Position des Kaisers, indem er ihn, unter anderem durch ein streng geregeltes Hofzeremoniell, zu einer entrückten, über alle anderen weit erhobenen und fast gottgleichen Person machte: Er selbst und alles, was ihn betraf, war von jetzt an *sacer* (heilig). Der Senat spielte nur noch eine rein formale Rolle, wenngleich das Sozialprestige des Senatorenstandes unvermindert hoch war. Außerdem hatte Diokletian eingesehen, dass das große Reich

Von der Stadtkultur zum feudalen Lebensstil. Das Mosaik im Hause des Dominus Iulius in Karthago zeigt, wie der Landbesitz im 4. Jahrhundert n. Chr. in den Mittelpunkt des vornehmen Lebens gerückt ist. Alle Gaben der Natur stellen dienstbare Geister dem Besitzer der palastähnlichen Villa und seiner schönen Frau zur Verfügung (Tunis, Musée du Bardo).

auch wegen der Zunahme der Staatsausgaben nicht mehr von einer einzigen zentralen Spitze aus regiert werden konnte. Da zudem Usurpationen oft auch durch regionale Kräfte zustande gekommen waren, schlug Diokletian durch folgende Regelung zwei Fliegen mit einer Klappe: Er ernannte einen seiner Kampfgefährten zum Mitkaiser, ebenfalls mit dem Titel »Augustus«, und er und dieser Maximinianus adoptierten jeweils einen weiteren Kaiser als eine Art Unterkaiser, der jeweils den Titel »Caesar« bekam und im Rang unter dem Augustus stand; es waren Galerius und Constantius Chlorus (Constantius I.); an Prestige stand Diokletian, der *senior* Augustus, ohnehin an der Spitze. Jeder der vier Kaiser dieser Tetrarchie (Vierherrschaft) bekam einen Teil des Reiches als unmittelbares Herrschaftsgebiet, und es war vorgesehen, dass die Augusti turnusmäßig zurücktreten und die Caesares zu Augusti aufsteigen lassen sollten, die ihrerseits neue Caesares zu ernennen hätten. Planmäßig trat Diokletian im Jahre 305 zurück, aber sofort kamen Thronstreitigkeiten auf, die er 308 noch einmal schlichten musste; 311 ist er, der sich in seinen labyrinthischen Palast in Spalatum zurückgezogen hatte, gestorben.

Konstantin (306–337 n. Chr.): Weitere Zentralisierungsmaßnahmen und die Gründung einer neuen Hauptstadt

D ie Tetrarchie funktionierte nicht, man ist versucht zu sagen: natürlich nicht. Weitaus stärker als das so rational ausgedachte Schema erwies sich der dynastische Gedanke bei allen Beteiligten, beim Heer und bei den leiblichen Söhnen der Herrscher. Aus den noch zu Lebzeiten Diokletians ausgebrochenen, in ihrem äußeren Hergang äußerst verwickelten politischen Kämpfen um die Nachfolge ging schließlich der Sohn des Caesars des Maximinianus, also der Sohn des Constantius Chlorus, als Sieger hervor. Dieser Constantinus ist als Konstantin der Große in die Geschichte eingegangen. Seinen Beinamen verdankt er der christlichen Kirche, denn er ist es gewesen, der das Christentum zwar nicht zur Staatsreligion, aber doch zu einer staatlich anerkannten und auch geförderten Religion gemacht hat, zur *religio licita.* Die Legende will, dass Konstantin vor einer entscheidenden Schlacht, an der Milvischen Brücke vor Rom, heute Ponte Molle, am 28. Oktober 312 das Christusmonogramm als eine Art Feldzeichen geführt habe, und wirklich gab der Erfolg ihm Recht, die Schlacht wurde gewonnen. Nach seinem Sieg über den letzten Rivalen 324 berief Konstantin schon für das nächste Jahr ein Konzil nach Nicäa (Nikaia, heute das türkische İznik) ein, um dogmatische Streitigkeiten aus der Welt zu schaffen, und führte sich dort als Kaiser und Bischof in Personalunion auf.

Getauft war er noch nicht, das geschah erst 337 auf dem Totenbett; wie es mit seiner persönlichen Frömmigkeit in den Jahren vor der Taufe stand, ergibt sich allerdings nicht daraus, sie kann durchaus bestanden haben. Es bestand nämlich die Vorstellung, dass eine Taufe kurz vor dem Tode deshalb eine sehr praktische Maßnahme sei, weil nach dem Abwaschen der Sünden kaum noch viel Zeit bestehe, neue zu begehen, und man auf diese Weise sündenfrei hinüberwechsele. Wirklich hatte Konstantin einige Sünden begangen und war der Vergebung höchst bedürftig: Als temperamentvoller und aufbrausender Mann und allem eventuellen christlichen Glauben zum Trotz war er

Nach seiner Abdankung zog sich Diokletian 305 n. Chr. in seine Villa an der dalmatinischen Küste zurück, die offiziell »der heilige Palast« genannt wurde. In der riesigen Anlage entstand nach dem Tode des Kaisers die Stadt Split, deren antike Bauten hervorragend konserviert sind. Hier ein Blick in die zentrale Säulenstraße beim Dom.

Das Kolossalbildnis des Kaisers Konstantin im Konservatorenpalast, Rom, stellt den Herrscher in seiner erhabenen Majestät und wie von göttlicher Eingebung inspiriert dar. Die riesige Statue – allein das Kopffragment misst 2,60 m – thronte in der Apsis der Maxentiusbasilika am Forum Romanum.

313 oder 315 wurde das Silbermedaillon geprägt, das Konstantin als sieghaften Kaiser zeigt. An seinem Helmbusch ist winzig das Christusmonogramm aus den griechischen Buchstaben Chi und Rho zu erkennen. Das Bekenntnis zum Christengott hat zunächst keinen Absolutheitsanspruch, denn noch ein Jahrzehnt lang erscheinen auf Münzen des Kaisers auch heidnische Themen.

Das Temperament Konstantins kommt sogar noch im Stil seiner Gesetze zum Ausdruck; hier eines gegen die Korruption, das gleichzeitig einen Eindruck von schweren Missständen wiedergibt (Codex Theodosianus 10,16,7):

Hört jetzt einmal auf, ihr raubsüchtigen Hände der Offizialen, hört auf, sage ich! Denn wenn sie nach dieser Ermahnung nicht aufhören, wird das Schwert sie abhaun. Nicht sei käuflich die Tür des Richters, nicht der Eintritt bezahlt, nicht berüchtigt durch Versteigerung an den Meistbietenden das Gerichtszimmer, nicht sogar der Anblick des Statthalters nur für Geld zu haben ... man unterdrücke die unerträglichen Überfälle der Centurionen und der andern Offizialen, die Großes und Kleines fordern, und mäßige die unstillbare Geldgier derer, welche den Streitenden die Akten aushändigen ... Denn wenn sie sich im zivilen Rechtsstreit etwas zu fordern erlauben, so wird die bewaffnete Rüge bei der Hand sein, um Kopf und Hals der Schändlichen abzuhauen, ...

in der Herrschaftsausübung und der Sicherung seiner Stellung nicht zimperlich; er ging sogar so weit, seinen Sohn Crispus und seine zweite Frau Fausta zu töten, die er unerlaubter Beziehungen verdächtigte. Vielleicht hatte seine Mutter Helena damit zu tun, eine eindrucksvolle Persönlichkeit. Sie war eine Art Marketenderin beim römischen Heer und die Konkubine des Constantius Chlorus gewesen. Von ihrem Sohn in hohen Ehren gehalten, wurde sie Augusta und widmete ihr späteres Leben frommen Werken. Als eine der Ersten pilgerte sie nach Jerusalem, sie soll das Kreuz Jesu aufgefunden haben, und sie gründete die Geburtskirche in Bethlehem.

Konstantin setzte das staatliche Reorganisationswerk Diokletians fort, wobei nicht immer eindeutig gesagt werden kann, ob seine Grundzüge schon bei Diokletian anzutreffen waren oder erst konstantinisch sind. Die unterste staatliche Einheit war die (kleine) Provinz; die Provinzen waren jetzt alle kaiserlich und deren Statthalter führten durchgehend den Titel *praeses*. Die Statthalter hatten die Oberhoheit über die Rechtsprechung, daher wurden sie oft als Richter, *iudices*, bezeichnet, und sie waren für die Steuererhebung verantwortlich. Die nächsthöhere Einheit war die Diözese, an deren Spitze ein *vicarius* stand; sie scheint weniger wichtig gewesen zu sein. Über dem Vikar stand schließlich die Prätorianerpräfektur, die zentrale Verwaltungsstelle, mit dem Prätorianerpräfekten als Chef; es herrschte insofern ein hierarchisches Verhältnis, als von oben nach unten befohlen und von unten nach oben gegen Entscheidungen Berufung eingelegt werden konnte. Der Prätorianerpräfekt hatte, erstmals in der römischen Geschichte, nur noch zivile Funktionen. Das militärische Kommando bekam ein eigener militärischer Oberbefehlshaber, der *magister militum* mit den Unterfunktionen des *magister peditum* für die Fußtruppen und des *magister equitum* für die Kavallerie; die Kommandeure auf Provinzebene waren die *duces*. Das Heer wurde in die beiden großen Einheiten der *limitanei* und der *comitatenses* aufgeteilt; Erstere bildeten das lokal ansässige Grenzheer, Letztere das mobile Heer, das den Kaiser begleitete.

Die Zentralverwaltung bestand aus der Prätorianerpräfektur sowie den vier etwa gleichrangigen Ämtern des *quaestor sacri palatii*, des *magister officiorum*, des *comes sacrarum largitionum* und des *comes rerum privatarum*. Die Zuständigkeiten aller dieser Ämter waren nicht generell festgelegt, sondern heterogen zusammengesetzt. Die beiden letzten Ämter hatten die kaiserlichen Finanzen zu verwalten, der *magister officiorum* stand verschiedenen Zentralbüros vor, und der *quaestor sacri palatii* war eine Art Justiz- und Außenminister. Als reines Hofamt gab es schließlich noch den *praepositus sacri cubiculi*, also den Chef des kaiserlichen Schlafgemachs, der immer ein Eunuch war. Das Berufsbeamtentum wurde ausgebaut. Es gab eine in den (rudimentären) Verwaltungskünsten geschulte Beamtenschaft mit genau geregelten Laufbahnen, Beförderungsvorschriften und abgestuften Gehältern, die in *collegia* organisiert war wie sonstige Zünfte auch. Die Spezialtruppe der *agentes in rebus* war zwar keine Geheimpolizei, wie früher geglaubt wurde, war aber doch für die Kontrolle und Sicherheit zuständig. Die Beamten rekrutierten sich aus dem Mittelstand, oft aus den Städten, und hatten große Aufstiegschancen bis hin zum Ritterstand.

Das Städtewesen ging in seiner Vitalität weiter zurück, wenngleich das Ausmaß des Verfalls geringer war, als man früher meinte; manche Städte erfuhren sogar Erweiterungen, wie etwa Jerusalem. Der staatliche Druck nahm zu und lastete zum Teil schwer auf den besitzenden Schichten, die die Leistungen, die sie früher freiwillig der Allgemeinheit gespendet hatten, jetzt zwangsweise erbringen mussten. Zur Sicherung dieser Abgabepflicht wurde die Zugehörigkeit zur städtischen Führungsschicht, den Dekurionen, erblich, und dasselbe Phänomen finden wir auf dem Lande. Wer einmal Pächter (Kolone) war, musste es aus fiskalischen Gründen bleiben und seine Stellung weiter vererben, und weil allmählich hinzukam, dass auch der Wohnort festgeschrieben wurde, gerieten diese Pächter immer mehr

Die Herrschaft in der Spätantike

in die Position von Hörigen. Es gab Pächter der großen kaiserlichen, also staatlichen Güter, und solche von privaten Grundbesitzern mit zum Teil sehr ausgedehnten Besitztümern. Die Verhältnisse waren allerdings nach Ort und Zeit sehr unterschiedlich, und die Anzahl wohlhabender freier Bauern war immer noch beträchtlich. Trotzdem ist die Bezeichnung »Zwangsstaat« für diese immer intensiver geregelte spätantike Gesellschaft dann im Großen und Ganzen berechtigt, wenn man nie vergisst, dass unsere Kenntnis lückenhaft ist und dass Erscheinungen, die für einen Zeitabschnitt und für eine Region bezeugt sind, nicht verallgemeinert werden dürfen. Das Bild verliert auch dadurch erheblich von seiner allumfassenden Düsterkeit, wenn man hinzunimmt, dass es Konstantin gelang, durch die Schaffung der Goldmünze, des Solidus, die Währung dauerhaft zu stabilisieren.

Die obersten Ränge der Gesellschaft verloren zwar insofern ihre politische Bedeutung, als sie als Gruppe keinen politischen Einfluss mehr ausübten. Sie waren aber nach wie vor existenziell wichtig, weil sich aus ihnen die hohen zivilen und zeitweise noch militärischen Funktionsträger rekrutierten. Sie waren steinreich und genossen überaus hohes Sozialprestige. Auch ihre Gliederung wurde insofern reglementiert, als die auch sonst überall anzutreffende Ausdifferenzierung und Aufblähung des Titelwesens auch vor ihnen nicht Halt machte, sodass etwa die traditionelle Bezeichnung *clarissimi* für

DIE NEUORDNUNG DES RÖMISCHEN REICHES UNTER DIOKLETIAN UND KONSTANTIN (284 - 337 n. Chr.)

Die spätrömischen Diözesen (hier z.B. Asiana in Kleinasien) sind in Provinzen gegliedert. Diese sind wesentlich kleiner als die früheren: zum Vergleich die Grenze der ehemaligen Provinz Asia (rot).

die Senatoren noch durch den höheren Rang der *spectabiles* ergänzt wurde; die Ritter hießen *perfectissimi.* Die Stadt Rom war immer noch die glanzvollste Stadt des Reiches, und die vornehmsten Familien wohnten dort; nicht umsonst ließ Konstantin den nach ihm benannten Ehrenbogen dort errichten. Daneben bestanden die riesigen und unruhigen Großstädte Alexandria in Ägypten und Antiochia in Syrien, und schließlich gründete Konstantin 330 noch eine neue, nach ihm benannte Hauptstadt an der Stelle der alten Griechenstadt Byzantion am Bosporus: Konstantinupolis. Konstantinopel, heute Istanbul, wurde prachtvoll als »zweites Rom« ausgestattet, die Schlangensäule von Plataiai kam dorthin, und es wurde in sieben Hügel (später in 14 Regionen) eingeteilt und ahmte Privilegien und Verfassungseinrichtungen wie den Senat der alten Hauptstadt Rom bis ins Einzelne nach. Seine Bedeutung bekam es aber vor allem dadurch, dass von nun an die Kaiser dort residierten.

Konstantin hat viele Nachfolger, unter anderen Constantius II. (337–361) und Julian (360/361–363 n. Chr.)

Nach dem Tod Konstantins 337 verübten Soldaten in Konstantinopel ein Blutbad unter seinen männlichen Verwandten, das nur seine drei Söhne Constantinus, Constantius und Constans sowie seine noch im Kindesalter stehenden Neffen Gallus und Iulianus verschonte; die Urheber sind nicht klar zu nennen. Seine Söhne teilten sich die Macht, jedoch fiel Constantinus (Konstantin II.) schon 340 im Kampf gegen Constans, und dieser starb 350 auf der Flucht vor dem gallischen Usurpator Magnentius; Constantius II. besiegte Magnentius 353 und wurde so alleiniger Kaiser. Constantius, ein gewissenhafter, etwas steifer und temperamentloser Mann, musste fast seine ganze Energie auf die Abwehrkämpfe gegen Germanen und Sassaniden verwenden, hatte aber dabei Schwierigkeiten mit seinen

Vettern. Gallus hatte er zum Caesar des Ostens mit Sitz in Antiochia bestellt – auch er und seine Brüder waren schon von ihrem Vater Konstantin zu Caesares ernannt worden –, ließ ihn aber 354 wegen Usurpationsverdachts hinrichten. Da Constantius II. selber vorwiegend im Osten kämpfte, bestellte er 355 seinen anderen Vetter Iulianus, eingedeutscht Julian, zum Caesar in Gallien mit Residenz in Paris, und Julian bewährte sich. 357 brachte er bei Straßburg einem großen Heer germanischer Franken eine schwere Niederlage bei, aber als er 360 Teile seiner Truppen zu Constantius in den Osten schicken sollte, gab es eine Meuterei, bei der er in Paris von den Soldaten zum Augustus ausgerufen wurde. Jetzt war Julian der Usurpator; er zog Constantius entgegen, der aber 361 eines natürlichen Todes starb, sodass Julian alleiniger Kaiser war.

Julian ist eine der interessantesten und am besten bekannten Personen der Antike; er hat so viel und auch über sich selbst geschrieben, dass wir über ihn als Person nach Cicero und dem heiligen Augustinus am meisten wissen. Er war wie inzwischen alle Angehörigen des Kaiserhauses christlich erzogen worden, hatte aber als junger Mann ein sozusagen entgegengesetzt ausgerichtetes Erweckungserlebnis, nämlich das zurück zum Heidentum. Julian hätte gesagt: zum Griechentum, denn er sah sich als griechischen Intellektuellen, der die alten klassischen Texte las und an die alten Götter glaubte. Er benahm sich auch so; zum einen ließ er sich einen reichlich ungepflegten Philosophenbart wachsen – der Bart Hadrians war dagegen hochelegant –, zum anderen nahm er an literarischen Fehden teil, und schließlich war er in seinem persönlichen Umgang äußerst ungezwungen. Schon damit stieß er auf Ablehnung. Man war inzwischen spätestens seit Diokletian gewohnt, dass sich die Kaiser hoheitsvoll oder sogar steif bewegten und sich auch sonst zurückhielten, wozu auch das Zeremoniell beitrug. Constantius muss ein vorbildlicher Kaiser in diesem Sinne gewesen sein: Als er, der bisher nur in der neuen Residenz Konstantinopel regiert hatte, zum ersten Mal in Rom einzog und auf dem Wagen stehend unter einem Ehrenbogen hindurchfuhr, neigte er, der von kleiner Statur war, überflüssigerweise das Haupt, um zu zeigen, dass seine ideale Größe als Kaiser das Passieren sonst unmöglich gemacht hätte.

Auch in religiöser Beziehung erregte Julian Befremden. Er nahm das Heidentum wirklich ernst, so sehr, dass er eigenhändig Tieropfer vollzog, und dass daran auch von Nichtchristen Anstoß genommen wurde, zeigt, wie sehr das vergeistigte Christentum im Zug der Zeit lag. Nach seinem Regierungsantritt hielt sich Julian zuerst noch zurück, traf dann aber immer stärkere Maßnahmen zur Behinderung des Christentums und zur Förderung des Heidentums, sodass er von christlicher Seite den Beinamen Apostata (»der Abtrünnige«), bekam. Julian Apostata fasste die heidnischen Religionen nicht mehr als die bunte, unzusammenhängende Glaubenswelt auf, die sie ja waren, sondern ging mit der Absicht um, sie gewissermaßen als Gegen-

Julian erließ am 17. Juni 362 ein Edikt, in dem er für die Bestallung städtischer Lehrer einen Beschluss des Stadtrates und seine persönliche Bestätigung festlegte. Wahrscheinlich ging es ihm dabei darum, Christen als Lehrer der klassischen Literatur auszuschließen (Codex Theodosianus 13, 3, 5):

Schulmeister und Professoren müssen sich in erster Linie durch ihre Sitten, sodann durch ihre Redekunst auszeichnen. Weil ich aber nicht persönlich in allen Gemeinden anwesend sein kann, ordne ich an, dass jeder, der sich als Lehrer betätigen will, sich nicht auf der Stelle und ohne weiteres auf diesen Beruf verlegen darf, sondern durch einen Ratsbeschluss anerkannt sein muss und ein Dekret der Ratsherren bei Einstimmigkeit der vornehmsten unter ihnen zu erlangen hat. Dieses Dekret wird mir nämlich zur Bearbeitung vorgelegt werden, damit sie durch unsere Bestätigung mit erhöhtem Ansehen in die Schulen der Gemeinden eintreten können.

Typische Luxusgefäße des 4. Jahrhunderts n. Chr. sind die so genannten Diatretbecher, deren plastischer Schmuck aus dem gegossenen Rohling herausgeschliffen wurde. Ein Stück im Britischen Museum, London, gezeigt in zwei Beleuchtungen, stellt den Mythos des thrakischen Königs Lykurg dar, der sich dem Weingott Bacchus widersetzte und den Tod fand. Möglicherweise liegt eine Anspielung auf den Sieg Konstantins über seinen Konkurrenten Licinius in Thrakien vor (324 n. Chr.).

Der letzte große, lateinisch schreibende Geschichtsschreiber der Antike, Ammianus Marcellinus, war ein griechischer Offizier aus Antiochia, der Latein erst lernen musste; sein Beispiel zeigt das allmähliche, auch kulturelle Zusammenwachsen des Reiches. Römisch knapp schildert er in seiner »Römischen Geschichte« (31,13,12) den Tod des Kaisers Valens in der Schlacht:

Als die Dämmerung hereinbrach, fiel mitten unter den einfachen Soldaten der Kaiser, tödlich verwundet durch einen Pfeilschuss, wie man vermutet, denn niemand könnte behaupten, es gesehen zu haben oder dabei gewesen zu sein. Bald gab er seinen Geist auf und starb, wurde aber später nirgends gefunden.

bewegung zum Christentum zu vereinheitlichen und eine für alle zuständige Priesterschaft zu begründen; auch organisierte er von heidnischer Seite aus karitative Werke, ließ sich also vom Christentum zu einer Tätigkeit veranlassen, die den nichtchristlichen Religionen der Antike völlig fremd war. Ganz antik im früheren Sinne waren aber seine Vorstellungen vom staatlichen Leben, und auch mit ihnen scheint er versucht zu haben, von der Spätantike wieder zurück in die Frühzeit des Kaisertums zu springen. Er förderte das Städtewesen, bekämpfte die Korruption, wollte den Beamtenapparat verschlanken und überhaupt auf allen Gebieten des öffentlichen Lebens so wenig Staat wie möglich zulassen. All das war aber kurzlebig. Auf einem Feldzug gegen die Perser wurde er 363 von einem Pfeil getroffen und starb. Die Christen haben das natürlich als Gottesurteil aufgefasst.

Von Valentinian I. (364–375 n. Chr.) bis zur Alleinherrschaft des Theodosius I. (392–395 n. Chr.)

Nach einem kurzen Zwischenspiel wurde 364 der hohe Offizier Valentinianus zum Augustus erhoben. Er ernannte alsbald seinen Bruder Valens zum Mitkaiser, dem er den Osten als Herrschaftsgebiet zuwies, wobei er immer die höhere Autorität beanspruchte und auch wirklich hatte; 367 machte er seinen Sohn Gratian ebenfalls zum Augustus. Valentinian war vor allem Soldat und war nicht ohne Erfolg bestrebt, im zivilen Bereich nüchtern und gerecht zu regieren. An Rhein – Trier war häufige Residenz – und Donau kämpfte er unablässig gegen die Germanen, 375 starb er, angeblich an einem Wutanfall, der ihn bei Verhandlungen mit den germanischen Quaden überkommen hatte. Wenige Tage später sorgte der germanische *magister militum* Merobaudes, ein Franke, dafür, dass Valentinians vierjähriger Sohn Valentinian (II.) Augustus wurde und dass auf diese Weise Merobaudes maßgeblich an der Macht beteiligt war. Die größte kaiserliche Autorität hatte freilich der junge Gratian, der seinen Onkel Valens 378 dringend ersuchte, vor einer kurz bevorstehenden Schlacht gegen ein gotisches Heer bei Hadrianopolis/Adrianopel erst die Ankunft seines Heeres abzuwarten. Valens schlug aber schon vorher los, verlor die Schlacht katastrophal und fiel; nicht einmal sein Leichnam wurde gefunden. Von dieser verheerenden Niederlage datierte eine frühere Geschichtsbetrachtung, die auch für prozesshaft sich entwickelnde Vorgänge feste Daten, möglichst Schlachten, brauchte, den Beginn der Völkerwanderung.

Gleich anschließend bewies Gratian seine herrscherlichen Qualitäten, indem er den hohen Offizier Theodosius zum *magister militum* machte und 379 zum Augustus erhob. Theodosius war ein Römer aus Spanien, und schon sein Vater hatte es zum *magister militum* gebracht. Er löste das Germanenproblem auf dem Balkan vorläufig so, dass er den Germanen erlaubte, sich sogar als geschlossener Stammesverband auf Reichsboden niederzulassen. Die Kriege gingen ständig weiter, Gratian, der ebenfalls meist in Trier residierte, scheiterte aber an einem Usurpationsversuch. In Britannien erhob sich

Das Kaiserbildnis führt den Untertanen nicht mehr das persönliche Auftreten, sondern das »heilige Antlitz« (sacra vultus) des Herrschers vor Augen. Ein Kopf in der Berliner Antikensammlung aus Rom zeigt die von göttlich inspiriertem Gleichmut bestimmte Majestät eines Machthabers aus der Familie des Theodosius.

der General Magnus Maximus, und Gratian wurde im Zusammenhang mit dessen Erhebung in Gallien 383 ermordet; erst fünf Jahre später konnte Theodosius Maximus besiegen. Allmählich erfüllte sich das Schicksal des jungen Valentinian II. Der zarte Jüngling war inzwischen unter den Einfluss des fränkischen Heermeisters Arbogast geraten, eines Heiden. Heermeister ist der Begriff, mit dem allmählich die *magistri militum* bezeichnet werden, die immer öfter nicht nur germanischer Abkunft waren, sondern sich sogar so sehr als Germanen bekannten, dass sie ihre nun wahrlich barbarisch klingenden Namen nicht ablegten. Gleichwohl waren sie in ihrem politischen Verhalten zu Römern geworden und stiegen auch zu höchsten politischen Ämtern auf. Merobaudes war sogar zweimal Konsul, und ein fränkischer heidnischer Heermeister unter Gratian hieß Bauto, dessen Tochter Eudoxia später die Frau des ersten oströmischen Kaisers Arkadios (Arcadius) wurde. Kaiser werden konnten diese Germanen aber nicht, sie mussten sich immer damit begnügen, Kaiser römischer Herkunft zu bestimmen.

So verhielt es sich auch mit Arbogast und Valentinian II., und dieses Verhältnis scheint so einseitig gewesen zu sein, dass beim Tod Valentinians 392 der Verdacht aufkam, Arbogast habe ihn umgebracht oder in den Selbstmord getrieben. Gleich anschließend sorgte Arbogast für einen Nachfolger, den stadtrömischen heidnischen oder heidenfreundlichen Zivilbeamten Eugenius. Das konnte Theodosius nicht hinnehmen. Er hatte inzwischen in zweiter Ehe eine Tochter Valentinians I. geheiratet, die schöne Galla, hatte sich dadurch mit der valentinianischen Dynastie verschwägert und begann mit einer immer rigoroseren Religionspolitik. 391 verbot er heidnische Opfer und den Besuch von Tempeln, ein Jahr später sogar überhaupt heidnische Riten. Obwohl das Heidentum gleichwohl noch sehr lange Zeit bis in höchste Kreise lebendig blieb, wird von diesen Maßnahmen Theodosius' an doch mit Recht der endgültige Sieg des Christentums datiert, das heißt seine Etablierung als Staatsreligion. Umso weniger konnte die germanisch-heidnische Usurpation im Westen geduldet werden. 394 siegte Theodosius in einer Schlacht am Fluss Frigidus in Norditalien über das gegnerische Heer, Arbogast nahm sich das Leben. Der Ausgang der Schlacht wurde dadurch begünstigt, dass plötzlich ein föhnartiger Sturm das heidnische Heer in Verwirrung brachte, und auch hierin sah man das Wirken des Christengottes. Theodosius, der später wegen seiner Religionspolitik den Beinamen »der Große« bekam, starb 395.

Heidentum und Christentum. In die Regierungszeit Gratians fällt der letzte Versuch der heidnischen Oberschicht, den Vormarsch des Christentums aufzuhalten. Kurz nach Gratians Tod versuchte der heidnische Senator Symmachus, der 384 Stadtpräfekt von Rom war, vergeblich, das Standbild der Göttin Victoria wieder im Senatssitzungssaal aufstellen zu lassen; der Bischof von Mailand, Ambrosius, widersetzte sich und siegte. Die Briefe der beiden Kontrahenten an die Kaiser sind erhalten.

Nach der Etablierung des Christentums als Reichsreligion blieb Rom ein Zentrum des heidnischen Widerstandes. Vor allem senatorische Kreise bekannten sich zur heidnischen Götterwelt, wie die Familie Symmachus, die auf einem um 390 n. Chr. zu festlichem Anlass ausgegebenen Elfenbeintäfelchen ein heidnisches Opfer in klassischer Formensprache darstellen ließ (London, Victoria and Albert Museum).

Von römischen Bürgern und Sklaven – Alltagsleben in Rom

Mietskasernen und Paläste – Leben in einer Millionenstadt

Horaz auf dem Weg vom Esquilin zu den Gärten des Caesar

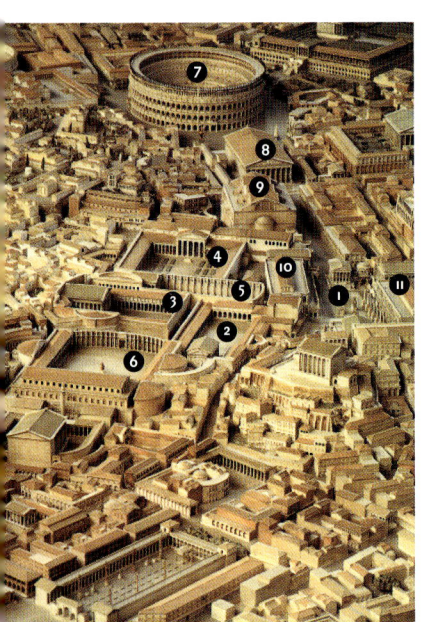

Das Stadtzentrum Roms wurde im Laufe der Kaiserzeit mit Prunkbauten ausgestattet. Das Modell zeigt das Stadtbild des 4. Jahrhunderts n.Chr. (Rom, Museo della Civiltà Romana; Blick nach Süden). Das alte Forum Romanum (1) wirkt wie ein Anhängsel zu den kaiserlichen Platzanlagen, die Caesar (2), Augustus (3), Vespasian (4), Nerva (5) und Trajan (6) errichten ließen. An der Heiligen Straße , die vom Forum zum Kolosseum (7) führt, stehen der Doppeltempel der Venus und Roma (8) und die Basilika des Konstantin (9). Ältere Basiliken sind die Basilica Aemilia (10) und die Basilica Iulia (11).

D er Dichter Horaz beschreibt in einer seiner Satiren (1, 8 ff.), wie er, etwa um das Jahr 35 v.Chr., auf dem Forum Romanum von einem zudringlichen Schwätzer belästigt wird und diesen nur mit Mühe abschütteln kann. Horaz, dessen Wohnung auf dem Esquilin lag, will einen kranken Freund besuchen, der »trans Tiberim« wohnt, also auf der anderen Seite des Tiber, in dem Stadtteil, der heute noch Trastevere heißt, bei den Gärten, in denen Kleopatra Hof gehalten und die Caesar dann in seinem Testament dem römischen Volk vermacht hatte. Horaz ging also auf der Via Sacra, der Heiligen Straße, zum Forum. Im Hintergrund sah er das Kapitol mit dem Jupitertempel, der von Sulla nach dem Brand 83 v. Chr. neu errichtet worden war, davor das Tabularium, das römische Staatsarchiv, auf dem sich heute der Konservatorenpalast erhebt.

Rechts davor sah er den Concordiatempel, also den Tempel der Eintracht, der nach den gracchischen Unruhen neu errichtet worden war. An der linken Langseite des Forums stand der Tempel des Saturn, in dem der römische Staatsschatz aufbewahrt war, zu dem Caesar sich gewaltsam Zutritt verschafft hatte. Davor befand sich die Rostra, die alte Rednertribüne. Diese Bauten grenzten an das Comitium, den Volksversammlungsplatz, der jetzt seiner Funktion entkleidet war. Das Volk hatte sich ohnehin schon auf dem ganzen Forum versammelt, weil es so zahlreich geworden war, dass es nicht mehr auf das Comitium passte, und jetzt war es gar auf das Marsfeld verwiesen, hinter dem Kapitolshügel.

Aber auf all das achtete Horaz gar nicht, denn der aufdringliche Mensch hatte ihn schon erspäht und mit zudringlichen Fragen überschüttet. Er pries »vicos et urbem«, also die neu gebauten Stadtviertel und überhaupt die Hauptstadt, man kam an der Regia vorbei, dem früheren Sitz der Könige und dann dem des *pontifex maximus,* aber als man am Tempel der Vesta angekommen war, dem Amtssitz der Vestalinnen, lachte Horaz das Glück: Beim Betreten des Forumsplatzes – der Tempel für den vergöttlichten Caesar an der Schmalseite gegenüber der Regia war wohl gerade im Bau – erinnerte sich sein Begleiter daran, dass er ja eigentlich als Beklagter zu einem Prozess erscheinen müsse. Rechts erstreckte sich nämlich die Front der Basilica Aemilia, wo der Prätor die Prozesse führte, links die der Basilica Iulia, wo dann später in der Kaiserzeit verhandelt wurde. Nach einigem Hin und Her wurde der aufdringliche Mensch vom Prozessgegner erspäht, in die Verhandlung gezerrt, und Horaz konnte sich links neben dem Castortempel – drei seiner Säulen sieht man heute noch – durch den Vicus Tuscus zum Tiber begeben.

*Die Institutionen zur Aufrechterhaltung von Ruhe, Ordnung und
Sicherheit*

Die römische Kaiserzeit stellt die Epoche in der Geschichte der
Stadt Rom dar, in der wir am meisten über die Stadt wissen
und in der sie am höchsten entwickelt war. Rom hatte damals mindestens eine Million Einwohner, von denen zwischen einem Zehntel
und einem Fünftel Sklaven waren. Nördlich des Forum Romanum
hatten die Kaiser ihre Kaiserforen angelegt, an sie schloss sich östlich
die Subura an, der Stadtteil des einfachen Volkes, in dem aber auch
Politiker wohnten, die sich volkstümlich geben wollten, so etwa
Caesar. Links und rechts der großen Ausfallstraßen der Stadt lagen,
wie bei allen antiken Städten, die Gräberfelder mit ihren zum Teil
künstlerisch gestalteten Grabmälern.

Die einflussreichen Familien Roms
versuchten, möglichst dicht an den
Ausfallstraßen aufwendige Grabmäler
zu errichten. Der Rundbau der um
30 v. Chr. verstorbenen Caecilia Metella
steht an prominenter Stelle neben der
Via Appia (oben).
An den Überlandstraßen standen
Grabmäler oft in einem Garten. Der
Plan eines solchen Parks im Museo
Archeologico von Perugia (links) war
an der Fassade des Mausoleums einer
ehemaligen kaiserlichen Sklavin
angebracht.

Administrativ eingeteilt war Rom zur Zeit der Republik in die vier
tribus Palatina, Suburana, Esquilina und Collina; Augustus teilte sie in
14 Regionen ein, die ihrerseits in *vici* unterteilt wurden. An der Spitze
stand der Stadtpräfekt *(praefectus urbi)*, ein Mann senatorischen Standes, für die Sicherheit sorgten die Stadtkohorten und die Wächter-
truppe. Die vier Stadtkohorten *(cohortes urbanae)* umfassten je 1500
Mann. Ihre allgemeine Aufgabe war die Aufrechterhaltung oder
Herstellung von Ruhe und Ordnung, sie fungierten auch als Markt-
polizei und kontrollierten die Bordelle.

Sonst waren für die Verbrechensbekämpfung die sieben Kohorten
der Wächter *(vigiles)* zuständig, besonders für die nächtlich begange-
nen Verbrechen; jede dieser Kohorten zählte zum Schluss 1000
Mann. Sie gingen aus einer aus Sklaven zusammengesetzten Einheit
hervor, die Crassus in der späten Republik zur Feuerbekämpfung
eingesetzt hatte. Auch Augustus rekrutierte sie zunächst aus Sklaven,
dann aus Freigelassenen; kommandiert wurden sie von einem ritterständischen *praefectus vigilum.*

Das Haupttätigkeitsfeld der *vigiles* war nach wie vor das einer Be-
rufsfeuerwehr, denn Brände waren in Rom an der Tagesordnung;

Die einfachen städtischen Wohnhäuser der späten Republik und frühen Kaiserzeit waren wegen ihrer leichten Bauweise stark einsturzgefährdet. In den engen Mietwohnungen im Obergeschoss verwendete man oft Fachwerk, das leicht Feuer fing, zumal da man mangels eigener Küche mit offenen Feuerstellen arbeitete. Anhand von Überresten wurde ein solches Haus in Herculaneum rekonstruiert.

Öffentliche Latrinen waren in der Kaiserzeit auch repräsentativ gestaltete Orte der Begegnung. Die mit verschiedenfarbigem Marmor ausgekleidete Toilette bei den Forumsthermen von Ostia entstand im 2. Jahrhundert n. Chr.

der Brand unter Kaiser Nero im Jahr 64 war nur einer der Höhepunkte, er dauerte neun Tage, und nur vier der 14 Regionen blieben verschont. Obwohl Nero beziehungsweise seinen Ratgebern hoch anzurechnen ist, dass danach energische Anstrengungen für einen großzügigen, Brände verhütenden Neuaufbau der Stadt gemacht wurden, wurden diese doch nur zum Teil in die Wirklichkeit umgesetzt. Die Brandursachen blieben weiter dieselben: zu leichte Bauweise, zu eng aneinander stehende Häuser, offenes Feuer aller Art. Zu den größeren Gefahren zählten dann auch die Tiberüberschwemmungen oder der Einsturz von zu instabil gebauten Häusern.

Wohnen in Rom: Wohnungen, Häuser und Paläste

Die Häuser, die die Masse der Bebauung der kaiserzeitlichen Stadt Rom – und anderer Städte – ausmachten, waren die großen, in der Hauptsache vier- bis fünfstöckigen Mietskasernen, *insulae* (Inseln) genannt. In deren Wohnungen wohnten auch Wohlhabendere, die dann mehrere Zimmer hatten, aber allen Wohnungen war gemeinsam, dass die Ausstattung mit Möbeln äußerst einfach war. Ein Bett, auf dem man auch saß, ein Tisch, einige Stühle, Lampen, Kohlenbecken für die Heizung, Essgeschirr, Küchengerät, wenn man eine Küche hatte – in vielen Wohnungen fehlte sie; man holte sich sein Essen von den vielen Garküchen auf der Straße.

Eine Toilette gab es nicht, man benutzte Töpfe, die dann – was natürlich verboten war – aus dem Fenster geschüttet oder in große Kübel geleert wurden, die unter der Treppe standen; deren Inhalt wurde von den Gerbern abgeholt, die ihn zum Bearbeiten des Leders brauchten; daher rührt die Geschichte von Vespasians *»non olet«*. Zwar gab es ein berühmtes und wohl organisiertes Abwässersystem seit der hohen Republik, sieben große, unterirdische, später auch bedeckte Hauptkanäle nahmen die Abfälle auf, darunter die berühmte Cloaca Maxima, in die zahlreiche kleinere Kanäle mündeten, und die sich dann alle zusammen in den Tiber ergossen, aber bis in die einzelnen Wohnungen reichte die Kanalisation nicht. Es gab zudem 144 öffentliche Latrinen, wo man dann nebeneinander sitzen und plauschen konnte.

Die Versorgung mit Trinkwasser war eines der Ruhmesblätter der römischen Zivilisation. Seit der archaischen Zeit Griechenlands war sie ein existenzielles Bedürfnis jeder größeren städtischen Siedlung, und gerade die Tyrannen dieser frühen Zeit hatten sich ja durch den Bau von Brunnen und Wasserleitungen Verdienste erworben. Appius Claudius Caecus, Censor von 312 v. Chr., baute die erste, die Aqua Appia, nach der Aqua Anio Vetus 272 baute der Prätor Quintus Marcius Rex zwischen 144 und 140 v. Chr. eine dritte, die Aqua Marcia, schließlich waren es in der Kaiserzeit 13, teils unter-, teils oberirdisch als Aquädukte. Meist funktionierten sie durch leichtes Gefälle (die Aqua Appia mit nur 0,5 %), selten mit Druck. 500 km waren sie insgesamt lang und lieferten 700 000 m³ Wasser pro Tag. In Pompeji und teilweise auch in Rom bestanden sie aus drei übereinander liegenden Leitungen: Die unterste belieferte die öffentlichen Becken

Um die Bevölkerung Roms täglich mit mehr als einer halben Million Kubikmeter Trinkwasser versorgen zu können, wurden im Laufe der Jahrhunderte elf große Wasserleitungen gebaut. Ein Bild des Historienmalers Michael Zeno Diemer im Deutschen Museum, München, zeigt die Kreuzung zweier Aquädukte südöstlich von Rom. Auf den Bogenkonstruktionen laufen bis zu drei Wasserkanäle übereinander.

Lindsey Davis beschreibt in ihrem Roman »Silberschweine« das Wohnen in einem römischen Mietshaus (S. 28 f.):

Wir traten ein.
»Je höher die Treppe, desto niedriger die Miete«, erklärte ich ihr ...
Ich wohnte zwischen Himmel und Erde. Das Mädchen war hingerissen. Sie kannte nur die erfreulichen Wohnlagen zu ebener Erde, mit eigenem Garten und Anschluss an die Aquädukte, und ahnte wahrscheinlich nichts von den Nachteilen meines Adlerhorstes. Ich lebte in der ständigen Angst, die Fundamente des Hauses könnten nachgeben und sechs Schichten Wohnraum in einer Wolke aus Mörtelstaub in sich zusammenstürzen, oder ich könnte in einer Brandnacht den Alarm der Feuerwache verschlafen ...
»So würde ich auch gerne wohnen –« Sie musste meinen Gesichtsausdruck bemerkt haben. *»Sie halten mich für eine verhätschelte Göre! Sie glauben, ich hätte nicht bemerkt, dass Sie kein Wasser haben und keine Heizung für den Winter und keinen richtigen Backofen und dass Sie Ihre Mahlzeiten aus der Garküche mitbringen müssen!«*

und Brunnen, die mittlere Thermen und Bäder und die obere die wenigen Privathäuser, die sich diesen kostspieligen Anschluss leisten konnten; gab es Wassermangel, versiegte zuerst die Zufuhr bei diesen, dann bei den Thermen, und die öffentliche Wasserversorgung funktionierte am längsten.

Die meisten Einwohner Roms wohnten in solchen Mietshäusern; Slums mit provisorischen Unterkünften gab es nicht. Nur die ganz Vornehmen oder ganz Reichen wohnten in einzelnen Häusern, in einer *domus*. Das waren großzügige, frei stehende, mit Gärten umgebene Anlagen, von denen es in Rom aber nur etwa 1800 gab; dort wohnte nur eine verschwindende Minderheit, die sich zudem natürlich auch oft in ihren Landhäusern außerhalb Roms aufhielt. Auch die Kaiser nannten ihre Häuser *domus*. Der erste von ihnen, Augustus, hatte sein Haus auf dem Palatin, also in dem Stadtteil, der schon immer eine bevorzugte Wohngegend der Oberschicht war.

Dieses Haus, obwohl es schon faktisch eine Herrscherresidenz mit Anklängen an hellenistische Königsbauten war und einen direkten Zugang zur Kaiserloge des Circus Maximus, dem Pulvinar, hatte,

Die Wandmalereien im Haus des Augustus auf dem Palatin entstanden um 30/20 v. Chr. Der abgebildete Raum im Untergeschoss des Palastes ist mit Bühnendekorationen geschmückt, eine Anspielung auf das Theater als Mittelpunkt des kulturellen Lebens.

war trotzdem nur ein etwas herausgehobenes adeliges Wohnhaus. Alle späteren Kaiser bis zu den Severern errichteten nun ebenfalls ihre Residenzen auf dem Palatin, und daraus entwickelte sich über das lateinische Wort *palatium* unser Wort Palast.

Nero in seinem Größenwahn begann, sein »Goldenes Haus«, die Domus Aurea, weit über den Palatin hinaus zu errichten, aber seine Nachfolger, die Flavier, rissen es wieder ab und errichteten anderes an seiner statt, so das Kolosseum und die Titusthermen. Erst Domitian baute auf dem Palatin das, was auch architektonisch einem Palast gleichkam, nämlich ein mehrstöckiges Prunkgebäude mit Thronsaal und prachtvollen Sälen und Gemächern. Hier residierten alle folgenden Kaiser einschließlich der Severer. Der Kaiserpalast in Konstantinopel ist der Nachfolger der Bauten auf dem Palatin, einschließlich des direkten Zugangs zum Circus, dort Hippodrom geheißen.

Ein riesiges »Einkaufszentrum« im Herzen von Rom waren die Trajansmärkte. Schmucklos und solide gebaut, waren sie ursprünglich durch eine hohe Brandmauer vom repräsentativen Forum abgetrennt, das der Kaiser errichten ließ. Anders als die marmorne Repräsentationsarchitektur dort sind die Märkte vorzüglich erhalten, obwohl sie später überbaut wurden (etwa der Turm stammt aus dem Mittelalter).

Treffpunkt der kleinen Leute war, wie heute noch in vielen Mittelmeerländern, die »Bar« an der Ecke. Man nannte sie thermopolium (Warmverkauf), da dort meist warme Getränke serviert wurden. Beim abgebildeten Beispiel in Ostia schließt im Inneren des Hauses ein Speisesaal an.

Das Leben in der Öffentlichkeit

Das römische Leben spielte sich vorwiegend auf der Straße ab, und der äußere Eindruck dürfte sich nicht allzu sehr von dem unterschieden haben, den man heute in den Städten mancher Mittelmeergegenden bekommt. Die Straßen waren eng und voller Leben, denn auch der geschäftliche Verkehr fand großenteils draußen statt. Zusätzlich zu den Lastträgern und fliegenden Händlern öffneten sich die meisten Werkstätten und Läden direkt auf die Straße. Wegen der Enge der Straßen war der Wagenverkehr bei Tage verboten, aber das Geschrei war immer noch gewaltig, und wegen der nächtlichen Wagenfahrten – eine Straßenbeleuchtung gab es nicht – war auch die Nachtruhe oft nicht gewährleistet. Die großen Straßen, *viae,* hatten ihre Namen nach den Erbauern – Via Appia oder Via Flaminia –, die normalen, die *vici* wie die Stadtviertel genannt wurden, hießen zusätzlich nach topographischen Gegebenheiten oder nach den Berufen, die dort anzutreffen waren.

Man lebte also in der Öffentlichkeit, daher rührt auch die verhältnismäßig sparsame Einrichtung der meisten Wohnungen, und entsprechend üppig wurde der öffentliche Bereich Roms ausgestattet. Schon in der Republik wurden auf dem Forum Romanum und seit

Mietskasernen und Paläste 179

dem Ende der Republik dann auch auf dem Marsfeld in großem Stil prunkvolle öffentliche Bauten errichtet, aber erst in der Kaiserzeit erstreckten sie sich auf die ganze Stadt; größere Stadtplanungen waren die schon erwähnte Neros oder die unter Hadrian und Antoninus Pius. Bäume an den Straßen gab es nicht, auch das Tiberufer diente nur der gewerblichen Nutzung und nicht dem Spazierengehen, aber die Stadt war übersät mit Portiken, Säulengängen, in deren Schatten man flanieren oder die einfachen oder Luxusläden frequentieren konnte; von Standbildern bedeutender Personen, mit denen die Stadt geschmückt war, gab es so viele, dass ab und zu abgeräumt werden musste, um Platz für neue zu schaffen.

Neben dem zentralen Forum, auf dem sich der Großteil des öffentlichen Lebens in der Republik abspielte, gab es zehn weitere Foren, und zum öffentlichen Wohlbefinden trugen schließlich auch diejenigen Einrichtungen bei, die im heutigen Bewusstsein noch am meisten mit dem täglichen Leben des antiken Rom verbunden werden: die Bäder und Thermen, das Theater, das Amphitheater, der Circus. Schnell stellt sich dann das Wort »Brot und Spiele« ein, und der Eindruck einer müßiggängerischen, faulen und vergnügungssüchtigen Masse ist fertig. Ob er zutrifft, werden wir sehen.

Treffpunkte: Öffentliche Bäder und Thermen, Theater, Circusse, Amphitheater und Stadien

Der körperlichen Sauberkeit dienten die öffentlichen Bäder *(balneae)*. Noch im 2. vorchristlichen Jahrhundert ließ die Körperpflege bei der Mehrheit der Bevölkerung sehr zu wünschen übrig, aber um das Jahr 100 v. Chr. setzen die öffentlichen Badeanstalten ein, die privat betrieben und gegen ein Eintrittsgeld benutzt wurden. Das Bedürfnis muss so groß gewesen sein, dass knapp hundert

Theater und Circus, Amphitheater und Stadion. Um Ordnung in die oft ineinander übergehenden Vorstellungen zu bringen, wollen wir einige sachliche Unterscheidungen treffen. Theater sind Bauten, die aus einem halbkreisförmigen Zuschauerraum und einer geraden Bühne bestehen, in denen Theaterstücke aufgeführt werden; ein Circus ist eine lang gestreckte Anlage, die aus zwei einander parallel laufenden Baukonstruktionen mit Sitzgelegenheiten besteht und die an einer Schmalseite von einem Halbrund und an der anderen Schmalseite von einer geraden Baukonstruktion abgeschlossen wird, der Circus ist für Wagenrennen eingerichtet; Amphitheater sind ovale Arenen, um die herum (griechisch: amphi) Zuschauersitze angelegt sind, hier gibt es Gladiatorenkämpfe und Tierhatzen; ein Stadion schließlich ist eine lang gestreckte Anlage mit Zuschauersitzen an den Seiten, in der sportliche Wettkämpfe ausgetragen werden. Es sind also vier ganz verschiedene Arten von Bauten zu ganz verschiedenen Zwecken.

Die öffentliche Prachtentfaltung (maiestas publica) eines römischen Badegebäudes hat der französische Architekt Edmond Paulin in seiner Rekonstruktion der Diokletiansthermen anschaulich gemacht.

Jahre später, im Jahr 33 v. Chr., von 170 solcher Badeanstalten die Rede ist. In der Kaiserzeit stieg ihre Zahl weiter steil und erreichte die Summe von rund 900. Wie bei anderen öffentlichen Großbauten auch sahen Politiker in den Badeanlagen ein Mittel, Prestige für sich zu gewinnen, und daher wurde die erste große Anstalt mit freiem

Ovid nennt in seinem Werk »Liebeskunst« 1,89 ff. Orte, an denen sich Männer und Frauen unauffällig begegnen konnten, dazu gehörten das Theater und der Circus:

Du aber geh auf die Jagd vor allem im Rund des Theaters:
Größren Ertrag bringt der Ort, als du dir selber erhoffst.
Dort wirst du etwas zum Lieben und Spielen finden,
Und was du berühn und was du festhalten willst.
So wie im langen Zug hin und her die Ameisen wimmeln...
Ebenso eilen zum volkreichen Zug die gepflegtesten Frauen.
Oft hat die riesige Schar mir die Entscheidung erschwert.
Sie, die zum Sehen kommen, sie kommen, gesehen zu werden.
Sittsamer Anstand gerät an diesem Ort in Gefahr.
Romulus, du hast zuerst Bewegung gebracht in die Spiele,
Als der Sabinerin Raub ledigen Männern gefiel!
Damals hing noch kein Zeltdach quer über dem Marmortheater,
Krokusessenz hatte nicht rötlich die Bühne gefärbt ...
Lasse dir auch nicht entgehen das Wettrennen rassiger Pferde:
Vielerlei Vorteile bringt's, füllt sich der Circus mit Volk.
Dort brauchst du weder die Finger, um Heimliches so zu vermitteln,
Noch musst du durch einen Wink Botschaft empfangen von ihr.
Ganz nahe bei der Geliebten sollst ungehindert du sitzen,
Ständig so fest du nur kannst, drück deine Seite an sie.

Eintritt von Agrippa, dem Gefährten des Augustus, im Jahre 33 v. Chr. auf dem Marsfeld errichtet. Wegen ihrer Warmbademöglichkeiten bekamen die Bäder die Bezeichnung Thermen, von griechisch *thermos:* warm, und danach heißen die großen kaiserlichen Badeanstalten Kaiserthermen, die des Nero, des Titus und Trajan, des Commodus, des Septimius Severus, des Caracalla und schließlich die des Diokletian.

Die kleineren Bäder, von denen Rom wimmelte, und die großen Thermen waren der Treffpunkt der Römer aller Schichten; die *balneae* gewährleisteten eine Art institutionalisierten Nachbarschaftsverkehrs, in die Thermen strömten Männer und Frauen, weil sie Möglichkeiten der sportlichen, geselligen und sogar geistigen Betätigungen boten; manche waren mit Bibliotheken ausgestattet. Es wurden zahlreiche Bademöglichkeiten im Heiß-, Lau- und Kaltwasserbad geboten, es wurden Ballspiel, Gymnastik und andere Sportarten betrieben, man konnte sich der Massage und anderen Arten der Körperpflege unterziehen, das gesellige Leben einschließlich der gleich nebenan florierenden Prostitution blühte.

Die Zu- und Ableitung des Wassers, seine Beheizung und die der Räume durch Hypokaustenheizung, also Unterbodenheizung, die gesamte Verwaltung und schließlich die architektonische Glanzleistung des Baues selber, sie erregen heute genau wie damals Bewunderung. Apollodoros aus Damaskus war der Erbauer der Trajansthermen, derselbe, der die große Donaubrücke am Eisernen Tor errichtete; und die Diokletiansthermen sind zutreffend als das größte Hallenbad der Welt bis heute bezeichnet worden.

Das erste feste Theater in Rom – vorher gab es nur provisorische Holzbauten – war das des Pompeius auf dem Marsfeld, 55 v. Chr. vollendet und eingeweiht, es folgte das des Balbus 13 v. Chr. und dann das des Marcellus zwei Jahre später, beide ebenfalls auf dem Marsfeld. Circusse gab es in Republik und Kaiserzeit fünf: den Circus Maximus südwestlich des Palatin, dessen Ursprünge noch bis auf die Königszeit zurückreichen, den Circus Flaminius, durch den umstrittenen Konsul Flaminius auf dem Marsfeld angelegt, den Circus des Caligula auf dem rechten Tiberufer und schließlich den Circus Varianus des Elagabal im Süden der Stadt; später kam noch der des Maxentius hinzu.

Amphitheater bekam Rom sogar erst nach denen kleinerer Städte Kampaniens – das von Pompeji stammt aus sullanischer Zeit (etwa 80 v. Chr.) –, nämlich um 32 v. Chr. durch den Konsul Titus Statilius Taurus auf dem Marsfeld, dann aber gleich darauf das gewaltigste, das Amphitheatrum Flavium, das heutige Kolosseum; unter den Severern kam noch das kleinere Amphitheatrum Castrense hinzu. An Stadien schließlich hatte Rom überhaupt nur eines aufzuweisen, das des Domitian – es war da, wo die heutige Piazza Navona ist, deren Anlage man ihre frühere Funktion noch genau ansieht. Das war alles, und hinzu kommt, dass diese Stätten der unterschiedlichsten Schaustellungen nicht tagaus, tagein in regelmäßigem Betrieb waren, sondern zunächst einmal nur anlässlich bestimmter religiöser Feste.

Römische Feste und Gladiatorenspiele

Die Feste hießen *ludi,* Spiele, wonach wir auch bei uns von Festspielen sprechen. Zu den ältesten gehörten die *ludi Latini,* ursprünglich ein Fest des Latinerbundes. Das älteste nur römische waren die *ludi Romani,* die Römerspiele, 366 v. Chr. gegründet, und eigens hervorzuheben wären etwa die *ludi Plebeii,* die Plebejerspiele, vor 216 v. Chr. von Flaminius gegründet, oder die *ludi Megalenses* von 204 v. Chr., die aus der Not des 2. Punischen Krieges zu Ehren der orientalischen Göttin Magna Mater gegründet wurden; weitere kamen hinzu. Die Spiele dauerten jeweils zunächst nur einen oder wenige Tage, wurden aber immer weiter ausgedehnt, sodass im Jahre 88 v. Chr. 74 Tage im Jahr dafür zur Verfügung standen und im 4. Jahrhundert n. Chr. sogar 177 Tage. An diesen Spielen fanden in unter-

Zu den traditionellen Aufgaben der höchsten Beamten gehörte es, an den großen Festen Spiele für das Volk zu geben. Das 506 n. Chr. in Konstantinopel gefertigte Doppeltäfelchen aus Elfenbein zeigt den Konsul Aerobindus auf seinem Amtssessel, der zur Eröffnung der Kämpfe in der Arena ein Tuch in die Luft wirft (Zürich, Schweizerisches Landesmuseum).

schiedlicher Kombination Schauspielaufführungen statt, mit ernsthaften Stücken, Komödien, Possen oder Pantomimen, es gab Pferde- und Wagenrennen oder Tierjagden, sämtliche mit ursprünglich religiöser Bedeutung, die sich allmählich verlor.

Das gilt auch für die Gladiatorenspiele, an welchen sich diese Entwicklung gut verfolgen lässt. Dass vor Zuschauern ein Paar Bewaffneter (*gladiatores;* von *gladius:* Schwert) miteinander kämpft, bis der eine tot ist oder gnadenhalber am Leben gelassen wird, ist eine etruskische Sitte, die mit dem Begräbniskult zusammenhängt. In Rom

Seltene, teure und exotische Tiere für die Hatz im Amphitheater zu beschaffen, brachte einem Spielegeber besonderen Ruhm. In der Villa bei Piazza Armerina (Sizilien) aus dem frühen 4. Jahrhundert n. Chr. berichtet ein Fußbodenmosaik (oben) vom gefährlichen Tierfang in fernen Ländern. Ein Mosaik derselben Zeit aus einer Villa in Tusculum in Latium (links) schildert die dramatische Atmosphäre bei der Tierhatz in der Arena. Die Gladiatoren versetzen den Leoparden kunstgerecht den Fangstoß (Rom, Galleria Borghese).

hören wir erstmals 264 v. Chr. davon, als bei einem Begräbnis drei Gladiatorenpaare miteinander kämpften; die Kämpfe fanden auf dem Forum Romanum statt. Im Jahre 105 v. Chr. durfte erstmals ein Konsul mit Bewilligung des Senats Gladiatorenkämpfe ausrichten. Die Kämpfe wurden mehr und mehr zur Volksbelustigung, es gab regelrechte Gladiatorenschulen, und außer für öffentliche Kämpfe

Das Amphitheater spielte im städtischen Leben eine ähnliche Rolle wie heute die Fußballstadien. Ein Wandbild aus Pompeji (Neapel, Museo Archeologico Nazionale) stellt dar, wie die Pompejaner 59 n. Chr. mit den Leuten aus der Nachbarstadt Nola in eine Prügelei gerieten.

Zu den Freizeitbeschäftigungen auch einfacher Leute und vor allem der Kinder gehörte das Würfelspiel mit Astragalen, den Sprunggelenkknochen von Schafen. Diese am Ende des 2. Jahrhunderts n. Chr. entstandene Grabstatue (unten) in der Antikensammlung, Berlin, zeigt die Verstorbene in ihr unschuldiges Spiel versunken.

wurden Gladiatoren auch als private Leibwachen von Politikern herangezogen.

Gladiatoren waren meistens Sklaven, es gab aber auch Freiwillige, in der Kaiserzeit aus Gründen des Nervenkitzels sogar solche aus dem Ritter- und Senatorenstand, ja wir kennen sogar Gladiatorinnen. Es gab berühmte Schlagetots dieses Berufs, mit denen – wie mit den Wagenlenkern im Circus – ein regelrechter Starkult getrieben wurde. Es wundert uns nicht, dass es viele gab, die diesem schrecklichen Dasein entfliehen wollten. Viel mehr verwundert es heute, warum das nicht viel häufiger geschah, denn die Gladiatoren wurden keineswegs streng bewacht und bewegten sich frei; auch die freiwillige Meldung kann man heute nur schwer verstehen.

Erst recht befremdet uns heutzutage die Institution überhaupt, zumal dann, wenn man weiter die Tierhatzen oder sogar die Praxis in Rechnung stellt, dass auch wehrlose Menschen in der Arena durch wilde Tiere oder durch Verbrennen zu Tode gebracht wurden. Das berühmteste Beispiel für Letzteres sind die Tötungen der Christen durch Nero nach dem Brand von Rom, und zur Unmenge von Tieren, die umgebracht wurden, soll nur gesagt werden, dass Augustus sich in seinem offiziellen Tatenbericht rühmt, 3500 Tiere getötet zu haben, und diese Zahl stieg unter den späteren Kaisern beträchtlich.

Dass die Spiele sich von ihrem religiösen Anlass immer mehr entfernten und an Häufigkeit zunahmen, hatte seinen Grund darin, dass sie zunehmend für politische Zwecke eingesetzt wurden. Die Ädilen hatten von Amts wegen mit staatlichen Geldern die Spiele auszurichten, aber diese Aufgabe wurde in der späten Republik von ihnen mehr und mehr dazu benutzt, durch immer prächtigere Ausstattung politische Werbung für sich zu betreiben; dabei wandten sie auch eigenes Vermögen auf und verschuldeten sich immer mehr, in der Hoffnung, dieses Geld und noch mehr in ihrer späteren politischen Laufbahn wieder hereinzubekommen. Zu den Spielen kamen Vorführungen, die ehrgeizige Politiker und Feldherrn aus Anlass ihrer Triumphe oder auch anlässlich von Leichenfeiern veranstalteten.

In der Kaiserzeit nahm diese Tendenz weiter zu, und daher könnte man allmählich doch glauben, das Ausmaß der öffentlichen Spiele sei so exorbitant gewesen, dass man sich die römische Bevölkerung nicht anders als verkommene Masse vorstellen könnte, die ihre Tage mit dem Besuchen brutaler Shows hingebracht hätte. Zwei Gründe sprechen aber doch dagegen. Die Spiele fanden nicht täglich statt, und das Fassungsvermögen der Spielorte war begrenzt: Zwar fasste der Circus Maximus 150 000 Menschen, das Kolosseum aber nur ein Drittel davon, genauso viel fassten alle drei Theater zusammen, und das Stadion Domitians fasste sogar nur 20 000 Menschen.

Natürlich ist das viel, und natürlich waren die Spiele ein ganz wesentlicher Bestandteil des öffentlichen Lebens, aber das reicht nicht, um die Tatsache aus der Welt zu schaffen, dass die römische Bevölkerung fleißig war und sich ihren Lebensunterhalt durch Arbeit verdiente. Die öffentliche Zuteilung von Nahrungsmitteln – *panem* – war nämlich keineswegs ausreichend, um sich auf die faule Haut legen zu können. Sie bestand in der Verteilung von Getreide – erst unter Severus Alexander gab es Brot –, zunächst durch Gaius Gracchus 123 v. Chr. verbilligt, dann seit Clodius 58 v. Chr. gratis, und durch Caesar und Augustus wurde der ausgedehnte Empfängerkreis endgültig so heruntergesetzt, dass man eine Durchschnittszahl von 150 000 bis 200 000 annehmen muss. Alle übrigen Bewohner der Millionenstadt verdienten sich ihren Lebensunterhalt selber, und auch die Getreideempfänger hatten noch einiges zu tun, um über das Allernotwendigste hinauszukommen.

Eine in Herculaneum gefundene geschnitzte Geldbörse aus Holz mit verschließbarem Schiebedeckel enthielt einen bronzenen Sesterzen und einen Silberdenar (Neapel, Museo Archeologico Nazionale).

Einmal frei sein? – Die Sklaven

Für die Zeitgenossen war es ein selbstverständlicher Lebenssachverhalt, für uns ist es ein schockierendes Faktum: Es gab überall Sklaven. Diese Tatsache wurde früher gerne wenn nicht übersehen, so doch eher beiläufig zur Kenntnis genommen. Sie ins Bewusstsein der Historiker gerufen zu haben, ist ein Verdienst von Karl Marx und Friedrich Engels, wenngleich schon sie selber, erst recht ihre staatsmarxistischen Nachfolger, der Sklaverei umgekehrt ein viel zu großes Ausmaß und eine viel zu hohe Bedeutung beimaßen.

Der Rechtsstatus des Sklaven und dessen Möglichkeit des Freikaufs

Sozial war die Sklaverei so vielgestaltig, dass einheitliche Aussagen zu diesem Aspekt nicht gemacht werden können. Anders war die rechtliche Seite. Rechtlich war ein Sklave eine Sache, konnte verkauft, gekauft, vererbt und geerbt werden, man konnte einen Nießbrauch an ihm begründen, man konnte ihn einsperren oder körperlich strafen, ohne dass das strafbare Handlungen gewesen wären. Der Sklave hatte keine Rechte, konnte also keine Verträge schließen oder kein Eigentum haben, und er konnte keine Ehe im Rechtssinne eingehen – und dasselbe gilt natürlich auch für die Sklavin.

Es gab faktische und rechtliche Einschränkungen dieses Zustandes. Rechtlich wurde im Laufe der Kaiserzeit übermäßige Misshandlung von Sklaven ihrerseits immer mehr unter Strafe gestellt, vielleicht aus Gründen des sparsamen Umgangs mit diesem Wirtschaftsgut, gewiss aber auch aus humanitären Gründen, deren Bedeutung in der Kaiserzeit ja zunahm. Eine bedeutende Rolle spielte die Einrichtung des *peculium.* Das war ein kleineres oder größeres Vermögen,

Zu den Ärmsten aus dem Sklavenstand gehörten die Fischer. Eine Bronzestatuette in Verona, Museo Lapidario Maffaeiano, zeigt, wie abwertend solche dienstbaren Geister gesehen wurden: Das gebückte Stehen deutet auf den unfreien Stand, der schüttere Haar- und Bartwuchs galt als typisch für Barbaren.

Landwirtschaftliche Geräte der Römerzeit aus Kampanien im Museo Archeologico Nazionale, Neapel: Axt und Beil für das Fällen und Bearbeiten von Holz, eine Sichel für die Ernte sowie ein kurzer Grabspaten für nasses Erdreich.

Eine Familie von Freigelassenen aus der Zeit des Augustus ließ sich an ihrem Grabbau bei Rom darstellen. Im Vordergrund steht nicht das Gedenken an die Toten, denn einige der drei Generationen umfassenden Gruppe lebten noch, sondern das Bild familiärer Harmonie (concordia) nach altrömischer Sitte. Besonders stolz war man, dass der Jüngste im Bilde (er präsentiert sein Schwert) es zu einer Karriere beim Heer gebracht hatte (Kopenhagen, Ny Carlsberg Glyptotek).

das der Eigentümer des Sklaven diesem zur Verfügung stellte, damit er damit wirtschaftete – einen Handel aufmachte, eine Manufaktur betrieb oder Ähnliches. Rechtlich gehörte dieses Vermögen und aller Gewinn, den der Sklave machte, seinem Herrn; der soziale Konsens bestimmte aber, dass der Sklave nur einen Teil des Gewinns seinem Herrn abgeben musste, den Rest konnte er behalten.

Die wichtigste Rolle, die dieses Vermögen spielte, war aber die, dass sich der Sklave damit aus seinem Sklavenstatus loskaufen konnte. Nach dem Buchstaben des Gesetzes konnte der Herr kalt lächelnd das Geld kassieren und den Sklaven weiter in seinem Status belassen. Das wäre jedoch zum einen ein sozial schwer missbilligtes Verhalten gewesen, zum anderen war die römische Gesellschafts- und Wirtschaftsordnung darauf angewiesen, dass die Sklaveneigentümer sich an diesen Brauch hielten. Wäre es nämlich anders gewesen, wäre der Anreiz für das Wirtschaften mit einem *peculium* gering gewesen, denn dieses hätte dann seine wirtschaftliche Funktion nicht erfüllt, die darin bestand, dem Eigentümer durch eine von der Aussicht auf Freiheit stimulierte Initiative des Sklaven mehr Ertrag einzubringen, als wenn der Sklave unmittelbar für den Herrn gearbeitet hätte.

Die Freilassung

Die Freilassung der Sklaven war keine Ausnahme. Zeitweise nahmen die Freilassungen so zu, dass sie, wie etwa zu Beginn der römischen Kaiserzeit, gesetzlich eingeschränkt wurden. Die Freilassung geschah oft durch Testament, zu Lebzeiten des Freilassers aber vor Zeugen *(inter amicos)* durch Berührung mit einem Stab, und die Sitte fügte noch eine kleine symbolische Handlung hinzu: Der Herr gab dem Sklaven oder der Sklavin noch einen Backenstreich, drehte ihn oder sie einmal um die eigene Achse und gab ihm dann einen kleinen Schubs in die Freiheit.

War der ehemalige Sklave ein Mann, wurde er – anders als in Griechenland – durch die Freilassung sogar römischer Bürger, handelte es sich um eine ehemalige Sklavin, lebte sie in Ermangelung politischer Rechte für Frauen doch unter dem für Freie geltenden römischen Recht. Die Freigelassenen – *libertini,* vom Freilasser aus gesehen *liberti* – waren nun zwar frei, doch unterschieden sie sich in einigen rechtlichen Beziehungen, etwa im Erbrecht, vor allem aber durch die Sitte von Freigeborenen *(ingenui)*. Einerseits konnte sich der Eigentümer schon vor der Freilassung Dienste *(operae)* für die Zeit danach versprechen lassen, andererseits waren die *liberti* auch ohne eine solche Verpflichtung sittlich zu *obsequium* und *reverentia* verpflichtet, also zu Folgsamkeit und respektvoller Behandlung. Kinder, die sie nun bekamen, waren allerdings Freie ohne Einschränkung – und doch: Das soziale Faktum ließ sich oft nicht verleugnen, dass der Vater eines *ingenuus* früher einmal Sklave war, und das konnte dem Freigeborenen noch lange anhängen. Der Dichter Horaz war seinem Gönner Gaius Cilnius Maecenas auch deshalb so dankbar für dessen Förderung, weil sein – von ihm sehr geliebter – Vater ein früherer Sklave war.

LARENKULT

Die religiösen Reformen unter Kaiser Augustus ermöglichten es auch tüchtigen Nichtvollbürgern,

mit einem Amt in die Öffentlichkeit zu treten. Die neu eingeteilten 265 Stadtbezirke (compita) Roms erhielten eigene Kapellen, in denen jeweils vier Freigelassene und vier Sklaven wirken durften.

Die Kultvorsteher auf dem Relief eines Kompitalaltares (links) präsentieren sich in prächtiger Toga, wie sie vor dem Schlachtopfer die Trankspende verrichten. Ein eigener Amtsdiener (links) zeigt, dass die vier eine öffentliche Würdenstellung erreicht haben.

Verehrt wurden in den Kultkapellen die Laren, ursprünglich bäuerliche Schutzgeister, die man tanzend mit Füllhorn und Spendeschale darstellt. Im Mittelpunkt des Kultes steht die Verehrung des Kaisers. Der Herrscher wird nicht direkt angesprochen, sondern nur sein

Segen spendender Genius, der als würdiger Mann in der Toga mit einem Füllhorn erscheint.

Der Larenkult fand großen Anklang im ganzen Reich, wie zahlreiche Bronzestatuetten von Genien und Laren zeigen, die in Hausaltären verehrt wurden.

Für die Freilassung gab es viele Gründe. Von den unmittelbar einleuchtenden Fällen abgesehen, dass die freizulassende Person ein leiblicher Verwandter des oder der Freilassenden war, gab es natürlich Fälle menschlicher Zuneigung oder Dankbarkeit, etwa vom erwachsen gewordenen Zögling zum Lehrer oder zur Amme. Handgreiflicher war der Gesichtspunkt, dass ein geschäftlich tätiger Freigelassener mit der sittlichen Verpflichtung zur Anhänglichkeit vielleicht noch mehr einbringen könnte als ein Sklave mit *peculium.* Da in Gerichtsprozessen wohl Sklaven, nicht aber Freie zu Zeugenaussagen gezwungen werden konnten, empfahl es sich weiter, belastenden Aussagen durch Freilassung zuvorzukommen. Die testamentarische Freilassung führte dazu, dass der Leichenzug an Prächtigkeit gewann, weil er durch die dankbaren ehemaligen Sklaven eine jedenfalls quantitative Bereicherung erfuhr.

Das Sklavendasein

Die Sklaven am alleruntersten Ende der möglichen Sklavenexistenz waren zu bestimmten Epochen der römischen Geschichte die Bergwerks- und große Teile der Landwirtschaftssklaven. Eine wegen ihrer Härte gefürchtete Kriminalstrafe war die Verurteilung *ad metalla,* zur Bergwerksarbeit. Doch kann man auch hier nicht generalisieren. Zum einen gab es auch freie Bergarbeiter, besonders in der hohen Kaiserzeit, die sich auch zu Berufsverbänden organisierten, und zum anderen sind in der Bergbautechnik arbeitssparende Vorrichtungen erfunden worden, die darauf hinweisen, dass jedenfalls kein menschlicher Raubbau betrieben werden sollte. Zu bestimmten Zeiten jedenfalls traf dies zu, denn man muss sehr zwischen Epochen unterscheiden, in denen eher Überfluss oder eher Mangel an Sklaven herrschte. Dieser Unterschied trifft in besonderem Maße auf die Sklaverei in der Landwirtschaft zu. Der frühe römische Bauernhof kam entweder ganz ohne Sklaven aus, oder es gehörten einige wenige Sklaven zu ihm, die mit den Familienangehörigen zusammen arbeiteten. Das frührepublikanische Recht kennt Landwirtschaftssklaven als selbstverständliche Objekte größerer Rechtsgeschäfte wie Kauf und Verkauf, und es interessierte sich dafür, was mit den Kindern von Sklavinnen zu geschehen hatte. Sie wurden rechtlich als Leibesfrucht im eigentlichen Wortsinne behandelt und teilten demnach natürlich die Rechtsstellung der Mutter.

Mit dem Anwachsen der landwirtschaftlichen Betriebe nahm auch das Sklavenpersonal der Güter zu, und in den römischen Handbüchern, die die Organisation eines rentablen landwirtschaftlichen Betriebs erläutern, wird auf den Einsatz und die Behandlung der Sklaven große Sorgfalt verwandt. Oberstes Gebot war natürlich, sich deren Arbeitskraft zu erhalten, und das nicht nur deshalb, weil ihre rücksichtslose Ausbeutung schlechte Arbeitsleistungen und kostspielige Neuanschaffungen zur Folge gehabt hätte, sondern auch deshalb, weil ein solcher um die herrschaftliche Villa herum organisierter Gutsbetrieb keine Monokultur betrieb. Er produzierte eine Vielfalt landwirtschaftlicher Güter, die unterschiedliche Bearbeitung verlangten, und er forderte dementsprechend eine arbeitsteilige Organisation, die auch von den Sklaven unterschiedliche Fähigkeiten im Beruf erforderte. Hinzu kam, dass nicht nur die unteren Ränge des Personals von Sklaven bekleidet wurden, sondern dass in diesem hierarchisch organisierten Betrieb Sklaven auch bis hinauf zum Gutsverwalter *(vilicus)* eingesetzt wurden.

Hier traten nun im 2. vorchristlichen Jahrhundert teilweise Änderungen ein. Mit dem immer größeren Anwachsen der landwirtschaftlich genutzten Flächen vor allem in Süditalien und auf Sizilien veränderten sich Bodennutzung und die Art der Bewirtschaftung. Teils ging man zu großflächigem Getreideanbau über, teils betrieb man ebenso großflächige Viehwirtschaft. Im Fall des Getreideanbaus auf diesen Latifundien (wörtlich: Großgüter) konnte man mit größeren Sklavenmengen operieren, die einfache Arbeiten zu verrichten hatten. Die Hirtensklaven zeichneten sich demgegenüber dadurch aus, dass sie vielfach auf sich gestellt waren und als bewaffnete Trupps große Selbstständigkeit hatten.

Die Sklavenkriege

Die Ackersklaven und die Hirtensklaven waren die Träger der sizilischen Sklavenkriege. Der erste (136–132 v. Chr.) brach deshalb aus, weil die Lebensbedingungen der Sklaven einfach unerträglich waren. Unsere Quellen sind zwar nur bruchstückhaft überliefert und schildern vor allem Spektakuläres, aber glaubwürdig sind sie doch, denn die Existenz der Unglücklichen, die teilweise in kasernenartigen Verliesen angekettet ihr Leben fristen mussten, war eben so unerträglich, dass sie zu einem regulären Krieg führte. Die Initialzündung kam wahrscheinlich von Hirtensklaven, aber der Anführer wurde ein Haussklave in Henna, heute Enna, ein Syrer namens Eunus aus Apameia am Orontes. Die Hirtensklaven, die ohnehin im Waffengebrauch geübt waren, brachten sozusagen das militärische Element mit hinein, und die Erhebung war so gefährlich, dass 134, 133 und 132 römische Heere unter konsularischem Kommando ausgeschickt werden mussten und nur mit großer Mühe siegten.

Die Sklaven hatten sich eine politische Organisation gegeben, sie nannten sich »Syrer«, und Eunus nahm sogar den Königstitel an und ließ Münzen prägen. Er nannte sich Antiochos, führte also einen seleukidischen Königsnamen, und all das weist auf die Ursache des Krieges hin: Durch die römischen Kriege im östlichen Mittelmeerraum sowie durch Raubzüge zur Gewinnung von Sklaven kamen so viele Griechen und Orientalen als Sklaven auf den Markt, dass einerseits die Sklavenhaltung in großem Stil betrieben werden konnte und es nun wirklich nicht mehr auf das Leben des Einzelnen ankam. Auf der anderen Seite waren viele der Versklavten freie Menschen gewesen, die sich von heute auf morgen in einen Zustand absoluter Rechtlosigkeit und schrecklicher tatsächlicher Behandlung versetzt sahen und das noch weniger ertragen konnten, als es die üblichen Nachkommen von Sklaven taten, die dieses Dasein gewohnt sein mochten.

Der 2. Sklavenkrieg (104–101 v. Chr.) soll deshalb ausgebrochen sein, weil der König Nikomedes III. von Bithynien auf eine römische Forderung, Truppen zu stellen, antwortete, er könne das deshalb nicht, weil sein Reich durch römische Massenversklavungen entvölkert sei. Erschrocken soll der Senat daraufhin angeordnet haben, auf Sizilien den Sklavenstatus zu überprüfen und die Betreffenden gegebenenfalls freizulassen. Das soll dann in einem solchen Umfang geschehen sein, dass zahlreiche römische Ritter als Eigentümer der Sklaven protestierten, worauf die Freilassungsaktion gestoppt wurde. Diese Maßnahme wurde das Signal zum Aufstand. Das wichtigste Sklavenheer stand unter dem Kommando eines Salvius, der den Namen Tryphon annahm, ihm folgte ein Athenion nach. Auch hier mussten reguläre Heere ein-

Zwei Freigelassene des Kaisers Antoninus Pius, Epagathus und Epaphroditus, taten sich zusammen, um in Ostia einen der größten Speicherbauten zu errichten. Über seinem Eingang prangen in Marmor ihre Namen. Solche Karrieren waren nicht ungewöhnlich im Kreise der Sklaven und Freigelassenen des Herrscherhauses (familia Caesaris).

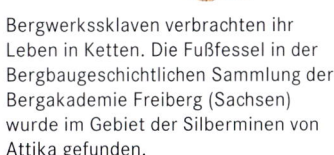

Bergwerkssklaven verbrachten ihr Leben in Ketten. Die Fußfessel in der Bergbaugeschichtlichen Sammlung der Bergakademie Freiberg (Sachsen) wurde im Gebiet der Silberminen von Attika gefunden.

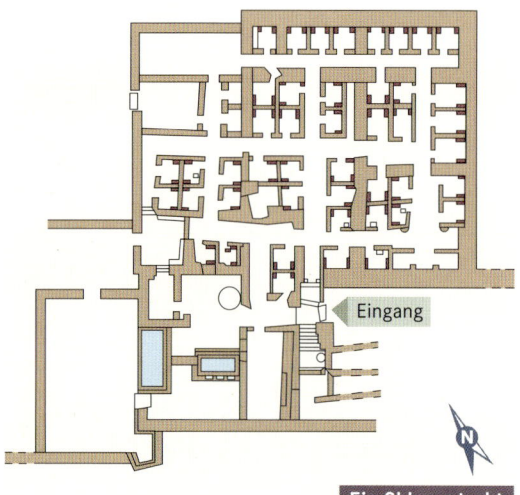

Eingang

N

Ein Sklaventrakt

Das Untergeschoss eines großen Hauses am Caeliushügel in Rom besteht aus einer Vielzahl kleiner, lichtloser und unbeheizter Kammern mit jeweils zwei gemauerten Bettstellen (dunkelbraun), außerdem gibt es zwei Becken für warmes Wasser (blau) zum Waschen. Wahrscheinlich waren hier die Sklaven eines Stadtpalastes untergebracht.

Ein in Bulla Regia (Nordafrika) gefundener Sklavenring aus Blei verriet, wer seine Trägerin war: »Ich bin eine schmutzige Hure, nimm mich gefangen, denn ich bin aus Bulla Regia weggelaufen.« Das im 4. Jahrhundert n. Chr. entstandene Stück befindet sich im Musée du Bardo, Tunis.

gesetzt werden; der Krieg wurde beendet, als der Konsul Manius Aquilius im Zweikampf über Athenion siegte.

Diese großen Erhebungen waren also etwas Ungewöhnliches und fanden nur dort statt, wo es die größten Sklavenmassen gab, die zudem auf sonst nicht mehr vorkommende Weise rekrutiert worden waren. Erst recht ein Ausnahmefall war dann dreißig Jahre später der Aufstand des Spartacus. Er begann 73 v. Chr. in Capua, als ein Trupp von Gladiatoren im Sklavenstatus aus einer Gladiatorenschule ausbrach. Diese waffenkundigen Sklaven standen unter dem Kommando des Thrakers Spartacus, und ihnen schlossen sich weitere an, darunter Germanen und Kelten, vielleicht auch Freie aus Unterschichten. Das Heer des Spartacus durchzog Italien vom Norden bis zur Stiefelspitze, wo es vergeblich nach Sizilien überzusetzen versuchte; zwei konsularische Heere wurden von ihm geschlagen, bis er schließlich von Crassus 71 v. Chr. besiegt wurde; Spartacus soll bis zum Letzten gekämpft haben.

Die große Tragik dieser Sklavenkriege ist ihre von vornherein gegebene Hoffnungslosigkeit. Die Sklaverei als Institution abzuschaffen, das war niemandes Ziel jemals gewesen; den Aufständischen kam es nur auf die Beendigung ihrer schrecklichen Lebensbedingungen und auf ihre persönliche Freiheit an. Die räumliche Ziellosigkeit des Spartacusheeres ist gleichzeitig ein Indiz für seine konzeptionelle Ziellosigkeit, und die Gründung eines syrischen Königreiches durch Sklaven auf Sizilien zeigt, wie bewusst ihren Führern das Problem war, irgendwie aus der Sklavenrolle herauskommen zu müssen und eine Art politischer Gleichberechtigung zu erreichen. Abgesehen von den im Ergebnis dann doch eindeutigen militärischen Kräfteverhältnissen war so etwas für die antike Welt auf die Dauer aber unannehmbar. Und vor allem: Die politische Situation, die zu diesem Verzweiflungsakt massenhaft gequälter Menschen geführt hatte, sie war einmalig und wiederholte sich nicht, demgemäß gab es auch keinen Sklavenkrieg dieses Ausmaßes mehr.

Die soziale Situation

Das führt schließlich wieder zum Ausgangspunkt: Die rechtliche Qualifikation als Sklave, so demütigend sie von vielen empfunden wurde, ist nur ein äußerliches Band, das Menschengruppen unterschiedlichster sozialer Lage und demgemäß sozialer Interessen zusammenfasste.

Sämtliche Berufe konnten von Sklaven innegehabt werden: Es gab Arbeiter und Arbeiterinnen, Schauspieler, Gladiatoren, Musiker, Sänger, alle Arten von Handwerkern und Händlern, Buchhalter, Geschäftsführer, Verwalter, Lehrer, Ärzte, bei Frauen Prostituierte und Ammen, es gab öffentliche Sklaven *(servi publici)* mit Hilfstätigkeiten bei Ordnungsaufgaben. Da sie sich im Äußeren oft nicht von anderen unterschieden (außer dass sie die ohnehin selten getragene Toga nicht tragen durften), fielen sie im Stadtbild nicht auf, und demgemäß war nicht nur die Sklavenflucht ein Problem, sondern es ergaben sich auch schwierige Rechtsfragen, wenn sich womöglich nach vielen Jahren herausstellte, dass ein für frei Gehaltener in Wirklichkeit ein Sklave war. Sklaven konnten auch sehr hoch aufsteigen. Insbesondere im kaiserlichen Haushalt hatten sie als *servi Caesaris* wichtige Verwaltungsaufgaben inne, hatten ihrerseits Sklaven unter sich und waren auf diese Weise manchmal einflussreicher (und reicher)

Sowohl die Belegschaft wie die Kundschaft römischer Bordelle stammte in den meisten Fällen aus dem Sklavenstand. Es gab in einer Kleinstadt wie Pompeji allein 25 solcher Häuser. In dem abgebildeten Beispiel sind über den Eingängen zu den Zimmern einschlägige Wandbilder angebracht.

Macht und Einfluss in Händen eines Sklaven: Smaragdus, der Verwalter der kaiserlichen Bergwerke, war als Sklavenaufseher selbst Sklave, wurde aber mit der städtischen Kassenaufsicht betraut und sogar auf Beschluss des Stadtrates geehrt. Die Inschrift im Musée des Antiquités in Saint-Germain-en-Laye bei Paris entstand in der frühen Kaiserzeit.

als mancher Ritter oder Senator. Wurden sie freigelassen, konnten sie noch höher aufrücken und etwa Leiter von kaiserlichen Kanzleien werden; die Vertrauten des Kaisers Claudius, die seine Politik mitbestimmten, waren ja zu einem Teil Freigelassene.

Die Sklavenzahl stabilisierte sich und ging gegen die Spätantike hin zurück. Dafür ist nicht das Christentum ursächlich gewesen. Ihm kam es weniger auf den weltlichen Zustand an, da vor Gott die Menschen gleich waren, und eben dies ist ein weiteres Zeichen dafür, dass der rechtliche Zustand als Sklave vor der konkreten sozialen Situation zurücktrat. Mühselig und beladen waren auch Freie, in großen Mengen sogar, und manchen von ihnen erschien der Sklavenstatus wegen der sozialen Sicherheit, die er bot, so erstrebenswert, dass sie sich freiwillig in die Sklaverei begaben. Die Sklavenzahl ging aus anderen Gründen zurück. Es gab keine großen Kriege mehr, die Gefangene lieferten, und die Sklavenjagden gehörten im einheitlichen Römischen Reich der Vergangenheit an; so war man auf die Nachkommenschaft der bisherigen Sklaven angewiesen. Die Sklaverei begann, kein wesentliches soziales Faktum mehr zu sein.

Paulus schreibt in seinem Brief an die Galater (3,26 f.):

Ihr seid alle durch den Glauben Söhne Gottes und in Christus Jesus. Denn ihr alle, die ihr auf Christus getauft seid, habt Christus (als Gewand) angelegt. Es gibt nicht mehr Juden und Griechen, nicht Sklaven und Freie, nicht Mann und Frau; denn ihr alle seid »einer« in Christus Jesus.

Römisches Recht als europäisches Erbe

Am 1. Januar 1900 trat im Deutschen Reich das Bürgerliche Gesetzbuch (BGB) in Kraft, das, mit zahlreichen Modifikationen, heute noch in Deutschland gilt. Zusammen mit dem Code civil (CC) in Frankreich, dem Allgemeinen Bürgerlichen Gesetzbuch (ABGB) in Österreich, dem Schweizerischen Obligationenrecht (OR) und Zivilgesetzbuch (ZGB) sowie anderen neuzeitlichen Kodifikationen Europas ist es in Inhalt, Aufbau und Denkweise der bisher letzte Ausläufer einer Rechtsentwicklung, die in der Frühzeit Roms eingesetzt hatte und über zahlreiche Zwischenstufen bis zum heutigen Tage weiterwirkt. Wie kam das? Wir werden es im Folgenden sehen, uns dabei aber nur auf das Zivilrecht konzentrieren; denn das Strafrecht und das öffentliche Recht der Römer haben im Gegensatz zum Zivilrecht keine wesentliche Wirkung auf die europäische Rechtsentwicklung gehabt.

Familia und Eigentum – Die Anfänge des römischen Rechtswesens

Die winzige italische Landstadt Rom kannte wie alle anderen frühen mediterranen Siedlungen Recht nur in der Form, dass es gewisse einfache, urtümliche Vorstellungen von der richtigen Ordnung des Zusammenlebens in Familie und Stadt gab. Diese rechtlichen Vorstellungen *(ius)* galten als göttlicher Herkunft *(fas)* und bezogen sich auf Ehe, Verwandtschaft und Erbschaft sowie auf Fragen, die mit dem Haupterwerbszweig, der Landwirtschaft, zusammenhingen. Der Vater war das Familienoberhaupt *(pater familias)* und hatte als solches absolute Herrschaftsgewalt über seine Frau, seine Kinder und das Gesinde, unter dem sich auch (wenige) Sklaven befanden. Den Kindern gegenüber hieß diese Gewalt *patria potestas,* der Ehefrau gegenüber *manus.* Eigentum an den Gegenständen in Haus und Feld hatte nur der Vater; mit *familia* wurde der ganze Verband bezeichnet: Eltern, Kinder, Sklaven, Haus, Hof, Vieh und Acker.

Rechtlich geregelt werden musste etwa die Frage, was bei Verfehlungen der Hausangehörigen zu geschehen habe, wie die Eheschließung vor sich gehen solle, wie die Erbfolge zu regeln sei. Rechtsfragen, die außerhalb des Familienverbandes entstanden, waren vor allem die Beziehungen zum Nachbarn in der Stadt oder auf dem Feld oder Eigentumsfragen an Vieh und Feldfrüchten. Bei häuslichen Verfehlungen hatte der Vater unumschränkte Strafgewalt, die bis zur Tötung gehen konnte, also das Recht über Leben und Tod *(ius vitae necisque),* jedoch gehörte es sich, dass er in schweren Fällen, etwa im Fall des Ehebruchs durch seine Frau, ein Hausgericht zusammenrief, das aus den nächsten Verwandten bestand und dem *pater familias* zwar nicht rechtlich, wohl aber sittlich bindende Verhaltensvorschriften erteilte.

Der Vater konnte seine Kinder auch verkaufen, was, entgegen dem ersten Anschein, den vernünftigen Sinn hatte, die Abkömmlinge kinderreicher Familien einer anderen Bauernstelle zur Arbeitsleistung zur Verfügung zu stellen, wenn man nicht den Weg der Adoption wählen wollte. Freilich sollte damit kein Missbrauch getrieben werden, und so wurde bestimmt, dass der Sohn beim dreimaligen Verkauf aus der väterlichen Gewalt entlassen, also zum Schaden des Vaters frei sein sollte. (Ein mehrfacher Verkauf konnte dann stattfinden, wenn der Käufer den Sohn freiließ, wodurch dieser wieder in die väterliche Gewalt fiel.) Diese Missbrauchsregelung bei dreimaligem Verkauf machte man sich später zunutze, wenn der Sohn vom Vater willentlich in die Selbstständigkeit entlassen werden sollte. Er wurde zum Schein dreimal verkauft, und da der Verkauf *mancipatio* hieß, wie wir noch sehen werden, wurde dieses Selbstständigmachen *emancipatio* genannt. Von Mädchen war nicht die Rede, und hier zeigten sich die Römer später ausgesprochen frauenfreundlich: Statt zu sagen, dann könnten Mädchen eben nicht emanzipiert werden, schlossen sie umgekehrt aus deren Nichterwähnung in den überkommenen Rechtsvorschriften, dass kein dreimaliger Verkauf nötig sei, sondern dass schon ein einmaliger Scheinverkauf genüge.

Die Eheschließung geschah ursprünglich durch ein rituelles Mahl im Beisein des Jupiterpriesters und des *pontifex maximus (confarreatio),* später kam ein Scheinkauf *(coemptio)* hinzu, und im 3. Jahrhundert v. Chr. entstand eine Regelung, die ein Musterbeispiel für die gelegentlich reichlich übertriebene Nüchternheit der Römer darstellt: So wie man bei Sachen wie etwa einer Kuh oder einem Pflug nach einjährigem Gebrauch *(usus)* Eigentümer wurde, so kam auch die Frau nach einjährigem faktischem Zusammenleben durch *usus* in die eheherrliche Gewalt des Mannes, die *manus*. Sie konnte freilich diesen Fristablauf verhindern; wenn sie drei Nächte hintereinander aushäusig blieb, begann die Frist von neuem. – Der Vater konnte für den Fall seines Todes vor der Volksversammlung als Zeugen *(testes)* über sein Vermögen verfügen *(testamentum);* hatte er das nicht getan, so erbten seine Kinder und seine Frau zu gleichen Teilen, ersatzweise der nächste Verwandte.

Von Einzelheiten wie dem Verbauen eines fremden Balkens im Haus oder dem nächtlichen Absingen fruchtschädigender Zaubersprüche am Feld des lieben Nachbarn abgesehen ist das wichtigste rechtliche Faktum dieser frühen Zeit die komplizierte Art und Weise, wie die Eigentumsübertragung wichtiger Sachen vor sich ging. Wichtig waren natürlich die eigenen Kinder, dann Sklaven, Grundstücke und Großvieh. Das waren Dinge, die man nicht schnell durch Übergabe veräußerte, sondern hier war ein feierlicher Akt nötig. Fünf römische Bürger hatten als Zeugen anwesend zu sein, dazu der bisherige und der zukünftige Eigentümer sowie ein Waagehalter, der das Metall abwog, das den Kaufpreis bilden sollte. Dann sagte der Käufer, dass die Sache ihm gehöre, niemand widersprach, und Metall und Sache hatten den Eigentümer gewechselt. Da der neue Eigentümer die Sache mit der Hand *(manus)* ergriff *(capere),* hieß dieser Vorgang *mancipatio*.

Diese und andere Regelungen sind von großer Urtümlichkeit und spiegeln die kleinen und rein agrarischen Verhältnisse der römischen Frühzeit wider. Wir kennen sie deshalb einigermaßen genau, weil sie in einer Krisensituation aufgezeichnet wurden. Ähnlich nämlich wie in der sozialen Krise des archaischen Griechenland die aufstrebende Hoplitenschicht der Rechtsprechung durch den Adel nicht mehr traute und die öffentliche Aufstellung des geltenden Rechts durchsetzte, so setzte die römische *plebs* in der Mitte des 5. Jahrhunderts v. Chr. ebenfalls durch, dass die rechtlichen Regelungen bekannt gemacht wurden, damit jedermann sie einsehen könne. Nach diesem griechischen Vorbild wurde das Recht zunächst auf zehn Tafeln zusammengefasst, zu denen dann noch zwei weitere kamen, und öffentlich aufgestellt. Die Volksversammlung billigte diese Gesetzeskodifikation, die nach der Anzahl der Tafeln Zwölftafelgesetz genannt wurde, die berühmteste Gesetzeszusammenstellung der Rechtsgeschichte.

Diese Art der Gesetzgebung war aber einmalig in Rom und kam nicht wieder vor; so urrömisch uns die Zwölf Tafeln vorkommen, so wahr ist es, dass sie eben doch eine Art der Gesetzgebung darstellten, die von den Griechen übernommen war. Die Weiterentwicklung des Rechts in Rom ging ganz andere, nun spezifisch römische Wege. Zwar ergingen hin und wieder durchaus Einzelgesetze durch die Volksversammlung (Tribuskomitien bzw. Plebsversammlung), die Masse der rechtlichen Regelungen wurde aber durch die Rechtsprechung geschaffen.

Eine Erfindung der Römer:
Legisaktionen- und Formularprozess

Ein Zivilprozess ging so vor sich, dass derjenige, der an einen anderen eine rechtliche Forderung stellte, die dieser nicht erfüllen wollte, diesen vor den zuständigen Magistrat lud, in historischer Zeit vor den Prätor. Der Beklagte, besonders wenn er mächtig war, wollte sich einer solchen Vorladung gern entziehen, und damit er gehorchte, bestimmten die Zwölf Tafeln ausdrücklich, dass ein Vorgeladener auch zu erscheinen habe. Der Prätor hörte sich beide Parteien an, und wenn sie ihr Anliegen schlüssig vorgetragen hatten, ließ er die Klage zu, verhandelte die Sache aber nicht selber, sondern verwies sie an einen Richter, den *iudex,* der Beweise erhob und den eigentlichen Prozess führte, der dann mit einem Urteil endete; eine weitere Instanz gab es nicht. Dieser Richter war, wie der Prätor, ein Aristokrat, der Rechtskenntnisse hatte und zum Bekanntenkreis des Prätors gehörte. Vielleicht hat sich die Einrichtung dieses Richters, der den eigentlichen Prozess führte, aus einer Schiedsrichterrolle entwickelt, wobei die Parteien sich auf einen Schiedsrichter einigten; in historischer Zeit wurde er aber von dem Prätor bestimmt.

Dieser zweigeteilte Prozess hielt sich bis in die römische Kaiserzeit, machte aber in sich eine Entwicklung durch. Der Vortrag der Parteien war nämlich zu Anfang nicht frei, sondern sie mussten ganz bestimmte Formeln sprechen, je nach dem Anspruch, der erhoben wurde. Das hatte seinen Grund vielleicht einmal in einer frühen sakralen Verankerung des römischen Rechts, aber auch darin, dass sozusagen aus Gründen der Rechtssicherheit oder Gleichmäßigkeit des Rechtslebens ein strenger Formenzwang nötig war, der möglichst Willkür ausschloss. Diese festgelegten feierlichen Worte *(verba solemnia)* betrafen natürlich nur eine eng umgrenzte Art von Ansprüchen, die sich aus den einfachen Verhältnissen der römischen Frühzeit ergaben; sie waren gesetzlich eingerichtet worden und hießen daher *legis actiones,* also Klagen aufgrund des Gesetzes. Mit der langsamen Expansion Roms über Italien und der Entwicklung des Wirtschaftslebens wurden aber die Rechtsgeschäfte, damit die Konflikte und damit die gegenseitigen Ansprüche komplizierter, wuchsen über den Verkauf einer Kuh oder das Darlehen von Saatgut hinaus, und zudem waren zunehmend Nichtrömer an den Geschäften und somit im Konfliktfall an den Prozessen beteiligt – und auf die Konfliktfälle kam es ja an.

Das hatte zur Folge, dass immer häufiger Prozesse ungerecht entschieden wurden. Entweder musste der Prätor sagen, dass es für den betreffenden Streitfall keine Legisaktion gebe, oder er musste einen nichtrömischen Kläger abweisen, weil dieser aus Unkenntnis nicht die richtigen Worte gesprochen hatte. Das wurde, je länger es dauerte, immer unerträglicher, und man kann sich gut vorstellen, dass damit auch die Herrschaft Roms in Italien gefährdet wurde, weil sich berechtigte Unzufriedenheit ansammelte. Da griffen die Prätoren zu einem Mittel, das nur im aristokratischen Rom denkbar war und das den ganzen Charakter des römischen Rechts bestimmte. Sie ließen ohne gesetzliche Ermächtigung mehr und mehr Klagen auch ohne Legisaktionen und ohne *verba solemnia* zu, und sie konnten das tun, weil ihnen ihre Amtsgewalt, das *imperium,* die Befugnis dazu verlieh.

Ein Beispiel: Wenn jemand behauptete, ein Sklave gehöre ihm, durfte er im Legisaktionenverfahren diese Behauptung nicht in beliebigen Worten aufstellen, sondern er musste sagen: *Hunc ego hominem meum esse aio* (ich sage, dass dieser

Mensch meiner ist), und wenn er statt des altertümlichen Wortes *aio* das geläufigere *dico* oder *lego* sagte, oder wenn er gar griechisch sprach, wurde seine Klage sofort abgewiesen, kam gar nicht erst bis zum *iudex.* Ein Grieche aus Kyme (Cumae) etwa, dem so etwas passierte, obwohl er der Sache nach eindeutig im Recht war, dürfte diese Entscheidung nicht ohne Groll aufgenommen haben, und auch der Prätor fühlte sich unwohl dabei. Eines Tages muss sich nun ein amtierender Prätor in einem solchen Fall des sinnlosen Formalismus dazu durchgerungen haben, eine solche Klage auch ohne das Formerfordernis der *legis actio* zuzulassen.

Dieser Entschluss wurde nun nicht punktuell für den einen zur Verhandlung anstehenden Fall getroffen, vielmehr war damit beabsichtigt, auch in Zukunft bei gleichen Sachlagen so zu verfahren. Der Prätor verkündete also durch eine öffentliche Bekanntmachung, durch ein Edikt, wie es römische Magistrate zu tun pflegten, bei der und der Sachlage werde er in Zukunft – zu ergänzen: obwohl das bisher nicht möglich war – so und so entscheiden. Die Beschreibung dieser Sachlage, die der Prätor mit seinen senatorischen Beratern und anderen Rechtskundigen sorgfältig ausgearbeitet hatte, hieß *formula* (Formel), und deshalb heißt diese Art des Prozesses im Unterschied zum Legisaktionenprozess Formularprozess.

Entgegen dem Akzent, der in dem deutschen Wort mitschwingt, war diese Prozessart für die Parteien gerade die Befreiung von den Formeln des früheren Verfahrens; die Formel war eben nur die Beschreibung des Sachverhalts, die als Handlungsanweisung dem *iudex* übermittelt wurde. Der jeweilige Amtsnachfolger übernahm in aller Regel dieses Edikt, fügte gegebenenfalls ein neues hinzu, und so entstand allmählich eine große Menge rechtlicher Regelungen, die rein auf die Rechtsprechung und die Rechtsschöpfung durch den Prätor zurückgingen. »Das Edikt« nannte man ihre Zusammenstellung abkürzend, oder auch *edictum perpetuum* (immer währendes Edikt), weil es sich jahrhundertelang weiterentwickelt hatte. Viele der berühmtesten Juristen haben dieses Edikt dann kommentiert und Abhandlungen darüber geschrieben. So war es in seiner kompletten Gestalt denn doch eine Art Gesetzbuch, was den Römern der Republik ja eigentlich fremd war.

Die römische Rechtswissenschaft – Ein Werk der Aristokratie

So wohl überlegt das alles war, so waren es doch jeweils Einzelregelungen, die die jeweiligen Prätoren trafen, und im Laufe der Römischen Republik wurde die Notwendigkeit immer größer, diese »Jahresringe« der Rechtsentwicklung nicht nur übersichtlich zu ordnen, sondern auch ihren inneren Zusammenhang bewusst zu machen oder vielleicht überhaupt erst herzustellen. So entstand die römische Rechtswissenschaft, und das ist das zweite und letzte Mal, dass griechisches Denken am Entstehen des römischen Rechts beteiligt war. Die Männer nämlich, die nun über die Masse der prätorischen Rechtsregeln systematisch nachdachten, waren Angehörige des Senatorenstandes und wussten von der griechischen Philosophie, und ihre wissenschaftliche Arbeit wandte mit ihren klaren begrifflichen Unterscheidungen und ihrer präzisen Argumentation deren Methode an. Denkarbeit an einem Rechtsstoff war aber etwas spezifisch Römisches. Im demokratisch verfassten Griechenland mit seinen Volksgerichten war das nicht möglich, wohl aber eben in Rom, wo die Rechtsprechung in den Händen einer Aristokratie lag, deren Wirkungskreis das staatliche Leben war und die die ungestörte Muße hatte, sich den konkreten Feinheiten des Rechtsdenkens zu widmen und praktische Konsequenzen daraus zu ziehen.

Auf diese Weise wurde die römische Rechtswissenschaft neben der politischen und militärischen Tätigkeit des Senatorenstandes das dritte Gebiet, auf dem die römische Aristokratie das Gesicht des römischen Staates prägte. Ihre Arbeit hat das Recht der Schuldverhältnisse, also vor allem das Recht der Verträge, überhaupt erst geschaffen, und es ist dieses Rechtsgebiet, das vornehmlich weitergewirkt hat. Die römischen Juristen haben den Begriff von Treu und Glauben *(bona fides)* als handhabbaren Rechtsbegriff geschaffen; sie haben erkannt, dass zwischen der schuldrechtlichen Verpflichtung, etwas zu tun, etwa Eigentum zu verschaffen, und dem Erfüllen dieser Verpflichtung, also der Eigentumsübertragung selber, ein gedanklicher Unterschied besteht, der rechtliche Konsequenzen hat; und sie haben auch, um ein letztes Beispiel zu geben, erkannt, dass das bloße tatsächliche Haben einer Sache, der Besitz, vom Eigentum zu unterscheiden ist und einen rechtserheblichen Lebenssachverhalt darstellt.

Die klassische Zeit der römischen Rechtswissenschaft brach aber erst mit der römischen Kaiserzeit an. Der Grund lag darin, dass jetzt im Mittelmeergebiet Ruhe eingekehrt war, sich die allgemeinen Verhältnisse organisch entwickeln konnten und dass es eine einheitliche und immer weiter ausgefächerte staatliche Leitung gab. Die Weiterentwicklung des Edikts durch die Prätoren schlief allmählich ein, sodass Kaiser Hadrian durch den Juristen Publius Salvius Iulianus (Konsul 148) das Edikt in einer endgültigen Fassung redigieren und herausgeben ließ, zu der jetzt kein neuer Rechtsstoff mehr kam. Das wiederum lag daran, dass die prätorische Rechtsprechung selber an Bedeutung verloren hatte, weil sich neben ihr eine neue, kaiserliche Rechtsprechung entwickelte, die »außerordentliche« Rechtsprechung *(cognitio extraordinaria)*. Sie fand manchmal durch den Kaiser selbst, meist aber durch von ihm beauftragte Beamte statt und war insofern der herkömmlichen überlegen, als sie das komplizierte zweistufige Verfahren durch eine einheitliche Verhandlung ablöste und auch die Berufung an den Kaiser kannte.

Demgemäß änderte sich die Rechtssetzung. Die Volksgesetzgebung hörte ganz auf, statt ihrer hatte der Senat das Recht bekommen, dass seine Beschlüsse, die *senatus consulta,* jetzt mit Gesetzeskraft ausgestattet wurden; etliche wichtige Gesetze sind solche kaiserzeitlichen Senatsbeschlüsse. Vor allem aber setzte der Kaiser selbst Recht; das geschah in unterschiedlichen Formen, die wir heute mit dem Sammelbegriff Kaisergesetze bezeichnen. Sie wurden mit der Zeit die zweite wichtige Rechtsquelle. Die erste war aber immer noch das Zivilrecht der Republik mit seinem Hauptteil, dem später festgeschriebenen Edikt, entweder unmittelbar oder in der Weise, dass Juristen bei Streitfragen öffentliche Rechtsgutachten erstatteten. Das Recht, solche Rechtsgutachten *(responsa)* abzugeben, wurde vom Kaiser verliehen, geschah also *ex auctoritate principis*.

Große Juristen hatte es natürlich schon in der Republik gegeben. Zu nennen wären mehrere der Mucii Scaevolae in der späten Republik, von denen einer, Publius, den revolutionären Volkstribunen Tiberius Sempronius Gracchus gefördert hatte und 133 Konsul war, sein Sohn Quintus (†82 v. Chr.)

war *pontifex maximus* und wohl der berühmteste Jurist der republikanischen Zeit; Servius Sulpicius Rufus, Konsul 51 v. Chr., wurde von Cicero in dessen Rede für Murena mit vorsichtig dosiertem Spott überzogen von der Art, wie man sich auch heute noch gerne über Juristen lustig macht. Die Zahl der bedeutenden Rechtsgelehrten der Kaiserzeit ist so groß, dass wir hier nur einen nennen wollen, Publius Iuventius Celsus (Konsul 129), dessen Kunst, prägnante Formulierungen zu finden, bis heute eindrucksvoll ist. Sein Ausspruch, das Recht sei die Kunst des Guten und Gerechten *(ars boni et aequi),* prangt über dem Eingang des Hanseatischen Oberlandesgerichts in Hamburg.

Celsus habe das *eleganter* (feinsinnig, treffend, logisch richtig) definiert, sagte Domitius Ulpianus, und mit dessen Namen sind wir schließlich bei den drei wirkungsmächtigsten römischen Juristen, die seltsamerweise in einer Zeit gewirkt haben, in der das Reich schon auf den Abstieg zuging, in der Zeit der Severerdynastie (193–235). Alle drei hatten die Stellung eines Prätorianerpräfekten inne, also die höchste politische Position nach dem Kaiser. Der erste, Aemilius Papinianus, erlitt den Märtyrertod des bei Recht und Gerechtigkeit verharrenden Juristen: Als er sich weigerte, dem Wunsch des Kaisers Caracalla nachzukommen, dessen Mord an seinem Bruder Geta juristisch zu rechtfertigen, wurde er 212 hingerichtet. Von Iulius Paulus, dem zweiten, ist so etwas nicht bekannt, aber auch der dritte, Ulpianus, kam durch politische Gewalt um, denn er wurde 228 (oder schon im Jahre 223) von der Prätorianergarde erschlagen.

Römische Juristen erweisen sich als »Anwälte der Frauen«

In der Kaiserzeit kam auch ein Rechtsgebiet zum Abschluss, das wir als Beispiel für alle anderen kurz skizzieren wollen, nämlich die Rechtsstellung der Frau. Wir hatten gesehen, dass sie als Ehefrau in der Manus-Ehe unter der absoluten Gewalt ihres Ehemannes stand, die inhaltlich der der *patria potestas* über die Söhne und Töchter entsprach, sodass man sagte, ihre Rechtsposition entspreche der einer Tochter, sie stehe *filiae loco.* Wir hatten aber aus der seltsamen Regelung, dass die Frau durch dreimaliges nächtliches Fernbleiben vermeiden konnte, durch *usus* in die *manus* ihres Mannes

zu kommen, auch schließen können, dass das einfache Zusammenwohnen ebenfalls eine Ehe darstellte, nur eben keine Manus-Ehe. Diese freie Form der Ehe, die nur durch das faktische Verhalten begründet wurde, setzte sich seit dem 3. Jahrhundert v. Chr. immer mehr durch. Die Ehefrau blieb dabei entweder in der *patria potestas* ihres Vaters, oder sie blieb, falls sie emanzipiert – im römischrechtlichen Sinne – war, selbstständig; die Römer nannten das *sui iuris,* also eigenen Rechtes sein.

War eine Frau *sui iuris,* dann war sie genau wie ein Mann Trägerin von Rechten und Pflichten, konnte also Eigentum haben und am wirtschaftlichen und Rechtsverkehr teilhaben. In der sozialen Wirklichkeit war das auch tatsächlich der Fall. Es gab viele reiche Frauen, und es gab zahlreiche kleinere Händlerinnen und Unternehmerinnen; davon erfahren wir durch die erzählenden Quellen, durch die Inschriften – besonders instruktiv die aus Pompeji und aus Ostia –, und das lässt sich aus den Rechtsquellen schließen, denn von den Kaisergesetzen, die meistens nur auf Anfrage von Rechtsuchenden ergingen, beruhte etwa ein Drittel auf Anfragen von Frauen.

Freilich gab es Einschränkungen. Die Römer machten, wie wir nach ihrem Vorbild auch, einen Unterschied zwischen Rechtsfähigkeit und Geschäftsfähigkeit. Ein Neugeborenes kann steinreich sein, Eigentümer großer Ländereien und Manufakturen, nur kann es natürlich nicht darüber verfügen, und daher handelte in Rom sein Vater für es oder in Ermangelung von männlichen Verwandten ein Vormund. Auch eine Frau eigenen Rechtes, *sui iuris,* galt in diesem Sinne als unmündig und bekam einen Vormund, einen *tutor.* Aber auch hier müssen wir die soziale Wirklichkeit in Rechnung stellen, und sie sah so aus, dass dieser *tutor* – wie der *kyrios* im ptolemäischen Ägypten – in der Realität nur eine formelle Rolle spielte. Soweit wir beobachten können, hatten bei den reichen Damen die Tutoren sogar gleichzeitig die Funktion eines Geschäftsführers inne, ja, wir sehen bei Ciceros Frau Terentia, die reicher war als Cicero selbst, dass sie selber dafür sogar einen ihrer Freigelassenen als eine Art besonderer Vertrauensperson eingesetzt hatte. In der Kaiserzeit verlor die Frauenvormundschaft gänzlich ihre Bedeutung und wurde abgeschafft.

Eine weitere Einschränkung war die Regelung, dass Frauen keine Bürgschaft übernehmen konnten, und wir dürfen den römischen Juristen glauben, wenn sie sagen, dass das eine Schutzfunktion hatte und nicht aus Frauenverachtung resultierte. Die Bürgschaft ist auch heute eine gefährliche Sache; man geht sie oft ein in dem Glauben, nicht herangezogen zu werden, sonst würde man sich schwerer darauf einlassen, aber wenn man die Sachlage falsch eingeschätzt hat, steht man plötzlich doch da als jemand, der mit womöglich gravierenden Verpflichtungen belastet ist. Wenn Frauen also nicht bürgen konnten, dann bedeutete das, dass ihr Vermögen nicht in diese Gefahr geriet, und wenn dafür ihre geringere Geschäftskenntnis zur Begründung herangezogen wurde, hieß das nicht, dass man den Frauen als solchen weniger zutraute, sondern dass sie wegen ihrer sozialen Stellung weniger geschäftserfahren waren als die Männer.

Gerade in der Begründung der wenigen Einschränkungen in der Rechtsstellung der Frau kann man bei den Juristen der Kaiserzeit eine Entdeckung machen, die zeigt, dass diese ungestörte Friedensepoche auch sonst eine Zeit der ruhigen rationalen Sichtweisen war, die sich von Überkommenem lösen konnte. Hinsichtlich der Frauenvormundschaft heißt es nämlich bei dem einflussreichen Juristen Gaius (2. Hälfte des 2. Jahrhunderts), sie sei üblicherweise mit dem weiblichen Leichtsinn – der *levitas animi* – begründet worden, doch sei das ein unsinniger Gedanke. Noch deutlicher wurden die Juristen bei der Begründung der Tatsache, dass Frauen keine politischen Ämter innehaben konnten.

Das Faktum selber braucht uns nicht zu überraschen, denn so sehr wir das im Lichte der Entwicklungen des 20. Jahrhunderts als eine gravierende Einschränkung ansehen, so wenig ungewöhnlich ist es doch, wenn wir uns die gesamte Geschichte ansehen. Politisch waren die Frauen ja nie gleichberechtigt, wenn sie nicht gerade aus dynastischen Zwängen heraus Ersatzfunktionen ausübten, und es ist gerade eine der herausragendsten Leistungen des sonst oftmals so fürchterlichen 20. Jahrhunderts, dass diese Situation sich grundlegend geändert hat.

Auch hier muss man den kaiserzeitlichen Juristen hohes Lob spenden: Sie bemühten sich nicht nur um eine Begründung für dieses im damaligen allgemeinen Bewusstsein eigentlich selbstverständliche Faktum, sondern es hieß auch, dass die üblichen Begründungen eigentlich nicht zuträfen. Wenn nämlich angeführt wurde, dass Frauen kein hinreichendes Urteilsvermögen *(iudicium)* hätten, dann leuchtete das dem vorhin erwähnten Paulus gar nicht ein, und er konnte nur resignierend feststellen, dass die Amtsunfähigkeit der Frau nur mit dem Herkommen zu erklären sei – dem schwächsten aller denkbaren Gründe.

Die Systematik wird perfekt – Rechtskodifikationen der Spätantike

Wie man sich denken kann, war die Soldatenkaiserzeit auch für das römische Recht und die Rechtswissenschaft eine Zeit des Absturzes, und obwohl es später wieder bedeutende Juristen gegeben hat und verschiedene Rechtsschulen blühten, also Universitäten wie die in Berytos (heute Beirut), war die schöpferische Phase doch vorbei. Kaiser Diokletian versuchte, das römische Recht im ganzen Reich, also auch im griechischen Osten, einzuführen, scheiterte jedoch damit. Der Erlass der vielen Kaisergesetze hatte schließlich eine solche Unübersichtlichkeit zur Folge, dass zunächst private Zusammenstellungen der wichtigsten Gesetze gemacht wurden (die *codices Gregorianus* und *Hermogenianus* am Ende des 4. Jahrhunderts), bis dann unter Theodosius II. 438 eine amtliche Sammlung erschien, der *codex Theodosianus,* den wir heute noch haben. Hinsichtlich der Schriften der großen Rechtsgelehrten, die man für Urteile heranzog, traf Theodosius eine Entscheidung, die wir nach unseren heutigen Maßstäben nur mit Kopfschütteln zur Kenntnis nehmen können und die zeigt, dass das sachgerechte Verständnis wissenschaftlicher Texte stark nachgelassen hatte. Er bestimmte nämlich in dem heute so genannten Zitiergesetz von 426, dass bei rechtlichen Streitfragen von den großen Juristen nur Papinianus, Ulpianus, Paulus, Modestinus und Gaius zitiert werden durften; waren sie unterschiedlicher Ansicht, entschied die Mehrheit, gab es ein Gleichgewicht, dann sollte die Meinung Papinians gelten.

Hundert Jahre später trat freilich etwas ein, was uns doch wieder ein günstigeres Bild von der Pflege der Rechtswissenschaft in Konstantinopel vermittelt. Der 527 an die Regierung gelangte Kaiser Justinian I. verfolgte in vieler Beziehung eine klassizistische oder restaurative Politik. Er versuchte zum einen, den inzwischen an Germanenstaaten verloren gegangenen Westen militärisch zurückzuerobern, was ihm auch teilweise gelang. Zum anderen versuchte er, wie Diokletian, das römische Recht in seinem ganzen Herrschaftsgebiet wieder zur Geltung kommen zu lassen. Zu diesem Zweck setzte er eine Kommission ein, die das gesamte Recht zusammenstellen sollte, das dann in dieser Form zu gelten hatte. 528 begann sie unter der Leitung des *quaestor sacri palatii* Tribonianus ihre Arbeit und beendete sie fünf Jahre später. Es war eine ungeheure Leistung, die deutlich macht, dass nicht nur die gesamte rechtswissenschaftliche Literatur noch vorhanden war, sondern dass es auch Gelehrte gab, die sie von Grund auf verstanden und beherrschten.

Das Werk, das die Kommission erarbeitet hatte, war dreigeteilt. Zuerst erschien eine Sammlung aus wörtlichen Zitaten römischer Rechtsgelehrter in fünfzig Büchern, nach Sachgruppen geordnet, die lateinisch Digesten (Aufbereitetes) oder griechisch Pandekten (alles Enthaltendes) genannt wurde. Danach verfassten die Gelehrten einen Grundriss des römischen Rechts, die Institutionen, und schließlich eine authentische Sammlung von Kaisergesetzen einschließlich von Gesetzen Justinians, den *codex Iustinianus;* was nicht darin enthalten war, wurde für ungültig erklärt. Später kam noch eine weitere Gesetzessammlung hinzu, die weitere Gesetze Justinians und seiner nächsten Nachfolger enthielt, diese Sammlung heißt Novellen. Alle vier Bücher sind später als zusammengehörig angesehen worden und erhielten im Mittelalter die zusammenfassende Bezeichnung *corpus iuris civilis* (CIC), also das Corpus des Bürgerlichen Rechts.

Das römische Recht im Mittelalter – Nachwirkung und Wiederentdeckung

Das *corpus iuris* hat eine ungeheure Wirkung entfaltet, freilich eine ganz andere, als sie Justinian vorgeschwebt hatte. Im Römischen Reich nämlich schlug die Restauration fehl, außen wie innen; der Westen fiel alsbald endgültig weg, der Osten blieb griechisch und wurde später arabisch und türkisch. Die westlichen Germanenkönige hatten freilich eine große Hochachtung vor

Rom und auch vor dem römischen Recht und versuchten, es zu erhalten und sich nutzbar zu machen. Sie ließen vereinfachte Rechtssammlungen anfertigen, so die Burgunder die *lex Romana Burgundionum* oder die Westgoten die *lex Romana Visigothorum,* auch *Breviarium Alarici* genannt. Das vereinfachte römische Recht im Westen nennen wir heute Vulgarrecht, es war etwas ganz anderes als das, was sich Justinian und seine Juristen einst gedacht hatten. Deren Arbeit war zunächst wirkungslos. Was aber nur zum Teil verloren ging, das waren die Handschriften mit dem Text der Bücher. Diese waren ja auch ins vorübergehend wieder byzantinisch gewordene Italien gebracht worden und überdauerten dort viele Jahrhunderte. Die meisten Exemplare sind verloren, aber Institutionen, Codex und Novellen waren doch da und dort aufbewahrt worden, und wie durch ein Wunder blieb von den Digesten, dem wichtigsten und umfangreichsten Teil des CIC, wenigstens eine Handschrift doch erhalten – eine einzige; wäre auch sie verloren gegangen, die europäische Rechtsentwicklung hätte ein völlig anderes Aussehen bekommen.

Diese Handschrift wurde zu Beginn des 12. Jahrhunderts von den Gelehrten der ersten neuzeitlichen Universität, der von Bologna, in ihrer Bedeutung wieder entdeckt und wissenschaftlich bearbeitet. Dabei wurden die Digesten nicht als ein historisch interessanter Text, sondern als geltendes Recht aufgefasst, und das aus zwei Gründen: Erstens galt das mittelalterliche Reich als Fortsetzung des römischen, sodass der Fund des römischen Rechtes in seiner klassischen Form schon von sich aus dem Kaisertum sehr zustatten kam. Zweitens bestand in den im Aufstieg befindlichen oberitalienischen Städten mit ihrer sich immer mehr differenzierenden Kultur und ihrer im europäischen Vergleich hoch entwickelten Wirtschaft ein Bedürfnis nach durchgebildeten Rechtsvorschriften, und das war es wahrlich, was das römische Recht zu bieten hatte.

Das römische Recht breitete sich immer weiter aus. In Italien selbst setzte eine umfangreiche Erläuterungstätigkeit ein, die nach den Methoden der Bibelerklärung und der Scholastik verfuhr. Die Erläuterungen dieser ersten Generation von römischrechtlichen Gelehrten wurden als Glossen an den Rand der nun eifrig abgeschriebenen Texte geschrieben, sodass man diese Rechtsschule die der Glossatoren nennt; ihr Hauptvertreter ist Franciscus Accursius (um 1183–1263). Danach setzte eine vertiefte Bearbeitung ein, die in eigenen Werken den Rechtsstoff bearbeitete und kommentierte sowie Rechtsgutachten für praktische Zwecke verfasste; das ist die Schule der Kommentatoren, deren zwei Hauptvertreter Bartolus de Sassoferrato (um 1314–57) und Baldus de Ubaldis (um 1327–1400) sind.

Das römische Recht – Ein Fundament des neuzeitlichen Europa

Das wieder entdeckte römische Recht wirkte wegen seiner Qualität und wegen seiner Autorität bald über Italien hinaus. Frankreich übernahm es, auch auf England wirkte es – entgegen einer weit verbreiteten gegensätzlichen Meinung –, wenn auch in mittelbarer Weise, und natürlich geriet auch Deutschland, das Kernland des Heiligen Römischen Reiches, unter seinen Einfluss. Deutsche Juristen studierten in Italien, und nach Hause zurückgekommen, fanden sie Verwendung bei den sich immer weiter ausbreitenden Territorialgewalten der Fürsten, Bischöfe und Städte. Es gab natürlich ein einheimisches Recht, denn weder in Deutschland noch in England oder Frankreich hatte man bisher rechtlos gelebt, die Kodifikation des Sachsenspiegels gibt einen lebendigen Eindruck davon. Aber das römische Recht war erstens weitaus differenzierter, durchgearbeiteter und damit für die komplexer werdenden wirtschaftlichen und gesellschaftlichen Verhältnisse geeigneter als das deutsche Recht, und zweitens war es ein übergreifendes Recht; nicht nur, dass es die deutschen Partikularrechte überwand, es fand auch in ganz Europa Anwendung und war somit allen anderen Rechten weit überlegen.

Da es nun aber darauf ankam, das Recht in der Praxis anzuwenden, blieb es doch nicht aus, dass lokale oder nationale Besonderheiten Berücksichtigung finden mussten. Man lebte im 15., 16. und 17. Jahrhundert nach Christus und nicht zur Zeit Ciceros, Hadrians oder Justinians. So bildete sich im Laufe dieser Jahrhunderte ein ganz eigentümlicher Rechtsstoff heraus, der in den Grundbestand des römischen Rechts einheimische Elemente aufnahm. Dieses gemischte, allen gemeinsame Recht hieß *ius commune,* gemeines Recht, und auf dem Gebiet des Heiligen Römischen Reiches galt es so lange, bis es durch Einzelkodifikationen abgelöst wurde. Es gilt noch im heutigen Südafrika, weil die Niederländer es bei ihrer Kolonisation mitgebracht hatten. Sonst aber begann man mit dem Beginn der Aufklärung darüber nachzudenken, eigene, vernünftige, rationale Gesetzbücher zu schaffen. Baiern (damals noch mit i geschrieben) ging 1756 mit dem *codex Maximilianeus Bavaricus civilis* voraus, 1794 folgte das Allgemeine Landrecht für die preußischen Staaten, 1803–07 der Code civil, 1811 das ABGB in Österreich. Überall da, wo diese Kodifikationen nicht galten, galt aber weiter das gemeine Recht.

Als dann mit den deutschen Einigungsbestrebungen Pläne aufkamen, ein Gesetzbuch für ganz Deutschland zu machen, stellten sich ihnen zunächst heftige Widerstände entgegen. Sie wurden von der historischen Rechtsschule getragen, deren führender Vertreter Friedrich Carl von Savigny (1779–1861) war. Sie argumentierten romantisch: Was der (deutsche) Volksgeist geschaffen habe, dürfe nicht durch eine künstliche Konstruktion abgelöst werden. Ein schwacher Punkt dabei war freilich, dass dieser Volksgeist großenteils römisch war. Mit der Gründung des Deutschen Reiches siegte dann das Bedürfnis der Gegenwart, und das BGB wurde geschaffen.

Inzwischen hatte sich eine rechtshistorische Forschung herausgebildet, der es nicht mehr auf die Anpassung des römischen Rechts an die Erfordernisse der Gegenwart, sondern auf die Erkenntnis dieses Rechts selber in seiner historischen Entwicklung ankam. Die dadurch erfolgte Kenntnis der römischen Rechtsentwicklung ist, wie jede Wissenschaft, teilweise Selbstzweck, teilweise dient sie aber dazu, unser heutiges Recht besser zu verstehen, ja, mehr und mehr greift die Meinung um sich, die Kenntnis des römischen Rechts komme der europäischen Einigung zugute. Zum einen deshalb, weil es bei vielen Problemlagen die rationalste und eleganteste Lösung bereits gefunden hat, zum anderen deshalb, weil es die gemeinsame Grundlage aller heute bestehenden europäischen Rechte – auch der hier nicht genannten – ist. Auf diesem Fundament müsste man heute aufbauen können.

Wolfgang Schuller

Das Ende der Antike:
Die Umgestaltung der Mittelmeerwelt

Die Germanen kommen – Das Imperium und die Völkerwanderung

Der Epochenbegriff »Völkerwanderung« bezeichnet den Übergang von der Antike zum Mittelalter, bewirkt durch den Einbruch germanischer Völkerschaften ins römische Imperium. Der Begriff, erst im 18. Jahrhundert entstanden, umreißt die Zeit etwa zwischen 376 und 568, dem Hunnensturm und der Eroberung Italiens durch die Langobarden. Am Ende dieser Epoche sind Länder in den Mittelpunkt des historischen Blickfelds geraten, die für die Antike nur Randgebiete gewesen waren, während die Zentren, Griechenland und Italien, in die Bedeutungslosigkeit versinken.

Die Völkerwanderung stand mit der zeitgleichen Spätantike in einem vielfältigen Wechselverhältnis. Zwar hatte die Krisen- und zuletzt Katastrophensituation des spätantiken Reiches innere Gründe zur Genüge. Die entscheidenden Anstöße indes kamen von außen und erschütterten die Mittelmeerwelt derart, dass am Ende zusammen mit den Lebensformen auch die Kultur verfallen war, die sie kennzeichnete. Anzeichen von Schwäche wurden früh sichtbar. So hatte bereits Augustus auf eine Unterwerfung der germanischen Welt verzichtet, seine Nachfolger versuchten lediglich Grenzkorrekturen. Bevölkerungsrückgang und häufige Epidemien, dazu finanzielle und wirtschaftliche Belastungen angesichts von Kriegen und anderen Imperiumsaufgaben führten zu Zwangswirtschaft und sozialen Schwierigkeiten und damit auch zum Ende von Blüte und Wohlfahrt, die insbesondere die ersten beiden Jahrhunderte der Kaiserzeit ausgemacht hatten. Die Kosten für eine zwangsläufig starke Armee und die Aufrechterhaltung der allgemeinen Struktur mündeten so in einen Kreislauf von wachsenden Ausgaben und zunehmender Inflation, dazu in die Rückkehr zu Versorgungsautarkie und Naturalwirtschaft, die ihrerseits wieder die Urbanisierung und damit die Romanisierung des Reichsgebiets beeinträchtigten. Es kam zum Auseinanderklaffen der sozialen

Ein beim Kastell Vetera (heute Xanten/Birten) gefundener Grabstein im Rheinischen Landesmuseum, Bonn, wurde für Marcus Caelius gesetzt, der in der Varusschlacht gegen die Germanen gefallen war. Nach der vernichtenden Niederlage der Römer 9 n. Chr. verzichtete Augustus auf die Niederwerfung der germanischen Welt.

Schichten, an der Spitze in eine reiche mit guten finanziellen Ressourcen, Immunität (Freiheit von öffentlichen Lasten und Steuern) und Aussicht auf höchste Ämter und eine kuriale, die Beamten der städtischen Kurien umfassend, mit Verpflichtung zu Steuergarantie und Dienst in der Selbstverwaltung. Für die Eintreibung der geforderten Steuern ihres Bezirks hafteten die Kurialen mit ihrem Vermögen – für viele der Ruin. Für die niederen Schichten, die Kolonen (Kleinpächter), entwickelte sich der Kolonat zur erblichen Bindung an die Scholle und zu einer Lage ohne Aussicht auf Verbesserung; an ihr änderte auch die christliche Ethik nichts. Widerstandsbewegungen waren die Folge, bedeuteten aber weitere Belastung. Das Reformwerk Kaiser Diokletians (284–305), geschaffen in der Absicht, dem Imperiumsgefüge wieder eine stabile Grundlage zu verschaffen, scheiterte. Zugleich begann ein Auseinanderdriften der beiden Imperiumshälften, gefördert nicht zuletzt durch die dogmatischen Streitigkeiten in der christlichen Kirche.

Vorformen und Voraussetzungen

Die Völkerwanderung als die äußere Komponente dieser Entwicklung begann freilich keineswegs erst im 4. Jahrhundert n. Chr. Vorstufen lassen sich bereits im 4. Jahrhundert v. Chr. nachweisen; an ihnen waren keltische wie germanische Völkerschaften beteiligt. Im 3. Jahrhundert setzte sich dies in der Bewegung der germanischen Skiren und Bastarnen von der Weichselmündung zu den Karpaten fort, im 2. Jahrhundert führte der Zug der Kimbern und Teutonen von Jütland bis Oberitalien und Südfrankreich, und im 1. Jahrhundert erschien Ariovist mit elbgermanischen Elementen in Gallien. Als Grund gelten Naturkatastrophen in Skandinavien und an Nord- und Ostsee. Wichtig war aber zugleich die Kenntnis von einer Welt im Süden mit ihren günstigen Lebensbedingungen, ihrem Reichtum, ihrer Ordnung, die für diese Völker ein Eldorado bedeutet haben muss. Nachrichten, vermittelt wohl lange bereits

Der Wohlstand der römischen Reichsbewohner weckte im freien Germanien Wünsche und Hoffnungen. Im Gräberfeld (rechts vorn) der kleinen kaiserzeitlichen Germanensiedlung beim heutigen Bielefeld-Sieker fand sich neben römischen Münzen, Schmuckstücken und Geräten eine bunt emaillierte provinzialrömische Scheibenfibel und eine germanische Nachahmung aus Bronze mit vergoldeter Pressblechauflage. Die einheimische Töpferware wurde gleichzeitig noch ohne Töpferscheibe und mit primitiven Brennöfen hergestellt.

auch durch die keltischen Handelszentren, werden zu einer Verdichtung entsprechender Wunschvorstellungen geführt haben.

Druck an der Nordgrenze

Dem sich daraus ergebenden Druck an der Nordgrenze des Imperiums zu begegnen, wurde in der Kaiserzeit immer schwerer. Träger der Bewegung waren die Germanen, eine Ethnie, deren Eigenständigkeit gegenüber der keltischen erst seit dem 2. Jahrhundert v. Chr. bekannt war. Eine Bewältigung der germanischen Frage analog der keltischen aber war angesichts der räumlichen Ausdehnung unmöglich. Nach Verzicht auf eine expansive Germanenpolitik im 1. Jahrhundert waren Bündnisse mit benachbarten Stämmen zur Sicherung des Vorfeldes ein Provisorium, das an keiner Stelle lange hielt. Auch der am Ende des 1. Jahrhunderts in Germanien und Britannien begonnene, danach immer weiter ausgebaute Limes war höchstens ein Kontrollinstrument, zu einer Verteidigung des Imperiums reichte er nicht aus.

Um Christi Geburt bildeten sich offenkundig neue Konstellationen. So ließen sich an Oder- und Weichselmündung neue Zuwanderergruppen nieder, die nun, unter besseren Bedingungen, an Zahl schnell wuchsen, sich mit Teilen der ebenfalls zahlenmäßig starken Stämme der Elbgermanen zusammentaten und eine Wanderbewe-

Die Saalburg bei Bad Homburg vor der Höhe im Taunus, ein im 2. Jahrhundert n. Chr. ausgebautes Limeskastell, wurde vor etwa hundert Jahren in Teilen rekonstruiert. In der Mitte die Stabsgebäude (principia), links Getreidespeicher (horrea) und Mannschaftsbaracken.

gung nach Südosten begannen, die sie um die Mitte des 3. Jahrhunderts bis ans Schwarze Meer führte. Das Bild, das der römische Geschichtsschreiber Tacitus um die Wende zum 2. Jahrhundert n. Chr. noch von dieser Welt zeichnet, erscheint allzu idealisiert und spricht die Dynamik der Wanderbewegung kaum an, auch wenn er die von diesen Stämmen ausgehende Gefahr für das Imperium sehr wohl erkannte. Namen tun wenig zur Sache, denn viele von denen, die Tacitus und die anderen Autoren nennen, verschwanden wieder aus den Quellen, ohne dass wir Näheres über die Träger erfahren hätten. »Goten« (bzw. »Gutonen«), »Gepiden«, »Wandalen«, »Burgunder«,

»Rugier« und »Langobarden« sind zu dieser Zeit vage Bezeichnungen und verweisen weder auf eine feste Struktur noch eine staatliche Ordnung. Die Etappen ihrer Wanderbewegung sind nicht bekannt. Die Räume, durch die sie führte, waren, so weit ersichtlich, wenig bewohnt. Es kam aber zu Kontakten mit anderen Ethnien, Slawen oder Völkern indoiranischer Zugehörigkeit, und auch zu einer gewissen kulturellen Angleichung an diese, was sich in der künstlerischen Selbstdarstellung ebenso zeigt wie in der Annahme neuer kriegerischer Praktiken. Manche dieser Gruppen verweilten länger an ihren früheren Sitzen, so zum Beispiel die Langobarden und Gepiden; die Heruler wiederum erscheinen früh als gespalten in einen westlichen, im 3. Jahrhundert an der Nordsee auftretenden, und einen östlichen Zweig, der um 267 über das Schwarze Meer setzte, in Plünderungszügen Kleinasien und Griechenland heimsuchte und schließlich mit Mühe besiegt wurde. Die Burgunder wiederum brachen die Südostwanderung ab und traten im 4. Jahrhundert in Süddeutschland auf.

Die Bewegung selbst erklärt sich aus einer zwangsläufig halbnomadischen Lebensform, die nicht auf dauernde Sesshaftigkeit aus war: Die Landnahme vollzog sich jeweils als Expansion in benachbarte Gebiete oder als Wanderzug in weiter entfernte Gegenden, und zwar unter ständiger Absplitterung und Neubildung von Wandergruppen sowie Übertritt selbst in andere Ethnien. Was unter den einzelnen Stammesnamen begegnet, geht demnach nicht mehr auf eine ursprüngliche biologische Verwandtschaft ihrer Träger zurück, mag von Fall zu Fall auch ein Kernbestand vorhanden gewesen sein. Mit der Entstehung von meist nur kurz sich haltenden politischen Gruppierungen einher ging die Herausbildung von Aristokratien, die, auf einer Gefolgschaft beruhend, im Allgemeinen die Monarchien überdauerten. Von einzelnen solcher Heerkönige sind Namen überliefert. Sie verschwanden wieder, wirkliche Monarchien von Dauer entstanden im Allgemeinen erst mit beginnender Sesshaftigkeit. Herrscherlisten aus späterer Zeit, meist von einem göttlichen Ursprung ausgehend, sind Fiktion und damit wertlos.

Eine wirksame Kontrolle der Bewegung durch Rom war nur schwer möglich. Überdruck in diesen Stämmen als Folge einer an sich nur schwer erklärbaren Bevölkerungszunahme führte zu Kollisionen untereinander und mit den bereits etablierten Völkerschaften nunmehr auch im Weichbild des Imperiums, mit Markomannen und Quaden, elbgermanischen Stämmen, die bereits um Christi Geburt nach Böhmen und in benachbarte Gebiete gewandert waren, oder den Sarmaten, einer indoiranischen Gruppe, die kurz danach durch Rom in der Ungarischen Tiefebene angesiedelt wurde. Die Zusammenstöße entluden sich im 2. Jahrhundert durch Einfälle auf Imperiumsgebiet. So diente die Zerstörung des Dakerreichs unter König Decebalus im heutigen Siebenbürgen wie die Einrichtung der Provinz Dacia der Vorfeldsicherung unter Trajan (110), und etwa Domitians Vorverlegung des Limes über den Taunus wie in Süddeutschland durch Antoninus Pius erklären sich aus der gleichen Absicht.

Zu den wenigen ortsfesten Germanenstämmen gehörten in der Völkerwanderungszeit die in Mitteldeutschland siedelnden Thüringer. Aus einem Grab des 4. Jahrhunderts bei Hassleben (Kreis Erfurt) stammen zwei goldene Zweirollenfibeln im Museum von Weimar.

Vermutlich im Zusammenhang mit den Markomanneneinfällen unter Mark Aurel wurde der Goldschatz vergraben, der 1978 in Augsburg gefunden wurde. Er enthält 52 Münzen, die zwischen der Zeit des Nero und dem Jahr 164 geprägt wurden und im Wert etwa dem doppelten Jahressold eines Kavalleristen entsprachen. In der Zeit der Germaneneinfälle versteckten in den Nordprovinzen des Römerreichs immer mehr Menschen ihre Ersparnisse, konnten die Schätze jedoch später nicht mehr heben.

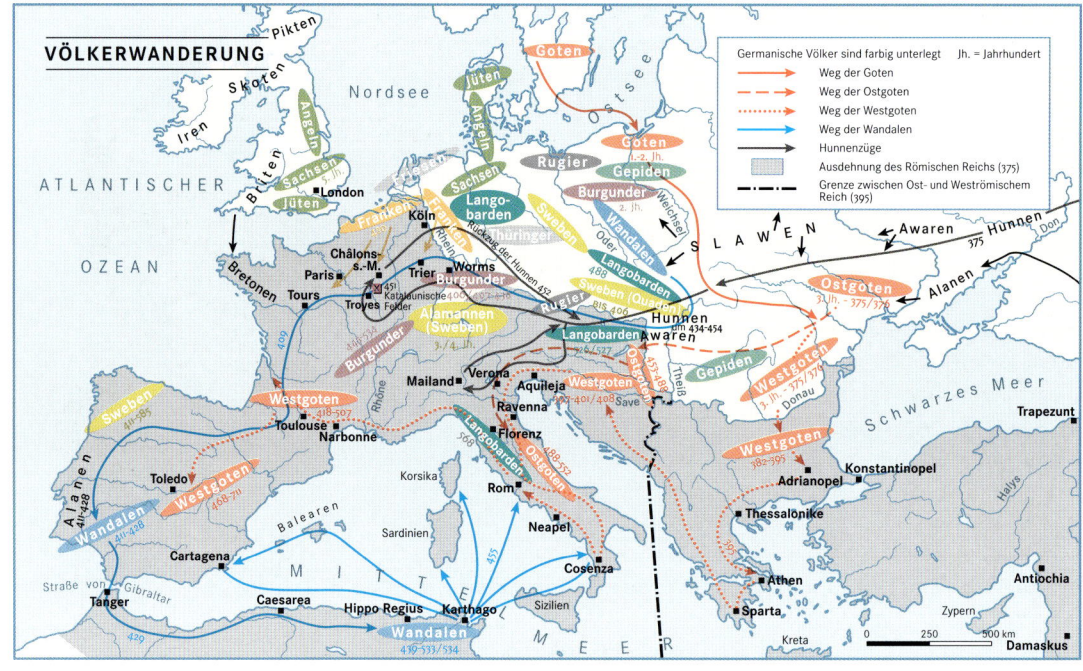

Jahr für Jahr: Einfälle großer Menschenmassen

Dann aber brach unter Mark Aurel im Jahr 165, beginnend mit einem Vorstoß von Langobarden durch elbgermanisches Gebiet an die mittlere Donau, eine Invasionsbewegung los, an der sich zusammen mit Nachbarstämmen die ostgermanischen Stämme beteiligten; sie verwüsteten in rund 20 Jahren erbitterter Kämpfe die Provinzen an der Donau von Rätien bis zum Schwarzen Meer weitgehend. Die Kaiser der severischen Dynastie (193–235) bemühten sich zwar um Wiederaufbau und verstärkte Grenzsicherung, aber unter Caracalla setzten sich auch die Elbgermanen in Bewegung, und der Kaiser musste den Vorstoß eines ihrer Stämme, der Alamannen, im nördlichen Franken abwehren. 235 starb Severus Alexander bei Vorbereitung eines neuen Feldzuges gegen sie. 232 setzte sich eine neue Welle in Bewegung, jetzt vom Rhein bis ans Asowsche Meer, und sie hielt diesmal ein Menschenalter an. Jahr für Jahr kam es zu Einfällen großer Menschenmassen, die längs der ganzen Donau das römische Gebiet zur Wüste machten und römische Armeen aufrieben, ja zur See selbst nach Kleinasien vordrangen und Griechenland heimsuchten. Die römischen Kräfte erschöpften sich schnell. Einzelne Kaiser fielen, Friedensschlüsse mit den Angreifern waren schon angesichts mangelnder Stabilität ihrer Gruppierungen unmöglich. Einfälle auch an der mittleren Donau komplizierten die Lage, weiter im Westen gelang es den Alamannen nunmehr, mühelos den Limes zu überschreiten und das Dekumatland östlich des oberen Rheins in Besitz zu nehmen (etwa 250). Rätien nördlich der Donau ging verloren und wurde Besitz von Juthungen oder Burgundern,

Im Jahr 165, unter Kaiser Mark Aurel, brach eine Invasionsbewegung germanischer Stämme an die Donau los, die zu langen Kämpfen zwischen Römern und »Barbaren« führte. Dazu einige Jahrzehnte später der Historiker Cassius Dio Cocceianus (Römische Geschichte 73,3,1):

Er selbst (Mark Aurel) führte lange Zeit hindurch, ja eigentlich seine ganze Regierungszeit, mit den Barbaren an der Donau Krieg, mit den (sarmatischen) Jazygen und den Markomannen, und zwar immer wieder mit anderen, wobei er Pannonien als Operationsbasis hatte.

südlich davon begann die Ansiedlung verschiedener, offenkundig auch ostgermanischer Gruppen zwischen einheimischer, romanisierter Bevölkerung und römischen Befestigungen. Im Westen gingen entsprechende Bewegungen kleinräumiger und deshalb langsamer vor sich. Doch begann nach dem Zusammenschluss der Stämme zwischen Elbe und Rhein (Chatten, Sugambrer, Chamaven, Chauken) unter dem Namen der Franken – erstmals erwähnt im 3. Jahrhundert – eine Landnahme am unteren Rhein offensichtlich als Einsickerung: Franken an der Küste zusammen mit den Sachsen an der friesischen Küste entwickelten vorübergehend ein Seeräubertum, das Einzelne bis an die spanische Küste führte.

Es war in erster Linie die physische Erschöpfung, die nach schweren Einbußen beiderseits und allgemeiner Schwäche diese Bewegung zum Stillstand kommen ließ. Die Kaiser hatten ihre Zeit fast ausschließlich an der Front zu verbringen, Usurpationen, fast immer aus militärischen Gründen, ergaben einen Verlust an politischer Ordnung und an Senatsautorität, die Hauptstadt Rom verlor ihre Bedeutung als Residenz an Mailand (286) und Ravenna (402). Zugleich machte der fortwährende Krieg weite Landstriche zur Wüste, zerstörte die Existenzgrundlagen der Bevölkerung dort und belastete auch die nicht direkt betroffenen Gebiete. Die Umstrukturierung der Armee mittels der Teilung in ein mobiles Eingreif- und ein ortsgebundenes Grenzheer durch Kaiser Gallienus um 260 war die Anpassung an dringend gewordene Notwendigkeiten.

Bei all dem blieben die Ziele der Germanen die gleichen. Das Imperium war außerstande, ihren Wunsch nach Aufnahme zu erfüllen. So zwang die Not zu Gewaltaktionen, verstärkt durch den Druck der Nachrückenden. Plünderungszüge gingen mit Landnahmeverlusten Hand in Hand, sodass es nicht nur die Krieger waren, die im Verlauf der Kämpfe umkamen oder in die Sklaverei gerieten. Das Imperium konnte in seinen Abwehrmaßnahmen auf lange Traditionen zurückgreifen. Zwar bewegte sich im Osten die erwähnte Drift von der Ostsee zum Schwarzen Meer an der Peripherie des römischen Interessengebietes, um mit ihr fertig zu werden war es aber nötig, politisch Stabilität zu schaffen und auch bei den Stämmen in Bewegung Institutionen zu fördern, mit denen als Partner sich Übereinkommen erzielen ließen, die Dauer versprachen. Am ehesten boten sich für eine solche Rolle monarchische Führungselemente an; einige Namen solcher Führer sind überliefert. Römische Münzen aus diesem Zeitraum im Barbarengebiet lassen sich von hier aus verstehen, sie taten zugleich das Ihre, die äußerste Not zu lindern.

Die Aufnahme der Zuwanderer

Neben solchen Versuchen einer Fixierung der politischen Ordnung außerhalb der Grenzen stand zugleich die Aufnahme von einzelnen Zuwanderern oder von ganzen Gruppen, so wie dies in der Kaiserzeit, wenn nötig, stets praktiziert worden war und immer wieder zur Auffüllung leerer oder allzu dünn besiedelter

Aus einem Fürstengrab des frühen 4. Jahrhunderts bei Cejkov in der heutigen Slowakei stammt provinzialrömische (hinten) wie germanische Keramik (vorn). Der Fund wird im Kunsthistorischen Museum, Wien, aufbewahrt.

Die Kaiser mussten sich häufig persönlich an der Front aufhalten, um die römischen Grenzen gegen die Eindringlinge zu sichern. Dies berichtet zum Beispiel der griechische Historiker Herodian im 3. Jahrhundert (Geschichte der Zeit nach Mark Aurel 6, 7, 2):

Plötzlich erschütterten Boten und Nachrichten den Kaiser (Severus Alexander) und bereiteten ihm noch größere Sorgen. Denn die militärischen Befehlshaber von Illyricum benachrichtigten ihn, dass die Germanen Rhein und Donau überschritten hätten und römisches Gebiet plünderten. Die Befestigungen an den Flussufern, Städte und Siedlungen würden überrannt und die Völkerschaften Illyricums, den Grenzen Italiens benachbart, seien in größter Gefahr. Daher sei seine Anwesenheit nötig und auch die des Heeres, das er bei sich hatte.

Gebiete geführt hatte. Dabei war die vorläufige Rechtlosigkeit der Zugewanderten *(dediticii)* als Krieger, Kolonen oder Arbeitskräfte anderer Art unwichtig, denn neben ihr stand immer die Möglichkeit von sozialer Mobilität und auch der baldigen vollständigen Integration. Mark Aurel verzichtete zwar auf die Errichtung neuer Provinzen an der markomannischen und sarmatischen Grenze, doch nahm er ganze Stämme mitsamt ihren Herrschern ins Reich auf und verpflanzte sie in entlegene Gegenden, wo sie bald ihre Eigenständigkeit verloren. Mehr noch galt dies für die Armee, in die Barbaren unter entsprechenden Bedingungen oder als Verbündete *(foederati)* aufgenommen wurden; sie begannen mit ihren Familien in Militärkolonien als so genannte Laeten oder Gentilen den Prozess einer Integration in die Reichsbevölkerung. Seit dem 3. Jahrhundert bestand die römische Armee im Wesentlichen aus solchen Fremdstämmigen, die entweder in die bestehenden Truppenteile eingegliedert oder in geschlossenen eigenen Verbänden *(numeri)* Dienst taten und als für dauernd Aufgenommene ihr Ziel erreicht hatten. Die römische Militärstruktur und auch die Kampfestaktik passten sich dieser Änderung an, und seit dem 3. Jahrhundert bestand für solche Barbaren auch die Möglichkeit, in die höchsten Ränge der Armee aufzurücken.

Freilich, auf die Dauer war eine solche Integration Zugewanderter nur möglich, solange im Reich Bevölkerungssubstrate, aufnehmende Bevölkerungsteile, vorhanden waren, die eine solche ermöglichten. Wo, wie in den betroffenen Randgebieten, diese fehlten, zu schwach geworden oder, wie in Nordgallien, gar nicht vorhanden waren, behielten diese Fremden zwangsläufig ihre eigene Zivilisation und ihre Lebensformen bei, ja entwickelten ein eigenes Selbstbewusstsein auch gegenüber den Restbeständen früherer Bevölkerung, die

Die Fülle der militärischen Aufgaben zwang zur Teilung der Herrschaft. Wie straff das Regiment der Tetrarchenkaiser seinem Selbstverständnis nach war, zeigt ein Reliefdenkmal aus Konstantinopel an San Marco in Venedig. Die Eintracht der Herrscher wird durch ihre Umarmung deutlich, die höherrangigen Augusti sind durch Bärte als älter gekennzeichnet.

ihrerseits nun in einen Sog der Barbarisierung gerieten. Römisches und romanisiertes Gebiet ging auf diese Weise noch vor der endgültigen Besetzung durch die Barbaren verloren.

So hat sich gegen Ende des 3. Jahrhunderts das Bild des Imperiums geändert. Wohl blieb dessen Zusammenhalt scheinbar gewahrt, ja, stabilisierte sich nach einer gewissen Beruhigung wieder. Doch war die aufrechterhaltene Imperiumsherrschaft so wenig Vertrauen erweckend wie vertragliche Regelungen mit einzelnen Stämmen oder deren Herrschern. Nach der Räumung Dakiens unter Aurelian um 280 blieb die Donau die mühsam aufrechterhaltene Grenze. Noch einmal gefestigt erscheint dieser Zustand unter Diokletian, dessen tetrarchaische Reichsteilung (»Viererherrschaft« durch zwei Augusti und zwei Caesares) im Besonderen auch der regional wirksamen Bewältigung gerade derartiger Probleme dienen sollte, was in der Tat nicht ohne Erfolg blieb. Die römischen Münzen mit ihren hoffnungsvollen Legenden mögen diesen Zustand spiegeln.

Diokletian war vorübergehend die Festigung des Imperiums und eine Neustrukturierung gelungen, die bei äußerer Stabilität wohl Dauer versprach. Die weitere Entwicklung wie besonders die neue Phase der Völkerwanderung nicht lange danach freilich verhinderte, dass dieser Komplex von Maßnahmen und Neuordnung auf Dauer Bestand hatte. Konstantin schließlich als der alleinige Erbe der Tetrarchie (seit 324) vollendete das Reformwerk Diokletians, und auch seine Hinwendung zum Christentum wird von hier aus mit als eine weitere Möglichkeit der inneren Festigung zu sehen sein. Geändert für die Bevölkerung freilich hat sich wenig, und während auf der einen Seite bald danach selbst Kirchenväter davon sprachen, dass weite Teile die barbarische Invasion als eine Befreiung von dem Druck ansahen, den die Forderungen des Staates bewirkten, trugen auf der anderen Seite die innerkirchlichen, dogmatischen Gegensätze das Ihre zum Zerfall des Reiches bei.

Nach außen freilich war die Stabilisierung deutlich. Größere Bewegungen in dieser Zeit sind nicht bekannt, und meist gelang es, durch ein kurzes Eingreifen die Ordnung im Vorfeld wieder herzustellen. 334 verteilte Konstantin noch einmal eine besonders große Zahl von aufgenommenen Sarmaten im ganzen Reichsgebiet. Besonders jenseits der stets gefährdeten Donau gelang es, zwei gotische Reiche zu stabilisieren, von denen das ostgotische in der westlichen Ukraine, monarchisch geleitet, seinen Herrschaftsbereich offensichtlich weit über die Stämme Osteuropas ausdehnte und nicht mehr nur germanische Untertanen zusammenfasste. Das westgotische unmittelbar an der Donau als ein fester Bund von Kleinkönigtümern unter einem *iudex* als dessen Vertreter nach außen und oberstem Befehlshaber des Heeres war nach einem Vertrag 332 mit Rom besonders eng verbunden und überdies zu ständiger militärischer Hilfeleistung verpflichtet. Trotz gelegentlichen Widerstandes vonseiten der Führung, die 348 den Bischof Wulfila (Ulfilas) zur Auswanderung zwang, begann dort die christliche Mission vorwiegend im Sinne der arianischen Glaubensrichtung. Wulfila unternahm in dieser Zeit seine Bibelübersetzung in die Sprache des Volkes.

Der große Sturm

D ie Abschnitte der germanischen Invasion wechselten mit solchen der Ruhe und Erholung für das Imperium. So gelang es von 181 bis 232, das unter Mark Aurel Zerstörte wieder aufzubauen; die Zeit zwischen Diokletian und dem Auftreten der Hunnen war etwa doppelt so lang. Konstantins Nachfolger konnten das Wiedergewonnene halten. Constantius II. kämpfte 357 bis 359 gegen die Sarmaten an der unteren Donau. Währenddessen gelang es seinem von

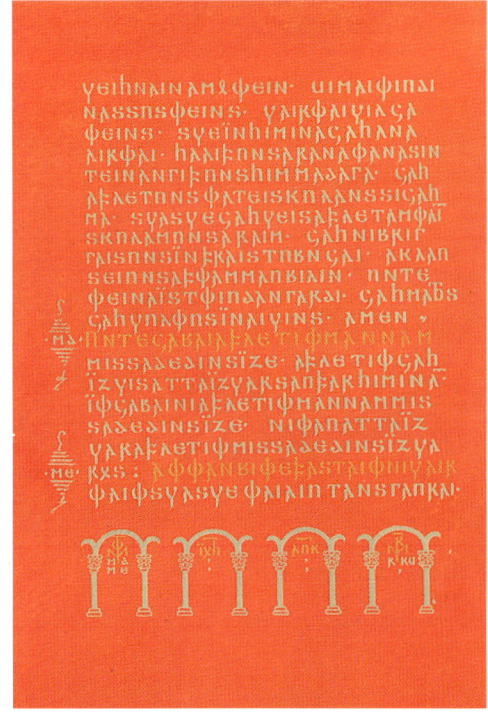

Das von Bischof Wulfila ins Gotische übersetzte Evangelium ist als Handschrift des 6. Jahrhunderts in der Universitätsbibliothek von Uppsala erhalten, die in silbernen, teils sogar goldenen Lettern auf Purpurpergament geschrieben wurde. Wulfila schuf für seinen Text eine eigene Schrift in Anlehnung an das griechische Alphabet.

Auch Konstantin der Große, in den Augen seines Zeitgenossen Eusebios von Caesarea das Vorbild des wahren Herrschers, musste sich mit den Barbaren auseinander setzen (Das Leben Konstantins I, 25, 1):

Als er (Konstantin) seine Herrschaft gefestigt hatte, sorgte er für die Teile, die sein väterliches Erbe waren. Mit großer Menschlichkeit verwaltete er die Gebiete, die zum Reichsteil seines Vaters gehörten. Die Stämme der Barbaren, die beiderseits des Rheins und am westlichen Ozean wohnten und den Aufstand wagten, unterwarf er ausnahmslos und machte die ehemals Wilden zahm, andere wiederum trieb er wie wilde Tiere aus seinem Lande, soweit er sah, dass sie zu einer gesitteten Lebensform nicht zu erziehen waren.

Eine Silberschale in der Sankt Petersburger Eremitage zeigt Kaiser Constantius II. zwischen einem Soldaten der Leibwache und der Siegesgöttin mit Kranz und Palmzweig. Die Schale gelangte vermutlich als Geschenk oder Kriegsbeute auf die gotisch beherrschte Krim, wo sie in einem Grab gefunden wurde.

Der römische Geschichtsschreiber Ammianus Marcellinus, Zeitgenosse des Hunnensturms, äußert sich wenig schmeichelhaft über die Eindringlinge (Res Gestae 31,2):

(1) Das Volk der Hunnen, aus älteren Quellen nur oberflächlich bekannt, wohnt jenseits des mäotischen Sumpfes bis zum Eismeer hin und übersteigt an Wildheit jegliches Maß.
(2) ... Sie allesamt sind von gedrungenem Körperbau mit kräftigen Gliedern, fleischigem Nacken, übermäßig hässlich und hager, sodass man sie für zweifüßige Tiere halten könnte ...
(3) Und wie in ihrem Aussehen, so sind diese Menschen auch durch ihre unschöne Lebensweise abgehärtet, leben von den Wurzeln wilder Pflanzen und halbrohem Fleisch irgendwelcher Tiere, das sie zwischen ihre Schenkel und den Rücken ihrer Pferde schieben und so ein wenig wärmen.

ihm als Caesar in Gallien eingesetzten Vetter Julian, die Grenze am oberen und mittleren Rhein gegen alamannische Landnahmeversuche und fränkische Invasionen zu sichern, wobei er das bereits verlorene Köln wiedergewann. Nach dem Ende der konstantinischen Dynastie 363 vermochte Valentinian I. (364–375) an der gleichen Stelle die Grenzen zu halten, musste aber bereits im Hinterland eine neue Ansammlung gefährlicher Kräfte registrieren, die weder durch Vorstöße über den Rhein noch durch ein an der ganzen Grenze errichtetes Verteidigungssystem mit einer Vielzahl von Kastellbauten in Schranken zu halten waren. Ähnliches war der Grund für sein rigoroses Vorgehen gegen die Quaden an der Donau; während der Einleitung entsprechender Maßnahmen starb er 375 unerwartet.

Die Hunnen lösen Panik aus

Danach aber kam es schlagartig zur Katastrophe, die das Imperium unvorbereitet traf. Das nomadische Turkvolk der Hunnen, in der Wüste Gobi beheimatet, hatte in einem Jahrhunderte währenden Wanderzug nach Westen seine Lebensformen den jeweils vorgefundenen Bedingungen angepasst und sich auch mit anderen, mongolischen oder indoiranischen Elementen verbunden. Der Name, seit dem 2. Jahrhundert bekannt, umschreibt keine in sich fest geschlossene Ethnie. Eine dauerhafte, zentrale Führung der stets weit voneinander lebenden einzelnen Stämme oder Gruppen ist nur im Falle größerer Unternehmungen nachweisbar, für eine Verwandtschaft zu anderen, nördlich und nordöstlich des Römischen und des Persischen Reiches lebenden, eher sesshaften Stämmen wie den Hephthaliten (»Weiße Hunnen«) spricht außer der Bezeichnung wenig. Die Kampf- und Lebensweise der Hunnen war die von Reiternomaden, wobei vieles von anderen Völkern übernommen scheint, so Bogen und Lasso als Waffe von indoiranischen Stämmen. Ähnliches gilt für Gebrauchsgegenstände oder künstlerische Ausdrucksformen wie den Tierstil, eine Anleihe von sibirischen Völkern. In der Religion der Hunnen spielte der Schamanismus eine wichtige Rolle.

Die antiken Autoren betonen die Grausamkeit und tierische Lebensweise des Volkes. Es mag dies der Eindruck sein, den es auf die Zeitgenossen machte. Die Hunnen hatten auf der Suche nach immer neuen Weidemöglichkeiten die indoiranischen Alanen zwischen Kaukasus und Donau unterworfen, eine Völkerschaft von ähnlichen Lebensformen, und brachen danach, wohl zu Beginn der Siebzigerjahre des 4. Jahrhunderts, in das Reich der Ostgoten (die damals noch Greutungen oder Ostrogothen hießen) am Schwarzen Meer ein, das sie im ersten Ansturm zerstörten; der gotische König Ermanarich

kam dabei ums Leben. Ein Widerstandsversuch der Westgoten (damals Terwingen) unter dem *iudex* Athanarich
scheiterte ebenfalls. Die Folge war, dass die Masse des Volkes panikartig um Schutz und Aufnahme im Imperium
nachsuchte und die Donau überquerte, dies zusammen mit
Resten der Ostgoten und selbst Hunnen, die sich ihnen an-
schlossen. Athanarich mit seinen Anhängern suchte sich
eine Zeit lang im westlichen Karpatengebiet zu halten. Für
Valens, den Kaiser der östlichen Imperiumshälfte und Bruder Valentinians, war dieser Zustrom angesichts bevorste-
hender Kriege im Osten nicht unwillkommen. Doch bewirkte das üble Verhalten regionaler Befehlshaber gegen
die Ankömmlinge, dass diese sich als betrogen ansahen,
und, an sich integrationsbereit, unter dem Heerkönig Fri-
tigern schließlich zusammen mit ihren Verbündeten 378
das kaiserliche Heer bei Adrianopel vernichteten. Unter den Toten
war auch Valens selbst. Dem Nachfolger des Valens, Theodosius I.,
gelang es zwar 382 durch einen Vertrag, die wieder aufgesplitterten,
beim Umherziehen bis nach Griechenland dezimierten Goten in
Thrakien und wohl in der heutigen Dobrudscha anzusiedeln. Es
waren dies aber kaum Verbündete (Föderaten, *foederati*), sondern
eher rechtlose Neuankömmlinge (*dediticii*). Gleiches unternahm
Gratian, der Sohn Valentinians und Kaiser des Westens, in Pannonien mit ostgotischen, hunnischen und alanischen Resten.
Zu einer Integration freilich kam es kaum mehr, und
nicht lange danach wurden die neuen Untertanen an
andere Stellen versetzt, während zugleich immer wieder kleinere Gruppen versuchten, über die Donaugrenze in das Imperium zu gelangen. Aus den Aufgenommenen bildete Theodosius militärische
Verbände, die er zum Teil nach Kleinasien und
selbst nach Ägypten abkommandierte.
All dies lässt sich als eine Maßnahme ganz im
traditionellen Sinne verstehen. Doch 395, nach
Teilnahme der neuen Untertanen am Krieg gegen den Usurpator Eugenius in Italien, erhoben
sich die im Jahr 382 angesiedelten Westgoten erneut, verließen ihre Wohngebiete und wählten
sich in Alarich einen König. Erstmals entstand so
ein germanischer Reichsverband auf römischem
Boden, und dies mit eigenen Interessen, neuen,
bis dahin nicht vorstellbaren Absichten und zugleich auch den Möglichkeiten, diese gegenüber
dem Kaiser durchzusetzen. Die Gründe dafür sind
unbekannt. Einen Ausschlag mögen die schlechten Bedingungen in dem ausgeplünderten Land
gegeben haben und die Unmöglichkeit, sich zu er-
nähren, dazu nach wie vor die Furcht vor den nicht allzuweit entfernten Hunnen. Zweifellos bestand auch dieses neue Volk nicht nur

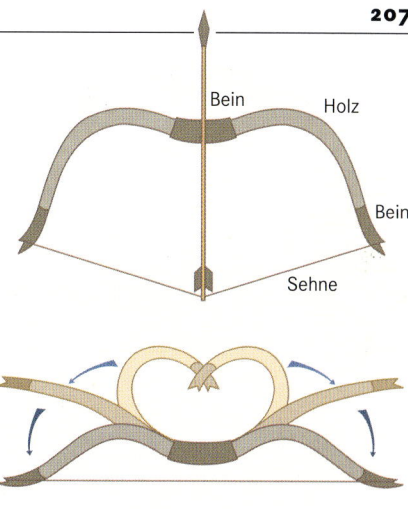

Die typische Waffe der Reiternomaden
war in der Völkerwanderungszeit der
Kompositbogen. Er ist aus Teilstücken
von Horn und biegsamem Holz
zusammengesetzt. Im entspannten
Zustand ist er in Schussrichtung
gekrümmt, bei eingelegter Sehne
bekommt er die charakteristische
Bogenform. Durch seine hohe
Elastizität hat der Kompositbogen eine
höhere Durchschlagskraft als der
einfache Bogen.

Die hunnischen Bronzekessel der
1. Hälfte des 5. Jahrhunderts führen
chinesische Traditionen fort. Einzelne
Exemplare wurden in der Nähe der
Chinesischen Mauer gefunden, mehrere
Fundorte liegen in der Ungarischen
Tiefebene, wo man die Kessel
vermutlich als Totenopfer darbrachte.
Das Exemplar aus dem Kapostal steht
im Ungarischen Nationalmuseum,
Budapest (gegenüberliegende Seite).

Der religiöse Gegensatz zwischen den
katholischen Reichsbewohnern und den
arianischen Germanen erschwerte die
Integration der Goten nach 382. Eine
strenge Gegnerin des Arianismus war
die Kaiserin Aelia Flaccilla, Gemahlin
Theodosius' I., deren Bildnisstatuette
in der Bibliothèque Nationale, Paris,
aufbewahrt wird. Halsschmuck und
Gewandborten aus farbigem Material
sind verloren.

Einen Schildbeschlag bildete die bei Eisenstadt im österreichischen Burgenland gefundene feuervergoldete Bronzebüste eines Kaisers (Eisenstadt, Burgenländisches Landesmuseum). Vermutlich stellte sie zusammen mit einem Gegenstück die Söhne des Theodosius dar. Ähnlich wie auf dem Diptychon des Stilicho wurden die Herrscher von Ost und West im Hoheitszeichen des Prunkschildes als gemeinsam regierende Hoheiten vorgestellt.

Ein Wandale im Zentrum der Macht. Das Diptychon im Dommuseum des oberitalienischen Monza stellt vermutlich den Heermeister der Kaiser Arcadius und Honorius, Stilicho, sowie seinen Sohn Eucherius und seine Frau Serena dar. Solche Klapptäfelchen, wie Eucherius eines hält, waren im Inneren beschriftet und wurden verschnürt. Man verwendete sie für offizielle Dokumente oder für Ankündigungen, etwa einer Amtsübernahme.

aus Westgoten, sondern einer Vielfalt von Elementen und Gruppen aus anderen Stämmen, die alle nun in ihm aufgingen. Mit dieser Reichsgründung begann ein neuer Abschnitt der Völkerwanderung.

Die erste Teilung in Ost und West

Nach dem Tode des Theodosius 395 war das Imperium unter dessen beide Söhne aufgeteilt worden: Arcadius (griechisch Arkadios) erhielt den Osten, Honorius den Westen; die beiden, 18 und 11 Jahre alt, waren schon altersmäßig zu einer wirklichen Führung der Staatsgeschäfte nicht in der Lage. So konnte Alarich die Rivalität der leitenden Staatsmänner, des obersten Heermeisters (*magister militum*) und *patricius* Stilicho im Westen – germanischer (wandalischer) Herkunft, doch als Schwiegervater des Honorius von Theodosius als dessen Vormund eingesetzt –, und des Prätorianerpräfekten im Osten, Rufinus, für sich ausnutzen. Nach der Ermordung des Letzteren noch im gleichen Jahr blieb Alarich auf der östlichen Seite, als *magister militum* für die Präfektur Illyricum dort anerkannt, kam aber in seinem Bemühen um bessere Ansiedlungsmöglichkeiten nicht zur Ruhe. Im Verlauf einer gescheiterten Invasion gegen das Westreich 402 indes gelang es Stilicho, ihn auf seine Seite zu ziehen. Nach der Ermordung Stilichos und dem Sieg einer vorübergehend antigermanischen Richtung in Ravenna (408) zogen die Goten nach Italien, wo sie nach vergeblichem Verhandeln mit dem Hof 410 Rom belagerten und einnahmen. Neben großer Beute fiel Alarich die Schwester des Honorius, Galla Placidia, in die Hände; sie teilte von nun an als Gefangene das Schicksal des westgotischen Volkes.

Hatte zuvor, um 400, bereits ein Aufstand ostgotischer Föderaten in Kleinasien unter Führung von Tribigild und Gainas zur vorübergehenden Besetzung von Konstantinopel geführt, so erweckte die nach Niederschlagung des Aufstandes dort deutliche antigermanische Stimmung jetzt eine verspätete Solidarität mit dem Westen. Oströmische Hilfstruppen bestärkten Honorius, die Verhandlungen mit Alarich scheiterten. Alarich ernannte deshalb den Senator Attalus zum Gegenkaiser, der bis 416 eine gewisse Rolle spielte. Eine Lösung der Ansiedlungsfrage freilich ergab sich damit nicht. Ein Versuch Alarichs, die Provinz Africa zu gewinnen, schlug fehl. Bereits Ende 410 starb er in Kalabrien. Kurz danach freilich kam es zwischen seinem Nachfolger Athaulf und dem Hof in Ravenna doch noch zu einer Übereinkunft, wonach die Goten in Gallien den Usurpator Jovinus (411–413) niederzukämpfen hatten, um dort neue Ansiedlungsmöglichkeiten zu finden. Wichtiger indes war, dass Athaulf 413 in Bordeaux die Ehe mit Galla Placidia schloss: Ein erster Schritt zu politischer Anerkennung und Etablierung eines germanischen Königs war damit getan, der Schule machen sollte.

Der lange Marsch der Wandalen

Im Osten war die hunnische Invasion nach der Zerstörung der beiden Gotenreiche zum Stehen gekommen. Die vorübergehend miteinander verbundenen hunnischen Stämme hatten sich offensichtlich wieder getrennt, von weiterer Koordination ist nichts bekannt, und bezeichnenderweise operierten einzelne hunnische Gruppen von da an in unbekannter Stärke selbst aufseiten der Germanen und nahmen, wie schon erwähnt, auch an der Schlacht von Adrianopel teil. Doch beim Nachrücken weiterer Gruppen bildete sich anscheinend ein hunnisches Zentrum heraus. Um die Jahrhundertwende ist ein erster Herrscher bekannt, Uldin, der die Verbindung mit Byzanz (Konstantinopel) aufnahm und wenige Jahre danach als Bundesgenosse der westlichen Kaiser gegen germanische Gruppen kämpfte. All dies und ein Neuaufleben der Furcht von 376 muss bewirkt haben, dass um diese Zeit neue, in sich heterogene Barbarengruppen aus dem illyrischen Raum und jenseits der Donau in das Imperium aufbrachen: 405 die des Radagais, der Überlieferung nach mit mehreren hunderttausend Mann, die Stilicho mit Uldins Hilfe vernichtete; 406 vielleicht Sarus, ein Gote mit Anhängern; 409 dann Athaulf, der Schwager Alarichs, aus Pannonien.

Am schwersten aber wog der Aufbruch einer offenkundig ungeordneten Völkerwelle um diese Zeit, bestehend aus Wandalen, das heißt Silingen aus Schlesien und Hasdingen (auch Asdingen) aus der südlichen Slowakei, verbunden mit anderen Gruppen, darunter Quaden und Alanen; sie bewegte sich donauaufwärts über den Rhein nach Gallien und teilte sich dann. Gallien und die Iberische Halbinsel waren um diese Zeit in der Hand von Usurpatoren, die kaum Widerstand zu leisten vermochten. Das Land, auch die Hauptstadt Trier, wurden geplündert. Doch diese Gruppen blieben nicht in Gallien, sondern gelangten nach Kämpfen, besonders mit den Franken, zusammen mit den Sweben und Teilen der Alanen nach Spanien, wo es zu einer Teilung des Landes kam (wohl 409); die Hasdingen beanspruchten die Provinz Baetica im Süden, die Silingen das Gebiet des späteren Kastilien im Norden für sich. Eine Legalisierung durch den Kaiser freilich blieb aus. In den Kämpfen mit den Westgoten ab 416 wurden die Silingen und die Alanen aufgerieben.

Doch 428 gelang dem immerhin noch starken Rest zusammen mit den Alanen unter Führung Geiserichs – *rex Vandalorum et Alanorum* –, auf eine Einladung des Comes (Oberbefehlshabers) Bonifatius hin, nach Afrika überzusetzen und in langem, zweifellos beschwerlichem

Aus der Sicht von Konstantinopel stiftete die Heirat eines Germanenkönigs und einer Kaisertochter gute Beziehungen zwischen dem byzantinischen Weltenherrscher und seinem Vasallen. Eine Darstellung der Hochzeit Davids mit der Königstocher Mikal im Beisein ihres Vaters Saul auf einer Schale aus vergoldetem Silber des frühen 7. Jahrhunderts schildert die Hochzeit von Prinzessin und Gefolgsmann unter den Augen seiner Majestät am byzantinischen Hof (Nikosia, Antikenmuseum).

Den Aufbruch der Wandalen und anderer Stämme schildert der zeitgenössische Geschichtsschreiber Orosius (Geschichte 7,40,3):

Unterdessen, zwei Jahre vor der Eroberung Roms, rieben, wie schon gesagt, durch Stilicho aufgehetzt, die Stämme der Alanen, Sweben, Wandalen und viele andere die Franken auf, überschritten den Rhein, fielen in Gallien ein und gelangten in ihrem Angriff geradewegs bis zu den Pyrenäen. Durch dieses Hindernis für einen Augenblick abgewehrt, ergießen sie sich wieder rückwärts in die umliegenden Provinzen.

Als Zeichen ihres souveränen Königtums in Nordafrika bedienten sich die Wandalenkönige der kaiserlichen Herrschaftssymbole. So tragen sie auf Münzen das Diadem und lassen sich »dominus noster« titulieren, das heißt »Unser Herr« (abgekürzt DN). Im Bild der König Gunthamund.

Die wandalische Flotte verheerte regelmäßig durch Plünderungsfahrten die Küsten des westlichen Mittelmeers. Ihre Hauptmacht bestand nicht aus Kriegsschiffen, da ernst zu nehmende Gegner zu Wasser nicht zu fürchten waren, sondern aus Transportfahrzeugen, mit denen man Landungstruppen absetzen konnte. Zeitgenössische Handelsschiffe im Hafen von Classis bei Ravenna zeigt ein Mosaik in Sant'Apollinare Nuovo, Ravenna.

Marsch nach Osten vorzudringen. Mit einer Landnahme solcher Art von etwa 80 000 Menschen hatte Bonifatius nicht gerechnet, sondern nur eine demonstrative Drohung gegenüber Ravenna und seinem Widersacher am Hofe beabsichtigt. Nunmehr Gegner der Wandalen, leistete er Widerstand, und ein oströmischer Heeresverband kam ihm über See zu Hilfe. Nach einer Belagerung von Hippo Regius (heute Annaba) handelte Geiserich 435 einen Frieden mit Rom aus und erhielt als Bundesgenosse den Besitz Nordafrikas zugestanden, außer Karthago. Doch dieses eroberte er 439 im Handstreich. Hatten die Wandalen 425 bereits die Balearen geplündert und danach mühelos die Überquerung der Straße von Gibraltar bewerkstelligt, so steigerten sich von jetzt ab ihr taktisches Können und ihre Fähigkeiten in der Seekriegsführung zur wirklichen, permanenten Bedrohung; ihrer Plünderung von Küsten und ihren Überfällen hatte Rom nichts entgegenzusetzen. Ein byzantinisches Landungskorps musste 442 nach kurzem Aufenthalt in Sizilien und in Afrika angesichts drohender Hunnengefahr abgezogen werden. So kam es 442 zum Frieden mit Rom. Geiserich behielt Karthago, die Provinz Africa und den größten Teil Numidiens, die westlichen Teile Afrikas übernahm Rom. Eine Präsenz römischer Staatlichkeit scheint es dort aber nicht mehr gegeben zu haben. Von den anderen Teilnehmern am Zug von 406 sind die Sweben in Galicien geblieben, wo ihr Reich nach langen Auseinandersetzungen mit den Westgoten bis gegen Ende des 6. Jahrhunderts bestehen blieb; der Großteil der Alanen wurde unter eigenen Königen in Gallien an der Loire angesiedelt.

Geiserich hatte bereits unmittelbar nach der Landnahme in Afrika begonnen, sein Reich auszubauen und zu einer absoluten Monarchie zu gestalten. Ursprünglich zu einem Zusammengehen mit den Westgoten bereit – sein Sohn Hunerich wurde mit einer Tochter König Theoderichs I. verlobt –, benutzte er eine Verschwörung des Adels 442, diesen zu entmachten und eine absolute Herrschaft zu errichten. Die Westgotin, der Teilnahme daran beschuldigt, wurde verstümmelt nach Hause geschickt. Den Bruch, der damit entstand, kompensierte Geiserich durch die Verlobung Hunerichs nunmehr mit der kaum fünfjährigen Tochter Valentinians III., Eudocia, und vollzog damit, konsequenter als Athaulf, die Verbindung seines Reiches mit Rom. Seine weiteren Ziele sind unklar. Aber nahe liegt, dass es ihm durch diese Verbindung um eine Festigung seiner Position im Mittelmeer ging und um die Etablierung seines Reiches gleichsam als einer dritten Kraft neben Byzanz und Rom im Mittelmeer. Die Seemacht, die er aufbaute, war bei all dem zweifellos ein wesentlicher Faktor, und als Druckmittel hat Geiserich sie immer wieder eingesetzt. Zwar hörten nach 442 die kriegerischen Aktionen vorerst auf, und auch die Belieferung Italiens mit afrikanischem Getreide machte keine Schwierigkeiten.

Doch nach der Ermordung Kaiser Valentinians III. 455 waren die Wandalen zur Stelle, besetzten Rom und verbrachten die kaiserliche Familie nach Afrika, wo es zu der geplanten Eheschließung kam. Die Plünderung der Hauptstadt bei dieser zweiten germanischen Eroberung, aus der Spätere das Schlagwort »Vandalismus« konstruierten, scheint sich in Grenzen gehalten zu haben. In Afrika selbst baute Geiserich seine Herrschaft aus. Das Land, vor allem die beiden Provinzen Africa und Byzacena, wurde teilweise zur Ansiedlung der Wandalen als Grundbesitzer, teilweise zur Stärkung der königlichen Macht als Domäne verwendet, die ursprünglichen Eigentümer und Pächter konnten in abhängiger Stellung verbleiben. Ein Teil von ihnen aber wurde vertrieben oder verließ freiwillig das Land.

Rigoros verfuhr Geiserich auch in seiner Religionspolitik. Da er Christ arianischer Konfession war, bedeutete seine Herrschaft eine Katholikenverfolgung mit Schließung katholischer Kirchen und Vertreibung bzw. Verbannung von Bischöfen und einem Druck auf die Bevölkerung, der in einem Lande von besonderer religiöser Intensität nicht ohne Folgen bleiben konnte. Unter Hunerich (477–484) setzte sich dies fort, bis in den Neunzigerjahren wieder Toleranz verkündet wurde. Im Übrigen wurden Römer in der Reichsverwaltung eingesetzt, und von weiteren schwerwiegenden Repressalien gegen die römischen Einwohner ist nichts bekannt, während Außenpositionen in Sizilien, Sardinien und selbst Korsika zweifellos auch Handelsbeziehungen förderten. Doch konnte das Wandalenreich Geiserichs für andere germanische Reichsbildungen kaum ein Modell sein. Eher erklärt sich die Politik des Königs aus der Erkenntnis der eigenen Isoliertheit in einer fremden Welt unter ungewohnten Lebensbedingungen, ohne die Aussicht auf weiteren germanischen Zustrom und daher auch aus dem bewussten Verzicht auf ethnische Integration. In der Tat blieben diese Wandalen ein Fremdkörper, was später das Ende ihres Reiches zweifellos beschleunigt hat.

Die germanischen Stämme

Was sich demnach am Anfang des 5. Jahrhunderts abzeichnete, war eine allgemeine Verlagerung der Ostgermanen nach Westen, wobei sich die leer gewordenen Räume schnell durch neue Zuwanderung füllten. Neue Namen traten in den Vordergrund, aber nach wie vor konnte von einer ethnischen Geschlossenheit keine Rede sein. Anderseits bedeuteten Wanderung und Abzug niemals eine vollständige Räumung der bisherigen Wohnsitze. So blieben Reste der ursprünglichen Stämme in den Heimatgebieten zurück, in Skandinavien wie in Nord- und Nordostdeutschland: Geiserich hatte Verbindung mit Stammesgenossen in Schlesien, noch im 6. Jahrhun-

In Nordafrika passten sich die Eroberer rasch der römischen Kulturwelt an. Das Fußbodenmosaik wandalischer Zeit aus einer Villa bei Karthago im Britischen Museum, London, zeigt einen Reiter in germanischer Tracht vor einem Landgut.

Der gallische Theologe und Kirchenhistoriker Prosper von Aquitanien, Zeitgenosse des Wandalenkönigs Geiserich, über dessen Katholikenverfolgung (Chronik 1339):

Geiserich griff listig mitten im Frieden Karthago an, quälte die Einwohner mit Grausamkeiten verschiedener Art und brachte deren Reichtümer an sich. Er hielt sich dabei nicht einmal vor der Plünderung der Kirchen zurück, deren heilige Gefäße er an sich nahm, die Priester ihrer Funktionen beraubte und sie selbst zur Behausung für die Seinigen machte. Er wütete gegen alle Klassen des unterworfenen Volkes, aber besonders richtete sich sein Hass gegen die obere Schicht und gegen deren Religion, sodass nicht zu unterscheiden war, ob er mehr mit den Menschen oder mit Gott Krieg führte.

dert kehrten Teile der Heruler aus der Slowakei nach Skandinavien zurück, und auf der Krim hielten sich Teile der Ostgoten mit eigener Sprache und Lebensformen bis in das 15. Jahrhundert. Zurückbleibende Sweben spielten später bei der Genese des baierischen Stammes eine Rolle. Im östlichen Europa traten nun verstärkt die Langobarden auf, die eine Wanderbewegung von der Elbmündung zum Donauknie beendeten; in ihrer Nähe saßen die Gepiden, dazu Rugier, Skiren und Heruler. Zugleich aber begannen die Slawen mit ihrer umfassenden Einsickerungsbewegung, die sie in wenigen Jahrzehnten in die Räume um die westliche Ostsee, nach Böhmen und an die untere Donau führte.

Burgunder, Franken, Westgoten

Die germanische Expansion nach Süden ließ auch die ursprünglichen Stammesgebiete nicht unberührt. Ein Glasbecher aus einem Grab der 2. Hälfte des 5. Jahrhunderts in Gotland (Stockholm, Statens Historiska Museum, links) wurde nach Form und Dekor aus dem Gebiet der Slowakei oder des Karpatenbeckens importiert, wie Parallelen dort zeigen (Museum der Stadt Mödling, Niederösterreich, rechts).

Im Westen wiederum setzten die Alamannen ihre Expansion nunmehr in das nördliche Gallien fort, während große Teile der ihnen räumlich nahen Burgunder nach der Landnahme westlich des Rheins ein Reich mit dem Zentrum Worms gründeten (413). Im nördlichen Gallien wiederum scheint es in den ersten Jahrzehnten des 5. Jahrhunderts zu einer Verbindung von Rheinfranken und Saliern gekommen zu sein, auch für Letztere wurden nun erstmals Herrschernamen bekannt (um 440 Chlodio aus dem wohl fiktiven Geschlecht der Merowinger). Um die Mitte des Jahrhunderts war das Gebiet von der Nordsee bis nach Flandern Territorium fränkischer Teilkönigtümer. In Gallien gelang nach der Vernichtung des letzten Usurpators, Jovinus (411–413), nochmals die Stabilisierung römischer Oberhoheit. Ein Vertrag mit den Westgoten in Südwestgallien 416 brachte diese nach Spanien, wo sie erfolgreich die Wandalen bekämpften. Galla Placidia kehrte nach Verlust von Kind und Gatten nach Ravenna zurück. Ihr zweiter Gatte, Constantius (III.), vorerst oberster Heermeister, 421 Mitkaiser des Honorius, konnte in Südgallien die Lage bereinigen. 418 kam es zur endgültigen Ansiedlung der Westgoten in Aquitanien, wo nach Regelung der Bedingungen ein eigenes Reich unter einer neuen Dynastie entstand: das Tolosanische Reich, benannt nach der Hauptstadt Tolosa, dem heutigen Toulouse. Theoderich I. (418–451), vielleicht Schwiegersohn Alarichs, versuchte in den folgenden Jahren mehrfach die Expansion nach Osten wie ans Mittelmeer, konnte aber aufgehalten werden.

Der Tod Constantius' III. noch im Jahr seiner Erhebung und der des Honorius 424 führte zur Usurpation des Johannes, der jedoch durch oströmische Truppen 425 abgesetzt und getötet wurde. Die Regierung für den unmündigen Valentinian III. (*419), Sohn des Constantius, führte bis zur Mündigkeit seine Mutter Galla Placidia. Nach Anfangsschwierigkeiten und Machtkämpfen am Hof gelang es dem *magister militum* und *patricius* Aetius, die römischen Interessen in Gallien durchzusetzen, dies vor allem mit Unterstützung durch hunnische Truppen. Die westgotische Expansion wurde aufgehalten, das

GALLA PLACIDIA

Galla Placidia, die Tochter des römischen Kaisers Theodosius I., fiel 408/410 als etwa 18-Jährige in westgotische Hände und wurde bald darauf mit König Athaulf vermählt. Nach dem Tod ihres Gatten nach Ravenna zurückgekehrt, musste sie auf Geheiß ihres Bruders Honorius den mächtigen Heermeister Constantius heiraten, den Honorius 421 zum Mitkaiser erhob.

Bald darauf erneut verwitwet, suchte Galla Placidia, mit ihrem Bruder entzweit, Schutz bei ihrem Neffen Theodosius II. in Konstantinopel. Mit dessen Hilfe sicherte sie ihrem sechsjährigen Sohn

Valentinian III. den Thron des Westreiches und führte als Augusta und »Grande Dame« des Reiches die Regierung. Danach zog sie sich aus der Politik zurück und widmete sich bis zu ihrem Tode um 450 frommen Werken.

So ließ sie die Palastkirche Santa Croce in Ravenna neu ausgestalten, von der bis heute die Kapelle San Lorenzo erhalten ist. Nach legendärer Überlieferung wurden später ihre Gebeine hierher überführt. Die Mosaiken zeigen den Titelheiligen Laurentius im Rahmen eines christologischen Bildprogramms.

Burgunderreich 436 vernichtet, doch der Rest der Burgunder 443 in Savoyen angesiedelt, wo er schnell wieder erstarkte und zum wichtigsten Faktor in Gallien wurde. Die römische Enklave zwischen Seine und Loire blieb erhalten, und erfolgreich konnte Rom auch in dynastische Auseinandersetzungen zwischen den Franken eingreifen. Erst mit der Ermordung des Aetius auf Betreiben Valentinians III. 454 und mit dessen Tötung 455 brach in Rom alles zusammen.

Hilferuf aus Britannien

In Britannien war durch den Abzug der römischen Truppen unter Stilicho wohl spätestens 407 ein Vakuum geschaffen worden, das die Schutzlosigkeit der einheimischen romanisierten Bevölkerung gegenüber den Einfällen keltischer Stämme des Nordens, der Pikten und Skoten, bedeutete. Schon im 4. Jahrhundert waren Germanen vom Festland als Söldner (für das römische Heer) oder Arbeitskräfte angeworben worden. Nun riefen die bedrängten Einwohner die Sachsen, Angeln und Jüten zu Hilfe, die an der Deutschen Bucht, in Friesland und wohl auch an der Kanalküste saßen. Die Sachsen hatten schon seit längerer Zeit als Seefahrer die Verbindung zwischen den nordeuropäischen Ländern aufrechterhalten, aber auch als Seeräuber die Küsten bedroht. Nun kamen sie als militärische Verbündete ins Land, später auch als Siedler. Zwar ist von einer wirklichen Landnahme vorerst kaum zu sprechen, doch scheint der Druck der Zuwanderer keltische Bevölkerungsteile nach Westen (Wales, vielleicht auch Irland) und in die Bretagne abgedrängt zu haben.

Der angelsächsische Gelehrte Beda (†735) geht in seiner »Chronik« auf die Ereignisse in Britannien ein, die dem Hilferuf der Bevölkerung an die Angeln und Sachsen folgten:

Der Stamm der Angeln oder Sachsen fuhr mit drei Kriegsschiffen nach Britannien. Und als zu Hause bekannt geworden war, die Fahrt sei günstig verlaufen, wurde eine starke Heeresmacht geschickt, die mit den vorigen vereint zuerst die Feinde (Pikten und Skoten) vernichtete, die man angriff. Dann aber wandte man sich gegen die Bundesgenossen und verwüstete beinahe die ganze Insel von Osten her bis nach Westen mit Feuer und Schwert. Als Grund dafür gab man an, dass die Britannier ihnen, die für sie kämpften, zu wenig Sold zahlten.

Die Reichshälften drifteten auseinander

All diesen Entwicklungen hatte das Imperium wenig entgegenzusetzen. Die Schwäche des Honorius verhinderte ein energisches Wahrnehmen der römischen Interessen; loyale, fähige Heer-

Mit der Herstellung so genannter Rüsselbecher führten die Franken im Rheinland die hohe Kunst der römischen Glasproduktion weiter. Das nach England exportierte Stück im Britischen Museum, London, war über ein Jahrhundert in Gebrauch, bis es einer sächsischen Frau im 6. Jahrhundert bei Mucking, Grafschaft Essex, England, in ihr Grab gelegt wurde.

Ein Ehrenbildnis aus Ephesos im Kunsthistorischen Museum, Wien, stellt möglicherweise einen einheimischen Wohltäter der Stadt namens Eutropios dar. – Ephesos in Kleinasien blieb trotz Plünderung durch die Goten (263) und zweier Erdbeben (358, 365) eine der bedeutendsten Metropolen des Römischen Reiches.

führer mit staatsmännischen Fähigkeiten oder entsprechenden Erfahrungen wie Stilicho oder Aetius scheiterten auf Dauer, und Constantius III. starb allzu früh. Die weitere Entwicklung des Imperiums aber war von den Ereignissen der Völkerwanderung entscheidend mitbestimmt. Zwar hatte sich bis zum Tode Theodosius' I. die Reichseinheit aufrechterhalten lassen, doch mit der Teilung unter seine Söhne 395 begann, trotz äußerlichen Zusammenhalts, gemeinsamer Gesetzgebung, gegenseitiger militärischer Unterstützung und (seit 437) neuer ehelicher Verbindung zwischen den Höfen ein Auseinanderdriften der Reichshälften, das immer deutlicher werden sollte. Hatte die Wanderung der germanischen Stämme das westliche Reich mehr und mehr geschwächt, sein Territorium verkleinert und zu einer Barbarisierung weiter Teile geführt, so war im Osten diese Bewegung schnell zu Ende gegangen; das Reich konsolidierte sich wieder, wobei Wirtschaft, Finanzen, Handel und alles Leben kaum eine Einbuße erlitten. Auch die religiöse bzw. kirchliche Entwicklung ging im Osten eigene Wege. Eine materielle Schwächung bedeuteten hier vorerst nur die Kämpfe gegen das Hunnenreich im Norden und die Auseinandersetzungen mit den Sassaniden im Osten. Ähnlich wie der Westen machte sich auch das Ostreich die militärischen Kräfte der Germanen zunutze; die militärische Führungsschicht bestand bald zum größten Teil aus Zugewanderten. Völlig abhängig von ihnen aber wurde Ostrom nicht. Im Westen hingegen waren es zunehmend Germanen oder germanisch Versippte, die als Heerführer und *patricii* die Politik bestimmten: Stilicho (ermordet 408), Aetius (ermordet 454), danach Ricimer (455–472) und Gundobad (später König der Burgunder).

Um die Mitte des Jahrhunderts scheinen sich die Bewegungen der ersten Jahrzehnte beruhigt zu haben. Zwar waren große Territorien im Westen verloren gegangen, das mittlere und südöstliche Gallien aber unter kaiserlicher Kontrolle geblieben, während die neuen germanischen Reiche gut daran taten, sich auch der vorhandenen romanisierten Volksteile zu bedienen und demnach auf allzu rigorose Formen der Unterwerfung zu verzichten. Die Ausnahme in Afrika wurde bereits erwähnt. Auch der Christianisierung in diesen Reichen wurden Schwierigkeiten, soweit erkennbar, nicht gemacht. Aus römischer Sicht mochten solche Verluste wenig zählen. Es ging dabei zwar um Provinzen, aber deren neue Herren waren ausnahmslos als Bundesgenossen des Imperiums anzusehen.

Bedeuteten somit die Abtretungen im Grunde lediglich eine Verschiebung innerhalb der Struktur des Imperiums, so ließ sich dieses

sehr wohl als noch bestehend definieren. Dies ungeachtet dessen, dass ab 442 das Wandalenreich sich als
souverän bezeichnete und später Eurich (466–484)
für das Westgotenreich das Bündnisverhältnis zu
Rom offiziell aufkündigte. Als ein Fortschritt musste
die Ablösung des stets instabilen germanischen Heer-
königtums durch etablierte Dynastien gelten, die zur
Sicherung ihrer Stellung in jedem Fall auf Beziehungen zu Rom bzw. Ravenna angewiesen waren. Freilich riefen sie in Verfolgung ihrer Arrondierungsab-
sichten auch immer wieder neue kriegerische Auseinandersetzungen hervor und erzwangen weitere territoriale Verluste. An einer ernsthaften Schädigung
des Imperiums oder dessen Vernichtung indes konnten sie nicht interessiert sein, auch wenn sie sich gelegentlich zum Kampf gegen dieses verbanden.

In Ephesos ließ Kaiser Arcadius um 400
eine Prachtstraße von einem halben
Kilometer Länge zwischen dem Theater
und dem Hafen ausbauen, die von
Säulenhallen gesäumt und nachts mit
fünfzig Laternen beleuchtet war.

Der kurze Traum vom Reich im Norden – Hunnen, Germanen, Römer

Die Zäsur, die diese Jahrzehnte bedeuteten, ging in den Fünfzi-
gerjahren des 5. Jahrhunderts zu Ende. Einiges an Ereignissen
danach wurde bereits vorweggenommen. Wichtig für die weitere
Entwicklung war das Hunnenreich im Nordosten, seine Geschichte
und mehr noch sein Verfall. Die allmähliche Einigung der anfangs
heterogenen Gruppen unter Uldin um die Wende zum 5. Jahrhundert und dessen Eingreifen in die Auseinandersetzungen des Ost-
wie vor allem des Westreiches mit den Germanen schufen einen
neuen Faktor der Imperiumspolitik. Plünderungszüge dieses Herrschers, erstmals 409 und später immer wieder, gegen Ostrom scheiterten an der Bestechlichkeit der Unterführer. Ein skirisches Hilfskontingent wurde vernichtet. In den folgenden Jahren scheinen sich
die Hunnen weiter nach Westen bewegt und die für ihre Lebensweise geeignete Ungarische Tiefebene zu ihrem Zentrum gemacht
zu haben. Bald danach bildete sich unter Ruga (auch Rua) und dessen Brüdern eine Dynastie heraus, die ihr Verhältnis zu den beiden
Reichen differenziert gestaltete. Tributzahlungen an den Hunnen-
herrscher spielten eine wichtige Rolle in einem unverkennbaren
Prozess der Angleichung und der Beschaffung von Zivilisations-
gütern, während Plünderungszüge der Hunnen besonders gegen
Ostrom diese ergänzten.

Doch bereits 424 verschaffte sich der weströmische Usurpator
Johannes ein starkes hunnisches Hilfskontingent, das zwar erst nach
seiner Beseitigung eintraf, jedoch auf eine nunmehr bereits etablierte zentrale Institution dieser Hunnen schließen lässt. 433 wiederum konnte Aetius, nach Beseitigung seiner Gegner am Hof und
gegen Abtretung wohl von Teilen Pannoniens, sich erneut hunnische
Truppen für den Kampf in Gallien verschaffen, die wohl mehrere
Jahre in seinem Dienst blieben.

Der Kaiser erfährt göttliche Eingebung
und Weisung, seine ruhige Stirn wendet
er der Welt zu, die er mit militärischer
Macht regiert. So scheint es die
starre und Ehrfurcht gebietende
Formensprache der Kaiserbildnisse des
5. Jahrhunderts zu verkünden. Die
bronzene Kolossalstatue vor der Kirche
San Sepolcro in Barletta, Apulien,
wurde im Mittelalter als Strandgut
gefunden. Die Gliedmaßen sind ergänzt.

Zum Schmuck einer Haube, wie sie von den Frauen der östlichen Reiternomaden in der Völkerwanderungszeit getragen wurden, gehört ein Paar von goldenen Zierbeschlägen aus Warna in Bulgarien (Köln, Römisch-Germanisches Museum).

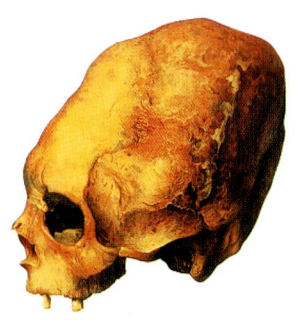

Nach einem alten, schon bei den Skythen des 4. Jahrhunderts v. Chr. belegten Brauch formten die Hunnen die Schädel der Neugeborenen aus vornehmer Familie mit Hilfe von Binden. Die mit den Hunnen verbündeten Germanenstämme ahmten diese Sitte nach. Umgeformte Schädel sind auch in Gräbern an Rhein und Rhône zu finden; das um 1820 in einer Zeichnung abgebildete Beispiel stammt aus Feuersbrunn in Niederösterreich.

Nomaden sollen sesshaft werden – Attilas Kraftakt

Mit dem Tode Rugas 435 ging die Herrschaft auf dessen beide Neffen Attila und Bleda über, nach Ermordung des Letzteren 445 herrschte Attila allein. Neue Kriege gegen Byzanz (440–443; 447) führten zur Erhöhung der Tribute von 350 auf 700 und dann auf 2100 Pfund Gold jährlich. Zugleich kam es zu regem diplomatischem Verkehr sowie zu rigorosen Forderungen etwa nach Auslieferung hunnischer Überläufer und nach territorialen Regelungen. Eine schwerwiegende Einbuße können diese Zahlungen an die Hunnen nicht gewesen sein, da ein großer Teil des Geldes, wenn überhaupt gezahlt, in das Imperium zurückgeströmt sein muss. Aus diesem bezog Attila überdies den Großteil seiner Sekretäre und Ratgeber. Wichtiger aber war, dass dieses Hunnenreich sich auch die germanischen Stämme eingliederte, auf die es in seinem Interessengebiet gestoßen war, und mit diesen zusammen ein Bündnisgefüge schuf, das Imperiumscharakter trug. Ostgoten, Gepiden, Skiren, Heruler, Sweben und Rugier blieben an den Plätzen, die sie bis zu diesem Zeitpunkt eingenommen hatten. Das Reich, dessen Zentrum jetzt im östlichen Ungarn lag, förderte die Bildung eigener germanischer, gegebenenfalls neuer Dynastien wie die der (ostgotischen) Amaler und bediente sich der durch sie gebotenen Hilfsmittel zum Unterhalt des hunnischen Bevölkerungsteils wie auch der militärischen Aufgebote in seinen Kriegen.

Der Grund für all dies wird in der Lage zu sehen sein, in der sich das Volk der Hunnen seit seinem Einfall nach Europa befand. Hatte seine bisherige Geschichte auf einer nomadischen Lebensweise und der Verfügbarkeit großer Räume beruht, so gab es jetzt diese Voraussetzungen nicht mehr. Der damit unvermeidliche Übergang zur Sesshaftigkeit aber war weder ein leichter noch ein spontaner Prozess. Der König hatte ihn wohl weitgehend zu erzwingen, doch ohne Geldmittel und die Unterstützung von außen durch verbündete Völker war dieses Ziel nicht zu erreichen. Dass Attila diese Umwandlung energisch begann, ist aus der zeitgenössischen Überlieferung zu folgern; archäologische Zeugnisse in Böhmen, Mähren wie im südlichen Pannonien lassen auf Einrichtung von Garnisonen oder Ansiedlung hunnischer Volksteile auch im Vorfeld schließen und können solche Vermutungen bestätigen. In der Tat, eine Alternative gab es für Attila kaum. Wie weit sich bei all dem der Charakter des Volkes durch Anpassung, Zwischenheirat und Akkulturierung ändern würde, war nicht abzusehen. Ging es aber zugleich um den Ausbau eines Imperiums im Norden mit einer Kontrolle über riesige Räume im Sinne einer Ordnung der *oikumene,* der zivilisierten Welt, so mochte dem Hunnenkönig die Unterstützung, die er von den etablierten Reichen verlangte, als gerechtfertigt erscheinen.

Der Zug der Hunnen gegen Westrom

Von hier aus aber wird es auch zu verstehen sein, dass Attila um 450 diesen eben begonnenen Prozess einer friedlichen Entwicklung abbrach und mit allen verfügbaren Kräften zum Zug gegen das westliche Imperium antrat, zu dem die Beziehungen bisher ausnehmend friedlich gewesen waren. Die Gründe sind unklar; die Aufkündigung der Tribute durch den oströmischen Kaiser Markian reicht für eine Erklärung so wenig aus wie die Aufforderung aus Gallien, in eine fränkische Dynastiestreitigkeit einzugreifen. Wichtiger war das Heiratsangebot, das Attila von Honoria, der Schwester Valentinians III., zuging und das unausgesprochen die Gewinnung eines Teiles des weströmischen Reiches als Heiratsgut bedeutete. Die Hoffnungen, die sich für Attila aus einer Ausweitung des Interessengebiets nach Gallien und damit für ein Imperium vom Kaukasus bis zum Atlantik auf diese Weise ergaben, waren zweifellos groß, und an seinen Forderungen gegenüber dem Kaiser hat er auch noch festgehalten, als die Braut eiligst anderweitig verheiratet wurde.

Für das westliche Imperium freilich bedeutete diese Invasion im Frühjahr 451 einen Schock, denn weder besaß man genügend Streitkräfte für eine Abwehr, noch konnte man sich der Bundesgenossen sicher sein, von denen überdies Attila die Westgoten ganz besonders umwarb. Die Stärke des hunnischen Heeres mit seinen germanischen Bundesgenossen ist unbekannt, überlieferte Zahlen sind sicher Übertreibung. Die notwendige Ausplünderung des Landes führte zweifellos zu Grausamkeiten, die, für das hunnische Auftreten charakteristisch, vom König zur Verbreitung von Terror einkalkuliert waren. Ostern 451 ging Metz verloren, kurz danach kam es zur Belagerung von Orleans. Trotz flehentlicher Bitte besonders des Bischofs der Stadt gelang es Aetius erst im letzten Augenblick, sich der westgotischen Hilfe zu versichern und Attila zum Rückzug zu zwingen. Kurz danach kam es auf den Katalaunischen Feldern in der Nähe von Châlons-sur-Marne zur Schlacht, in der neben Hunnen und Römern germanische Stämme einander gegenüberstanden, und, wie überliefert, in besonders hartnäckiger Verbitterung miteinander kämpften. Der westgotische König Theoderich I. fiel, doch auf der Gegenseite waren die Verluste derart, dass Attila zeitweilig an Selbstmord dachte; schließlich aber räumte er Gallien. Aetius sandte die verbündeten Kontingente schnell nach Hause. Dass er Attila entkommen ließ, wurde ihm bereits von den Zeitgenossen als Verrat ausgelegt und trug zweifellos zu seiner Beseitigung im Jahr 454 bei. Die Gründe für den neuen hunnischen Vorstoß bereits im nächsten Jahr, diesmal nach Italien, sind unbekannt, sie erklären sich nicht zuletzt als Versuch, sich für ausbleibende, nach wie vor notwendige Subventionen einen Ersatz zu schaffen. Der Angriff traf Rom unvorbereitet, sodass der Kaiser die Flucht nach Gallien erwog. Die Hunnen konnten so die oberitalischen

Prosper von Aquitanien über die Schlacht auf den Katalaunischen Feldern (Chronica 1364):

Als nun nach dem Überschreiten des Rheins viele Städte in Gallien seinen (Attilas) Ansturm zu ertragen hatten, beschlossen die Unsrigen schnell zusammen mit den Goten, der Wut der übermächtigen Feinde mit verschiedenen Streitkräften zu begegnen. Und die Planung durch den Patricius Aetius war derart, dass man von überall her Leute zusammenzog und dem Gegner mit einer Streitmacht entgegentreten konnte, die kaum geringer war. In der Schlacht wollte keiner weichen, und so gab es unzählige Verluste auf beiden Seiten. Aber fest steht, dass die Hunnen besiegt wurden. Denn sie gaben die Hoffnung auf, weiter plündern zu können, und die Überlebenden kehrten in die Heimat zurück.

Ein Grabfund in Mundolsheim (Elsass) zeigt einen Sattel, wie ihn in der Mitte des 5. Jahrhunderts die hunnischen Reiter verwendeten (Rekonstruktion im Archäologischen Museum, Straßburg). Ob er wirklich einem Gefolgsmann Attilas gehörte, ist nicht sicher, denn auch die ostgermanischen Föderaten auf römischer Seite verwendeten die hunnische Sattelform.

Als zehntgrößte Stadt Italiens war Aquileja eine der wichtigsten spätrömischen Bischofsresidenzen. Die Fußbodenmosaiken in der von Bischof Theodorus am Anfang des 4. Jahrhunderts errichteten Kirche sind gut erhalten: im Bild die Darstellung des Guten Hirten als Allegorie auf Christus. Die Stadt verfiel nach der Zerstörung durch die Hunnen, da der wichtige Handelsverkehr auf der so genannten Bernsteinstraße zur Ostsee in der Völkerwanderungszeit zum Erliegen kam.

In dem ostgotischen Schatzfund von Pietroasa (Rumänien) fanden sich neben Kostbarkeiten aus dem Mittelmeerraum, wie einem wohl in Syrien gefertigten Goldteller (rechts), auch typisch germanische Elemente. Ein Goldring trägt eine Weihinschrift in Runen, neben den frühesten bekannten Adlerfibeln begegnet die durchbrochene Goldfassung für eine geschliffene Glasschale (links). Die Schätze sind im Muzeul de Istorie in Bukarest.

Städte ausplündern, ohne Widerstand zu finden. Aquileja wurde dem Erdboden gleichgemacht, seine Einwohner bildeten später den Kern für die Gründung Venedigs. Doch scheint Attilas Heer durch Seuchen derart dezimiert worden zu sein, dass es einer Gesandtschaft des römischen Senats, begleitet von Papst Leo I., offensichtlich ohne große Schwierigkeiten gelang, Attila zur Rückkehr zu bewegen. An seinen Forderungen freilich hielt er fest. Im nächsten Jahr, 453, indes verstarb er plötzlich. Trifft zu, dass dies während der Hochzeit mit einer jungen Gotin geschah, so wäre denkbar, dass er nun beabsichtigte, die Beziehungen zu den germanischen Bundesgenossen neu zu intensivieren.

Nach Attilas Tod

Eine Nachfolgeordnung gab es nicht. Attilas Söhne, unter sich zerstritten, waren außerstande, sein Imperium zusammenzuhalten. Als Folge davon machten sich die germanischen Untertanen selbstständig. Unter Führung des gepidischen Königs Ardarich kam es zu kriegerischen Aktionen, und nach einer Niederlage der mit den Ostgoten verbündeten Hunnen am Fluss Nedao (in Pannonien), wohl noch 453, zog sich der Großteil der Hunnen in den Osten zurück, wo sie mit verwandten Stämmen neue Koalitionen eingingen. Einige dieser Attilasöhne traten bald danach mit Ostrom in Verbindung, stießen aber auf keinerlei Interesse mehr.

Als integrierbar erwiesen sich die Hunnen, im Gegensatz zu anderen Völkern, auch in kleineren Gruppen nicht. Die Germanen aber begannen sich erneut in Bewegung zu setzen und, durch ihre Zugehörigkeit zum hunnischen Imperium innerlich gefestigt, nach neuen Plätzen zu suchen. Dabei freilich ging jeder seinen eigenen Weg, eine gemeinsame Richtung ist nicht zu erkennen. So besetzten nach einem Vertrag mit Ostrom die Ostgoten in drei Stammesgruppen unter Führung von Königen aus der Amalerdynastie Pannonien etwa um den Plattensee, wo sie sich gegen Koalitionen von Nachbarstämmen, insbesondere der östlich der Donau lebenden Sweben, behaupteten. Die Gepiden siedelten im heutigen Siebenbürgen, die Heruler, bisher in der Nähe des Asowschen Meeres, zogen in die Slowakei, in ihre Nähe die bisher wohl an der unteren Donau wohnenden Skiren, in die Gegend nördlich davon die Masse der Langobarden, die bisher ihre Sitze an der mittleren Oder bis hin zur Elbe behalten hatten. Nördlich der mittleren Donau dehnte sich das Reich der Rugier aus, westlich davon bis nach Mitteldeutschland das der Thüringer, die, ebenfalls Teilnehmer am Attilazug, nunmehr auch nach Böhmen ausgriffen. Für jedes dieser Reiche war eine dynastische Regierung kennzeichnend; daneben wird sich eine adlige Oberschicht herausgebildet haben, die unter entsprechenden Titeln (Dux, Comes) Verwaltungs- und Aufsichtsfunktionen wahrnahm. An der unteren Donau strömten erneut bisher unbekannte Völkerschaften in die leer gewordenen Räume ein, Slawen, Anten, Bulgaren, Letztere als Nachfolger der Hunnen und mit diesen ethnisch verwandt. Sie wurden, vorübergehend auch von Ostrom in Dienst genommen, für dieses bald zur Gefahr.

ADLERFIBELN

Die germanischen Wandervölker der Spätantike entwickelten in der Schatzkunst eigenständige Formen. Schmuckstücke standen als bewegliche Habe und Trachtbestandteile im Mittelpunkt des Besitzstrebens. Die Rohstoffe waren durch Sold- und Tributzahlungen, Geschenke und Beutegut aus dem mittelmeerischen und asiatischen Raum reichlich vorhanden.

Die germanischen Obergewänder wurden mit prachtvollen Gewandnadeln zusammengehalten, die in der Völkerwanderungszeit neue und fantasievolle Formen entwickelten. Besonders beliebt war der Besatz mit Almadinen. Typisch für das 5. und 6. Jahrhundert sind die Bogenfibeln und die vor allem bei den Goten beliebten Adlerfibeln (links). Das Motiv des Raubvogels war in der östlichen Steppenkunst verbreitet, bei den Ostgermanen spielt es vermutlich auf das Hoheitszeichen des römischen Legionsadlers an.

Während das Adlerbild eines gepidischen Sattelbeschlags (rechts) noch einen elegant geschwungenen Umriss hat, wirkt das jüngere ostgotische Stück abstrakter. Unsicher ist, ob hier christliche Symbolik eine Rolle spielte, etwa der Verweis auf die Auferstehung der Seele.

**DIE GERMANENREICHE NACH DEM ZERFALL
DER WESTRÖMISCHEN HERRSCHAFT (476)**

Das Ende der Epoche

Es war nicht zuletzt der Versuch, die germanischen Wanderzüge zu bewältigen, der das Auseinanderklaffen der beiden Reichshälften förderte. Doch während das Oströmische (Byzantinische) Reich seinen Umfang behielt, verlor die westliche Hälfte immer mehr Territorien und war für das letzte Drittel des 5. Jahrhunderts im Wesentlichen auf Italien beschränkt. Die Dynastie des Theodosius ging dort mit der Ermordung Valentinians III. 455 zu Ende, die Plünderung Roms durch die Wandalen wurde zum Symbol eines Abschlusses.

Die weströmischen Kaiser nach 455 wie Avitus und Majorian (456–461) sowie spätere kurzlebige Herrscher verdienten den Titel kaum; die Leitung des Westreiches lag in den Händen der Heermeister und *patricii* germanischer Herkunft wie Ricimer und Gundobad. 467 versuchte Byzanz mit der Erhebung des oströmischen Heermeisters (und Schwiegersohns Kaiser Markians) Anthemius zum westlichen Kaiser noch einmal eine Koordination der Interessen. Der Herrschaftsantritt war verbunden mit einer groß angelegten Aktion gegen das Wandalenreich. Dieses suchte in einem dauernden Seekrieg die ost- und weströmischen Küsten heim, wobei verbündete afrikanische Stämme einen großen Teil seiner Truppen ausmachten. Ähnlich wie bereits 460 unter Majorian scheiterte auch jetzt (468) das Flottenunternehmen gegen die Eindringlinge; Auseinandersetzungen zwischen Anthemius und Ricimer führten zum Bürgerkrieg, der 472 mit dem Tod beider endete. Die Herrschaft des (mit Hunerich verschwägerten) Olybrius als weströmischer Kaiser

Jordanes, ein romanisierter Gote, beschreibt ein fehlgeschlagenes Unternehmen gegen die Wandalen unter Kaiser Anthemius (Römische Geschichte 337):

Der Kaiser schickte Basiliscus, seinen Verwandten, das heißt, den Bruder der Kaiserin Verina, nach Afrika mit einem Heer. Dieser suchte mehrfach, in einem Seegefecht nach Karthago durchzustoßen, wurde vor der Stadt aber besiegt und verkaufte in seiner Habgier an den König der Wandalen um Geld, was er wieder unter römische Herrschaft hätte bringen sollen.

dauerte kaum mehr als ein halbes Jahr. 476 schließlich setzte der germanische Söldnerführer Odoaker, der Herkunft nach ein Skire, den letzten dieser Kaiser, Romulus Augustulus, ab und errichtete eine Militärherrschaft in Italien. Es gelang ihm, gegen Abtretung der Kontrolle über Sizilien zu einem Einvernehmen mit Geiserich zu gelangen, der kurz danach starb; 474 war es zwischen diesem und Byzanz zum Frieden gekommen.

Veränderungen in Gallien

In Gallien hatte sich inzwischen die Lage entscheidend zuungunsten Roms gändert. Dort dehnte sich seit 476 das westgotische Reich bis zu den Ligurischen Alpen und zur Loire aus, mit Arles und Marseille in gotischer Hand. Eurich konnte auch Spanien bis auf das swebische Gebiet vollständig besetzen und überdies sein Reich innerlich festigen, wobei er sich nicht zuletzt römischer Ratgeber bediente. Im Norden vermochte bald danach Chlodwig (482–511), Sohn des Childerich, als fränkischer Teilkönig durch Beseitigung anderer Amtskollegen eine Einheit zu schaffen und sich nach Süden auszudehnen. Die letzte römische Enklave in Gallien, das Reich des Syagrius, der im Namen Roms, aber faktisch selbstständig regierte *(rex Romanorum)*, wurde 486/487 schnell überrannt, Syagrius nach der Flucht von den Westgoten an Chlodwig ausgeliefert und hingerichtet. Ein Sieg über die Alamannen wohl 496 bei Zülpich und 507 über Alarich II., den Sohn Eurichs, brachte Chlodwig

Um 458 wurde in Ravenna, der Hauptstadt des Weströmischen Reiches, das Dombaptisterium errichtet und reich ausgeschmückt. Über dem großen Taufbecken ist im Kuppelmosaik die Taufe Christi im Jordan dargestellt; darunter ein Fries von Aposteln. Sie bringen Christus ihre Märtyrerkronen genauso mit verhüllten Händen dar, wie die Untertanen dem Kaiser ihre Geschenke reichen.

Aus der Zeit des Königs Sigismund (516–523) stammt der burgundische Schatzfund von Gourdon im französischen Département Lot. Neben einer großen Zahl von Goldmünzen umfasst er liturgische Geräte aus Gold. Beispiele sind die mit Almandinen besetzte Patene (Hostienschale) und der getriebene Messkelch (Paris, Cabinet des Médailles).

fast bis an die Pyrenäen. Seine Taufe zum katholischen Christen bald nach 496 hatte politische Folgen und eröffnete ihm eine Verbindung zu Ostrom, das ihm 508 das Ehrenkonsulat verlieh. Ein enges Verhältnis zu den ebenfalls katholischen Burgundern bedeutete eine weitere Stärkung.

Zwar starb Chlodwig bereits 511, doch setzten seine Söhne nach der Reichsteilung trotz vielfacher Rivalitäten untereinander konse-

»Alarich, König der Goten« lautet die
Inschrift auf einem Siegelstein aus
Saphir mit dem Bildnis Alarichs II.,
des letzten Königs des Tolosanischen
Reiches (Wien, Kunsthistorisches
Museum).

quent seine Politik fort. Sie unterwarfen 534 das Burgunderreich; Heiratsverbindungen und Erbstreitigkeiten führten nach zwei Kriegen 529 und 531 zur Angliederung auch des Thüringerreiches, und ein Vertrag mit den Ostgoten 536 brachte die Franken in den Besitz des Gebietes zwischen Alpen und Donau. Das war längst keine Landnahme und auch kein Suchen nach Plätzen mehr, um zu überleben, wie dies die früheren Zeiten der Völkerwanderung kennzeichnete, sondern territoriale Expansion, verbunden bereits mit systematischer Aufgliederung des Gewonnenen in untergeordnete Verwaltungsbezirke und Herzogtümer. Mit dem Imperium Romanum hat dies nichts mehr zu tun, auch wenn man das Verhältnis zu diesem nach wie vor als wichtig ansah. Das Frankenreich als Ganzes, nunmehr vom Atlantik bis nach Mitteldeutschland, an den Böhmerwald und an die pannonische Grenze reichend, war freilich durch Zusammenstöße mit Awaren und Slawen an seiner Ostgrenze noch einmal mit den Ausläufern der Völkerwanderung konfrontiert. Seine weitere Geschichte in dieser Zeit indes gehört dem Mittelalter an.

Odoaker und Theoderich

Odoaker deutete seine Herrschaft in Italien als ein Provisorium. Wie alle germanischen Heerführer hielt er von der Übernahme einer Kaiserrolle nichts und übersandte die kaiserlichen Insignien nach Byzanz. Unter welchem Titel er regierte, ist unklar, seine Anhänger hatten ihn noch vor der Bestätigung durch den Kaiser zum König (rex) erhoben und damit die Voraussetzung einer Legalisierung des Aktes geschaffen. Es wäre möglich, dass er sich nach Anfragen in Byzanz die römischen Amtstitel eines magister militum und eines patricius selbst zulegte. Ganz offenkundig aber verstand sich Odoaker als der Platzhalter des Kaisers, sorgte für die angemessene Entlohnung seiner Truppen, eines Konglomerats aus verschiedenen Stämmen, und deren Ansiedlung. Die politischen Institutionen des Westreiches blieben bestehen, mit Römern besetzt. Die von Odoaker ernannten Konsuln wurden im Osten anerkannt. Auch sein Verhältnis zu Senat, Papst und Kirche war gut, ein Steuernachlass 476 wird ihm beim Volk Sympathie

Der römische Konsul Boethius wurde 487 im traditionellen Ornat dargestellt. Links steht er in repräsentativer Würdehaltung, rechts sitzt er auf dem Amtssessel und hebt das Tuch als Zeichen für die Eröffnung der Circusspiele oder Wagenrennen, eine der wichtigsten Amtshandlungen. Zu seinen Füßen Geldsäcke, welche seine reichen Spenden für die Bevölkerung Roms andeuten (Brescia, Museo Civico Cristiano).

eingetragen haben. Auf eine eigene Münzprägung verzichtete er. Seine Beziehungen zu den anderen germanischen Staaten waren leidlich.

Zum Bruch mit Byzanz indes kam es, als Odoaker dynastische Streitigkeiten im Rugierreich zum Vorwand nahm, dieses zu zerstören, wobei König und Königin getötet wurden. Die romanisierte Bevölkerung Noricums und des östlichen Rätien nahe der Donau ließ Odoaker evakuieren (487). Dort hatte wohl nach Abzug der Goten der heilige Severin, offensichtlich ein Emissär aus Byzanz (†482), durch sein Wirken das Selbstbewusstsein der Bevölkerung gestärkt, Verteidigungsmöglichkeiten geschaffen und durch das Ausweiten seiner Tätigkeit bis tief nach Binnennoricum hinein die Infrastruktur ausgebaut, karitative Institutionen ins Leben gerufen und Klöster gegründet. Seine Autorität wurde von den rugischen Königen anerkannt, und auch auf die zwischen Alpen und Donau operierenden Alamannen übte er einen mäßigenden Einfluss aus. Odoaker hatte ihn beim Übertritt in den römischen Dienst aufgesucht.

Byzanz war zu einem militärischen Gegenschlag nicht in der Lage. Doch bereits Ende der Sechzigerjahre hatten die Ostgoten, durch Kämpfe mit den germanischen Nachbarn und den Abzug einer Gruppe nach Italien (wohl 467) dezimiert, Pannonien aufgegeben, um in Thrakien, Makedonien und selbst in Thessalien neue Wohnsitze zu suchen. Unter Führung ihres Königs Theoderich (ab 471), ehemals Geisel in Konstantinopel, hatten sie Auseinandersetzungen mit den anderen gotischen Gruppen im kaiserlichen Dienst zu bestehen. Theoderich, bei ständigem Wechsel seiner Stellung für oder gegen den Kaiser, wurde nacheinander zum *patricius* (476), *magister militum* (483) und Konsul (484) erhoben, doch es blieb nicht zu übersehen, dass Konflikte nicht zur Ruhe kamen und die Anwesenheit seines Volkes als Belastung empfunden wurde. So ergriff Kaiser Zenon gern die Gelegenheit, Theoderich den Zug nach Italien nahe zu legen, wo er Odoaker ablösen und in einem nunmehr von vornherein geklärten, verbesserten Verhältnis zu Ostrom dessen Herrschaft übernehmen sollte. Der Plan wurde während des Rugierkrieges gefasst, in Bewegung setzte sich die Masse des Volkes 488, zweifellos wieder aus einer Vielfalt von Teilnehmern nicht ausschließlich germanischer Herkunft bestehend. Einen Teil machten, mit begrenzter Eigenständigkeit, geflohene Rugier aus. Über die Stärke gibt es nur Vermutungen, über eine Gesamtzahl von höchstens 100000 bis 150000 Menschen wird man nicht hinausgehen können, was eine Streitkraft von 30000 bis 40000 Kriegern ausmacht. Der Zug wurde auf seinem Weg durch die Gepiden belästigt, mit denen die Ostgoten seit 454 offenkundig nie mehr zu einem guten Verhältnis gelangt waren und die wohl bereits um diese Zeit das Gebiet um Sirmium (heute Sremska Mitrovica in Serbien) beanspruchten.

Die Eroberung Italiens selbst dauerte von 489 bis 493. Die Kämpfe waren wechselhaft, es scheint indes, dass Theoderich, wohl mit byzantinischer Hilfe, den Senat für sich gewann. Senatsgesandtschaften nach Ostrom in den Jahren 490, 493 und 497 unterstützten seine Absichten. Der in Ravenna belagerte Odoaker hatte seinen Sohn Thela zum Caesar erhoben, was die Usurpierung einer kaiserlichen Würde für ihn selbst bedeutete. Nach Abschluss eines Vertrages, wonach Odoaker und Theoderich gemeinsam von Ravenna aus die Samtherrschaft über Italien ausüben sollten, zog Letzterer in Ravenna ein und ermordete Odoaker (493). Als Grund für die Tat galt die Blut-

Ein Siegelstein aus Amethyst in Privatbesitz zeigt das Bildnis eines Germanen mit langem Haar und Schnurrbart. Das Monogramm lässt sich zum Namen »Theoderich« auflösen. Es könnte sich um den großen Ostgotenkönig oder um einen der beiden westgotischen Herrscher dieses Namens in der Mitte des 5. Jahrhunderts handeln.

Johannes Antiochenus, der im 7. Jahrhundert eine Weltchronik verfasste, schildert die Ermordung Odoakers durch Theoderich (Chronik fr. 214a):

Theoderich und Odoaker schlossen einen Vertrag und trafen eine Übereinkunft miteinander. Beide sollten die Herrschaft über das römische Gebiet ausüben, sie sollten künftig häufig miteinander zusammenkommen und sich treffen. So vergingen neun Tage. Als Odoaker zu Theoderich kam, näherten sich ihm zwei Männer, so wie Bittflehende, und ergriffen seine Hände. Dann kamen aus den Zimmern zu beiden Seiten Männer mit Schwertern in den Händen. Doch von dem Anblick entsetzt, wagten sie nicht, Odoaker anzugreifen. Da stürzte Theoderich vor und hieb ihm das Schwert aufs Schlüsselbein. Odoaker fragte: »Und wo ist Gott?« Da antwortete er: »Das ist es, was du meinen Verwandten angetan hast.« Der Schlag hatte getroffen und war bis zur Hüfte durchgegangen. Da soll Theoderich gesagt haben, es sei offenkundig in dem ganzen üblen Kerl kein Knochen. Den Leichnam ließ Theoderich in einem steinernen Sarg zum jüdischen Friedhof bringen. Seinen (Odoakers) Bruder, der sich in eine Kirche flüchtete, ließ er mit Pfeilen erschießen. Die Ehefrau Sunigilda und den Sohn Oklas (Thela) hielt er gefangen, Letzteren hatte Odoaker zum Caesar erhoben. Er (Theoderich) nun schickte ihn (Oklas) nach Gallien. Doch als er von dort wieder nach Italien floh, tötete er (Theoderich) ihn, die Mutter brachte er im Gefängnis durch Hunger zu Tode.

rache für das mit dem Ostgoten verwandte rugische Königshaus. Dass Theoderich, wie überliefert, auch alle Anhänger Odoakers, das heißt das ganze Heer, töten ließ, ist indes undenkbar.

Die Stellung Theoderichs und seiner Goten

Noch im Jahr 493, unmittelbar nach Beendigung der Kämpfe, rief das Heer Theoderich zum König aus. Die endgültige Bestätigung durch den Kaiser blieb freilich aus, was sich aus dem Herr-

Den Palast Theoderichs in Ravenna zeigt ein zeitgenössisches Mosaikbild in der dortigen Kirche Sant' Apollinare Nuovo. In den Arkaden waren ursprünglich der König und sein Hofstaat dargestellt. Nach dem Fall der gotischen Herrschaft wurden die Bildnisse ausgelöscht und durch Vorhänge ersetzt.

scherwechsel in Byzanz 491 und wohl auch aus dem Misstrauen des neuen Kaisers, Anastasios (491–517), erklärt. Erst 497 erhielt Theoderich die Abzeichen seines Ranges, den Purpurmantel und wohl auch das Diadem. Klar waren auch jetzt weder seine Stellung noch die weiteren Zukunftserwartungen. Einerseits, als *rex,* war er König eines germanischen Volkes, andererseits gehörte er bereits zur höchsten Führungsschicht des Imperiums. Seine Insignien waren die eines Herrschers, ranggleich fast dem Kaiser, doch übte er die Funktionen von dessen Stellvertreter aus, erließ nur Edikte, nicht Gesetze, wenngleich für Goten wie Italiener gleichermaßen. Dass selbst aus offiziellen Schreiben keine klare Umschreibung von Subalternität oder Abhängigkeit zu gewinnen ist, besagt nichts. Germanische Könige im römischen Dienst hatte es zwar schon häufig gegeben, doch: Eine Stellung, wie Theoderich sie innehatte, war neu. Aus römischer Sicht war sie indes als Kompromiss die beste aller Lösungen des Problems der Völkerwanderung und der Zerstörung des Imperiums durch neue, in ihrem Wesen barbarische Reiche. Sie setzte jedoch Harmonie zwischen Ravenna und Konstantinopel und ein Andauern der Interessengemeinschaft voraus.

Die Ansiedlung des Volkes machte kaum Schwierigkeiten. Angesichts seiner Verteidigungsaufgabe konzentrierte man es in Gegenden nahe der wirklich gefährdeten Stellen, unweit der gallischen Grenze und um Ravenna. Südlich Roms gab es offensichtlich keine gotischen Ansiedlungen. Garnisonen waren allerdings überall, auch außerhalb Italiens möglich. Land stand wohl zur Verfügung, eine Entschädigung ehemaliger Besitzer war zweifellos möglich, das Steueraufkommen der italischen Präfektur (einschließlich des nördlichen Illyricum) stand Theoderich zur Verfügung. Im Übrigen blieb in der Ämterbesetzung die

Wie ein römischer Herrscher wird Theoderich im Münzbild bartlos und in Feldherrentracht sowie mit der kaiserlichen Siegesgöttin Viktoria gezeigt. Der Gotenkönig ist glatt rasiert und trägt langes Haar, ganz wie die germanischen Soldaten der kaiserlichen Palastwache in Konstantinopel. Auf die Darstellung der Herrscherkrone verzichtet er. Die Rückseite zeigt noch einmal Viktoria auf der Weltkugel mit Kranz und Palmzweig. Nachträglich wurde diese Münze als Brosche verwendet.

Trennung zwischen Goten und Römern aufrechterhalten; darüber hinaus lässt ein Heiratsverbot vermuten, dass man auf eine Integration bewusst verzichtete. Neben den römischen Ämtern stand eine gotische Ämterhierarchie mit Kompetenzen für den militärischen wie den zivilen Bereich, auch die Zusammenarbeit bei Streitigkeiten zwischen beiden Bevölkerungsgruppen war geregelt.

Bildeten die Zuwanderer demnach eine permanente Sicherung des Landes mit militärischer Organisation und jährlichen Zuwendungen des Königs, so blieb für die ursprünglichen Einwohner die regionale wie zentrale Verwaltung unangetastet, wenngleich durch den König kontrolliert. Gleiches galt für den Senat. Direkte Verbindungen zwischen solchen Institutionen und Byzanz wurden vermieden, waren auf dem Wege über persönliche Beziehungen aber sicherlich möglich, Gleiches wird für die kirchlichen gegolten haben. Die Frage des Hochverrats stellte sich von hier aus nur in Krisenzeiten. Wichtiger war, dass Theoderich sofort begann, durch dynastische Beziehungen die germanischen Reiche im Westen an sich selbst und damit wieder an das Imperium zu binden. Die Verheiratung von Töchtern an den Westgoten Alarich II. und den Burgunder Sigismund bald nach der Herrschaftsübernahme, der Schwester Amalafrida an den Wandalen Thrasamund (um 500) und der Nichte Amalaberga an den Thüringerkönig Herminafried (um 510, dazu kam die Adoption des Herulerkönigs Rodulf) folgte der eigenen Heirat mit Autofleda, einer Schwester Chlodwigs (bereits 493). Verträge in Zusammenhang damit sind nicht bekannt, doch konnten die familiären Bindungen als wirkungsvoller Ersatz für ein rechtlich fundiertes Bündnis gelten. Diese Erwartung indes trog. Chlodwigs Expansion nach Süden zwang Theoderich 508 zu militärischem Eingreifen, um die Verbindung nach Spanien zu sichern, wo er überdies auch den Bestand des Reiches zu gewährleisten hatte, und unter Hilderich (523–530), dem Sohn Hunerichs und der Eudocia, kam es zum gewaltsamen Abbruch der Beziehungen zu den Wandalen. Gescheitert ist diese Politik danach auch in den anderen Reichen. Zunächst hatte Theoderich jedoch Erfolg: Er stabilisierte die Stellung des Gotenreiches in Italien schnell und hatte, obwohl Arianer, ein gutes Verhältnis zur Kirche. Sein Eingreifen in eine lang anhaltende Krise um die Papstwahl des Symmachus (496–514) wurde allgemein anerkannt. Sein Verhältnis zu Byzanz erscheint als korrekt, das ostgotische Eingreifen gegen die Gepiden, die das zum Interessengebiet gehörende Sirmium eroberten, führte 504 zwar zu kriegerischen Auseinandersetzungen mit dem Kaiser, die bis 510 anhielten, doch ein Konflikt auf Dauer war dies nicht.

Das Ende des Ostgotenreiches

Die neue Dynastie in Byzanz (ab 517) scheint hingegen von anderen Erwägungen ausgegangen zu sein. Hatte sich das Ostgotenreich als außerstande erwiesen, die westliche Imperiumshälfte zu ordnen oder gar dem Imperium wieder anzugliedern, so zeichnete sich nun als neues Ziel die gewaltsame Wiedergewinnung der

Paulus Diaconus über die dynastischen Beziehungen Theoderichs zu den Herrscherhäusern der anderen Germanenreiche (Geschichte der Römer 15,20):

Inzwischen, um die Macht seines Reiches zu stabilisieren, heiratete Theoderich Autofleda, die Tochter des fränkischen Königs Lodoin, seine eigene Schwester Amalafrida verheiratete er mit dem Wandalenkönig Hunerich (in Wirklichkeit mit Thrasamund), die Tochter dieser Amalafrida, Amalaberga, mit dem Thüringerkönig Hermenfred. Von Theodigoto und Ostrogotho, zwei Töchtern von Konkubinen, gab er die eine Alarich, dem König der Westgoten, zur Frau, die andere Sigismund, dem König der Burgundionen (der Burgunder). Amalasuntha aber, die dritte seiner Töchter, verheiratete er mit Eutharich aus dem Stamme der Amaler, der zu ihm kam, aus Spanien herbeigerufen. Es gab keinen Stamm in der Nähe Italiens, der nicht entweder durch familiäre Beziehungen oder durch Verträge mit Theoderich verbunden war.

Schon zu Lebzeiten ließ sich Theoderich bei Ravenna ein Grabmal errichten, das als überkuppelter Zentralbau in der Tradition antiker Mausoleen steht. Nur in Details der Ornamentik verrät sich nordische Kunsttradition. Das Stockwerk über dem zehneckigen Untergeschoss war vermutlich ursprünglich als Arkadenzone gestaltet. Der Deckstein wiegt über 300 t.

verlorenen Gebiete ab. Glaubensfragen kamen dazu, die das Schicksal der arianischen Kirche betrafen. Neuen Spannungen zwischen Ravenna und dem stadtrömischen Adel fielen zwei der bedeutendsten Vertreter der römischen Senatsaristokratie, Boethius und Symmachus, zum Opfer, die der Konspiration mit Ostrom bezichtigt und hingerichtet wurden. Doch nach dem Tod Theoderichs, 526, wurde erstmals auch eine nationalgotische Opposition sichtbar, die um der

»König Theoderich hat diese Kirche von Grund auf erbaut«, so lautete die heute zerstörte Mosaikinschrift in der Palastkirche des Gotenherrschers in Ravenna, Sant' Apollinare Nuovo. Nach der Machtübername der Byzantiner unter Justinian (540) wurde der Mosaikschmuck verändert und die Märtyrerprozession im Hauptfries eingefügt. Auf die Theoderichzeit geht die Palastdarstellung sowie der obere Teil der Langhauswand zurück. Die Detailaufnahme zeigt das Gleichnis von der Scheidung der Schafe und Böcke.

Erhaltung gotischer Selbstständigkeit willen zur Konfrontation mit Byzanz bereit war. Dies umso mehr, als die Nachfolgefrage ungeklärt war. Theoderichs Tochter Amalasuntha, Vormund für den minderjährigen Athalarich, geriet in immer größere Schwierigkeiten und beabsichtigte zeitweise die Flucht zum Kaiser. Doch führte – ein Akt von persönlicher Rache – nach dem Tod des Sohnes 534 die Mitregentschaft ihres Vetters Theodahad zur Verhaftung und Tötung der Königin durch Goten und als weitere Folge davon zum Eingreifen des Kaisers, der nunmehr (seit 527) Justinian hieß. Byzanz war es bereits 534 ohne große Mühe gelungen, das Wandalenreich wieder zu unterwerfen. Die Kapitulation des letzten Königs, Gelimer, hatte zur Neueinrichtung einer Präfektur geführt, der physisch geschwächte wandalische Bevölkerungsteil verschwand schnell oder löste sich in der byzantinischen bzw. einheimischen Bevölkerung auf.

Nach ergebnislosen Verhandlungen kam es 535 in Italien zur Besetzung Siziliens und Neapels durch byzantinische Truppen, doch auch zur Ermordung Theodahads und nunmehr einem energischen Widerstand vonseiten der Goten unter Witigis. Hatte Justinian offensichtlich mit einer mühelosen Einnahme Italiens gerechnet, so zogen sich die Kämpfe auf der ganzen Halbinsel wider Erwarten über zwei Jahrzehnte hin. Die Stärke der byzantinischen Armee unter Belisar erlaubte keine umfassenden Aktionen, doch gelang die Besetzung Roms. Die Folge war eine mehr als einjährige Belagerung durch die Goten. Vor der gotischen Kapitulation 540 hatte Witigis

Die typische Helmform des 6. Jahrhunderts, der Spangenhelm, wurde von den Soldaten aller Heere benutzt. Ein in Gelduba (heute Krefeld-Gellep) beigesetzter fränkischer Krieger trug stolz sein Stück aus einer Waffenschmiede im Römerreich (Krefeld, Burg Linn Museum; rechts), ein Gepide in der Ungarischen Tiefebene ließ seine Schutzwaffe von einheimischen Handwerkern herstellen (Szentes, Koszta József Múzeum; links).

536 den Franken für ein Hilfsversprechen die Gebiete nördlich der Alpen abgetreten, ein fränkischer Angriff 538 nach Italien freilich richtete sich gegen beide Seiten. In diese Zeit fielen auch die Angliederung Burgunds und des Thüringerreiches an das Fränkische Reich, und 541 stießen zwei der Nachfolger Chlodwigs bis tief nach Spanien vor. Byzanz war zu Gegenmaßnahmen nicht in der Lage. Doch nach 540 entstand in den offensichtlich von der Kapitulation ausgenommenen gotischen Ansiedlungen nördlich des Po ein neues Widerstandszentrum. Unter Totila als neu gewähltem König zogen die Goten über den Po nach Süden. Die Invasion überrollte die schwachen Garnisonen und fand angesichts der rigoros von Byzanz eingetriebenen Steuern auch bei der italischen Bevölkerung Zustimmung. Der Krieg, der sich über dreizehn Jahre hinzog, wurde zwangsläufig mit geringen Kräften geführt und bestand in handstreichartigen Überfällen und Überraschungserfolgen. Die byzantinischen Truppen mit Barbaren verschiedener Herkunft erwiesen sich als unzuverlässig, die Feldherren als außerstande zu wirklichen Aktionen. Es kam zur vorübergehenden Einnahme Süditaliens, ja selbst Siziliens (550), Sardiniens und Korsikas (551) durch die Goten; Rom wechselte mehrfach den Oberherrn. Auch dem aus dem Osten zurückgekehrten Belisar war kein Erfolg beschieden. Die allgemeine Verhärtung des Krieges führte zur Verwüstung und Entvölkerung des Landes wie der Städte, auch Roms. Totila scheint, um Anhänger zu gewinnen, eine umfassende Sklavenbefreiung und die Förderung der unteren Schichten der italischen Bevölkerung versucht zu haben. Die Geiselhaft und Tötung einer großen Zahl römischer Senatoren gehören in diesen Zusammenhang. Bündnisangebote an Byzanz indes fanden kein Gehör, Hilfsverträge mit den Franken (546) brachten die endgültige fränkische Besetzung Oberitaliens bis Venetien, ohne dass die Goten wirksame Hilfe erhielten. Auch an der Donau drangen die Franken – nach Überwältigung von Thüringern und Herulern – bis an die byzantinischen Interessengrenzen vor und umschrieben dem Kaiser deutlich ihren Machtanspruch.

Doch um die gleiche Zeit (552) versuchte Justinian auch die Rückeroberung Spaniens. Sein Eingreifen dort in Thronstreitigkeiten führte zur Besetzung des südöstlichen Teils der Halbinsel um Cartagena und Málaga unter Führung des hochbetagten Liberius, nach Theoderichs Tod im Dienst des Kaisers mehrfach bewährt. Die byzantinische Enklave dort hielt sich mehrere Jahrzehnte, an der Nordspitze Afrikas blieb gegenüber Gibraltar eine byzantinische Station bis zur arabischen Eroberung 711 bestehen. Trotz großer Beanspruchung an vielen Fronten vermochte Byzanz ab 550 noch einmal eine Armee aus Langobarden, Herulern, Gepiden, dazu Persern und selbst Hunnen zu mobilisieren und auf dem Landweg durch Dalmatien und Venetien, an den Franken vorbei, nach Italien zu bringen. Geführt wurde sie von Narses, einem armenischen Eunuchen und kaiserlichen Hofbeamten. Den Goten zahlenmäßig überlegen, zwang sie Totila bei Tadinae (zwischen Ancona und Rom) im Sommer 552 zur Entscheidungsschlacht. Totila fiel, die Goten wichen

Jordanes schildert, wie Theoderich im Alter persönlich seinen Nachfolger bestimmte (Getica 304):

Aber als er (Theoderich) ins Greisenalter kam und erkannte, dass er bald diese Welt werde verlassen müssen, da rief er die gotischen Befehlshaber und die Ersten des Stammes zusammen und ernannte den jungen Athalarich, damals kaum erst zehnjährig, zum König, den Sohn seiner Tochter Amalasuntha, der bereits Eutharich, seinen Vater, verloren hatte. Und als Auftrag, gleichsam im Sinne eines Testaments, sagte er ihnen, sie sollten weiter ihren König ehren, mit Senat und Volk der Römer in enger Freundschaft bleiben und alles tun, um sich nach Gott den Kaiser im Osten gnädig und geneigt zu erhalten.

Aus einem langobardischen Kriegergrab des 7. Jahrhunderts beim heutigen Stabio im schweizerischen Tessin stammen Beschläge von einem Rundschild. Dargestellt sind Reiter und Hunde.

Von einem langobardischen Lamellenhelm des frühen 7. Jahrhunderts stammt die Stirnplatte aus vergoldeter Bronze im Museo Nazionale del Bargello (Florenz). Sie stellt vermutlich den Herrscher Agilulf (Mitte) zwischen zwei Kriegern dar, dem unter Führung von Siegesgöttinnen die italischen (links) und langobardischen (rechts) Bewohner Italiens Kronen als Huldigung darbringen. Agilulf wurde 591 gekrönt.

Paulus Diaconus über den Auszug der Langobarden aus Pannonien (Geschichte der Langobarden 2,7):

Darauf wies Alboin die eigenen Wohnsitze, Pannonien, seinen Freunden, den Hunnen, zu, allerdings unter der Bedingung, dass, wenn es einmal nötig sein werde zurückzukehren, die Langobarden ihr Land wieder zurückerwerben dürften. Danach verließen die Langobarden Pannonien mit Weibern, Kindern und aller Habe. Sie hatten es 42 Jahre bewohnt.

unter Teja, einem Verwandten Totilas, nach Süden aus, wurden aber am Mons Lactarius, südlich des Vesuvmassivs, zusammengedrängt. Im Kampf Mann gegen Mann fiel auch Teja, der letzte ostgotische König (553). Doch nahm Narses die Unterwerfung des gotischen Restes an, der in seine Heimat nach Oberitalien zurückkehrte.

Derweil stießen riesige fränkische bzw. alamannische Heerhaufen bis nach Süditalien vor; sie konnten, dezimiert durch Seuchen, erst nach zwei Jahren vernichtet werden. An den Plünderungszügen nahmen teilweise auch bereits zurückgekehrte Goten teil. Bei einem späteren Aufstand nochmals vermindert (562), verschwand der gotische Bevölkerungsteil aus der Geschichte. Bereits 540 war, wie auch der Großteil der Wandalen, die Masse der Wehrfähigen an die persische Front geschickt worden und damit für Italien verloren. Die gotischen Familien, soweit sie nicht in den Osten folgten, gingen in der italischen Bevölkerung auf; für Afrika wird die Verheiratung von Wandalinnen besonders mit byzantinischen Soldaten eigens hervorgehoben.

Die Langobarden und Baiern setzen den Schlusspunkt

An der Donau hatten die aus dem östlichen Germanien eindringenden Langobarden die Sitze der Rugier eingenommen, gerieten aber zeitweise unter die Oberhoheit der östlich davon siedelnden Heruler. Doch gelang es ihnen, diese abzuschütteln (508); die östlichen Heruler verschwanden danach aus der Geschichte. Ein Teil wurde in Byzanz aufgenommen, ein anderer zog in die skandinavische Heimat zurück, der Rest wanderte mit den Langobarden in Italien ein. Schwere Kämpfe zwischen Langobarden und Gepiden im

heutigen Siebenbürgen in den folgenden Jahren hatten vor allem dynastische Gründe, doch war indirekt als Partner der verschiedenen Seiten auch Byzanz beteiligt. Die Gepiden wurden dabei derart geschwächt, dass sie in den Sechzigerjahren schnell in die Abhängigkeit der Awaren gerieten. Ein Vertrag mit Byzanz um 546 erlaubte den Langobarden die Landnahme auch in Pannonien, dies nicht zuletzt als Sicherung gegen die fränkische Expansion. Eine dauernde Siedlung aber war dort nicht möglich. Der Druck der Awaren, die, auch ihrerseits Bundesgenossen von Byzanz, in kurzer Zeit die Territorien nördlich der Donau bis an den Alpenrand besetzten, zwang die Langobarden unter Alboin 568 zum Abzug nach Italien, zusammen mit pannonischen, swebischen, herulischen, thüringischen und gepidischen Resten, dazu selbst einigen Sachsen, die indes bald wieder in ihre Heimat zurückkehrten.

In Italien war durch Byzanz 554 auf dem Gesetzwege die Rückkehr zur alten Ordnung verfügt worden. Die munizipale Einteilung behielt man bei, auch Ämter und Funktionen auf regionaler Ebene, doch scheint man auf eine zivile Verwaltung vorerst verzichtet zu haben. Alle Erlasse der ostgotischen Regierung unter Totila wurden aufgehoben, was auch die Rückkehr der in dieser Zeit freigelassenen Sklaven zu ihren alten Herren und die Aufhebung ihrer mit Freien geschlossenen Ehen bedeutete. Schlimmer jedoch war die steuerliche Belastung für die Bevölkerung; ein fünfjähriges Moratorium für Schuldzahlungen bewirkte zweifellos wenig in dem schwer mitgenommenen Land.

Den Langobarden gelang es nach Abberufung des hochbetagten Narses mühelos, Italien zu besetzen und die byzantinische Herrschaft abzulösen bzw. auf wenige Enklaven zu beschränken. Doch zerfiel das langobardische Reich bei Ermordung des Königs 572 in 35 Herzogtümer. Eine neu sich herausbildende zentrale Regierung 584 vermochte nur die nördlichen von ihnen zusammenzufassen, die südlichen (Benevent, Salerno) blieben selbstständig und konnten sich bis ins 12. Jahrhundert halten. Das Langobardenreich geriet im 8. Jahrhundert unter fränkische Oberhoheit und wurde unter Karl dem Großen Teil des Fränkischen Reiches, der langobardische Bevölkerungsteil war um diese Zeit bereits weitgehend in der italienischen Bevölkerung aufgegangen.

Die baierische Prinzessin Theodolinde, Tochter des Herzogs Garibald, förderte als Ehefrau des Agilulf entscheidend den Übertritt der Langobarden zum Katholizismus. Zur Taufe ihres Sohnes bekam sie von Papst Gregor dem Großen ein Evangeliar mit Goldeinband, das mit anderen von der Herrscherin gestifteten Kostbarkeiten in der Kirche San Giovanni Battista, Monza, aufbewahrt wird.

Ein letzter Ausläufer dieser Entwicklung war die Herausbildung des baierischen Volkes nördlich der Alpen zwischen Lech und Enns. Begonnen hatte diese wohl bereits im 3. Jahrhundert mit dem Fall des Limes. Durchgangsland für alle Züge zwischen Ost und West, hatte dieses Gebiet besonders zu Beginn des 5. Jahrhunderts markomannische Reste aufgenommen, wie dies auch Bodenfunde bestätigen. Nach Zerfall des Hunnenreiches wird es zu einem neuen Zustrom von verschiedenen Seiten gekommen sein. Für die Besiedlung selbst nimmt die Bodenforschung verschiedene, voneinander abgehobene Phasen an. Die Ableitung des Namens, entweder aus einer bereits keltischen Bezeichnung für Böhmen oder einem Lande Baias, ist unklar; zur Umschreibung des Stammes fixiert ist er in der Mitte des 6. Jahrhunderts, was eine bereits weitgehende Verschmelzung der Teile voraussetzt. Erwähnt werden fünf Geschlechter wohl in der Rolle regionaler Territorialherren. Der Name der Herzogsdynastie (Agilolfinger) wie der des Ersten der Reihe (Garibald) weist auf langobardische Einflüsse hin, wozu um die Jahrhundertmitte auch dynastische Beziehungen kommen. Vor der endgültigen Eingliederung in das Frankenreich durch Karl den Großen spielten die Baiern in der Missionierung und zugleich in der Abwehr der Slawen eine herausragende Rolle.

Der Ausklang

Mit der langobardischen Landnahme in Italien ging die Völkerwanderung zu Ende, soweit sie die Germanen betraf. Die der nichtgermanischen Stämme und Völker, an sie angeschlossen und von ihr mitbedingt, hatte andere Voraussetzungen und auch andere Ziele; eine Wirkung des germanischen wie auch des römischen Vorbilds war vielleicht die Reichskonzeption des Attila. Eine innere Verschiebung innerhalb des Prozesses aber ist nicht zu übersehen. War von Anfang an das Fernziel aller Wanderungs- und Landnahmeversuche das eigene Aufgehen im bestehenden Imperium Romanum, also in der antiken Welt mit ihren Vorzügen, ihren Lebensmöglichkeiten und ihrem Reichtum, das heißt Eingliederung, Einordnung und Teilnahme an ihren Segnungen, so müssen sich diese Zuwanderer früh über die Unerfüllbarkeit solcher Erwartungen klar geworden sein. Die Gewalt, die in Plünderungszügen, Angriffen und Verwüstungen seit dem 2. Jahrhundert das Verhältnis dieser Stämme und Völkerschaften zum Imperium kennzeichnete, war die unvermeidliche Reaktion auf diese Erkenntnis, neben der freilich zugleich immer noch die Hoffnung auf eine Erreichung der alten Ziele stand. An Kräftezuwachs aus der Barbarenwelt war Rom zweifellos interessiert; Umfang und Form aber, in der ein solcher sich dem Imperium anbot, waren von diesem nicht zu verkraften. So blieb nur die Abwehr und der Versuch, bestenfalls außerhalb der Grenzen den Gegner zur Ruhe kommen zu lassen, ihm Hilfestellung zur Errichtung einer festen staatlichen Ordnung zu geben und ihm durch Subventionen und materielle Hilfe einen Teil des Erhofften zu vermitteln.

Die zweite Phase, gegen Ende des 4. Jahrhunderts einsetzend, war die einer Bildung germanischer Reiche auf dem Imperiumsterritorium. Auch sie scheinen eine Form des Ersatzes für getäuschte Hoffnungen gewesen zu sein. Von da an war im Westen alle Bewegung nur noch Expansion in benachbarte Gebiete aus machtpolitischen Gründen; für die Franken war dies stets selbstverständlich. Im 5. Jahrhundert wurde die Geschichte der Völkerwanderung zu der von etablierten germanischen Reichen, und auch neuer Zuzug ging in diesen auf. Geändert hatte sich auch die Richtung dieser Züge. War zweifellos am Anfang das ganze Imperium Ziel und Hoffnung zugleich, so zwang die Abschottung der östlichen Hälfte zu einer Westdrift, die sich durch das Auftreten der Hunnen noch verstärkte. Dagegen war die Landnahme der ostgermanischen Stämme nach dem Tod Attilas nur noch von regionaler Bedeutung; eine Ansiedlung auf Reichsgebiet um jeden Preis ist nicht mehr für alle nachzuweisen.

Für all diese Staaten waren die eigene Stabilität und die Unabhängigkeit wichtigstes Ziel. So kamen die einzelnen Dynastien ohne

Isidor, 600–636 Bischof von Hispalis (Sevilla), sammelte in seinen »Etymologiae« und anderen Schriften die antike Gelehrsamkeit zum Gebrauch für westgotischen Adel und Geistlichkeit und schuf so die Grundlage für die mittelalterliche Bildung. Das Widmungsblatt seiner Schrift »Über den katholischen Glauben« in einer um 800 entstandenen fränkischen Handschrift zeigt ihn mit seiner Schwester Florentina.

eine führende Schicht zur eigenen Unterstützung nicht aus, wie immer sich die Eigenheiten wie auch die Privilegien dieses Adels von Fall zu Fall unterschieden haben mochten. Vordringlicher jedoch war jeweils die Sicherung der Dynastie und mit ihr der Monarchie als solcher. Dieser Sicherung diente denn auch die Kodifikation des Rechts, wobei Elemente des römischen Rechts mit solchen des germanischen verbunden wurden: bei den Westgoten unter Eurich, dann erneut 681, bei den Burgundern, den Franken, später bei den Langobarden und den Baiern, aber offenkundig nicht bei den Wandalen. Damit war auch die Möglichkeit geschaffen, den ehemals römischen Untertanen, deren Integration keine Schwierigkeiten bereitete, entgegenzukommen.

Man suchte auch die Lebensformen der antiken Welt beizubehalten und sich ihrer zu bedienen, aber diese blieben Äußerlichkeit, die Zivilisation der neuen Völker entwickelte sich eher von dieser weg. Das Lateinische als die offiziell verbindliche Sprache geriet in einen Prozess der Barbarisierung, obwohl es vor allem die Sprache der Kirche blieb und sich als entscheidendes Instrument der Christianisierung das Mittelalter hindurch hielt. Die Versuche, es der antiken Literatur gleichzutun, scheiterten. Die Annahme des Christentums in seiner arianischen Form unterlag keinem Zwang. Ein Politikum scheint die Frage der Religion nur bei den Wandalen und dann bei Chlodwig gewesen zu sein. Dass die päpstliche Autorität mit der Zeit aber zu einem Ersatz für die nicht vorhandene kaiserliche wurde, liegt auf der Hand. Sie hat zweifellos später die Annahme des Katholizismus erleichtert. So mag man dennoch von einer Kontinuität der Zivilisation wie der Kultur sprechen. Wie weit sie von den Betroffenen als solche bewusst wahrgenommen wurde, bleibt zu fragen.

Der fortschreitende Verfall der jahrhundertealten Ordnung des Römischen Reiches verlieh den christlichen Endzeitvisionen besondere Bedeutung. Das 526 bis 530 entstandene Mosaikbild in der Kirche Santi Cosma e Damiano am Forum Romanum in Rom stellt Christus als den wirklichen Herrscher und wahren Weisen dar, der auf der Morgenröte des letzten Zeitalters erscheint.

Das Ende der Völkerwanderung lässt sich verschieden ansetzen: mit der langobardischen Besetzung Italiens, aber auch schon mit dem Ende des Ostgotenreiches oder erst mit dem scheinbaren Ende einer mittelmeerischen Gemeinsamkeit als Folge der Ausbreitung des Islam. Ähnlich verhält es sich mit dem Ende des Römischen Reiches. Von den bekannten Epochenjahren hat jedes seinen Sinn: 378 (Sieg der Goten bei Adrianopel), 395 (Reichsteilung nach dem Tod Theodosius' I.); 410 (Alarich in Rom); 455 (die Wandalen in Rom); 476 (Absetzung des Romulus durch Odoaker); 568 (die Langobarden in Italien) oder erst 800, als mit der Kaiserkrönung Karls in Rom ein neues Zeitalter begann. Byzanz, untergegangen erst 1453, verkörperte die Tradition des Imperiums nur noch zum Teil.

GERHARD WIRTH

Das zweite Rom im Osten – Konstantinopel (bis 565 n. Chr.)

Von Byzantion zur Kaiserresidenz – Das Werden einer Großstadt

Das 1,77 m hohe Bronzebildnis Konstantins im Konservatorenpalast, Rom, stammt vermutlich von einer kolossalen Sitzstatue. Es zeigt den Kaiser mit höfisch gepflegter Langhaarfrisur. Das Gesicht ist von den ausdrucksvollen Augen dominiert, die die göttliche Inspiration des Herrschers ausdrücken.

Konstantin kam in die Nähe von Troja und wollte dort die Kaiserstadt errichten. Er zog aber weg und gründete Konstantinopel, als er folgenden Orakelspruch erhalten hatte (Anonym, Anthologia Graeca 14,115):

Unrecht ist es, auf Trojas schon lange verwüstetem Grundbau neu den Namen von Rom begründen zu wollen. Zieh fröhlich zur megarischen Stadt an der wogenden Flut der Propontis (des Marmarameeres), wo sich der Fisch und der Hirsch der nämlichen Weide bedienen.

A ls Konstantin im Jahr 324 n. Chr. in der Nähe von Adrianopel, dem heutigen Edirne, seinen letzten Gegner, den Mitkaiser Licinius, besiegt hatte, stand das Reich nach langen Jahrzehnten der Unruhe und Kriege wieder unter der Führung eines einzigen Kaisers. Konstantin war im Osten des Reiches, in Naissus (heute Niš in Serbien), geboren, blieb aber auch während der langen Jahre, die er in Britannien, Germanien und Italien verbrachte, dem Land seiner Geburt verbunden, sodass er nach dem Sieg über Licinius auch den Wunsch verwirklichte, in dieser Region eine (in antiker Tradition) nach ihm benannte Stadt zu gründen. Die Wahl fiel schließlich noch im selben Jahr auf das schon im 7. Jahrhundert v. Chr. von griechischen Kolonisten besiedelte Byzantion am Bosporus, benannt nach einem legendären Byzas, der die Griechen dorthin geführt haben soll.

Dieses Byzantion gehörte schon seit dem 1. Jahrhundert n. Chr. zur römischen Provinz Bithynien und wurde danach mehrfach erweitert und befestigt. Als Konstantin 324 die Stadt übernahm, war sie durch die Kriege der vorausgehenden Jahrzehnte stark zerstört, sodass durchaus von einer »Gründung« zu sprechen ist, die der Kaiser im November (324) mit einem formalen Akt einleitete und am 11. Mai 330 mit der offiziellen »Weihe« abschloss.

Die Altstadt Istanbuls, der Nachfolgerin Konstantinopels, gibt heute keine Hinweise mehr, wie die Anlage dieser Gründung ausgesehen haben mag, und wir sind daher fast ganz auf schriftliche Quellen angewiesen. Allein die äußere Ummauerung lässt sich einigermaßen rekonstruieren; sie zeigt, dass die Stadt eine Fläche von etwa 6 km² besaß. Sie war sicherlich nicht nach dem quadratischen Schema römischer Städte angelegt, sondern fächerförmig, von einem zentralen Platz ausgehend. Innerhalb der kurzen Zeit bis zum Tod des Kaisers (337) konnte nur ein geringer Teil des Bauprogrammes vollendet werden: vor allem öffentliche Bauten wie ein Kaiserpalast, ein Gebäude für den Senat, Paläste für staatliche Behörden und

KONSTANTINOPEL IM 6. JAHRHUNDERT (REKONSTRUKTION)

Mitglieder großer Familien, Thermen und natürlich besonders der Hippodrom für die beliebten Pferdewettkämpfe, daneben der Zentralplatz und die von ihm ausgehende Hauptstraße. Auch zwei Kirchen gehörten zum ersten Bauprogramm: die Irenenkirche, die vor dem Bau der Hagia Sophia als Bischofskirche diente, und die Apostelkirche, die auch als Mausoleum für Konstantin selbst gedacht war. Tempelanlagen aus der früheren Zeit wurden nicht zerstört, ja, der Kaiser ließ sogar noch zwei neue Tempel errichten.

Wenngleich man auch in Konstantinopel, wie im alten Rom, sieben Hügel ausmachen konnte, so entsprach es doch nicht dem ursprünglichen Konzept des Kaisers, bewusst ein »zweites Rom« zu schaffen, und noch weniger, eine »christliche Konkurrenz« zum heidnischen Rom. Gewiss hat der Kaiser auch keine neue Reichshauptstadt gegründet, sondern nur eine weitere Residenzstadt. Es dauerte bis zum Ende des 4. Jahrhunderts, ehe – seit Theodosius I. (379–395) – Konstantinopel ein stabiles Zentrum wurde, in dem nun einer der beiden Kaiser des Römischen Reiches seinen ständigen Regierungssitz nahm. Erst jetzt werden auch Begriffe wie »neues Rom« und »zweites Rom« zum Bestandteil *offizieller* Dokumente, während sie früher nur den Lobreden auf die Kaiser vorbehalten waren. Durch die administrative Teilung des Reiches (395) mit Konstantinopel als Kaiserstadt und dem politischen und wirtschaftlichen Niedergang des alten Roms im 5. Jahrhundert wurde die Idee vom zweiten Rom nun auch in die Realität umgesetzt.

In einer Lobrede preist der römische Dichter und Beamte Sidonius Apollinaris im 5. Jahrhundert die glücklichen Folgen der Reichsteilung für Konstantinopel (Carmen 2, 56ff.):

Gebadet in den Meeren Europas und Asiens genießt du das Klima, das zwei Welten vereint. Deine Stadt breitet sich unendlich aus in der weiten Umgürtung deiner Mauern, die sich trotzdem ob deiner Bevölkerung als zu eng erweisen. Glücklich hast du die Triumphe mit Rom geteilt ... Es lebe die Teilung des Reiches, die Waagschalen stehen gleich.

Auf der Tabula Peutingeriana, einer mittelalterlichen Kopie nach einer spätrömischen Weltkarte, ist Konstantinopel als thronende Stadtgöttin neben der Ehrensäule des Konstantin dargestellt.

Konstantinopel, die »Konstantinstadt« (griechisch Konstantinupolis) war beim Tode ihres Gründers (337) noch weitgehend eine Baustelle, und die Nachfolger, besonders sein Sohn Constantius II., setzten das Werk fort. Erst in den folgenden Jahrzehnten wurde die Mauer auf der Landseite ganz zu Ende geführt und mit dem Bau einer ersten Sophienkirche begonnen, es folgten große Thermenanlagen, die in den Jahren 368 bis 373 den Bau einer eigenen Fernwasserleitung (Valensaquädukt) erforderten. Auch weitere zentrale Plätze, die im Stadtbild bis heute bewahrt blieben, wurden geschaf-

Der Gottesmutter und dem segnenden Christuskind bringt Kaiser Konstantin die Stadt Konstantinopel als Gabe dar (rechts), Justinian die Kirche Hagia Sophia (links). Das Mosaikbild der beiden Stifter in der Hagia Sophia entstand im 10. Jahrhundert.

Das Wagenrennen mit der Quadriga erforderte großes technisches Können, und ein Wagenlenker gehörte zu den am meisten gefeierten Persönlichkeiten des öffentlichen Lebens. Ein Medaillon aus der Zeit um 500 n. Chr. im Landesmuseum Trier zeigt den populären Rennfahrer Porphyrios. Auch sein Leitpferd Fontanus ist inschriftlich verewigt.

Der byzantinische Kirchenhistoriker Sokrates (†um 450) schildert die reiche Stadt als Anziehungspunkt für viele (Kirchengeschichte 4,16):

Viele kommen nach Konstantinopel, denn die Stadt, obwohl sie eine ungeheuere Menge ernährt, hat gute Reserven: Zur See importiert sie von überall her das Nötige, aber das Schwarzmeer, das ganz nahe ist, liefert ihr einen unerschöpflichen Vorrat an Getreide, wenn sie dessen bedarf.

fen, versehen mit großen Säulen und Skulpturenschmuck aus vielen Reichsteilen, der die Stadt zu einem antiken Freilandmuseum machte. Der Bevölkerungszuwachs zwang zu einer Besiedlung des Geländes außerhalb der Mauer, ungeschützt vor den sich mehrenden Angriffen, besonders seitens der Hunnen. So wurde unter Kaiser Theodosius II. (408–450) in zwei Bauabschnitten ein äußerer und innerer Landmauerring fertig gestellt, der nicht nur das Areal Konstantinopels erweiterte, sondern die Stadt auch zur mächtigsten Festung Europas machte, die bis zum Jahr 1204 jeder Eroberung standhielt.

Mauern konnten freilich nicht vor Erdbeben und Bränden schützen, die im 5. und 6. Jahrhundert häufig die Stadt heimsuchten und zu ständigen baulichen Veränderungen zwangen. Unterstützt von kirchenpolitischen Maßnahmen wuchs seit dem 5. Jahrhundert auch die Zahl der Kirchen und Klöster ständig an. Aber erst im 6. Jahrhundert erfuhr das Zentrum Konstantinopels jene entscheidenden Veränderungen, die das Bild der späteren Kaiserstadt prägten. Ein Brand im Jahre 532 gab Kaiser Justinian (527–565) die Möglichkeit, mit der Erneuerung der um Hippodrom und Kaiserpalast gelegenen Bereiche der Stadt seinen imperialen Baugedanken aufzuprägen, der im Neubau der Hagia Sophia, der Kirche zur »Heiligen Weisheit«, seinen Höhepunkt fand.

Die Bevölkerung

In den beiden Jahrhunderten zwischen Konstantin und Justinian wuchs Konstantinopel zu einer Großstadt an, die im 5. Jahrhundert Rom schon überflügelt hatte und wohl auch die Großstädte des römischen Orients, Antiochia und Alexandria. Alle Schätzungen bleiben freilich Vermutung. Wir wissen, dass das Areal der Stadt nie flächendeckend bebaut war, dass große Plätze, Badeanlagen und Grünflächen das Stadtbild bestimmten und »Mietskasernen« (wie in Rom) eher die Ausnahme bildeten. Von der Ausdehnung der Stadt her ergibt sich kein Anhaltspunkt für die Bevölkerungszahl. Aber mit guten Gründen hat man für die Epoche Justinians (vor der großen Pest 541) etwa 375 000 Einwohner vermutet. Die Verwüstungen durch Hunnen und Goten im Balkanraum, die vom Ende des 4. Jahrhunderts an zum Alltag der Landbevölkerung gehörten, trugen zu einer Landflucht bei, aber auch die Attraktivität der großen Stadt, in der man bessere und leichtere Arbeit zu finden hoffte oder einfach »untertauchen« konnte, um so auch dem Steuerdruck zu entgehen, förderte ein rasches Anwachsen. Vergebens haben kaiserliche Verordnungen den Zuzug einer Kontrolle zu unterwerfen versucht. Die Versorgung der Stadt mit Getreide war zu allen Zeiten ein vorrangiges Problem, da Hungersnöte rasch zu Revolten führten. Hier half die Zufuhr aus Ägypten und Nordafrika, sicherlich aber auch aus dem nördlichen Schwarzmeerraum.

Die ersten Kaiser hatten erhebliche Mühe, Beamte und Hofpersonal an eine Stadt zu binden, die eben erst im Entstehen war und daher vieler Annehmlichkeiten des städtischen Lebens noch entbehrte. Die Überlassung von Grundbesitz und der Bau von Palästen und Landsitzen in den besten Regionen gehörten neben zwangsweisen Versetzungen der Beamten zu den Maßnahmen, die eine führende Verwaltungsschicht schaffen sollten. Die günstige Seelage und der Bau zahlreicher Häfen förderten die Ansiedlung von Handel und Handwerk und die Entstehung einer Mittelschicht, die das gesellschaftliche und wirtschaftliche Bild Konstantinopels entscheidend bestimmte, wenngleich zahlenmäßig die unteren Schichten (die von einfachen Hilfstätigkeiten lebten) überwogen. Diese gehörten in erster Linie zu den Anhängern der »Zirkusparteien«, deren Aufgabe es war, die beim Volk so beliebten Pferdewettrennen zu organisieren. Die ursprünglich vier, später nur mehr zwei Gruppierungen, benannt nach den Wettkampffarben als »Grüne« und »Blaue«, bestimmten in einer bisweilen mafiaähnlichen Weise weite Bereiche des städtischen Lebens, den Kaiserhof nicht ausgenommen. Da vom Ende des 4. Jahrhunderts an der Kaiser nicht nur überwiegend in Konstantinopel residierte, sondern die Wahl eines neuen Kaisers auch von Vertretern des Militärs, der Beamtenschaft (des »Senats«) und des »Volkes« verbindlich bestätigt werden musste, kam den Zirkusgruppierungen als Vertretern des Stadtvolkes eine ganz entscheidende Bedeutung zu. Die Kaiser waren, wollten sie ihre Herrschaft sichern oder einem bestimmten Nachfolger übertragen, auf die Unterstützung einer Zirkusgruppierung angewiesen. Hierin lag, vor allem im 5. und 6. Jahrhundert, die besondere Bedeutung des Volkes von Konstantinopel, dem diese herausragende Stellung auch bewusst war und das sich daher recht oft als empfindlicher, launenhafter und vor allem unberechenbarer politischer Faktor erwies.

Kunst und Kultur

Die Vorgängerin Konstantinopels, das alte Byzantion, war eine Handelsstadt, der im Rahmen der griechischen Kultur aber keine Bedeutung zukam. Auch in dieser Hinsicht war die Gründung

Wie in Rom traten auch in Konstantinopel zunächst vier Zirkusparteien an. Ein Mosaikfußboden des 3. Jahrhunderts n. Chr. zeigt die Wagenlenker in grüner, weißer, blauer und roter Tunika, wie sie ihre Leitpferde zügeln (Rom, Thermenmuseum). Zum Schutz bei Stürzen tragen sie eine Kappe und haben die Brust mit Lederriemen verschnürt.

Das medizinisch-pharmazeutische Werk des römischen Militärarztes Pedanios Dioskurides (1. Jahrhundert n. Chr.) wurde 512 im Auftrag der kaiserlichen Prinzessin Anikia Juliana in einer Handschrift zusammengefasst. Das Titelblatt zeigt die Auftraggeberin zwischen den Personifikationen der Hochherzigkeit und der Einsicht (Wien, Nationalbibliothek).

In Konstantinopel gab es zwar eine kaiserliche Bibliothek (im Palast) und wohl auch eine Bibliothek des Patriarchats, aber alle Hinweise auf ihren Umfang sind legendär. So sind wohl auch die Angaben des byzantinischen Geschichtsschreibers Kedrenos (11./12. Jahrhundert) mit Vorsicht zu genießen (Geschichte 616,5):

Der Brand verzehrte auch die so genannte Basilika, in der sich die Bibliothek befand mit 120 000 Büchern, darunter auch eines von 100 Fuß Länge (30 m), in dem sich die Schriften Homers befanden, die Ilias und die Odyssee, in goldenen Buchstaben, zusammen mit der Geschichte von den Taten der Helden.

Konstantins ein Neubeginn, dem jede lokale Tradition fehlte. Die rege Bautätigkeit unter den ersten Kaisern, dann unter Theodosius II. und zuletzt unter Justinian brachte es mit sich, dass Künstler und Handwerker, aber auch Bautradition sowie das Baumaterial aus allen Reichsteilen in die Stadt importiert wurden. Dies förderte natürlich in erster Linie die Architektur, die aber zur Ergänzung stets der weiteren Kunsttechniken bedarf, so der Malerei, der Mosaikkunst und der Bildhauerei. Konstantinopel wurde so zu einem Sammelpunkt des Kunstschaffens im ganzen spätrömischen Reich, besonders der östlichen Provinzen. Unter Justinian waren schließlich, nicht zuletzt durch den Bau der Hagia Sophia, der gesamte Formenschatz und das technische Können der Antike in der Hauptstadt des Reiches vorhanden und konnten nun, vor allem in späteren Jahrhunderten, von dort aus weitergegeben werden. So ist byzantinische Kunst, wenigstens in ihren besten Produkten, immer hauptstädtische (höfische) Kunst.

Hatte Konstantinopel im Laufe von 200 Jahren den Weg zu einer Kunstmetropole geschafft, so war dies im Bereich der Bildung nicht gelungen. Hier blieben weiterhin die alten geistigen Zentren in Syrien, Palästina und Ägypten mit traditionsreichen Schulen und alten Bibliotheken führend. Die Gründung einer »Hochschule« unter Theodosius, die oft fälschlich als »Universität« bezeichnet wird, hatte vorübergehenden Charakter und war überwiegend auf das Rechtsstudium beschränkt. Justinian suchte mit Zwangsmaßnahmen Gelehrte nach Konstantinopel zu bringen, aber auch dieser Versuch missglückte weitgehend. Die Hauptstadt blieb – bis ins 9. Jahrhundert – Bildungsprovinz. Eine Unterschriftenliste von Klostervorstehern aus dem 5. Jahrhundert in Konstantinopel zeigt, dass viele von ihnen Analphabeten waren. Die erste mit Sicherheit in der Hauptstadt entstandene Handschrift stammt aus dem Jahr 512 und ist berühmt ihrer Miniaturen, nicht der Qualität des Textes wegen.

Vom »Römischen« zum »Oströmischen« Reich – Konstantinopel und das Imperium

Als am Ende des 3. Jahrhunderts das große römische Weltreich durch Angriffe germanischer Stämme und der Perser von den Rändern her abzubröckeln begann, hatte Diokletian durch Aufteilung der Herrschaftsbereiche und die Einführung eines sehr komplizierten Führungssystems, der Tetrarchie (»Viererherrschaft«), versucht, dieser Entwicklung Einhalt zu gebieten. Das System – je ein Kaiser (Augustus) für den Osten und den Westen mit einem Caesar als Unterregenten – hat sich in dieser Form nicht bewährt, und Konstantin hatte mit seinem Sieg über Licinius 324 wieder die einheitliche Führung hergestellt. Aber in der Praxis war eine Teilung der

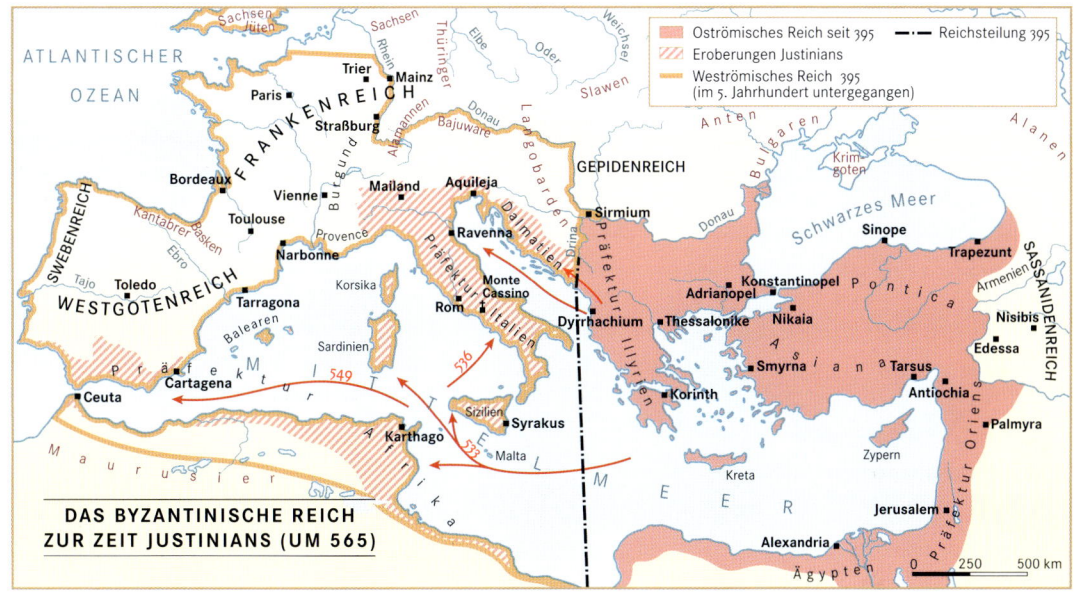

Ostrōmisches Reich seit 395 · Reichsteilung 395
Eroberungen Justinians
Weströmisches Reich 395
(im 5. Jahrhundert untergegangen)

**DAS BYZANTINISCHE REICH
ZUR ZEIT JUSTINIANS (UM 565)**

Aufgaben unumgänglich geworden, da es an allen Grenzen weiterhin und zunehmend stärker »brannte«. In diesem Zusammenhang ist auch Wahl und Ausbau Konstantinopels als östlicher Bastion des Westens zu sehen. Von hier aus war es leichter als in Rom, den Krieg gegen die Perser (Sassaniden) zu lenken, und als im letzten Viertel des 4. Jahrhunderts der Balkan zum Kriegsschauplatz wurde, war Konstantinopel erst recht der geeignete Ausgangspunkt.

Es waren nun überwiegend Verwandte des jeweils regierenden Kaisers, die die Geschicke im Osten oder im Westen lenkten. Eine präzise Gebietsaufteilung hat zunächst sicher nicht bestanden, und manche Kaiser hielten sich öfter auch im »anderen« Bereich auf, aber im Wesentlichen dürften die Machtsphären nach Konstantins Tod (337) schon so ausgesehen haben, wie sie 395 amtlich fixiert wurden. Mit Ausnahme der kurzen Regierungszeiten der Kaiser Julian (361–363) und Jovian (363–364) gab es bis zum Regierungsantritt Justinians (527) keinen Alleinherrscher mehr im Römischen Reich. Von einer Reichsteilung im juristischen Sinn kann auch 395 nicht gesprochen werden, als Theodosius I. die beiden Hälften formell seinen Söhnen Honorius und Arkadios hinterließ. In der Praxis führten die beiden Teile von nun an aber eine getrennte Politik. Der Herrscher des Ostens griff kaum mehr im Westen ein, er überließ diesen gewissermaßen seinem Schicksal, und sicherlich sind die höheren Finanzeinnahmen des Ostens dem Westen nicht mehr zugute gekommen. Formell aber wurde die Reichseinheit nicht aufgegeben; es herrschte dieselbe Dynastie, und die Gesetze galten gleichermaßen in beiden Teilen. Als 476 der germanische Heerführer

Die alte und die neue Hauptstadt. Aus einem in Rom gefundenen Schatz des späten 4. Jahrhunderts stammen die vergoldeten Silberstatuetten der Stadtgöttinnen von Rom und von Konstantinopel. Die wehrhafte Herrscherin Roma (links) trägt Schild, Helm und Zepter, Constantinopolis ist durch Spendenschale und Füllhorn als fromm und reich gezeigt (London, Britisches Museum).

Ein Silberteller im Besitz der Königlichen Akademie, Madrid, zeigt Kaiser Theodosius I., der im Beisein seiner Mitregenten und umringt von der Palastwache aus germanischen Soldaten einen Beamten empfängt. Zu Füßen des Herrschers liegt die Personifikation der Erde, die unter der Regentschaft des wie entrückt Thronenden ihre Früchte hervorbringt. Teller dieser Art wurden an hohe Würdenträger des Reiches verschenkt.

Odoaker den (west-)römischen Kaiser Romulus Augustulus absetzte, wurde dies im Osten als Usurpation betrachtet, der freilich erst Kaiser Anastasios 493 durch die Entsendung des Ostgotenführers Theoderich ein Ende zu setzen versuchte.

Aus einer »östlichen Reichshälfte« war im Laufe von 100 Jahren ein selbstständiges Gebilde entstanden, das weitgehend eine kulturelle Einheit darstellte. Es war zwar ein Vielvölkerstaat, in dem im Norden (dem Balkanraum) Reste illyrischer, dakischer und germanischer Völker, im Süden und im Osten Armenier, Georgier, Syrer und Ägypter lebten, doch alle diese Völker, die des Nordens ausgenommen, verstanden sich auf der Basis der griechischen Sprache und der hellenistischen Kultur, die für diesen Raum auch in späteren Jahrhunderten immer bestimmend blieben.

Die moderne Forschung hat jenen östlichen Teil, der uns in der Praxis der Administration 337 und deutlicher 395 entgegentritt, als »Oströmisches Reich« oder, vom alten Namen seiner Hauptstadt ausgehend, »Byzantinisches Reich« bezeichnet. Die in Konstantinopel residierenden Kaiser gaben den Gedanken der Einheit freilich nie auf und bezeichneten ihren Staat immer als »Reich der Römer«.

Kriege und Unruhen

Hatte der Westen schon seit zwei Jahrhunderten mit dem Germanenproblem zu kämpfen, so waren für den Osten die Perser unter dem Herrscherhaus der Sassaniden seit der Mitte des 3. Jahrhunderts eine ständige Bedrohung, ehe Kaiser Jovian 363 durch erhebliche territoriale Zugeständnisse einen dreißigjährigen Frieden erreichen konnte. Diese Ruhe an der Ostgrenze erwies sich bald als dringend nötig, da das Reich an der unteren Donau mit den Auswirkungen der germanischen Völkerwanderung unmittelbar konfrontiert wurde. Die vor den Hunnen fliehenden Goten baten 376 um Aufnahme ins Reich, die ihnen in begrenzter Zahl auch gewährt wurde. Doch der Zustrom war nicht zu regulieren, und die Scharen der Goten verwüsteten weite Gebiete nördlich Konstantinopels. Kaiser Valens selbst trat ihnen entgegen und verlor im Jahr 378 in der Schlacht bei Adrianopel sein Leben. Seinem Nachfolger Theodosius I., einem Feldherrn aus Spanien, gelang es, die Lage in den Griff zu bekommen, indem die Goten ins Heer aufgenommen, angesiedelt oder auch in den westlichen Reichsteil abgeschoben wurden. Die Donau blieb freilich auch weiterhin – bis ins 12. Jahrhundert – ein neuralgischer Punkt, an dem die Steppenvölker immer wieder ins Reich eindrangen.

Zum Schutz Konstantinopels vor diesen Scharen wurde dann im 5. Jahrhundert die große Landmauer errichtet. Die Goten im Heer wurden aber auch zu einer inneren Gefahr, die sich

Das Kaiserbildnis aus Istanbul zeigt einen Herrscher der theodosianischen Dynastie aus der Zeit um 395 n. Chr. in entrückter Gelassenheit. Wie es seit Konstantin üblich ist, trägt er das perlen- und edelsteinbesetzte Diadem (Istanbul, Archäologisches Museum).

400 in einem gefährlichen Aufstand entlud. Seine Niederwerfung brachte allerdings einen dauerhaften Sieg der antigermanischen Richtung in der inneren Politik, und die Gefahr einer »Germanisierung« des Heeres, wie sie im Westen zum Ende der römischen Herrschaft beitrug, war damit nicht mehr möglich.

Das 5. Jahrhundert, welches dem Westen die großen Katastrophen brachte, verlief im Osten weitaus ruhiger. Die Perser drangen zwar erneut ins Reich ein und schufen mit der Annexion Armeniens ein Problem, das zu Auseinandersetzungen bis ins 7. Jahrhundert führte. Auch verschiedene als »Hunnen« bezeichnete Gruppen beunruhigten immer wieder die grenznahen Regionen. An der mittleren Donau waren die Kaiser in stetige Kämpfe mit verschiedenen Gruppierungen der Goten verwickelt und in den Siebzigerjahren kamen Wandalen aus Nordafrika bis an die Küsten Griechenlands, doch berührten diese Ereignisse die zentralen Regionen der östlichen Reichshälfte wenig. Am Ende des 5. Jahrhunderts waren erneut die Goten unter ihrem Führer Theoderich eine Gefahr für die Hauptstadt. Sie wurde beseitigt, indem Kaiser Zenon, der dem kleinasiatischen Stamm der Isaurier angehörte, Theoderich mit der Rückeroberung Italiens beauftragte (488). Der Plan gelang, aber Theoderich behielt Italien für sich und lieferte dadurch den Anlass für die großen Gotenkriege des 6. Jahrhunderts.

Im späten 5. und frühen 6. Jahrhundert zog am byzantinischen Hof Kaiserin Ariadne die Fäden. Als Tochter Kaiser Leons I. legitimierte sie die Thronfolge ihres Gatten Zenon I., später hob sie ihren zweiten Mann, Anastasios I., auf den Thron. Zwei Elfenbeintäfelchen (links: Florenz, Museo Nazionale del Bargello; rechts: Wien, Kunsthistorisches Museum) zeigen vermutlich Ariadne mit den Insignien der Macht, der Kronhaube, dem Zepter und der von einem Kreuz bekrönten Weltkugel.

Die Kirche von Konstantinopel

Als Konstantin nach seinem Sieg über Maxentius an der Milvischen Brücke in Rom in einem 313 in Mailand erlassenen Sendschreiben (Edikt) das Christentum als eine der Staatsreligionen zugelassen hatte, waren Hierarchie, Organisation und Struktur der christlichen Kirche schon längst festgelegt. Doch zeigten sich in den Provinzen des Ostens gewisse Eigenheiten: Der kirchliche Mittelpunkt (Metropolis) fiel mit dem staatlichen Mittelpunkt (Provinzhauptstadt) zusammen, und bei Veränderungen der staatlichen Einteilung änderte sich in der Folge auch die kirchliche. Das alte Byzantion war einfacher Bischofssitz gewesen und dies blieb zunächst auch die neue Residenzstadt. Das Römische Reich besaß vier Stätten, denen ob ihrer (tatsächlichen oder legendären) Begründung durch Apostel oder der besonderen Heiligkeit des Ortes übergreifende Rechte eines Oberbistums zukamen: Alexandria, Antiochia, Jerusalem und Rom. Diese Orte waren auch – Jerusalem ausgenommen, da es als Stelle des Wirkens Jesu eine Ausnahme bildete – im oben erwähnten Sinn staatliche Mittelpunkte und Residenzstädte. Rom war zwar die Stadt des ersten Apostels und Nachfolgers Christi, doch war der Begriff einer Priorität zu Beginn des 4. Jahrhunderts noch kaum entwickelt. Er sollte sich erst an der staatlichen Rivalität zu Konstan-

Der byzantinische Historiker Prokop (Prokopios von Kaisareia), Zeitgenosse Justinians, schildert in seinem Werk über den Gotenkrieg die Aussendung Theoderichs nach Italien durch Kaiser Zenon (De bello Gothico I, 1, 11–12):

Kaiser Zenon forderte Theoderich auf, nach Italien zu ziehen, Odoaker anzugreifen und die Herrschaft über das westliche Reich sich und den Goten zu verschaffen ... Theoderich freute sich darüber, zog nach Italien, und das Volk der Goten folgte ihm, Kinder und Frauen auf dem Wagen und alles an Gerät, was man mitbringen konnte.

Das Konzil von Konstantinopel, von
Theodosius I. 381 einberufen, fasste
folgenden Beschluss (Kanon 3):

*Der Bischof von Konstantinopel soll den
Ehrenprimat nach dem Bischof von Rom
haben, denn diese Stadt ist das Neue Rom.*

Das 1. ökumenische Konzil, 325 von
Konstantin in den kaiserlichen
Sommerpalast von Nicäa einberufen,
verurteilte die arianische Lehre. Eine
norditalienische Handschrift des
9. Jahrhunderts stellt diesen Vorgang
als Bücherverbrennung (unten im Bild)
dar (Vercelli, Biblioteca Capitolare).

Ein Säulenheiliger wird von der Taube
des Heiligen Geistes bekrönt und
erleuchtet. Ein Mönch bringt ihm in
einem Korb Nahrung. Das syrische
Steinrelief befindet sich im Museum für
Spätantike und Byzantinische Kunst,
Berlin.

tinopel entzünden, welches damals dem Oberbischof (Patriarch) von Antiochia unterstand. Theodosius I., der Konstantinopel zu seinem festen Sitz erkor, hat diese Situation grundlegend geändert. Er berief 381 dort ein allgemeines Konzil ein, welches dem Bischof der Stadt den Ehrenrang nach dem alten Rom verlieh. Dies war ein erster Schritt in Richtung auf ein Patriarchat, das, trotz der Proteste Roms, auf dem Konzil von Chalkedon (451) nun auch tatsächlich geschaffen wurde. Der bis heute dauernde Streit um den kirchlichen Vorrang – Rom oder Konstantinopel – nahm von daher seinen Anfang. Aber gleichzeitig war die kirchliche Rangerhöhung des neuen Rom auch ein Zeichen der politischen Schwäche des alten Rom.

Eine neue geistige Welt: Mönchtum und Askese

Der Wunsch nach einem Leben in Zurückgezogenheit und Enthaltsamkeit von den Genüssen des Lebens begegnet schon in verschiedenen philosophischen Strömungen der Antike und besonders bei einigen jüdischen Sekten, wurde aber erst durch das Christentum zu einem die Gesellschaft beherrschenden Faktor. Hat die christliche Askese ihre Ursprünge im Leben Johannes' des Täufers, der Person Jesu selbst und der Theologie des Paulus, so kann das Mönchtum als eine praktizierte Form der Askese bezeichnet werden, die uns in vollendeter Form erstmals in dem aus Mittelägypten stammenden Einsiedler Antonius begegnet, der in der 2. Hälfte des 3. Jahrhunderts die Wüste zu seinem Aufenthaltsort wählte. Sein Beispiel fand in kurzer Zeit zahlreiche Nachahmer, die sich auch zu Gemeinschaften zusammenschlossen. Schon im 4. Jahrhundert hat sich das Mönchtum rasch nach Palästina, Syrien, Kleinasien, aber auch schon nach Italien ausgebreitet. In der offiziellen Kirche hat diese freie Entwicklung des Mönchtums keineswegs immer Gefallen gefunden, da es weitgehend unkontrollierbar war. Dies gilt vor allem für einige Sonderformen des asketischen Mönchtums, die im 5. Jahrhundert in Syrien entstanden: Es gab Mönche, die sich Ketten anlegten und schweres Eisen trugen, und solche, die ihr Leben auf Bäumen hinbrachten. Zu besonderem Ruhm gelangten jene, die sich Säulen als Ort ihres Wirkens auswählten (»Säulenheilige«). Es gab aber auch heilige Männer, die, im Besitz visionärer und heilender Fähigkeiten, in der Gesellschaft der großen Städte lebten und, als Verrückte verlacht und behandelt, in der Erniedrigung die Askese um Christi willen übten. In den Westen sind diese Sonderformen auch wegen der mental, ethnisch und klimatisch ganz anders gearteten Umwelt kaum eingedrungen. Besonders hat dort aber die von Benedikt von Nursia (480–547) ausgehende Einigungsbewegung der für den Osten charakteristischen Individualität des Mönchtums Einhalt geboten.

Symeon Stylites der Ältere lebte von 422 bis zu seinem Tode 459 als Einsiedler auf einer Säule im Karstgebiet bei Aleppo (Syrien). Zur Verehrung des Heiligen baute man 476–490 die Pilgerstätte Kalat Siman, die aus vier Basiliken besteht. Im zentralen Hof, dem so genannten Martyrion, sind noch Reste der Säule erhalten.

Heiden und Andersgläubige

D er Begriff »Heiden« entstammt dem Alten Testament und bezeichnet die Feinde Jahwes, die den wahren Gott nicht kennen. In diesem Sinne hat ihn auch das Christentum übernommen und weitergeführt. Die Bekehrung der Heiden war eine der Hauptaufgaben der christlichen Kirche, der sich diese ohne Verfolgung durch den Staat erst seit dem Mailänder Edikt (313) widmen konnte. Begünstigt durch das Wohlwollen der Kaiser und eine gut funktionierende administrative Struktur drang das Christentum schnell auch in höhere gesellschaftliche Schichten ein. Den entscheidenden Schritt zur absoluten Vorrangstellung vollzog Kaiser Theodosius I. in zwei Verfügungen (381 und 391), die Tempelbau und alten Götterkult untersagten. Anhänger der alten Religion lebten aber in allen Reichsteilen, besonders im Osten und am längsten wohl in Ägypten weiter, und vielfach war die Annahme des Christentums ein äußerlicher Akt, um in den Genuss staatlicher Vorteile zu kommen.

Aber auch die christliche Kirche war zu Beginn des 4. Jahrhunderts keineswegs eine in den Glaubensaussagen einheitlich denkende Institution. Ein zentrales Problem lag im Verständnis der Dreieinigkeit, das heißt, dem Verhältnis zwischen Vater, Sohn und Heiligem Geist. Die Aussage des Neuen Testamentes über die Gleichheit stieß immer wieder auf Schwierigkeiten bei der Auslegung des Wesensbegriffes, der in den philosophischen Schulen des Ostens, besonders in Alexandria und Antiochia, unterschiedlich gesehen wurde. Der Klärung dieser Fragen dienten allgemeine Kirchenversammlungen (Konzile), die der Kaiser einberief. So sah sich schon 325 Konstantin mit der Lehre des in Alexandria geborenen Priesters Arios konfrontiert, der die Meinung vertrat, der Sohn sei nicht mit dem Vater

Symeon Stylites der Jüngere (521-592) lebte in der Nachfolge seines früheren Namensvetters seit seinem 6. Lebensjahr auf Säulen in der Nähe von Antiochia. Der silberne Behälter für die Reliquien des Heiligen zeigt ihn, wie er den Verlockungen des Bösen in Gestalt der Schlange standhaft widersteht.

Die wichtigste Quelle für Leben und Lehre des Mani ist eine winzige Pergamenthandschrift von 4,5 cm Länge und 3,8 cm Breite, die heute in der Kölner Universität aufbewahrt wird.

Als zentrale Aufgabe begriff die frühchristlich-byzantinische Epoche die Bekehrung aller Heiden zum christlichen Glauben. In der Ausstattung der Kirchen nahmen daher die Taufbecken, in die man nach damaliger Sitte mit dem ganzen Körper eintauchte, großen Raum ein. Das Baptisterium in der Vitaliskirche von Sufetula (heute Sbeïtla in Tunesien) entstand im 5. Jahrhundert.

wesensgleich. Das Konzil von Nicäa (Nikaia, heute İznik in der Türkei) hat diese Ansicht zwar verurteilt, der Verbreitung der Lehre (Arianismus) aber kaum Einhalt bieten können, da sie von mehreren Kaisern getragen wurde und in die Missionierung germanischer Völker Eingang gefunden hat. Hundert Jahre später entzündete sich ein neuer Streit an der Frage, ob in Christus die göttliche oder die menschliche Natur überwiege. Das Konzil von Chalkedon, einem Ort gegenüber Konstantinopel am asiatischen Festland, entschied im Jahr 451, dass beiden Naturen das gleiche Gewicht beikomme. Viele Kirchen des Ostens (Armenien, Syrien, Ägypten) hielten aber auch weiterhin (und bis heute) am »Monophysitismus«, der Lehre von der einen Natur (der göttlichen), fest.

Waren die genannten Irrlehren auf der Basis des Christentums entstanden, so gilt dies nicht für eine religiöse Bewegung, die, aus Persien kommend, vom 4. bis zum 6. Jahrhundert (und darüber hinaus) ein entschiedener Gegner des Christentums war: die Lehre des Mani (Manichäismus). Hier ging es um Wesentliches: um die Frage nach der Herkunft des Bösen in der Welt und den Möglichkeiten, wie das Gute den Sieg davontragen kann (Dualismus). Da diese Lehre zentrale Lebensprobleme berührte, war sie ein ernster Konkurrent des Christentums, der seine unmittelbare Gefährlichkeit erst mit der Islamisierung Persiens (im 7. Jahrhundert) verlor, als »manichäischer Gedanke« aber in andere religiöse Strömungen eindrang und in dieser Form seit dem 11. Jahrhundert auch dem Westen – in der Bewegung der Katharer und anderer »Ketzer« – bekannt wurde.

Antike Bildung und christlicher Glaube

Wie schon in den ersten Jahrhunderten des Christentums hat auch seit den Maßnahmen der Kaiser Konstantin und Theodosius antike Bildung und Literatur nie in ausdrücklicher Konkurrenz zum christlichen Glauben gestanden. Die bedeutendsten Kirchenlehrer des 4. und 5. Jahrhunderts wurden in »heidnischen« Schulen ausgebildet, und die Sprache, in der sie sich ausdrückten, war jene der klassischen Antike. Die Götterwelt, die in den Tempeln zu verehren nun verboten war, blieb durch die Lektüre in den Büchern weiterhin lebendig. Bedeutende heidnische Gelehrte schrieben Lobreden auf die christlichen Kaiser, und aus den Philosophenschulen stammte das Material, mit dem die Glaubensdiskussionen auf den Kirchenkonzilien geführt wurden.

Schon vor der Zeit Konstantins hat sich aber auch eine christliche Literatur entwickelt, die in Sprache und äußerer Form ganz die antik-heidnische Art wahrte. Nur die »schöne Sprache« konnte den Heiden dazu bewegen, sich mit dem neuen Glauben anzufreunden. Statt der Rede vor dem Gericht gab es nun beispielsweise die Rede in der Kirche, und sie hieß »Predigt«, und wie man früher den Lebenslauf berühmter Philosophen schilderte, so nun jenen der Märtyrer und Heiligen, und wie Gedichte einst auf Tempel verfasst wurden, so nun auf Kirchen. Und neben der Geschichte der Kaiser und ihrer Taten wurde auch die Geschichte der Kirche und der Ausbreitung des Glaubens den Büchern anvertraut. Der Osten des Römischen Reiches hat heidnische und christliche Literatur wenigstens in der gesellschaftlichen Oberschicht immer nebeneinander bewahrt, während den germanischen oder germanisch überlagerten Völkern des Westens heidnische Literatur im Gewande der lateinischen Sprache immer ein Novum blieb, die es eigens zu erlernen galt.

In die Zeit Konstantins des Großen fällt die Ablösung der Papyrusrolle durch den Pergamentkodex, der die äußere Form unseres heutigen Buches besaß. Der Geschichtsschreiber Eusebios von Caesarea überliefert einen Brief Kaiser Konstantins, in dem dieser 50 Bibeln in Buchform bestellt (Vita Constantini 4,36):

Du sollst 50 Kopien der Heiligen Schriften bestellen, deren Bereitstellung und Benutzung, wie du weißt, in erster Linie nötig ist für die kirchliche Unterweisung, geschrieben auf gut zubereitetem Pergament von kundigen Kopisten in sorgfältiger und schöner Schrift. Und die Kopien müssen gut lesbar sein und leicht tragbar, sodass sie auch (wirklich) benutzbar sind.

PRACHTBIBELN

Prachtbibeln des 6. Jahrhunderts bezeugen, wie man das liturgische Buch im Zeitalter Justinians zunehmend repräsentativ gestaltete. Die Evangelienhandschrift im Erzbischöflichen Museum von Rossano (Kalabrien) ist mit Silber und Gold auf purpur gefärbtem Pergament geschrieben sowie mit kostbaren Miniaturen verziert. Abgebildet ist daraus der Einzug Christi in Jerusalem.

Der Glanz des Ostens: Wirtschaft und Städtewesen

Der Reichtum des Ostens – damit ist besonders der Raum Ägyptens, Syriens, Palästinas, aber auch der Küstenlandschaften Kleinasiens gemeint – war schon aus den vorchristlichen Jahrhunderten bekannt; er hat sich in den Nachfolgestaaten des Reiches Alexanders des Großen noch intensiviert und war bis ins Spätmittelalter ein wesentlicher Faktor des Ost-West-Gefälles. Der Reichtum beruhte unter anderem auf der Fülle an wichtigen Edelmetallen in bestimmten Regionen (Armenien, Zypern) und den aus Asien und Afrika hier eintreffenden Waren, besonders Seide, Gewürzen und edlen Hölzern. Diese Produkte waren in erster Linie Ursache, dass sich hier mehr und größere Städte sowie eine stärker differenzierte handwerkliche Kultur entwickeln konnten als in den Gebieten des westlichen Mittelmeerraums oder gar nördlich der Alpen und Pyrenäen. Diese Städte waren auch Zentren eines traditionellen Land- und Seehandels. Das Land aber war, im Ganzen gesehen, weit mehr in der Hand freier Bauern als im Westen, Ernährungskrisen und Hungersnöte seltener als in der westlichen Hälfte. Erst das Vordringen der Araber hat im 7. Jahrhundert in Kleinasien diesen Wohlstand zerstört, während im Vorderen Orient später das Kalifat Nutznießer der wirtschaftlichen Tradition wurde.

Die Stiftertätigkeit der wohlhabenden Schichten wandte sich in der frühchristlichen Zeit der Ausstattung von Kirchen zu. Ein Presbyter namens Zenon weihte im späten 6. Jahrhundert dem heiligen Sergios diesen silbernen Messkelch aus Nordsyrien. Das Rundbild zeigt den segnenden Christus (Cleveland, Ohio, Museum of Art).

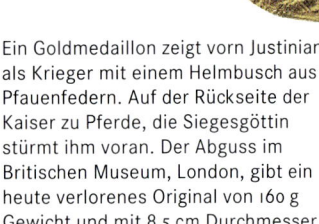

Ein Goldmedaillon zeigt vorn Justinian als Krieger mit einem Helmbusch aus Pfauenfedern. Auf der Rückseite der Kaiser zu Pferde, die Siegesgöttin stürmt ihm voran. Der Abguss im Britischen Museum, London, gibt ein heute verlorenes Original von 160 g Gewicht und mit 8,5 cm Durchmesser wieder.

In einem 1175 in Sizilien geschriebenen juristischen Text präsentiert die Figur der Gerechtigkeit selbst dem Kaiser Justinian ein Gesetzbuch mit dem Bibelzitat (Jesaja 5, 22 f.): »Wehe denen, die den Frevler freisprechen um der Geschenke willen!« (Venedig, Biblioteca Marciana).

Ein Kaiser an der Zeitenwende: Justinian

Justinian übernahm im Jahr 527 die Kaiserherrschaft von seinem Onkel Justin (518–527). Dieser stammte aus der lateinischsprachigen Gegend von Niš und hatte sich als Sohn armer Bauern bis in die höchsten Ränge des Militärs hochgedient, ehe er (518) vom Senat zum Kaiser vorgeschlagen wurde. Als Ratgeber wirkte sein Neffe Justinian, der in derselben Gegend Südserbiens um 482 geboren wurde, aber dank des Onkels in jungen Jahren nach Konstantinopel gekommen war und dort die beste Ausbildung erhalten hatte. Frühzeitig hatte er durch Freigebigkeit bei den Spielen die Gunst des Volkes gewonnen, sodass ihm nach Justins Tod problemlos die Kaiserherrschaft zufiel. Schon 525 hatte er die Schauspielerin Theodora geheiratet, deren schlechter Leumund vor allem auf den Hofhistoriker Prokop zurückgeht. Sie hat bis zu ihrem Tod (548) wesentlich die Innen- und Religionspolitik mitbestimmt, und Justinian übertrug ihr wichtige staatliche Funktionen. Der Kaiser starb 565 ohne unmittelbare Nachkommen. Persönlichkeit und Lebenswerk machen ihn zu einem der bedeutendsten Herrscher der Antike und des Mittelalters.

Das Werk

Ein ständiger Faktor der Unsicherheit waren in den letzten Jahrzehnten die Zirkusparteien gewesen, da nicht nur die Wahl des Kaisers, sondern auch viele andere innenpolitische Maßnahmen von ihrer wankelmütigen Gunst abhingen. Als sich die beiden »Parteien« der Grünen und Blauen 532 im »Nikaaufstand« (abgeleitet vom Kampfwort »siege«, im Griechischen *nika*) gegen den Kaiser auflehnten, ließ er in einer blutigen militärischen Aktion ihren Einfluss zumindest für seine Regierungszeit brechen. Nach dem erzwungenen inneren Frieden löste er das »ewige« persische Problem durch Tributzahlungen, die mehrmals im Laufe der Regierungszeit erneuert (und erhöht) wurden.

Ziel dieser Absicherungsmaßnahmen war die Rückgewinnung Italiens, das der Ostgotenkönig Theoderich als eigenen Herrschaftsbereich einbehalten hatte. Zuvor freilich war die Gefahr einer wandalisch-gotischen Allianz auszuschalten. 533 griff daher der Feldherr Belisar das nordafrikanische Germanenreich an, und schon 534 war mit der Gefangennahme des Königs Gelimer Nordafrika wiederum Ostrom unterworfen. Die Ermordung von Theoderichs Tochter Amalasuntha (535) durch die gotische Opposition in Italien bot Justinian nun den erwünschten Vorwand zum Eingreifen. In einer fünfjährigen Auseinandersetzung gelang, von Sizilien ausgehend, demselben Belisar die Unterwerfung Italiens, aber erst 553 waren die letzten Widerstände gebrochen. Noch ehe das Unternehmen ganz zu Ende gekommen war, versuchte Justinian 552 das seit 468 westgotische Spanien ebenfalls zurückzugewinnen, doch war ein Erfolg nur an den Küstenregionen des Mittelmeeres beschieden.

Justinian weilte in all diesen Jahren in Konstantinopel und baute es zur glanzvollsten Stadt seines Reiches aus. Aber nicht nur in der Hauptstadt (dieser Ausdruck ist nun sicher angebracht), auch in allen Landesteilen leitete der Kaiser Baumaßnahmen ein, über die der Geschichtsschreiber Prokop ausführlich berichtet. Weniger erfolgreich war Justinian in der Religionspolitik, da auch ihm die Aussöhnung der um dogmatische Fragen streitenden Parteien nicht gelang. Er hat allerdings durch seine Vorgehensweise den Einfluss der Kirche Konstantinopels gestärkt und in seinem Verhältnis zum Patriarchat die starke Stellung der kaiserlichen Macht auch für die folgenden Jahrhunderte begründet.

Ziele, Ergebnisse, Folgen

Die Wiederherstellung des gesamten Römischen Reiches vom Euphrat bis Britannien konnte im 6. Jahrhundert kein realpolitisches Ziel mehr sein, auch wenn Äußerungen des Kaisers in diesem Sinne sprechen. Justinian hat vielmehr ein römisches Mittelmeerreich mit dem politischen Schwerpunkt im Osten, in Konstantinopel, begründet. Er förderte, mit anscheinend unerschöpflichen Finanzmitteln, Kunst und Kultur überall dort, wo sie noch ungebrochen vorhanden waren: in den östlichen Reichsteilen und im (ehemals) ostgotischen Italien. Diese Restaurierungstätigkeit, zu der natürlich auch die Sammlung der römischen Rechtsvorschriften im *Codex Iustinianus* gehörte, hat wesentlich dazu beigetragen, dass vor allem das griechische Wissen der Antike in den Zeiten der Wirren, die bald nach Justinians Tod auch über den Osten hereinbrachen, nicht verloren ging.

Am wenigsten dauerhaft waren die territorialen Gewinne unter Justinian. Italien wurde schon drei Jahre nach seinem Tod von den Langobarden erobert, alle Küstenregionen Spaniens waren Anfang des 7. Jahrhunderts wieder in der Hand der Westgoten, gut ein halbes Jahrhundert später waren die östlichen Provinzen dem Ansturm der Araber zum Opfer gefallen, und die Balkanhalbinsel war weitgehend von Slawen besiedelt. Geblieben waren die kleinasiatischen Provinzen mit Konstantinopel als starkem Zentrum. Justinian hatte nicht ein Weltreich wieder errichtet (was er sicherlich wollte), sondern vor allem, dank des Ausbaus Konstantinopels zur Hauptstadt, die kleinasiatischen Reichsteile gestärkt, welche die Grundlage für die spätere Größe eines neuen Römischen Reiches bildeten, das mit dem alten nur mehr relativ wenig gemeinsam hatte: des Byzantinischen Reiches. Justinian war sicherlich ein Kaiser, der in seinen Idealen, in seinen politischen, gesellschaftlichen und administrativen Vorstellungen eher der antiken Welt zuzurechnen ist, der aber durch seine tatsächlichen Leistungen am Beginn eines oströmischen, oder vielleicht doch besser »byzantinischen« Mittelalters steht.

PETER SCHREINER

Eigene Anstrengungen und Gottes Hilfe, resümiert Justinian, sind nötig, um das gewaltige Werk zu schaffen (Novelle 30,11,2 vom 18. März 536):

Enormen Ausgaben und Mühen war es zu verdanken, dass Gott es bewirkte, mit den Persern Frieden zu schließen, die Wandalen, Alanen, Maurusier und ganz Afrika zu unterwerfen, Sizilien in Besitz zu bekommen und berechtigt hoffen zu können, mit Gottes Hilfe auch die übrigen Bereiche zu gewinnen, die die alten Römer bis zu den Grenzen des Ozeans beherrschten.

Das Frauenporträt im Castello Sforzesco, Mailand, stellt nach Meinung einiger Forscher Theodora dar, die an der Seite ihres Gatten Justinian an den Regierungsgeschäften regen Anteil nahm. Die perlenbesetzte Kronhaube zeigt ihren kaiserlichen Rang, der vergeistigte Ausdruck und die ebenmäßige Schönheit unterstreichen ihre Würde.

Bildquellenverzeichnis

Literaturhinweise

Allgemeines

Aufstieg und Niedergang der römischen Welt. (ANRW).
Geschichte und Kultur Roms im Spiegel der neueren Forschung,
herausgegeben von Hildegard Temporini u. a., auf
zahlreiche Bde. berechnet. Berlin u. a. 1972 ff.

Die Cambridge-Enzyklopädie der Archäologie, herausgegeben
von Andrew Sherratt. Aus dem Englischen. München 1980.

Clauss, Manfred: *Einführung in die alte Geschichte.* München
1993.

Dahlheim, Werner: *Die Antike. Griechenland und Rom von den*
Anfängen bis zur Expansion des Islam. Paderborn u. a. ⁴1995.

Fischer-Weltgeschichte, Bd. 6: *Die Mittelmeerwelt im Altertum,*
Tl. 2: *Der Hellenismus und der Aufstieg Roms,* herausgegeben
von Pierre Grimal. Frankfurt am Main 108.–109. Tsd. 1993.

Fischer-Weltgeschichte, Bd. 7: *Die Mittelmeerwelt im Altertum,*
Tl. 3: *Der Aufbau des römischen Reiches,* herausgegeben von
Pierre Grimal. Frankfurt am Main 96.–97. Tsd. 1990.

Fischer-Weltgeschichte, Bd. 8: *Die Mittelmeerwelt im Altertum,*
Tl. 4: *Das Römische Reich und seine Nachbarn,*
herausgegeben von Fergus Millar. Frankfurt am Main
91.–92. Tsd. 1995.

Fischer-Weltgeschichte, Bd. 9: Maier, Franz Georg:
Die Verwandlung der Mittelmeerwelt. Frankfurt am Main
78.–79. Tsd. 1994.

Fischer-Weltgeschichte, Bd. 13: *Byzanz,* herausgegeben von
Franz Georg Maier. Frankfurt am Main 54.–55. Tsd. 1992.

Lexikon Alte Kulturen, herausgegeben von Hellmut Brunner
u. a., 3 Bde. Mannheim u. a. 1990–93.

Der neue Pauly. Enzyklopädie der Antike, herausgegeben von
Hubert Cancik und Helmuth Schneider, auf 15 Bde. und
1 Registerband berechnet. Stuttgart u. a. 1996 ff.

Paulys Real-Encyclopädie der classischen Altertumswissenschaft,
unter Mitwirkung zahlreicher Fachgenossen
herausgegeben von Georg Wissowa, 66 Halbbde.,
15 Supplementbde., 1 Indexbd. und 2 Registerbde. Stuttgart
1893–1997. Teilweise Nachdruck Stuttgart 1956–1992.

Reallexikon für Antike und Christentum. Sachwörterbuch zur
Auseinandersetzung des Christentums mit der antiken Welt,
herausgegeben von Theodor Klausser u. a. Ab Band 14
herausgegeben von Ernst Dassmann u. a. Begründet von
Franz Joseph Dölger u. a., auf zahlreiche Bde. berechnet.
Stuttgart 1950 ff.

Schuller, Wolfgang: *Einführung in die Geschichte des Altertums.*
Stuttgart 1994.

Die Etrusker

Cristofani, Mauro: *Introduzione allo studio dell' etrusco.* Florenz
1991.

Die Etrusker, bearbeitet von Mauro Cristofani u. a. Übersetzt
von Christel Galliani u. a. Sonderausgabe Stuttgart u. a.
1995.

Die Etrusker. Kunst und Geschichte, bearbeitet von Maja
Sprenger und Gilda Bartoloni. Aufnahmen von Max und
Albert Hirmer. München 1977.

Die Etrusker und Europa, herausgegeben von Irma
Wehgartner. Ausstellungskatalog Altes Museum, Berlin.
Gütersloh u. a. 1993.

Etruskische Texte, herausgegeben von Helmut Rix in
Zusammenarbeit mit Gerhard Meiser, 2 Bde. Tübingen
1991.

Heurgon, Jacques: *Die Etrusker.* Aus dem Französischen.
Stuttgart ⁴1993.

Lexicon iconographicum mythologiae classicae. LIMC,
veröffentlicht von der Fondation pour le Lexicon
Iconographicum Mythologiae Classicae (LIMC).
Redaktion Christoph Ackermann u. a., 7 Bde. Zürich u. a.
1981–94.

Pallottino, Massimo: *Etruskologie. Geschichte und Kultur der*
Etrusker. Aus dem Italienischen. Basel u. a. 1988.

Pfiffig, Ambros Josef: *Einführung in die Etruskologie. Probleme,*
Methoden, Ergebnisse. Darmstadt ⁴1991.

Pfiffig, Ambros Josef: *Religio etrusca.* Graz 1975.

Die Städte der Etrusker, Beiträge von Francesca Boitani u. a.
Einleitung von Mario Torelli. Aus dem Italienischen.
Freiburg im Breisgau u. a. ²1977.

Steingräber, Stephan: *Etrurien. Städte, Heiligtümer, Nekropolen.*
München 1981.

Torelli, Mario: *Die Etrusker. Geschichte, Kultur, Gesellschaft.*
Aus dem Italienischen. Frankfurt am Main u. a. 1988.

Weeber, Karl-Wilhelm: *Geschichte der Etrusker.* Stuttgart u. a.
1979.

Die Italiker

Alföldi, Andreas: *Das frühe Rom und die Latiner.* Aus dem
Englischen. Darmstadt 1977.

Devoto, Giacomo: *Gli antichi italici.* Florenz ⁴1969.

Hellenismus in Mittelitalien, herausgegeben von Paul Zanker,
2 Bde. Göttingen 1976.

Italy before the Romans. The iron age, orientalizing and Etruscan
periods, herausgegeben von David Ridgway und Francesca
R. Ridgway. London u. a. 1979.

Livius, Titus: *Römische Geschichte. Lateinisch und deutsch,*
Buch IV–VI, herausgegeben von Hans Jürgen Hillen.
München u. a. 1991.

Pallottino, Massimo: *Italien vor der Römerzeit.* Aus dem
Italienischen. München 1987.

Polybios: *Geschichte.* Eingeleitet und übertragen von Hans
Drexler, 2 Bde. Zürich u. a. ²1978–79.

Potter, Timothy W.: *Das römische Italien.* Aus dem
Englischen. Stuttgart 1992.

Salmon, Edward T.: *The making of Roman Italy.* London 1982.

Salmon, Edward T.: *Samnium and the Samnites.* Cambridge
1967.

Tabulae Iguvinae, herausgegeben von Giacomo Devoto.
Neudruck Rom 1962.

Trump, David H.: *Central and southern Italy before Rome.*
London 1966.

Vetter, Emil: *Handbuch der italischen Dialekte,* Bd. 1.
Heidelberg 1953.

Religion

Latte, Kurt: *Römische Religionsgeschichte.* München ²1967. Nachdruck München ²1992.

Long, Charlotte R.: *The twelve gods of Greece and Rome.* Leiden u. a. 1987.

Merkelbach, Reinhold: *Die Hirten des Dionysos. Die Dionysos-Mysterien der römischen Kaiserzeit und der bukolische Roman des Longus.* Stuttgart 1988.

Pfiffig, Ambros Josef: *Religio etrusca.* Graz 1975.

Radke, Gerhard: *Die Götter Altitaliens.* Münster ²1979.

Simon, Erika: *Die Götter der Römer.* München 1990.

Wissowa, Georg: *Religion und Kultus der Römer.* München ²1912. Nachdruck München 1971.

Karthago

Ameling, Walter: *Karthago. Studien zu Militär, Staat und Gesellschaft.* München 1993.

Beschaouch, Azedine: *Karthago. Aus dem Französischen.* Ravensburg 1994.

Carthage, l'histoire, sa trace et son écho, bearbeitet von Les Musées de la Ville de Paris. Ausstellungskatalog Musée du Petit Palais, Paris. Paris 1995.

Charles-Picard, Gilbert / Charles-Picard, Colette: *Karthago. Leben und Kultur.* Aus dem Französischen. Suttgart 1983.

Die deutschen Ausgrabungen in Karthago, Beiträge von Jens Holst u. a., 2 Bde. Mainz 1991.

Elliger, Winfried: *Karthago. Stadt der Punier, Römer, Christen.* Stuttgart u. a. 1990.

Huss, Werner: *Die Karthager.* München ²1994.

Karthago, herausgegeben von Werner Huss. Darmstadt 1992.

Karthago – die alte Handelsmetropole am Mittelmeer. Eine archäologische Grabung, Beiträge von Hans Georg Niemeyer, Angela Rindelaub und Karin Schmidt. Hamburg 1996.

Lancel, Serge: *Carthage.* Paris 1992.

Niemeyer, Hans Georg: *Das frühe Karthago und die phönizische Expansion im Mittelmeerraum. Als öffentlicher Vortrag der Joachim-Jungius-Gesellschaft der Wissenschaften gehalten am 31. 5. 1988 in Hamburg.* Göttingen u. a. 1989.

Phönizier im Westen. Die Beiträge des Internationalen Symposiums über »Die phönizische Expansion im westlichen Mittelmeerraum« in Köln vom 24. bis 27. April 1979, herausgegeben von Hans Georg Niemeyer. Mainz 1982.

Pour sauver Carthage. Exploration et conservation de la cité punique, romaine et byzantine, herausgegeben von Abdelmajid Ennabli. Paris u. a. 1992.

Vergil: *Aeneis. Lateinisch–deutsch.* In Zusammenarbeit mit Maria Götte herausgegeben und übersetzt von Johannes Götte. München u. a. ⁸1994.

Warmington, Brian H.: *Karthago. Aufstieg und Untergang einer antiken Weltstadt.* Aus dem Englischen. Wiesbaden ²1964.

Rom – Der Mittelpunkt der Welt

Alföldy, Géza: *Römische Sozialgeschichte.* Wiesbaden ³1984.

Das alte Rom. Geschichte und Kultur des Imperium Romanum, bearbeitet von Jochen Martin. Mit Beiträgen von Jochen Bleicken u. a. Gütersloh 1994.

Augustus: *Meine Taten. Nach dem Monumentum Ancyranum, Apolloniense und Antiochenum. Lateinisch–griechisch–deutsch.* Herausgegeben von Ekkehard Weber. München u. a. ⁵1989.

Badian, Ernst: *Foreign clientelae 264–70 B.C.* Oxford 1958. Nachdruck Oxford 1967.

Badian, Ernst: *Römischer Imperialismus in der späten Republik.* Aus dem Englischen. Stuttgart 1980.

Bleicken, Jochen: *Constantin der Große und die Christen. Überlegungen zur konstantinischen Wende.* München 1992.

Bleicken, Jochen: *Geschichte der römischen Republik.* München ⁴1992.

Bleicken, Jochen: *Die Verfassung der Römischen Republik. Grundlagen und Entwicklung.* Paderborn u. a. ⁷1995.

Bleicken, Jochen: *Verfassungs- und Sozialgeschichte des römischen Kaiserreiches,* 2 Bde. Paderborn u. a. ³–⁴1994-95.

Caesar, C. Julius: *Der Bürgerkrieg. Lateinisch–deutsch.* Herausgegeben von Otto Schönberger. München u. a. ²1990.

Caesar, C. Julius: *Der gallische Krieg. Lateinisch–deutsch.* Herausgegeben von Georg Dorminger. München u. a. ⁸1986.

Catull: *Gedichte. Lateinisch und deutsch von Rudolf Helm.* Bearbeitet von Fritz Jürß. Berlin-Ost ²1971.

Christ, Karl: *Geschichte der römischen Kaiserzeit. Von Augustus bis zu Konstantin.* München ³1995.

Christ, Karl: *Krise und Untergang der römischen Republik.* Darmstadt ³1996.

Cicero, Marcus Tullius: *Atticus-Briefe. Lateinisch–deutsch.* Herausgegeben und übersetzt von Helmut Kasten. München u. a. ⁴1990.

Clauss, Manfred: *Konstantin der Große und seine Zeit.* München 1996.

Corpus inscriptionum Latinarum. Consilio et auctoritate Academiae Litterarum Regiae Borussicae editum, herausgegeben von der Preußischen Akademie der Wissenschaften, 17 Bde. in 66 Tlen. mit Supplementbden. Berlin 1869–1986. Teilweise Nachdruck Berlin 1939–86.

Corpus iuris civilis. Text und Übersetzung. Auf der Grundlage der von Theodor Mommsen und Paul Krüger besorgten Textausgaben, herausgegeben von Okko Behrends u. a., Bd. 2: *Digesten 1–10,* herausgegeben von Okko Behrends u. a. Heidelberg 1995.

Dahlheim, Werner: *Geschichte der Römischen Kaiserzeit.* München ²1989.

Dahlheim, Werner: *Gewalt und Herrschaft. Das provinziale Herrschaftssystem der römischen Republik.* Berlin u. a. 1977.

Dahlheim, Werner: *Julius Cäsar. Die Ehre des Kriegers und der Untergang der Römischen Republik.* München u. a. 1987.

Dahlheim, Werner: *Struktur und Entwicklung des römischen Völkerrechts im dritten und zweiten Jahrhundert v. Chr.* München 1968.

Davis, Lindsey: *Silberschweine. Roman.* Aus dem Englischen. Taschenbuchausgabe München ⁶1996.

Demandt, Alexander: *Die Spätantike. Römische Geschichte von Diocletian bis Justinian. 284–565 n. Chr.* München 1989.

Europäische Wirtschafts- und Sozialgeschichte in der römischen Kaiserzeit, herausgegeben von Friedrich Vittinghoff. Stuttgart 1990.

Flach, Dieter: *Römische Agrargeschichte.* München 1990.

Fuchs, Harald: *Der geistige Widerstand gegen Rom in der antiken Welt.* Berlin ²1964.

Fuhrmann, Manfred: *Cicero und die römische Republik. Eine Biographie.* München u. a. ²1994.

Gelzer, Matthias: *Caesar. Der Politiker und Staatsmann.* Wiesbaden ⁶1960. Nachdruck Wiesbaden 1983.

Gelzer, Matthias: *Die Nobilität der römischen Republik.* Mit einem Vorwort und einer Ergänzung zur Neuausgabe von Jürgen von Ungern-Sternberg. Stuttgart ²1983.

Habicht, Christian: *Cicero der Politiker.* München 1990.

Hantos, Theodora: *Das römische Bundesgenossensystem in Italien.* München 1983.

Heine, Heinrich: *Werke.* Ausgewählt und eingeleitet von Helmut Holtzhauer, Bd. 3: *Ideen. Das Buch Le Grand. Englische Fragmente. Reise von München nach Genua. Die Bäder von Lucca. Einleitung zu »Kahldorf über den Adel«.* Berlin ¹⁰1968.

Heuss, Alfred: *Römische Geschichte.* Darmstadt ⁵1983.

Historische Inschriften zur römischen Kaiserzeit. Von Augustus bis Konstantin, übersetzt und herausgegeben von Helmut Freis. Darmstadt ²1994.

Hölkeskamp, Karl-Joachim: *Die Entstehung der Nobilität. Studien zur sozialen und politischen Geschichte der Römischen Republik im 4. Jahrhundert v. Chr.* Stuttgart 1987.

Homer: *Ilias.* Übersetzt von Johann Heinrich Voss. Stuttgart 1976.

Horaz: *Sämtliche Werke. Lateinisch und deutsch.* Herausgegeben von Hans Färber. München ¹¹1993.

Inscriptiones Latinae selectae, herausgegeben von Hermann Dessau, 3 Bde. in 5 Tlen. Berlin ⁴1974.

Julian: *Briefe. Griechisch–deutsch.* Herausgegeben von Berthold K. Weis. München 1973.

Kienast, Dietmar: *Augustus. Prinzeps und Monarch.* Darmstadt ²1992.

Kloft, Hans: *Die Wirtschaft der griechisch-römischen Welt. Eine Einführung.* Darmstadt 1992.

Kolb, Frank: *Diocletian und die erste Tetrarchie. Improvisation oder Experiment in der Organisation monarchischer Herrschaft?* Berlin u. a. 1987.

Kolb, Frank: *Rom. Die Geschichte der Stadt in der Antike.* München 1995.

Lippold, Adolf: *Theodosius der Große und seine Zeit.* München ²1980.

Livius, Titus: *Ab urbe condita.* Bearbeitet von Wilhelm Weissenborn und Hermann Johannes Müller, 10 Bde. Zürich u. a. ¹⁻¹⁵1965–79.

Livius, Titus: *Der Untergang des makedonischen Reiches. Römische Geschichte, Buch 39–45.* Eingeleitet, übersetzt und erläutert von Hans Jürgen Hillen. Mit einem Nachwort versehen und herausgegeben von Olof Gigon. Zürich 1972.

Macrobius, Ambrosius Theodosius: *Saturnalia. Apparatu critico instruxit in Somnium Scipionis commentarios.* Herausgegeben von James A. Willis. Stuttgart u. a. ²1970. Nachdruck Stuttgart u. a. 1994.

Marc Aurel: *Selbstbetrachtungen.* Übertragen und mit Einleitung von Wilhelm Capelle. Stuttgart ¹²1973.

Martial: *Epigramme.* Eingeleitet und übertragen von Rudolf Helm. Zürich u. a. 1957.

Martin, Jochen: *Spätantike und Völkerwanderung.* München ³1995.

Meier, Christian: *Caesar.* Taschenbuchausgabe München ³1993.

Meier, Christian: *Res publica amissa. Eine Studie zu Verfassung und Geschichte der späten römischen Republik.* Frankfurt am Main ²1988.

Meyer, Ernst: *Römischer Staat und Staatsgedanke.* Zürich u. a. ⁴1975.

Mommsen, Theodor: *Römische Geschichte,* Bde. 1–3. Taschenbuchausgabe München ⁵1993.

Münzer, Friedrich: *Römische Adelsparteien und Adelsfamilien.* Stuttgart ²1963.

Ovid: *Liebeskunst. Lateinisch und deutsch.* Herausgegeben und übersetzt von Niklas Holzberg. München u. a. ³1991.

Plinius Caecilius Secundus, Gaius: *Briefe. Lateinisch–deutsch.* Herausgegeben von Helmut Kasten. München u. a. ⁶1990.

Plutarch: *Große Griechen und Römer.* Aus dem Griechischen übertragen, eingeleitet und erläutert von Konrat Ziegler, 6 Bde. München 1979–80.

Die römische Literatur in Text und Darstellung, herausgegeben von Michael von Albrecht, 5 Bde. Stuttgart 1985–91.

Rostovtzeff, Michael: *Gesellschaft und Wirtschaft im römischen Kaiserreich.* Deutsch von Lothar Wickert. Leipzig 1931. Nachdruck Aalen 1985.

Sallust: *Die Verschwörung des Catilina.* Übersetzt, erläutert und mit einem Essay »Zum Verständnis des Werkes« sowie einer Bibliographie herausgegeben von Josef Lindauer. Reinbek 1964.

Schuller, Wolfgang: *Frauen in der römischen Geschichte.* Taschenbuchausgabe München u. a. 1992.

Seeck, Otto: *Geschichte des Untergangs der antiken Welt,* Bd. 2. Stuttgart ²1921. Nachdruck Darmstadt 1966.

Seibert, Jakob: *Hannibal.* Darmstadt 1993.

Shakespeare, William: *Julius Cäsar. Tragödie.* Übersetzt von August Wilhelm von Schlegel. Herausgegeben von Dietrich Klose. Stuttgart 1969. Nachdruck Stuttgart 1994.

Sueton: *Cäsarenleben.* Übertragen und erläutert von Max Heinemann. Stuttgart ⁷1986.

Syme, Ronald: *Die römische Revolution.* Herausgegeben und mit einem Nachwort von Werner Dahlheim. Aus dem Englischen. Taschenbuchausgabe München u. a. 1992.

Tacitus: *Agricola.* Bearbeitet von Reinhard Häussler. Übersetzt und erläutert von Karl Büchner. Stuttgart ³1985.

Tacitus: *Annalen.* Deutsch von August Horneffer. Mit einer Einleitung von Joseph Vogt und Anmerkungen von Werner Schur. Stuttgart 1964.

Tacitus: *Historiae. Lateinisch–deutsch.* Herausgegeben von Joseph Borst. München u. a. ⁵1984.

Vergil: *Aeneis. Lateinisch–deutsch.* In Zusammenarbeit mit Maria Götte herausgegeben und übersetzt von Johannes Götte. München u. a. ⁸1994.

Vergil: *Landleben. Lateinisch und deutsch.* Herausgegeben von Johannes und Maria Götte. Zürich ⁶1995.

Vogt, Joseph: *Constantin der Große und sein Jahrhundert.*
Neuausgabe München 1973.

Winkelmann, Friedhelm: *Geschichte des frühen Christentums.*
München 1996.

Familie und Gesellschaft

Aufgaben, Rollen und Räume von Frau und Mann,
herausgegeben von Jochen Martin u.a., 2 Bde. Freiburg im
Breisgau u.a. 1989.

Augustinus, Aurelius: *De Civitate Dei. Der Gottesstaat.*
Übersetzt von Carl Johann Perl, 2 Bde. Paderborn u.a.
1979.

Bettini, Maurizio: *Familie und Verwandtschaft im antiken Rom.*
Aus dem Italienischen. Frankfurt am Main u.a. 1992.

Cicero, Marcus Tullius: *De officiis. Vom rechten Handeln.*
Lateinisch und deutsch. Herausgegeben und übersetzt von
Karl Büchner. Lizenzausgabe Darmstadt 1994.

Dixon, Suzanne: *The Roman family.* Baltimore, Md., u.a. 1992.

Geschichte des privaten Lebens, herausgegeben von Philippe
Ariès und Georges Duby, Bd. 1: *Vom Römischen Imperium*
zum Byzantinischen Reich, herausgegeben von Paul Veyne.
Aus dem Französischen. Neudruck Frankfurt am Main
1995.

Geschlechtsreife und Legitimation zur Zeugung, herausgegeben
von Ernst Wilhelm Müller. Freiburg im Breisgau u.a. 1985.

Martialis, Marcus Valerius: *Epigrammaton libri.* Mit
erklärenden Anmerkungen von Ludwig Friedländer,
2 Bde. Leipzig 1886. Nachdruck in 1 Bd. Amsterdam 1967.

Zur Sozialgeschichte der Kindheit, herausgegeben von Jochen
Martin u.a. Freiburg im Breisgau u.a. 1986.

Rom und die Völkerwanderung

Bracher, Karl Dietrich: *Verfall und Fortschritt im Denken der*
frühen römischen Kaiserzeit. Studien zum Zeitgefühl und
Geschichtsbewußtsein des Jahrhunderts nach Augustus. Wien
u.a. 1987.

Brown, Peter R.: *Welten im Aufbruch. Die Zeit der Spätantike*
von Mark Aurel bis Mohammed. Aus dem Englischen.
Bergisch Gladbach 1980.

Demandt, Alexander: *Der Fall Roms. Die Auflösung des*
römischen Reiches im Urteil der Nachwelt. München 1984.

Demandt, Alexander: *Die Spätantike. Römische Geschichte von*
Diocletian bis Justinian. 284–565 n. Chr. München 1989.

Demougeot, Émilienne: *L'Empire romain et les Barbares*
d'Occident. (IVᵉ–VIIᵉ siècle). Scripta varia. Paris 1988.

Demougeot, Émilienne: *La formation de l'Europe et les*
invasions barbares, 2 Bde. Paris 1969–79.

Dobesch, Gerhard: *Vom äußeren Proletariat zum Kulturträger.*
Ein Aspekt zur Rolle der Germanen in der Spätantike.
Amsterdam 1994.

Fischer, Joseph: *Die Völkerwanderung im Urteil der*
zeitgenössischen kirchlichen Schriftsteller Galliens unter
Einbeziehung des heiligen Augustinus. Heidelberg 1948.

Jones, Arnold H. M.: *The decline of the ancient world.* London
1968.

Kulturbruch oder Kulturkontinuität im Übergang von der Antike
zum Mittelalter, herausgegeben von Paul Egon Hübinger.
Darmstadt 1968.

Martin, Jochen: *Spätantike und Völkerwanderung.* München
³1995.

Mazzarino, Santo: *Das Ende der antiken Welt.* Aus dem
Italienischen. München 1961.

Das Reich und die Barbaren, herausgegeben von Evangelos K.
Chrysos und Andreas Schwarcz. Wien u.a. 1989.

Straub, Johannes A.: *Regeneratio imperii. Aufsätze über Roms*
Kaisertum und Reich im Spiegel der heidnischen und christlichen
Publizistik, 2 Bde. Darmstadt 1972–86.

Der Untergang des Römischen Reiches, herausgegeben von Karl
Christ. Darmstadt ²1986.

Vogt, Joseph: *Der Niedergang Roms. Metamorphose der antiken*
Kultur. Aus dem Englischen. Zürich 1965.

Walser, Gerold / Pekáry, Thomas: *Die Krise des römischen*
Reiches. Bericht über die Forschungen zur Geschichte des
3. Jahrhunderts (193–284 n. Chr.) von 1939 bis 1959. Berlin
1962.

Wolfram, Herwig: *Das Reich und die Germanen. Zwischen*
Antike und Mittelalter. Sonderausgabe Berlin 1994.

Zur Frage der Periodengrenze zwischen Altertum und Mittelalter,
herausgegeben von Paul Egon Hübinger. Darmstadt 1969.

Konstantinopel (bis 565)

Beck, Hans-Georg: *Kaiserin Theodora und Prokop. Der*
Historiker und sein Opfer. München u.a. 1986.

Cameron, Alan: *Circus factions. Blues and greens at Rome and*
Byzantium. Oxford 1976.

Dagron, Gilbert: *Naissance d'une capitale. Constantinople et ses*
institutions de 330 à 451. Paris ²1984.

Demandt, Alexander: *Die Spätantike. Römische Geschichte von*
Diocletian bis Justinian. 284–565 n. Chr. München 1989.

Kaegi, Walter Emil: *Byzantium and the decline of Rome.*
Princeton, N.J., 1969.

Martin, Jochen: *Spätantike und Völkerwanderung.* München
³1995.

Rubin, Berthold: *Das Zeitalter Iustinians,* 2 Bde. Berlin
1960–95.

Spätantike und frühes Christentum, bearbeitet von Beat Brenk.
Frankfurt am Main u.a. 1977. Nachdruck Berlin 1985.

Tinnefeld, Franz: *Die frühbyzantinische Gesellschaft. Struktur –*
Gegensätze – Spannungen. München 1977.

Römisches Recht

Dulckeit, Gerhard / Schwarz, Fritz: *Römische Rechtsgeschichte.*
Ein Studienbuch. Neu bearbeitet von Wolfgang Waldstein.
München ⁹1995.

Hattenhauer, Hans: *Europäische Rechtsgeschichte.* Heidelberg
²1994.

Hausmaninger, Herbert / Selb, Walter: *Römisches Privatrecht.*
Wien u.a. ⁷1994.

Honsell, Heinrich: *Römisches Recht.* Berlin u.a. ³1994.

Kaser, Max: *Römische Rechtsgeschichte.* Göttingen ²1967.
Nachdruck Göttingen 1993.

Kaser, Max: *Römisches Privatrecht. Ein Studienbuch.* München [16]1992.

Kunkel, Wolfgang: *Römische Rechtsgeschichte. Eine Einführung.* Köln u. a. [12]1990.

Liebs, Detlef: *Römisches Recht. Ein Studienbuch.* Göttingen [4]1993.

Römisches Recht, herausgegeben und aus dem Lateinischen übersetzt von Liselot Huchthausen. Berlin u. a. [4]1991.

Söllner, Alfred: *Einführung in die römische Rechtsgeschichte.* München [5]1996.

Stein, Peter: *Römisches Recht und Europa. Die Geschichte einer Rechtskultur.* Aus dem Englischen. Frankfurt am Main 1996.

Wesenberg, Gerhard: *Neuere deutsche Privatrechtsgeschichte im Rahmen der europäischen Rechtsentwicklung,* bearbeitet von Gunter Wesener. Wien u. a. [4]1985.

Kulturelle Beziehungen

Haas, Volkert: *Vorzeitmythen und Götterberge in altrömischer und griechischer Überlieferung. Vergleiche und Lokalisation.* Konstanz 1983.

Hellenismus. Beiträge zur Erforschung von Akkulturation und politischer Ordnung in den Staaten des hellenistischen Zeitalters, herausgegeben von Bernd Funck. Tübingen 1996.

Millar, Fergus: *The Roman Near East. 31 BC – AD 337.* Neudruck Cambridge, Mass., u. a. 1994.

Mit Fremden leben. Eine Kulturgeschichte von der Antike bis zur Gegenwart, herausgegeben von Alexander Demandt. München 1995.

Schneider, Carl: *Kulturgeschichte des Hellenismus,* 2 Bde. München 1967–69.

Namenregister

Historische Personen, mythologische Figuren, Götter

Das Namenregister ermöglicht dem Benutzer zusätzlich zur thematischen Erschließung des Bandes durch das Inhaltsverzeichnis den gezielten Zugriff auf den Inhalt mithilfe der alphabetischen Anordnung aller in diesem Band erwähnten Namen. Dabei führen zahlreiche Verweise von den Namensvarianten zum Haupteintrag im Register.

Da einerseits die Abgrenzung von historischen Personen, mythologischen Figuren und Göttern mitunter schwierig ist, andererseits gerade die antiken Kulturen sich dem Benutzer oft nicht nur durch historische Personen erschließen, hat sich die Redaktion entschieden, sämtliche Namen in das Register aufzunehmen.

Gerade gesetzte Seitenzahlen nach einem Namen bedeuten: Dieser Name ist im erzählenden Haupttext auf der breiten Mittelspalte enthalten.

Kursiv gesetzte Seitenzahlen nach einem Namen bedeuten: Dieser Name ist in den Bildunterschriften, Karten, Grafiken, Quellentexten oder kurzen Erläuterungstexten (meist auf der Außenspalte) enthalten.